中国改革研究报告 2022

结构转型

跨越高质量发展门槛

迟福林 匡贤明◎主编

STRUCTURAL TRANSFORMATION

CROSS THE THRESHOLD OF HIGH-QUALITY DEVELOPMENT

中国工人出版社

图书在版编目（CIP）数据

结构转型：跨越高质量发展门槛 / 迟福林，匡贤明主编.
—北京：中国工人出版社，2022.10
ISBN 978-7-5008-7983-1

Ⅰ.①结… Ⅱ.①迟… ②匡… Ⅲ.①中国经济—转型经济—研究 Ⅳ.①F123.9

中国版本图书馆CIP数据核字（2022）第189147号

结构转型：跨越高质量发展门槛

出 版 人	董 宽
责任编辑	左 鹏 王晨轩
责任校对	张 彦
责任印制	黄 丽
出版发行	中国工人出版社
地 址	北京市东城区鼓楼外大街45号 邮编：100120
网 址	http://www.wp-china.com
电 话	（010）62005043（总编室） （010）62005039（印制管理中心） （010）62382916（工会与劳动关系分社）
发行热线	（010）82029051 62383056
经 销	各地书店
印 刷	三河市东方印刷有限公司
开 本	710毫米×1000毫米 1/16
印 张	26.75
字 数	360千字
版 次	2022年12月第1版 2022年12月第1次印刷
定 价	88.00元

目 录

Structural Transformation
Cross the Threshold of High-quality Development

第二章　科技结构转型

科技竞争已经成为大国竞争的焦点。我国科技创新已取得了长足进展，但与发达国家相比仍有明显差距，成为实现高质量发展的掣肘之一。在大变局中，直面“科技脱钩”等严峻挑战，抢占国际竞争的“制高点”，要把推动科技结构转型作为重大任务，提高研发强度，加大基础研究力度，提升科技创新能力。

第三章　消费结构转型

消费是经济增长的第一动力，也是实现高质量发展的重要条件。短期内，受新冠肺炎疫情等多重因素影响，消费面临下降的严峻挑战，消费预期转弱成为突出矛盾。从中长期看，以服务型消费为重点的消费结构转型升级趋势并未改变，仍是一个大趋势。消费结构转型蕴藏着经济增长的潜在动力。关键在于以一揽子结构性政策调整稳定和改善消费预期，以一揽子结构性改革推进消费结构转型，有效释放14亿人的服务型消费潜力。

第四章　城乡结构转型

尚未完全打破的城乡二元结构，制约了高质量发展进程。以城乡一体化为导向推动城乡结构转型，既是构建全国统一大市场的条件，也是增强自身战略定力的基础。要以加快农业工业化进程为重点，以城市群和都市圈发展为重点，不断缩小城乡发展差距。要推动结构性政策调整和结构性改革，尽快形成制度统一、要素双向自由流动、发展成果共享的城乡发展新格局。

第五章　能源结构转型

以能源结构转型推动能源发展与安全，是我国结构转型的重点之一，是实现高质量发展的重大任务。实现能源结构转型的重大突破，需要保障能源供应安全，加快能源技术创新，推动能源绿色低碳转型，在“双碳”与能源安全的双重约束下推动经济高质量发展。

第六章 贸易结构转型

服务贸易已经成为全球自由贸易的焦点和重点。过去10多年来，我国服务贸易加快发展，但仍面临着服务贸易竞争力不强的挑战。适应国内以服务型消费为重点的消费结构升级大趋势，关键在于推进贸易结构转型，奠定高质量发展的基础。为此，需要以结构性改革加快破除服务贸易创新发展的掣肘，推动服务贸易加快发展，增强服务贸易发展的竞争优势。

第七章　以结构转型为主线的结构性改革

结构转型是经济领域的一场深刻变革。当前，我国推进结构转型面临着结构性矛盾和结构性风险的挑战，需要以结构性政策调整和结构性改革破除结构性矛盾，为推进结构转型形成重要动力、创造重要条件。

第八章 以高水平开放推动结构转型

改革开放40多年来，我国经济发展取得重大进展，是在开放的条件下取得的；未来若干年，我国结构转型升级的重大突破，仍然要在开放的环境下取得。从现实情况看，我国产业结构、科技结构、消费结构、能源结构、贸易结构等方面的转型对高水平开放的现实需求明显加大。这就需要从全球大变局的特定背景出发，明确以高水平开放推动结构转型的基本目标，并且在推动规则规制管理标准的对接、推动双边多边自由贸易进程、形成扩大开放新布局等方面取得重大突破。

前 言

当前，面对世界百年未有之大变局，我国作为具有巨大发展潜力，并正处在经济转型升级关节点的大国，要以结构转型应对风险挑战，以结构转型推动经济高质量发展。

21 世纪初，中国（海南）改革发展研究院（简称中改院）研究团队开始关注经济社会发展进程中的结构问题。早在 2001 年，提出了从基础性改革转向结构性改革的判断和建议。前些年，陆续提出以经济转型为主线的相关观点和建议。例如，2012 年前后提出消费主导的研究建议，2015 年前后提出推进人口城镇化的研究建议、加快服务贸易创新发展的研究建议，2016 年提出以经济转型为主线的结构性改革的研究建议、以服务型消费为重点的消费结构转型升级的研究建议，2022 年提出了科技结构转型的研究建议，等等。

客观看，我国正处于结构转型升级的关节点。未来 10 年左右，结构转型仍有较大空间，经济增长仍有较大潜力。与此同时，也要清醒地看到，我国面临着结构性矛盾与结构性失衡的挑战，结构转型面临的风险和挑战不容忽视。一方面，国际形势发生新的重大变化，和平与发展的时代主题面临严峻挑战，发展与冲突成为全球的突出矛盾；另一方面，我国短期经济增长面临压力，尤其是预期转弱的挑战比较严峻。面对内外深刻复杂的变化，未来 10 年左右实现年均 5%左右的增长需要付出相当大的努力。

抓住机遇、应对挑战，关键是通过结构转型把14亿人潜在的增长动力和发展活力充分释放出来。这就更需要加快推进一揽子结构性改革，需要加快推进高水平开放进程。为此，如何把握结构转型面临的机遇与挑战？如何以结构性改革实现结构转型的重大突破？如何以制度型开放推进制度性变革？成为我国实现高质量发展亟待回答的重大问题。

2022年，中改院成立课题组，就结构转型开展专题研究。本书是该专题研究的重要成果。全书由总论和八章组成。第一章至第六章分析产业结构转型、科技结构转型、消费结构转型、城乡结构转型、能源结构转型、贸易结构转型涉及的重大问题；第七章提出以结构转型为主线的结构性改革的基本思路；第八章提出以高水平开放推动结构转型的主要建议。

本书由迟福林与匡贤明担任主编；张飞、陈薇、方栓喜、郭达、郭文芹等参与了思路研究与框架讨论；迟福林、匡贤明、胡雷等担任框架设计、主要执笔；马禹、张东生等参与部分初稿撰写；吴琪参与部分资料收集；陈所华等负责编辑校改工作。

本书形成中，课题组先后召开多场讨论会并征求曹远征教授、常修泽教授等专家的建议；中国工人出版社对本书的出版给予了大力支持，在此一并表示感谢！

迟福林

2022年9月20日

Structural Transformation:
Cross the Threshold of
High-quality Development

总论

以结构转型推动高质量发展

当前，世界百年未有之大变局加速演进，世界之变、时代之变、历史之变的特征更加明显，发展与冲突成为全球突出矛盾。我国作为具有巨大发展潜力，并正处在经济转型升级关节点的大国，要以结构转型升级应对风险挑战，以结构转型升级推动经济高质量发展。

未来 10~15 年，我国产业结构、科技结构、消费结构、城乡结构、能源结构、贸易结构仍有较大的转型升级空间，结构转型仍蕴藏着较大的增长潜力和发展动能；与此同时，结构转型面临着“不进则退”的挑战，国际地缘政治、全球经济格局变化深刻改变着我国结构转型的外部环境；内部深层次体制机制矛盾掣肘着结构转型进程。抓住机遇，尽快实现结构转型的重大突破，是我国实现高质量发展的重要基础，是促进国内国际双循环的重大任务。

一、我国进入工业化后期新发展阶段

1. 总体进入工业化后期

（1）工业化阶段是衡量一个经济体发展进程的重要标志。现代化是基于工业化的人类生产方式和生活方式的历史性过程。它既是基于劳动生产率提升的经济增长的必然结果，更是与工业化进程相适应的经济、社会、文化以及环境等制度安排的结果。也就是说，推进现代化进程，在很大程度上亦是推进工业化的进程。

（2）总体进入工业化后期。

——从人均 GDP 看，2021 年，我国人均 GDP 达到 80976 元，按年平均汇率折算，达到人均 12551 美元，超过世界人均 GDP 水平。

——从经济结构看，2021 年，我国三次产业占比分别为 7.3%、39.4%和 53.3%，制造业增加值占 GDP 比重达到 27.4%，制造业增加值占商品增加值比重达到 58%。

——从就业结构看，2021 年，我国三次产业就业占比分别为 22.9%、29.1%和 48%。

——从城镇化进程看，2021 年，我国常住人口城镇化率达到 64.72%。

——从工业化综合指数的量化角度看，2020 年我国工业化综合指数达到 93①。

（3）基本形成完备的工业体系。目前，我国工业拥有 41 个大类、207 个中类、666 个小类，是世界上工业体系最健全的国家，在全球实物生产能力上具备某些不可替代的优势。例如，我国家电、制鞋、棉纺、化纤、服装的产能占世界 50%以上；在 500 种主要工业产品中，40%以上产品的产量位居世界第一，如粗钢、煤、水泥、棉布等。光伏、新能源汽车、家电、智能手机、消费级无人机等重点产业已跻身世界前列，通信设备、工程机械、高铁等一批高端品牌走向世界②。这一优势如果能够得到进一步的拓展，将转化成为产业链和供应链上的某些突出优势。

2. 工业化进程的基本特征

（1）大规模人口的工业化。改革开放以来，我国推动工业化进程，是一个拥有超过 14 亿人口大国的工业化。至今，这在全球工业化进程中是一个史无前例的规模。

（2）快速的工业化。若保持现有的增长速度（2021 年为基准），预计到 2035 年我国将全面实现工业化。如果从 1956 年三大改造结束后算起，我国工业化大约用时 80 年；如果从改革开放算起，则不足 60 年。

（3）不平衡的工业化。作为一个大国，我国区域发展相当不平衡，各

---

① 黄群慧 . 2020 年我国已经基本实现了工业化——中国共产党百年奋斗重大成就[J]. 经济学动态，2021（11）.

② 中国制造业何以稳居世界第一[N]. 经济日报，2021-09-22.

地区还处于工业化的不同阶段。有研究表明，2019 年，我国 6 个地区进入后工业化阶段；14 个地区处于工业化后期；11 个地区处于工业化中期①。

3. 工业化进程国际经验

（1）美日韩经济转型的基本特征。

——农业占比持续下降并长期处于低位。

——产业要素特征从劳动密集型到资源密集型，再到技术密集型转变。

——工业和制造业占比持续下降，但存在结构性区别。传统的劳动密集型制造业占比下降，但新兴的高技术含量的制造业占比上升或保持其优势地位。

——服务业占比持续上升，但也存在结构性区别。传统的、满足基本生活需求的服务业占比下降，但科技含量较高、人力资本密集型服务业的占比提升且占据优势地位。

（2）拉美陷阱的基本教训。全球化、市场化、城市化并不是拉美教训的根源。拉美国家经验教训是，政府放弃财政纪律和产权保护原则，做出各种超出政府支付能力的福利承诺，致使通货膨胀加剧和外债高筑，造成政治和经济周期的大起大落和两极分化②。拉美某些国家如巴西、阿根廷等国的结构长期未能实现转型升级，这是掉入“中等收入陷阱”的重要原因。

4. 新型工业化进程

（1）新型工业化进展。新型工业化强调工业化、信息化、绿色化协同发展。从党的十六大第一次提出“我国应该走新型工业化道路”到党的十九届五中全会明确提出“到 2035 年要基本实现新型工业化”，我国新型工业化取得了明显进展。2020 年，我国重点领域规模以上工业关键工序数控

① 黄群慧，李芳芳 等．中国工业化进程报告（2021）[M]．北京：社会科学文献出版社，2022. 2.

② 刘鹤．两次全球大危机的比较研究[M]．北京：中国经济出版社，2013. 2.

化率、数字化研发设计工具普及率分别达到 55. 3%和 74. 7%；新增“两化”融合管理体系贯标企业超过 3 万家，其中炼化、印染、家电等领域接近国外先进水平；工业互联网网络、平台、安全三大体系夯基架梁工作基本完成①。

（2）新型工业化的挑战。

——工业现代化水平不高。例如，第一，在工业增长率方面，近年来我国工业增长率仅为 4. 8%，低于日韩等发达经济体的同一水平的发展阶段的增长率。第二，在工业结构方面，高加工度化和技术集约化水平与发达国家还有较大差距，为工业现代化国家的 45%～60%的水平。第三，在工业发展环境方面，相当于工业现代化国家的 50%的水平②。

——城镇化进程滞后。一方面，我国 2020 年常住人口城镇化率（63. 89%）不仅低于高收入国家水平（81. 76%），而且低于巴西（87. 03%）、南非（67. 35%）、俄罗斯（74. 75%）的城镇化水平③；另一方面，我国城镇化质量不高，户籍人口城镇化率与常住人口城镇化率之间的缺口长期保持在 17～18 个百分点。

——居民消费率水平偏低。与 G7 国家同等 GDP 水平时期的消费率相比，我国居民消费率水平明显偏低。2020 年，我国居民消费率仅为 37. 74%，而同等 GDP 水平下 G7 国家的居民消费率均在 50%以上，美国、英国、德国、意大利均在 60%左右。

——老龄少子化挑战严峻。一方面，人口自然出生率不断下降，少子化成为突出挑战。1978 年，我国人口自然增长率为 12‰，到 1997 年跌破 10‰，到 2018 年跌破 5‰，到 2021 年仅有 0. 34‰，2022 年有可能负增长。另一方面，快速老龄化的挑战。我国 65 周岁及以上人口占比，2000 年达

① 我国连续 11 年位居世界第一制造业大国 对世界制造业贡献比重接近 30%[EB/OL]. 央广网，2021-03-01.

② 黄群慧，李芳芳 等. 中国工业化进程报告（2021）[M]. 北京：社会科学文献出版社，2021. 12.

③ 根据世界银行统计数据整理得出。

到7%，进入老龄化社会；到2014年首次突破10%，此后迅速提升，到2020年达到13.5%。此外，我国未富先老的特点相当明显。第七次全国人口普查结果显示，我国60周岁及以上人口占18.7%。预计“十四五”时期，我国60周岁及以上老年人口将超过3亿人，占总人口比例将超过20%，我国将进入中度老龄化社会①。到2033年将突破4亿人，占总人口的四分之一左右；而到2050年前后将达到4.87亿人，约占总人口的三分之一，老年人口数量和占总人口比例双双达到峰值②。

（3）新型工业化的战略目标。工业是国民经济的命脉，是实体经济的主体。基本实现现代化所要求的新型工业化，超越了狭义的工业化（工业产值和就业比重的增加），而是以信息化带动工业化，以工业化促进信息化，科技含量高、经济效益好、资源消耗低、环境污染少、人力资源优势得到充分发挥的工业化，是一种高质量的、体现新发展理念的工业化。

二、我国工业化后期的结构转型

1. 结构转型基本趋势

（1）产业结构转型趋势。

——以服务业为主导的三次产业结构已经形成，生产性服务业占比逐步上升，服务业与制造业进一步融合。与此同时，制造业仍是我国第一大支柱行业。

——面向2035年的产业结构转型趋势。大力发展先进制造业和生产性服务业，大力推动“两业”融合发展，基本实现新型工业化，形成数字经济新优势，提升我国在全球供应链价值链中的地位。

① 王晋．推动普及积极老龄观［N］．经济日报，2022-03-14.

② 到2050年老年人将占我国总人口约三分之一［EB/OL］．新华网，2018-07-19.

（2）科技结构转型趋势。

——科技结构转型升级趋势明显。过去几年，我国科技创新取得重要进展，为高质量发展奠定了重要基础。

——研发经费规模不断扩大。从 1995 年到 2021 年，全国研发支出规模从 348.69 亿元增长到 2.79 万亿元。不考虑价格因素，年均增长 19.15%；研发支出与 GDP 的比值（研发强度）从 0.57%提升到 2.44%。按 7%的年均实际增速初步预测，到 2025 年，我国研发经费总规模将超过 3.7 万亿元①，研发强度将达到 2.8%~3%。

（3）消费结构转型趋势。

——服务型消费增长趋势。随着我国社会主要矛盾的变化，人民对美好生活的需要日益增长，教育、医疗、健康、文化、信息等服务型消费支出明显增长，消费结构呈现较快升级的态势。2013—2020 年，我国居民服务型消费支出占比由 39.7%提升至 42.61%，年均提升约 1 个百分点。其中，城镇居民服务型消费支出占比由 41.7%提升至 44.5%，年均提升 0.9 个百分点；农村居民服务型消费支出占比由 34.3%提升至 37.85%，年均提升 0.5 个百分点。

——消费结构转型重在稳消费预期。2022 年上半年，社会消费品零售总额同比下降 0.7%。这有多方面原因，其中突出的矛盾在于，新冠肺炎疫情多点频发导致消费信心、消费倾向、消费意愿呈现“三下降”态势②。推进消费结构升级，重在稳定消费预期。

（4）城乡结构转型趋势。

——城镇化仍有空间。2021 年，我国的常住人口城镇化率达到 64.72%，户籍人口城镇化率达到 45.4%。从国际视角看，我国的城镇化仍有较大空间。预计到 2025 年，我国常住人口城镇化率将达到 68%~70%；

① 国家发改委规划司．“十四五”规划《纲要》主要指标之 4——全社会研发经费投入增长[EB/OL]．国家发改委网站，2021-12-25.

② 迟福林．稳消费重在稳消费预期[N]．经济日报，2022-08-01.

到2030年将达到75%左右并逐步稳定；如果农业工业化进程能够取得重大突破，到2025年户籍人口城镇化率将超过50%；到2030年将达到65%左右。

——城市群都市圈发展成为大势。未来5~10年，都市圈和城市群的加快发展，将是我国经济增长最大的结构性潜能。从国际发展经验看，世界顶级城市群大都经历过城市间自由竞争、都市圈及产业集群形成、城市间协同发展的过程。未来10~15年，我国都市圈和城市群的加快发展，作为聚集人口和产业的重要空间载体，将为“十四五”时期以及今后更长时期国家现代化建设和高质量发展提供有力支撑。

——农业与其他产业融合成为大势。未来5~10年，我国有望在推动农业与制造业和数字经济的融合中，改变农业技术基础，推动农业产业基础高级化，重塑农业价值链，实现农业产业集群化发展。

（5）能源结构转型趋势。

——能源结构由传统化石能源向绿色低碳能源转型。在能源结构方面，到2025年非化石能源消费占比有望上升至20%左右，到2030年将上升至25%左右，到2050年将超过50%；在能源消耗方面，到2025年单位国内生产总值能源消耗有望比2020年下降13.5%，达到0.47吨标准煤/万元左右。

——碳排放强度逐步下降。到2025年，单位国内生产总值二氧化碳排放将降到6千克/现价美元GDP左右（基于2018年数据）；到2030年将降到4.2千克/现价美元GDP左右（基于2010—2018年的平均降速测算），实现“碳达峰”战略目标，同时为实现“碳中和”战略目标奠定坚实基础。

（6）贸易结构转型趋势。

——我国服务贸易较快增长。2014—2019年，我国服务贸易额由6520.2亿美元增长至7850亿美元，占外贸总额的比重由13.2%提高至14.6%，提高1.4个百分点。2020年以来，受新冠肺炎疫情影响，服务贸易进出口总额虽有所波动，但总体上处于增长态势中。2020年，我国服务贸易规模继续保持世界第二位，全球占比提升至6.9%①。2021年服务贸易总额由2020年的6617.2亿美元增长至8214.4亿美元，同比增长24.1%。由于货物贸易超常规增长，服务贸易占外贸总额比重由12.4%下降到11.9%②。

——服务贸易是全球自由贸易发展的重要方向，也是高水平国际经贸规则关注的焦点领域，是我国推动产业链、价值链向中高端迈进并提升全球经贸规则话语权的关键所在。

——服务贸易仍存在较大发展空间。2022年上半年，我国服务进出口总额28910.9亿元人民币，同比增长21.6%。其中服务出口14059.5亿元人民币，增长24.6%；进口14851.4亿元人民币，增长18.9%。服务贸易逆差下降34.3%，为791.9亿元人民币③。预计到2025年，我国服务贸易规模将达到1万亿美元以上，占外贸总额的比重达到20%。

2. 结构转型蕴藏增长动力

（1）服务型经济发展蕴藏的结构性潜能。2000—2019年，我国服务业增加值年均增长15.8%，是同期世界平均增速的3.8倍，分别是美国、德国、英国、日本的4.2倍、14.4倍、7.9倍、26.3倍。2014—2019年，按美元计算，我国服务业年均名义增长8.9%，美国服务业年均名义增长4%左右。如果能尽快消除新冠肺炎疫情对服务业的影响，尽快回归到常态发展的轨道，不仅短期内服务业将迎来复苏，而且为中长期发展奠定重要基础。预计到2036—2040年，我国服务业增加值有望超过美国，成为全球第一大服务业市场。

（2）消费型经济发展蕴藏的结构性潜能。2013—2019年，我国人均服

---

① “十四五”服务贸易发展规划[EB/OL]. 商务部网站，2021-10-19.

② 2014—2019年数据根据《中国统计年鉴2021》统计数据整理得出，2021年数据根据《中华人民共和国2021年国民经济和社会发展统计公报》统计数据整理得出。

③ 商务部服贸司负责人介绍2022年上半年服务贸易发展情况[EB/OL]. 中国政府网，2022-08-04.

务型消费年均增长 11.1%，高于同期人均消费支出增速 3 个百分点左右；服务型消费占消费支出的比重由 39.7%上升 45.9%[①]。如果能尽快稳定消费预期，调整并取消某些抑制消费的政策安排，预计到 2025 年，我国服务型消费占比将超过 50%，开始进入服务型消费社会。为此，需要更加注重稳定消费预期，并通过结构性政策调整与结构性改革，在全面促进消费上破题发力。

（3）绿色型经济发展蕴藏的结构性潜能。以“减碳”为例，我国实现“双碳”目标需要投资规模预计为 150 万亿~300 万亿元人民币，年均投资将达到 3.75 万亿~7.5 万亿元人民币，相当于全年投资的 10%。以“双碳”、新信息技术等在内的新基建投资，有可能拉动 GDP 年均增长 1 个百分点左右。因此，关键在于加快推进能源价格改革、生态价值实现、投资体制改革、绿色财税金融体制等多方面的制度集成创新，形成对绿色型经济发展的激励约束机制，推动绿色型经济发展。

3. 2035：以结构转型增强发展阶段的战略主动

（1）从体制转型、发展方式转型到结构转型。过去 40 多年来，我国的转型进程大体可以分为三个阶段，即体制转型、发展方式转型和结构转型。这三个阶段的转型，有其不同的重点，但都适应了改革开放进程中不同发展环境，并由此推动了 40 多年的快速发展。当前，由追求经济发展的体量与速度向追求经济发展的结构与质量的转型，重点是推动产业结构、科技结构、消费结构、城乡结构、能源结构、贸易结构等转型升级。这需要以结构性改革为主线，以高水平开放为重要动力。

（2）2035：以结构转型赢得发展主动。

——抓住解决问题的时间窗口期。比如，人口结构调整是我国走向现代化进程中最大的挑战。从各国实践看，改变人口出生率下降的趋势十分具有挑战性。但作为转型中的大国，我国仍具有某些“动态性”的特点，

① 国家统计局．中国统计年鉴 2021［M］．北京：中国统计出版社，2021.9.

未来10~15年是我国优化人口结构的“时间窗口期”。

——有效化解结构性风险。比如，未来15年，“00后”“10后”将成为青年人主体，某些社会问题的形式甚至性质有可能发生变化。如不在这之前解决因人口结构变化带来的的结构性矛盾的挑战，经济社会发展的风险因素将有可能加大。

——实现经济结构基本定型。以结构性改革推动经济结构的转型升级，到2035年总体上实现经济结构的基本定型。届时，除了科技革命突破带来的重大结构调整外，经济结构实现基本稳定、总体合理，由此为2050年迈向社会主义现代化强国奠定重要基础。

三、推动结构性改革与结构性政策调整

1. 以结构性政策调整稳定短期经济增长

（1）短期经济增长压力有所加大。2022年上半年，我国GDP增长为2.5%，其中第二季度仅为0.4%，增长压力明显加大。受新冠肺炎疫情等因素的影响，一方面，消费增速明显下降。2022年上半年社会消费品零售总额负增长0.7%，消费预期转弱的挑战明显。另一方面，包括服务业企业在内的相当多的市场主体难以正常运营，经营压力明显加大。2022年1—7月，规模以上工业企业中，外商及港澳台商投资企业利润总额下降14.5%，私营企业利润总额下降7.1%[①]。另一个挑战是民间投资持续下降。数据显示，2021年民间投资增速出现反弹，达到7%，但到2022年7月，民间投资（累计）增速又下降到2.7%，成为2021年以来的最低水平。

（2）实现5%左右的增长是保持战略定力的坚实基础。到“十四五”末达到现行的高收入国家标准；到2035年实现经济总量或人均收入翻一

① 国家统计局. 2022年1—7月份全国规模以上工业企业利润下降1.1%[EB/OL]. 国家统计局网站，2022-08-27.

番；未来 15 年 GDP 实际增速需要年均达到 4.78%左右。

（3）关键是增长潜力的释放。未来 15 年，如果有效释放经济转型升级蕴藏的巨大潜力，依托我国巨大的市场，依靠全面深化改革开放，经济实现年均 5%左右的增长是完全有条件、有可能的。

2. 以结构性改革推动结构性政策调整

（1）结构转型需要结构性政策调整，更需要结构性改革的突破。

——结构转型需要更加灵活的政策体系，调整政策是推进结构转型的直接需求。比如，实现制造业和生产性服务业的高质量发展，推动以自主创新为导向的科技结构转型与绿色低碳的能源结构转型，这些都需要更加灵活的投资与开放政策。

——结构转型需要国内政策与国际制度的有效衔接。比如，在推进高水平开放进程中，对标国际竞争中性准则，强化竞争政策的基础性地位，产业政策以更加精准的“因产制宜”的形式，有效发力。

（2）结构转型伴随体制的深刻变革，需要结构性改革的突破。比如，在行政体制改革方面，推进政府职能向以公共服务提供为主转变，加快建设高效率服务型政府，才能更好促进结构转型。

（3）结构转型伴随着政策调整与体制变革的密切配合，需要结构性改革的突破。例如，在推进教育培训政策调整的同时推动教育体制改革。我国现行的教育发展方式带有考试型、封闭性、行政化的特点，这正是难以形成自主创新能力、人才供给失衡的重要原因之一。为此，要在教育监管政策调整的同时推动教育由规模型向质量型转型、由考试型向能力型转型、由封闭性向开放性转型、由行政化向专业化转型。

3. 以深化结构性改革破解结构性失衡

（1）作为 14 亿人口的大国，结构转型仍有巨大空间。一方面，相比成熟的市场经济国家，我国结构性政策可以发挥比总量性政策更大的作用；另一方面，我国还面临着比较多的结构性失衡，并由此形成结构性风险和矛盾。其中有些矛盾和风险还相当大，需要高度警惕。

（2）结构转型的历史使命。我国面临的不平衡的挑战，既有发展本身不平衡带来的结构性失衡，也有政策不协调与新旧体制摩擦带来的结构性失衡。从发展历程看，14 亿人口大国在发展进程中，不断解决旧的结构性失衡，同时又不断产生新的结构性失衡，这是一个动态的过程，由此也形成了结构转型的历史使命。

四、务实推进制度型开放

1. 推进制度型开放

（1）以扩大内需为导向推进高水平开放。

——我国城乡居民消费结构升级对世界多样化、高品质的产品和服务产生更多需求。预计到 2030 年，我国累计商品进口额有望超过 22 万亿美元。

——随着我国经济全面深度融入世界，释放 14 亿人的内需潜力、促进经济结构转型升级，需要以更高水平开放融入国际经济循环。

——以扩大内需为基本导向的高水平开放，就是要以主动开放释放 14 亿人大市场潜力，以主动开放的重要动力实现内外市场联通、要素资源共享，构建更加开放的国内国际双循环。

（2）以服务贸易为重点建设高水平开放型经济新体制。

——服务贸易已成为全球自由贸易与经济增长的重要动力，也是我国推动高水平开放的重点所在。以服务贸易为重点构建更高层次开放合作新格局，是加快建立高水平开放型经济新体制的关键所在，是充分发挥我国超大规模市场优势和释放经济转型升级内需潜力的重大举措，是构建新发展格局的重大任务。

——加快推进服务业对内对外开放进程。在服务业市场开放与服务贸易发展直接融合的背景下，加快打破服务业领域的市场垄断与行政垄断，推进垄断行业向社会资本开放，推进服务业领域国有资本布局优化和结构调整。

——强化服务贸易自由便利的制度安排。例如，加快制定并实行全国跨境服务贸易负面清单，减少和降低“边境后”壁垒；形成与国际接轨的服务贸易标准，提升服务监管的国际化水平；等等。

(3) 打造服务贸易开放新高地。例如，在海南自由贸易港实施与 CPTPP 服务贸易开放水平基本相近的跨境服务贸易负面清单，探索实行外商投资准入负面清单与跨境服务贸易负面清单的一体化管理，为我国加入 CPTPP 提供压力测试①。

2. 推进制度性变革的突破

（1）开放是最大的改革。经过 40 多年的改革开放，我国从打开国门到全方位开放；从以制造业领域为主的开放到以服务贸易领域为重点的开放；从货物和服务为重点的开放到制度型开放；从经济全球化的参与者到经济全球化的推动者，走出了一条令世界瞩目的新型开放大国之路。40 多年的发展进程表明，开放是最大的改革②；从未来趋势看，开放也仍是最大的改革。

（2）以高水平开放推动制度性变革。在高水平开放中深化改革，关键是建立高标准市场经济体系，核心是深化要素市场化改革，充分发挥市场在资源配置中的决定性作用，更好发挥政府作用。例如，加快服务业市场开放，深化要素市场化改革，保护企业家合法权益，充分发挥企业家在资源优化配置中的重要作用，推进数据要素市场化，打造市场化、法治化、国际化营商环境，提升市场监管的有效性等。

3. 赢得国际合作竞争与全球治理的主动

（1）应对单边主义与贸易保护主义。

——单边主义与贸易保护主义抬头，并威胁全球自由贸易进程。2019

① 迟福林. 走向高水平、制度型对外开放[N]. 光明日报，2021-12-08.

② 迟福林. 新型开放大国的选择[N]. 经济参考报，2019-09-11.

年，全球货物贸易量同比下降0.1%，出现10年来的首次下降①。2020年，在新冠肺炎疫情的影响下，单边主义与贸易保护主义势头进一步上升。

——面对单边主义、贸易保护主义挑战，我国坚持改革开放不动摇，继续推出扩大开放的重大举措，对维护经济全球化大局、维护多边贸易体制、推进世界经济增长都将产生重大影响。

（2）以服务贸易和数字贸易为重点积极参与全球经贸规则制定。

——服务贸易与数字贸易的快速增长，成为全球经贸规则重构的焦点。从推进全球自由贸易进程出发，积极参与和引领建设开放、包容、共享、均衡的区域性和全球性服务贸易协定，带动新兴经济体和发展中国家平等参与区域和全球服务贸易体系建设，提出符合发展中国家实际的服务贸易与数字贸易规则，释放全球服务贸易需求潜力。

——积极参与构建开放包容的数字贸易规则，与其他数字贸易大国形成数字贸易下的自由贸易政策安排。我国已经积极申请加入《数字经济伙伴关系协定》（DEPA），并成立加入DEPA工作组，全面推进加入DEPA的谈判。以申请加入DEPA为契机，加快构建我国的数字贸易规则体系，制订数字贸易规则设计工作计划、实现路径和完成时限，建立统筹协调机制，推动各规则模块有序构建。更深程度参与电子商务与数字贸易规则谈判，积极参与传统电子商务议题以外的新兴议题的磋商和对话，同时在区域贸易协定谈判中也应加入数字贸易议题的讨论，扩大我国规则主张的国际影响力。

（3）在广泛协商、凝聚共识基础上改革和完善全球治理体系。

——经济全球化遭遇逆流的重要原因之一在于经济全球化的发展红利并未被各国所公平共享，在一些经济体并未被全体国民所公平分享。经济全球化需要转向更加包容的新模式。比如，有的国家在过去几十年的发展

① 去年全球贸易量出现十年来首次下降，新冠疫情正雪上加霜[EB/OL]. 界面新闻，2020-02-26.

中，中等收入群体比重不升反降，普通工人实际平均工资不升反降。由此形成了对全球化强大的逆向力量。

——从全球经济可持续增长目标出发，构建包容性全球化的制度保障，坚持把共商共建共享贯彻到全球化和区域化制度安排中，使更多的国家、地区和群体能够参与到经济全球化进程中并公平分享红利，推动经济全球化朝着更加开放、包容、普惠、平衡、共赢的方向发展。

Structural Transformation: Cross the Threshold of High-quality Development

第一章

产业结构转型

进入工业化后期，我国已形成了以服务业为主导、以制造业为第一支柱行业的产业结构。从高质量发展的现实需求看，我国产业结构优化与制造强国的要求尚有一定距离。跨越高质量发展门槛，需要加快补齐产业发展短板，明显提升高技术产业占比，形成数字经济发展新优势，基本实现新型工业化。

未来10~15年，推进产业结构转型成为经济高质量发展的重要基础。经过40多年的改革发展，我国从传统计划经济体制下的重工业中摆脱出来，充分利用市场力量，推动产业结构转型升级，形成了基于市场经济基础的、比较完整的产业体系。当前，面对全球产业链供应链价值链重构的趋势及挑战，推进产业结构转型升级，要集中攻关补短板，要以“两业”“两化”融合为突破，要形成数字经济发展新优势，基本实现新型工业化，奠定高质量发展的产业基础。

第一节　我国产业结构转型进程

当前，我国总体上进入工业化后期发展阶段。从趋势看，产业结构转型升级仍有较大空间，同时在全球格局变化下也面临着严峻挑战。抓住产业结构转型的重要机遇、有效应对产业竞争的挑战，已经成为我国跨越高质量发展门槛的重大课题。

一、我国进入工业化后期

1. 产业结构不断升级

改革开放40多年来，我国产业结构不断调整。从改革计划经济的工业体系开始起步，通过市场化改革，以“轻纺六优先”为突破重新“补上”

市场经济下推进工业化这一课，推动产业结构不断优化升级。2012 年以来，第三产业占比首次超过第二产业。最近几年，我国第二产业占比稳定在 40%左右，工业占比不低于 30%，服务业保持在 54%～55%（见图 1.1、图 1.2）。

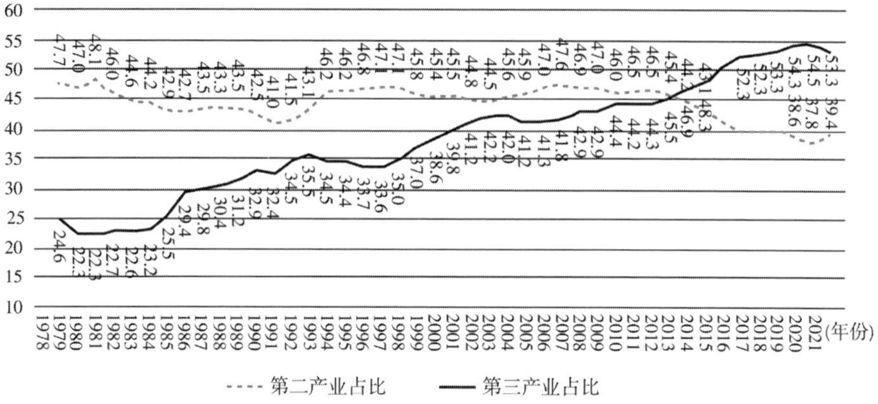

图 1.1　1978—2021 年我国第二产业与第三产业占比（单位：%）

数据来源：国家统计局．中国统计摘要 2022［M］．北京：中国统计出版社，2022. 5.

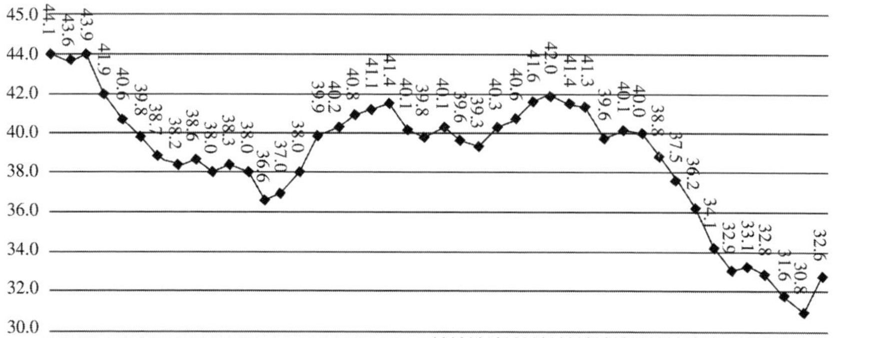

图 1.2　1978—2021 年我国工业占比（单位：%）

数据来源：国家统计局．中国统计摘要 2022［M］．北京：中国统计出版社，2022. 5.

2. 进入工业化后期

从各国发展历程看，现代化是基于工业化的人类生产方式和生活方式的历史性过程。它既是基于劳动生产率提升的经济增长的必然结果，更是与现代化进程相适应的经济、社会、文化以及自然环境的制度安排的结果。经过几十年的发展，我国总体上进入工业化后期（见表1.1、见表1.2）。

表1.1　工业化阶段基本判断标准

基本指标	指标性质	前工业化阶段	工业化实现阶段			后工业化阶段
			工业化初期	工业化中期	工业化后期	
人均GDP（2010年美元）	经济发展水平	827~1654	1654~3308	3308~6615	6615~12398	12398以上
三次产业增加值占比	产业结构	A>I	A>20%，A<I	A<20%，A<I	A<10%，I>S	A<10%，I<S
人口城镇化率	空间结构	30%以下	30%~50%	50%~60%	60%~75%	75%以上
第一产业就业占比	就业结构	60%以上	45%~60%	30%~45%	10%~30%	10%以下

注：A，I，S分别代表第一产业、第二产业、第三产业增加值占比。
资料来源：黄群慧．工业化后期的中国工业经济[M]．北京：经济管理出版社，2018.2.

表1.2　2021年我国处于工业化后期

基本指标	工业化初期（1978）	工业化中期（2004）	工业化后期（2021）
人均GDP（美元）	228.7（低于496美元进入工业化初期的标准）（1978年美元）	3957（符合2880~5760美元的标准）（2004年美元）	12551（符合7112~13910美元的标准）（2020年美元）
产业结构	27.7%∶47.7%∶24.6%（符合第一产业占比>20%，且第一产业占比低于工业占比的标准）	12.9%∶45.9%∶41.2%（符合第一产业占比<20%，且第二产业占比超过第三产业占比的标准）	7.3%∶39.4%∶53.3%（符合第一产业占比<10%，且第三产业占比超过第二产业占比的标准）
城镇化率	17.92%（符合低于30%的标准）	41.76%（符合30%~50%的标准）	64.72%（符合60%~75%的标准）
第一产业就业占比	70.53%（符合超过50%的标准）	46.90%（符合30%~50%的标准）	22.9%（符合低于30%的标准）

数据来源：中改院课题组整理。

二、产业结构转型进程

1. 制造业成为第一大支柱产业

（1）制造业成为支柱产业。2021 年，我国制造业行业增加值规模为 31.4 万亿元，占 GDP 比重为 27.4%，居各行业首位。

（2）制造业成为吸纳就业的重要领域。以城镇非私营单位就业情况为例，2020 年制造业从业人数为 3805.5 万人，占比为 22.33%，位居各行业之首（见表 1.3）。

表 1.3　2020 年我国主要行业从业人数及占比（以城镇非私营单位就业情况为例）

行业	行业从业人数（万人）	占比（%）
农、林、牧、渔业	85.7	0.50
采矿业	352.1	2.07
制造业	3805.5	22.33
电力、热力、燃气及水生产和供应业	379.7	2.23
建筑业	2153.3	12.64
批发和零售业	786.9	4.62
交通运输、仓储和邮政业	812.2	4.77
住宿和餐饮业	256.6	1.51
信息传输、软件和信息技术服务业	487.1	2.86
金融业	859.0	5.04
房地产业	525.4	3.08
租赁和商务服务业	643.6	3.78
科学研究和技术服务业	431.2	2.53
水利、环境和公共设施管理业	245.6	1.44
居民服务、修理和其他服务业	82.8	0.49
教育	1958.9	11.50
卫生和社会工作	1051.9	6.17
文化、体育和娱乐业	149.5	0.88
公共管理、社会保障和社会组织	1972.2	11.57

数据来源：国家统计局．中国统计年鉴 2021［M］．北京：中国统计出版社，2021.9.

（3）我国制造业发展深刻改变全球制造业格局。

——从制造业增加值占世界比重来看，2021 年，我国制造业增加值占世界比重接近 30%[①]，连续 12 年居世界首位，远远超过 G7 国家的规模与占比。

——从制造业供应链覆盖程度来看，以制造业商品出口目的地平均距离来测度，我国制造业供应链覆盖全球的程度比日本、韩国要高。我国制造业商品出口目的地的平均距离为 6407 公里，与产品供应国平均距离为 6153 公里，这两个物理距离都超过日本的 6116 公里和 6107 公里、韩国的 5351 公里和 5504 公里[②]。

——我国制造业加快融入全球市场。在制造业 31 个大类、179 个中类和 609 个小类中，我国完全对外开放的已有 22 个大类、167 个中类和 585 个小类。近些年，在我国设立区域总部、研发中心的跨国公司近 2000 家[③]。

2. 制造业结构逐步优化

（1）高技术制造业占比提升。

——“十三五”时期，我国高技术制造业增加值平均增速达到 10.4%，高出规模以上工业增加值的平均增速 4.9 个百分点。信息传输、软件和信息技术服务业的增加值由约 1.8 万亿元增加到了 3.8 万亿元，占 GDP 比重由 2.5%提升到 3.7%[④]。

——2021 年，高技术制造业吸纳就业人数在第二产业中占比约 12%[⑤]。

——2018 年，高技术产业出口占制造业比重为 31.4%，高于 G7 国家

---

① 我国连续 11 年位居世界第一制造业大国 对世界制造业贡献比重接近 30%[EB/OL]. 央广网，2021-03-01.

② 李娣. 全球三大生产网络比较研究[J]. 全球化，2018（09）.

③ 黄群慧. 中国的制造业发展与工业化进程：全球化中角色[J]. 中国经济学人，2019（04）.

④ 我国连续 11 年位居世界第一制造业大国 对世界制造业贡献比重接近 30%[EB/OL]. 央广网，2021-03-01.

⑤ 孙付、李紫洋. 新经济：特征、地位及前景——从高技术产业看转型升级[R]. 华西证券，2021.2.

（见图 1.3）。

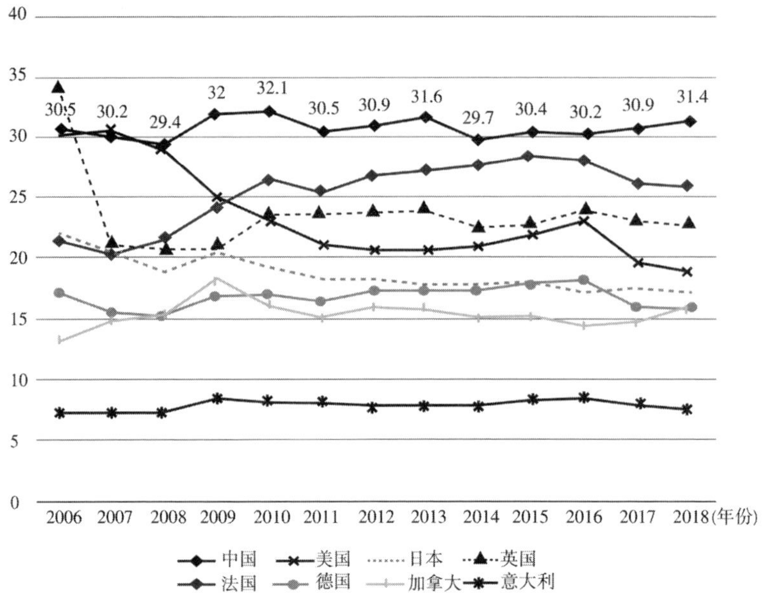

图 1.3　2006—2018 年各国高技术产业出口占制造业比重（单位：%）

数据来源：国家统计局社会科技和文化产业统计司．中国高技术产业统计年鉴 2021［M］．北京：中国统计出版社，2021.11.

（2）智能制造较快发展。“十三五”期间，我国发布了 285 项智能制造国家标准，主导制定 47 项国际标准，涵盖了企业生产制造的全流程。建成 600 多个智能工厂，智能制造示范项目生产效率平均提高 44.9%，能源利用率提升 19.8%，运营成本降低 25.2%，产品研制周期缩短 35%，产品不良品率降低 35.5%①。

（3）战略性新兴产业不断发展。2020 年，我国战略性新兴产业增加值占 GDP 比重为 11.7%，比 2014 年提高 4.1 个百分点；2021 年，战略性新兴服务业企业营业收入比上年增长 16.0%，集成电路产量 3594.3 亿块，增长 37.5%②。

---

① 我国连续 11 年位居世界第一制造业大国 对世界制造业贡献比重接近 30%［EB/OL］．央广网，2021-03-01.

② 战略性新兴产业在成长壮大［N］．经济日报，2022-03-22.

（4）专精特新企业培育规模不断扩大。目前，我国已培育8997家专精特新“小巨人”企业、848家制造业单项冠军企业、5万多家专精特新企业，中小企业创新力、竞争力、专业化水平大幅提升。约半数“小巨人”企业的主导产品国内细分市场占有率为10%~30%，其中有235家企业的主导产品国内细分市场占有率达90%以上。“小巨人”企业共设立国家级、省级研发机构超一万家，平均研发人员占比达28.7%，平均研发强度达8.9%，平均拥有有效发明专利15.7项。在经营发展方面，2021年“小巨人”企业营业收入总额超3.7万亿元，同比增长31.5%，比规模以上中小工业企业高11.6个百分点。利润总额近0.4万亿元，平均每户企业利润4000万元，是规模以上中小工业企业的3.4倍①。

（5）“三新”产业成为重要新生力量。2021年，我国“三新”经济增加值为197270亿元，比上年增长16.6%（未扣除价格因素），比同期GDP现价增速高3.8个百分点；占GDP比重为17.25%，比上年提高0.17个百分点。“三新”产业分三次产业看，第一产业增加值为7912亿元，比上年增长6.6%，占比为4.0%；第二产业增加值为87499亿元，比上年增长19.1%，占比为44.4%；第三产业增加值为101859亿元，比上年增长15.3%，占比为51.6%②。

3. 生产性服务业和高技术服务业较快发展

（1）生产性服务业增加值不断扩大。2016—2019年，我国生产性服务业增加值规模从15万亿元增长至20.7万亿元，占GDP比重从20.1%上升至21.02%（见表1.4）。

① 郭倩．工信部多举措促企创业兴业 专精特新“小巨人”企业达8997家[N]．经济参考报，2022-09-09.

② 2021年我国“三新”经济增加值相当于国内生产总值的比重为17.25%[EB/OL]．国家统计局，2022-07-29.

表 1.4　2016—2019 年我国生产性服务业增加值及占比（单位：亿元）

年　份	2016	2017	2018	2019
交通运输、仓储和邮政业	33028.7	37121.9	40337.2	42466.3
信息传输、软件和信息技术服务业	20124.1	23808.9	28733.5	33391.8
金融业	59964	64844.3	70610.3	76250.6
租赁和商务服务业	21528.6	25273.3	29468.5	32638
科学研究和技术服务业	15394.2	17444.7	20175.3	22624.3
生产性服务业增加值合计	150039.6	168493.1	189324.8	207371
GDP 规模	746395.1	832035.9	919281.1	986515.2
生产性服务业占比（%）	20.10	20.25	20.59	21.02

数据来源：国家统计局．中国统计年鉴 2021［M］．北京：中国统计出版社，2021.9

（2）高技术服务业较快发展。2021 年，高技术服务业增加值在第三产业中的占比约 12%，吸纳就业人数在整体服务业占比约 6%①；高技术服务业固定资产投资比上年增长 7.9%，高出全部服务业固定资产投资 5.8 个百分点；高技术服务业实际使用外资同比增长 19.2%②。

（3）生产性服务业内部结构不断优化。从生产性服务业内部结构看，信息传输、软件和信息技术服务业占比从 2016 年的 12.3%上升至 2019 年的 14.82%；科学研究和技术服务业占比从 2016 年的 9.41%上升至 2019 年的 10.04%；金融业占比从 2016 年的 36.64%下降至 2019 年的 33.85%（见图 1.4）。这表明近年来我国生产性服务业内部结构有所优化。

（4）生产性服务业与制造业融合程度有所提升。先进制造业与现代服务业融合发展取得比较明显的成效。从实践看，不同类型制造业与生产性服务业之间的融合模式各有特点，融合效果有明显区别（见表 1.5）。利用投入产出表初步测算表明，2007—2018 年，我国的生产性服务业融合强度

① 孙付，李紫洋．新经济：特征、地位及前景——从高技术产业看转型升级［R］．华西证券，2021.2.

② 2021 中国经济数据你看懂了吗？国家统计局 10 位司局长独家解读［EB/OL］．光明网，2022-01-18.

由0.20降至0.13，制造业融合强度由0.07升至0.12，这表明我国产业融合强度呈现优化态势①。

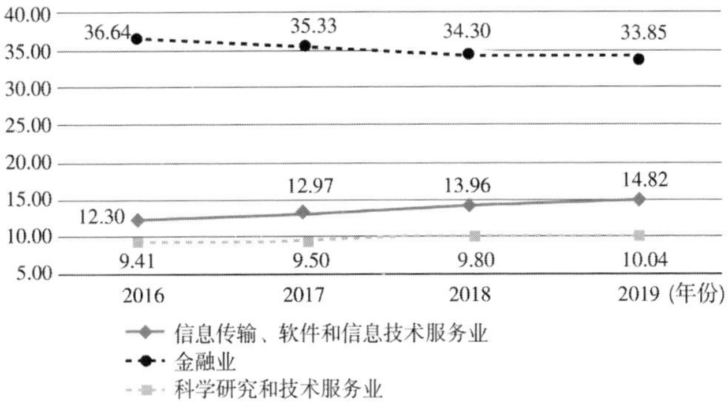

图1.4　2016—2019年我国三大行业占生产性服务业比重（单位:%）

数据来源：国家统计局．中国统计年鉴2021[M]．北京：中国统计出版社，2021.9.

表1.5　制造业与生产性服务业的融合模式和融合效果

部门	融合类别	融合模式	典型行业	融合效果
制造业	劳动密集型生产性服务业	后端融合	运输业 批发零售业	延长制造业产业链，促成纵向一体化
	资本密集型生产性服务业	中端融合	金融业 培训业	扩大生产规模，降低生产成本和交易成本，提升外生生产效率
	技术密集型生产性服务业	前端融合	信息业 研发业	提升制造业价值链，增加产品附加值，提升内生生产效率
生产性服务业	劳动密集型制造业	支撑型融合	食品制造 家具制造	为服务业产品提供支撑资源，但不参与生产，促进生产性服务业产品的增加
	资本密集型制造业	工具型融合	化学品 金属制品	为服务业产品提供生产工具，提升服务的能力
	技术密集型制造业	平台型融合	计算机 机械设备	为服务业产品提供使用平台，提升服务广度，如远程咨询；或提供开发平台，提升服务深度，如研发设备

注：制造业融合模式依据产业链视角区分，生产性服务业融合模式依据产生作用区分。
资料来源：匡贤明．推动制造业与服务业融合[J]．中国社会科学（内部文稿）．2022（02）.

① 匡贤明．推动制造业与服务业融合[J]．中国社会科学（内部文稿），2022（02）.

（5）生产性服务业推动高质量发展。有研究表明，2003—2007 年生产性服务业对经济高质量发展的影响效应并不显著，但 2008—2018 年生产性服务业对经济高质量发展的影响变成显著为正①。1980—2014 年生产性服务业贡献了 2.74 个百分点的 GDP 增速，平均贡献率为 29.37%，且自 2000 年起平均贡献率呈现出逐阶段稳步上升态势。生产性服务业 TFP 对 GDP 增长的贡献自 2005 年后就高于第二产业和生活性服务业，这表明 2005 年以来生产性服务业对我国经济增长质量的提升起到了重要作用②。

4. 数字经济较快发展

（1）数字经济成为新的经济形态。数字经济是继农业经济、工业经济之后的主要经济形态之一，是以数据资源为关键要素，以现代信息网络为主要载体，以信息通信技术融合应用、全要素数字化转型为重要推动力，促进公平与效率更加统一的新经济形态。

（2）数字经济发展态势迅速。2020 年，我国数字经济规模保持 9.7% 的高位增长，是同期 GDP 名义增速的 3 倍多。2005—2021 年，数字经济规模由 2.6 万亿元增长到 45.5 万亿元，增长了 17.5 倍；占 GDP 的比重由 14.2%提升至 39.8%，提高 25.6 个百分点（见图 1.5）。

（3）数字经济结构不断优化。一方面，产业数字化占数字经济比重由 2015 年的 74.3%提升至 2021 年的 81.7%，数字产业化占比则由 2015 年的 25.7%下降至 2021 年的 18.3%；一方面，三次产业数字经济渗透率逐步提升。2020 年，农业、工业、服务业数字经济渗透率分别为 8.9%、21%、40.7%③。

（4）数字经济规模位于全球前列。2021 年，我国数字经济达到 45.5 万亿元人民币，位列全球第二，仅次于美国。

---

① 曹景林，张子贤．生产性服务业是推动经济高质量发展的“新引擎”吗？[J]．统计与信息论坛，2021（06）．

② 李平，付一夫，张艳芳．生产性服务业能成为中国经济高质量增长新动能吗[J]．中国工业经济，2017（12）．

③ 前瞻产业研究院．2022 年中国数字经济产业发展现状及市场规模分析[R]．2022-8．

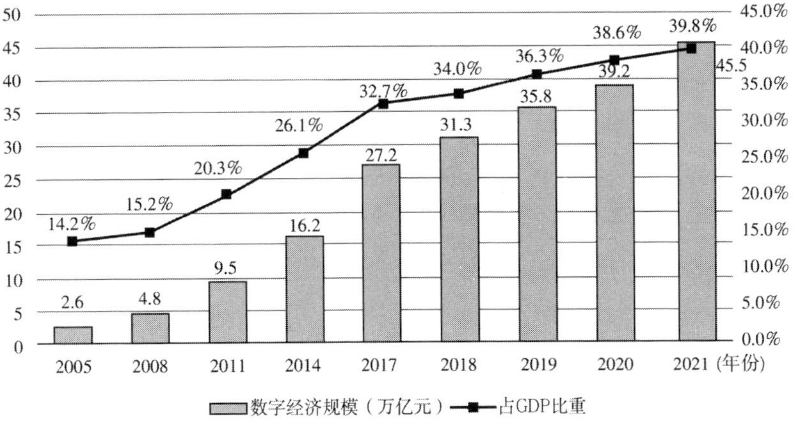

图 1.5　2005—2021 年我国数字经济规模及占比

数据来源：中国信息通信研究院．中国数字经济发展白皮书（2021 年）[R].2021.4.

三、产业结构转型挑战

1. 过早去工业化

（1）警惕过早去工业化。

——从发展规律看，经济发展到一定水平后，“去工业化”是一个客观的现象。这是随着经济发展和人均收入水平的提高，正常的产业结构演变过程，是经济“高级化”的演变趋势，有利于经济的长期增长。

——在制造业尚未发展成熟的情况下，其占比快速下降就是“过早去工业化”的一种表现。进一步看，过早去工业化是在制造业达到成熟之前，生产和就业就从可贸易部门转到非可贸易部门，导致工业产值与生产力增长缓慢甚至下降，工业就业减少，同时服务业就业的增加无法满足所有的就业需求，导致经济不能达到潜在增长率与充分就业的平衡状态。

（2）工业和制造业比重持续下降。从 2008 年到 2020 年，我国工业和制造业的国内占比分别下降了近 12 个百分点和 7 个百分点，制造业从业人数占比下降了近 6 个百分点（见图 1.6）。

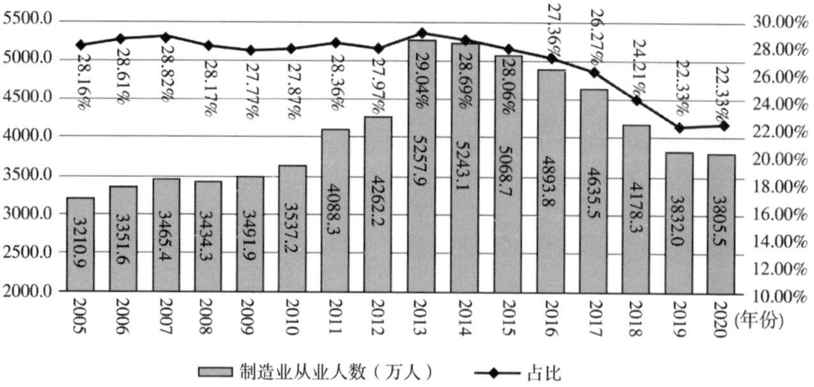

图 1.6　2005—2020 年我国制造业从业人数及占比

数据来源：国家统计局．中国统计年鉴 2021 [M]．北京：中国统计出版社，2021.9.

从工业增加值占比看，我国从 2007 达到峰值后持续下降。到 2020 年逼近 30%的关口（见图 1.7）。2021 年开始企稳，回升至 32.6%。

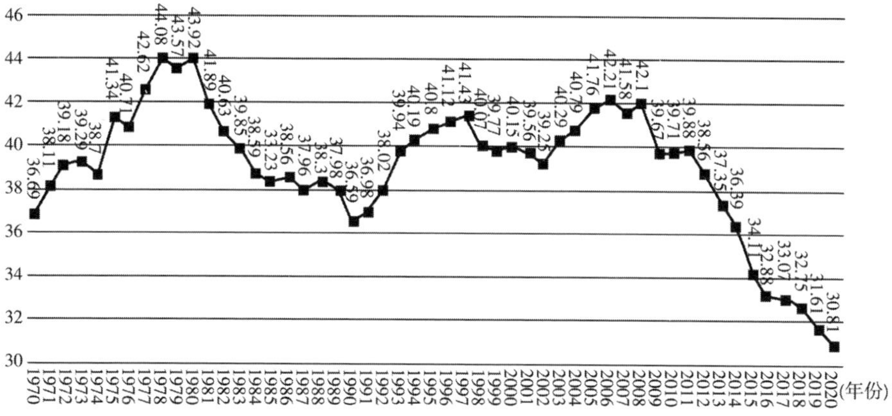

图 1.7　1970—2020 年我国工业增加值占比走势（单位：%）

数据来源：国家统计局．中国统计年鉴 2021 [M]．北京：中国统计出版社，2021.9.

（3）制造业增加值占比出现国际国内剪刀差。根据世界银行数据测算，从 2008 年开始，我国制造业增加值占比变化呈现出新的趋势。突出表现为两个方面：一方面，在国际占比（中国制造业增加值/全球制造业增加值）持续上升；另一方面，国内占比（制造业增加值/GDP）持续下降。

到2019年，国内占比低于国际占比①（见图1.8）。在国际统计口径上，我国制造业增加值被高估的情况下，国内占比仍然呈下降趋势，这反映出我国存在过快去制造业的风险，需要引起各方重视。

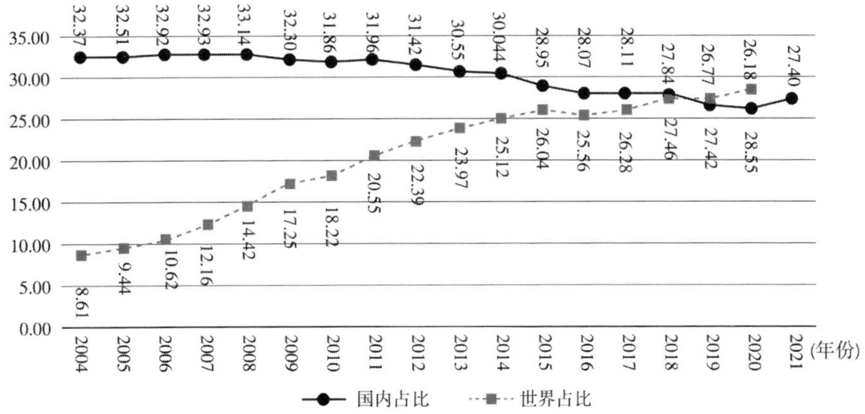

图1.8　2004—2021年中国制造业增加值在国内与国际的占比（单位:%）

数据来源：国内占比来源于《中国统计年鉴2021》，世界占比根据世界银行数据计算。

2. 制造业内部结构不优

（1）制造业增加值占比偏低。从同等人均GDP水平下制造业增加值占比的国际比较来看，我国制造业增加值占比水平低于德国、日本和韩国（见表1.6）。

表1.6　同等人均GDP水平下制造业增加值占比的国际比较

（单位：万亿元，本国货币）

以中国2020年人均GDP同等水平为参照标准				
	对应年份	对应制造业增加值	对应总增加值	对应制造业增加值占比（%）
德国	1979	0.23	0.76	29.84
日本	1981	75.8	267.41	28.35

① 黄群慧，杨虎涛．中国制造业比重“内外差”现象及其“去工业化”涵义[J]．中国工业经济，2022（03）.

续表

以中国2020年人均GDP同等水平为参照标准				
	对应年份	对应制造业增加值	对应总增加值	对应制造业增加值占比（%）
韩国	1994	94.25	339.18	27.79
中国	2020	26.59	101.6	26.18
意大利	1986	0.11	0.46	23.51
美国	1978	0.52	2.34	22.10
加拿大	1979	0.05	0.27	19.89
英国	1986	0.08	0.41	19.16
法国	1986	0.14	0.73	18.97

数据来源：世界银行数据库，联合国统计司数据库。

（2）新型工业化发展还不充分。

——工业互联网平台仍高度依赖国际市场。在工业互联网服务平台领域，当前国内领先的工业互联网服务平台基本上都是建立在国外基础产业体系之上的，工业互联网平台所依赖的工业控制、工业软件、工业网络、工业信息安全等产业链主要掌控在国际巨头手里。数据显示，在工业控制领域，我国95%以上的高端PLC、工业网络协议市场被GE、西门子、罗克韦尔、施耐德等国外厂商垄断；在工业软件领域，我国90%以上的CAD、CAE、MES、PLM高端工业软件市场被SAP、西门子、达索等国外厂商垄断。

——产业安全发展存在明显短板。我国工业互联网数据库安全、数据传输安全、数据权益安全等信息安全及相应的产业安全更为滞后。工业互联网基础技术空心化严重，我国在工业互联网平台建设所需要的边缘智能、工业大数据分析、工业机理建模和工业应用开发等四大关键技术上存在突出瓶颈。以工业大数据分析为例，标准化、低成本的解决方案缺乏，数据分析方案成本高，开放周期长，复制推广难，我国83%的平台能提供的分析工具还不足20个①。

3. 生产性服务业发展滞后

(1) 与发达国家比还有明显差距。

——从生产性服务业占GDP比重看，虽然近年来我国生产性服务业规模与占比不断上升，占比超过20%，但与美德日等工业强国40%~50%的水平②相比仍有明显差距。

——从生产性服务业占服务业比重看，20世纪90年代以来，美国生产性服务业占服务业的比重一直保持在70%左右，尤其是金融、会计、评估、咨询等生产性服务业向全球持续输出，为美国占据全球价值链高端地位奠定了坚实基础。而我国当前生产性服务业占服务业比重还不到40%（见表1.7），差距仍然相当大。

表1.7 2016—2019年我国生产性服务业占服务业比重（单位：亿元）

行业	2016年	2017年	2018年	2019年
交通运输、仓储和邮政业	33028.7	37121.9	40337.2	42466.3
信息传输、软件和信息技术服务业	20124.1	23808.9	28733.5	33391.8
金融业	59964	64844.3	70610.3	76250.6
租赁和商务服务业	21528.6	25273.3	29468.5	32638
科学研究和技术服务业	15394.2	17444.7	20175.3	22624.3
生产性服务业增加值合计	150039.6	168493.1	189324.8	207371
服务业增加值	390828.1	438355.9	489700.8	535371
生产性服务业占比（%）	38.39	38.44	38.66	38.73

数据来源：国家统计局．中国统计年鉴2021[M]．北京：中国统计出版社，2021.9.

① 魏翔，罗敬蔚．服务业助力“科技智造”迈向新阶段[J]．中国发展观察，2021(18).

② 刘志彪，赵伟，徐宁．巩固壮大实体经济根基应强调稳定和提升“制造业+生产性服务业”占比[EB/OL]．长江产业经济研究院，2021-11-10.

(2) 生产性服务业内部结构优化仍有较大空间。

——科研与技术服务业占比较低。在我国生产性服务业内部结构中，占比第一的是金融业，达到36.77%；随后依次是交通运输、仓储和邮政业，信息传输、软件和信息技术服务业，租赁和商务服务业；最后是科学研究和技术服务业，占比分别为20.48%、16.10%、15.74%、10.91%（见表1.8）。

——金融业占比增长较快。金融业占比由2005年的23%大幅上升至当前36.77%的水平，上升幅度明显高于科学研究和技术服务业与信息传输、软件和信息技术服务业等（见表1.8）。金融业过快发展在很大程度上反映了我国经济结构面临“脱实向虚”的某些风险和挑战。

表1.8 生产性服务业内部结构（单位：%）

行业	2005年	2016年	2017年	2018年	2019年
交通运输、仓储和邮政业	40	22.01	22.03	21.31	20.48
信息传输、软件和信息技术服务业	18	13.41	14.13	15.18	16.10
金融业	23	39.97	38.48	37.30	36.77
租赁和商务服务业	11	14.35	15.00	15.57	15.74
科学研究和技术服务业	7.5	10.26	10.35	10.66	10.91

数据来源：国家统计局．中国统计年鉴2021[M]．北京：中国统计出版社，2021.9.

(3) 与其他行业的融合效率较低。

——生产性服务业与制造业的融合效率偏低。我国生产性服务业与制造业的融合效率为0.669，远远低于美国的2.862、德国的3.388、日本的1.679。也低于生产性服务业与农业（0.355）和其他服务业（0.967）的融合效率①。

——从国际比较看，我国现代服务业无论是对一般制造业还是对先进

① 孟辉，白雪洁．生产性服务业专业化助推现代产业体系建设[N]．中国社会科学报，2021-05-12.

制造业的融合水平都明显低于美国、日本、德国等制造强国，尤其是对先进制造业的融合水平只有美国和德国一半左右（见表1.9）。

表1.9　2014年服务业与制造业融合水平的国际对比（单位：%）

服务业对制造业	中国	美国	日本	德国	印尼	韩国
一般服务业对一般制造业	7.8	11.8	11	12.8	16	9.1
一般服务业对先进制造业	16.1	15.9	19.3	18	14	16.6
现代服务业对一般制造业	3.8	11.4	5.2	13.3	4	4.4
现代服务业对先进制造业	10.6	22.5	15.4	22.7	7.9	10.4

资料来源：曹建海，王高翔．推进我国制造业与服务业融合发展[J]．中国发展观察，2021（24）.

第二节　全球供应链重构趋势

当前，随着地缘政治格局的深刻变化，全球产业链供应链布局正在加速重构，区域化和本土化趋势明显，产业脱钩压力加大。这倒逼我国更加清醒地把握自身在全球“三链”中的位置，并加快推动产业结构转型进程。

一、全球供应链布局调整态势

1. 全球供应链区域化

（1）供应链区域化的安排成为近几年的主流。2008年国际金融危机以来，全球化受到严重冲击，全球供应链面临冲击。在这个特定背景下，供应链区域化的安排成为近几年的主流。例如，全面与进步跨太平洋伙伴关系协定（CPTPP）、日本与欧盟的经济伙伴关系协定（EPA）、美墨加协定（USMCA）以及欧盟与南方共同市场（MERCOSUL）、区域全面经济合作伙伴关系（RCEP）等多个区域性自贸协定先后签署。

（2）区域自贸协定在发挥重要作用的同时客观上对全球供应链带来挑战。区域自贸协定在降低商品进口关税、促进区域间产业分工合作等方面发挥了重要作用，但不可避免地从战略控制、优惠排他、规则溢出等方面对全球供应链产生重大影响，甚至有可能形成相对独立的区域供应链体系。未来全球供应链中由北美、欧洲和亚洲形成的“三足鼎立”发展格局可能会愈加明显。

2. 全球供应链本土化

（1）全球供应链本土化在具体国家或地区表现明显。

——美国的重振制造业计划。2009 年 12 月，美国总统行政办公室发布《重振美国制造业框架》；2012 年 2 月，美国国家科学技术委员会发布《先进制造业国家战略计划》；2015 年 10 月，美国总统行政办公室、国家经济委员会和科技政策办公室联合发布《美国创新战略》；2018 年，美国政府发布《美国先进制造业领导战略》。这些举措已初见成效，如美国制造业占比得以稳定在 11%的水平，美国对中国的进口依赖度趋于下降，伴随人工智能和机器人的应用，部分制造业开始回流美国。

——欧盟加快关键战略性产业回流。如医疗医药产业，不仅欧盟多国政府加大了对本国相关企业的扶持力度，而且欧盟出台了《欧洲药物战略》，将由于生产商过少、供应链脆弱、财政激励措施不足等原因造成的药品短缺问题作为战略优先目标之一，加快医疗医药产业链本土化收缩。

（2）全球供应链本土化在具体产业表现明显。

——以全球芯片产业为例，仅 2021 年内，欧盟 19 国公布“芯片战略”，将投资约 500 亿欧元冲刺 2 纳米芯片制程；美国决定拨款 520 亿美元在未来 5 年推进半导体芯片研究和生产；韩国宣布 10 年投资 510 万亿韩元（约合 4500 亿美元）建设半导体强国；日本经济产业省宣布确立以扩大国内生产能力为目标的半导体数字产业战略。

——以光伏产业为例，2022年以来，印度财政部长提交光伏支持计划预案，主要内容包括拨款26.02亿美元激励印度本土建设从多晶硅到组件的产业链，并给予新设企业第一年15%的优惠税率；美国将加速包括光伏在内的关键清洁能源技术发展，以减少对国外进口材料依赖，由多家美国太阳能开发商组成的集团提出一项花费超60亿美元采购本土生产的电池板提议。

3. 全球价值链转移与总体参与度增速下降并存

（1）全球产业链随要素禀赋变化发生转移。中国社科院经济研究所课题组测算，2002—2017年，我国多数制造行业的劳动力成本增幅达到5~7倍，而同期劳动生产率总体只增长4倍，以劳动力成本为核心的传统比较优势明显弱化，加速了我国纺织、服装、食品饮料等劳动密集型产业向越南、柬埔寨等东南亚国家转移①。

（2）全球价值链总体参与度增速急剧下降。经济合作与发展组织（OECD）的研究指出，虽然回流尚未取代外包成为全球价值链分工的主导范式，但越来越多的制造业新增投资流向了发达国家。同时，尽管全球价值链的总体参与度仍在提升，但其增速却大幅下降。2000—2010年发达国家全球价值链参与度的平均增速达到11%；2010—2017年急落为1%，同期发展中国家的增速则由13%降至3%②。

二、全球供应链重构的深层原因

1. 美国挑起的大国经贸摩擦严重冲击全球供应链

（1）美国对中国商品加征不合理关税。2018年以来，美国单边挑起对华经贸摩擦，对中国出口美国的商品加征不合理关税，先后发布了四份商品清单。目前，中国对美出口商品中约二分之三被加征关税，美国

① 黄群慧．全球化大变局下中国工业化战略抉择[N]．中国经济时报，2020-07-31.
② 黄群慧．全球化大变局下中国工业化战略抉择[N]．中国经济时报，2020-07-31.

对进口中国商品平均征收19.3%的关税，而其他地区贸易加权平均关税约为3%[①]。对华加征关税，既冲击了全球的供应链，也推高了美国自身的通胀水平。

（2）美国把越来越多的中国实体列入出口管制清单。2018年8月1日，美国商务部工业安全局以国家安全和外交利益为由，将中国44个实体列入出口管制的实体清单。截至2022年6月，被列入各类清单的实体包括企业、个人、高校等已经超过600个，涉及航空航天、电子信息、军工等多种高新技术领域的产业。

（3）美国加大对中国数字经济、金融等具体领域的打压。

——在数字经济领域，一方面，美国调整数字基础设施技术路线，试图用“开源”路线取代“软硬件一体化”路线，以此来弱化中国在5G领域的技术和产业链优势，尤其重视遏制中国数字平台企业的发展；另一方面，通过构建政治化的数字安全体系和“去中国化”的数字经济多边体系来试图将中国隔离在全球数字经济治理体系之外。

——在金融方面，美国对中国的限制措施多样。2022年以来对中国企业赴美上市融资设置障碍。同时，美国限制中国在全球金融治理中发挥更大的作用，对中国推行的金融制度创新施加压力。

（4）中国对美贸易出口比重下降。从贸易数据看，2019年，中国对美国贸易出口占GDP比重下降约0.5个百分点，进口占比下降约0.3个百分点。2020年，美国自身供应链受到新冠肺炎疫情严重影响，对中国商品需求不降反升。即便如此，也没有反弹到2018年的水平（见表1.10）。

---

① 美国对华关税之变：动机与时机[R]. 粤开证券，2022.7.

表 1.10 2017—2020 年中国对美国的贸易变化（单位：万美元）

年份	出口总额	占 GDP 比重（%）	进口总额	占 GDP 比重（%）
2017	42973038	3.49	15394552	1.25
2018	47839581	3.44	15512319	1.12
2019	41866408	2.93	12289620	0.86
2020	45172903	3.07	13525065	0.92

数据来源：国家统计局贸易外经统计司．中国贸易外经统计年鉴 2021［M］．北京：中国统计出版社，2021.11.

2. 俄乌冲突严重冲击全球供应链

（1）俄乌冲突导致物流受阻。俄乌是连接欧亚大陆货物运输的重要枢纽。俄乌冲突不仅切断了黑海周边的海运航线，而且严重影响了途经俄乌的陆运和航运。

——从航运看，俄乌冲突下的一系列制裁措施使各航空公司的航线因绕行而变长，燃油费用增加，从而促使航运价格上涨。

——从陆运看，俄乌冲突导致原始线路中断，绕行或者更换线路致使运输风险上升、灵活性减弱、成本提高，陆运价格上涨。

——大量商品因物流中断或运输不畅被囤积，运输成本显著提高，进一步加剧了全球供应链的混乱，使得全球产业链韧性减弱，容易出现断裂风险。

（2）俄乌冲突导致原材料短缺。

——俄乌冲突的爆发及一系列制裁的实施使得能源、农产品以及金属等原材料供应链存在中断风险。

——原材料供应链中断风险沿着生产链向中间产品和最终产品传递。比如，金属钯和特种气体是生产半导体芯片不可或缺的材料，全球 25%左右的金属钯来源于俄罗斯，而大部分特种气体（氖气）的供应依赖于乌克兰。俄乌冲突的爆发以及美欧与俄罗斯之间的相互制裁导致这些主要原材料供应的中断，全球特种气体和金属钯价格大幅上涨，使得全球芯片的短缺问题进一步恶化①。

（3）俄乌冲突导致全球粮食危机。

——俄罗斯和乌克兰是全球粮食生产和出口大国，其小麦、玉米、大麦、燕麦、葵花籽、油菜籽等粮食作物在世界粮食贸易中的地位举足轻重。以小麦为例，根据联合国粮农组织统计，2021 年，俄罗斯小麦产量 8199 万吨，占全球小麦产量（77618 万吨）的 10.56%；乌克兰小麦产量 2903 万吨，占全球小麦产量的 3.74%。两国粮食的出口地涉及范围广阔，包括欧洲、亚洲、非洲这些人口主要聚集的大洲。当前，全球约 50 个国家和地区高度依赖俄罗斯和乌克兰的小麦供应，其中，26 个国家 50%以上的小麦依赖俄乌两国。2021 年，俄罗斯出口小麦 4249 万吨，占全球小麦出口量的 21.99%，是全球最大的小麦出口国；乌克兰出口小麦 2036 万吨，占全球小麦出口量的 10.54%；两国总计出口量达到 6285 万吨，占全球小麦出口量三分之一②。

——俄乌冲突造成的播种中断、农业设施和基础设施被毁，以及交通和物流中断，让粮食生产和出口受阻，全球“粮食危机”正愈演愈烈。乌克兰 98%粮食谷物通过港口出口，由于马里乌波尔等黑海港口被俄罗斯封锁，近 2500 万吨粮食被困在乌克兰无法出口，且冲突已导致乌克兰内陆交通运输基础设施和海港以及粮食存储和加工基础设施受损，即使冲突结束，重新开启农业生产与基础设施维修都需要大量时间，或许两三年内都无法向其他国家供应。

3. 科技革命颠覆全球供应链的底层技术支撑

（1）跨境物流运输技术。大规模海运技术的进步使得海运能力明显提升，由此使全球经济的重心不断向具有港口优势的地区靠近。当前，全世界经济总量一大半集中在沿海岸带 300 公里之内的地区。

---

① 丁浩员，李肖，李怡．俄乌冲突对世界经济和中国经济的影响及对策[J]．中国发展，2022（06）．

② 余胜良．俄乌主要粮食产量以及中国进口情况[EB/OL]．证券时报网，2022-03-16．

（2）信息技术。一方面，信息技术大大降低了国际贸易的沟通成本。传统的国际贸易模式在物品交易过程中消耗大量人力和物力。信息技术很大程度上改变了传统交易的模式，使信息更便于共享，国际贸易桥梁更加便捷，传播性更为广泛，国际供需体之间交易更为透明和流畅。另一方面，从影响全球供应链的角度来看，在货物贸易方面，信息技术的使用使得物流管理更具效率，可以尽可能地降低库存，实现更加均衡的货物运输。在服务贸易方面，信息技术帮助多元化的贸易形式，大大降低贸易成本。

三、中国在全球供应链中位置的变化

1. 全球制造的区域中心与全球服务的外围

（1）成为全球制造的区域性中心。

——2005 年，以国内公司为样本对象时，德国、日本、美国是全球范围内的区域性制造供应中心；以跨国公司为样本对象时，德国则是当时唯一的全球制造供应中心。

——2016 年，无论是以国内公司还是跨国公司为样本对象，德国、中国都是全球范围内的区域性制造供应中心，并且以国内公司为样本对象时，中国占据的区域性份额还明显大于德国占据的区域性份额。中国成为全球制造的一个区域性中心，是世界制造格局深刻变化的一个重要表现。

（2）仍是全球服务中心的外围。

——以国内公司为对象。2005 年，德国是一个小型的服务供给区域中心，增值形成主要来自美国，然后分配到东欧国家。美国则是当时最大的全球服务供给中心。到 2016 年，美国作为全球服务供给中心的地位更加突出。

——以跨国公司为对象。2005 年，英国是最大的跨国服务价值形成的供应中心，几乎所有的经济体都直接或间接地从英国获取价值。与英国紧密相连的是小型区域中心德国和美国，到 2016 年，英国、德国、美国已经成为各自地区的中心。与此相比，中国在这些网络中仍处于外围地位，只与美国相连①。

2. 全球价值链的中低端水平

（1）制造业质量效益和持续发展指数在全球仍列后位。根据《2021中国制造强国发展指数报告》，2020 年中国制造强国发展指数综合排名位列第四，但质量效益和持续发展指数均位列后位（见表 1.11）。在 2020 年 10 月公布的主要反映制造业产品质量水准的“全球制造业口碑排行榜 Top10”中，德国位居榜首，美国和日本并列第 8 名，而中国未上榜②。

表 1.11　2020 年中国制造业综合发展指数排名

排名	综合发展指数	规模发展	质量效益	结构优化	持续发展
1	美国	中国	美国	美国	美国
2	德国	美国	日本	德国	日本
3	日本	德国	法国	日本	德国
4	中国	日本	德国	中国	韩国
5	韩国	韩国	英国	韩国	法国
6	法国	法国	韩国	法国	英国
7	英国	英国	中国	印度	中国
8	印度	印度	印度	英国	印度
9	巴西	巴西	巴西	巴西	巴西

资料来源：中国工程院战略咨询中心，中国机械科学研究总院集团有限公司，国家工业信息安全发展研究中心．2021 中国制造强国发展指数报告[R]. 2021. 12.

（2）重点行业距离全球先进水平仍有明显差距。

——在高技术制造产业中，中国的医药制造业技术先进性水平仅为世界先进水平的 42.6%，计算机制造业技术先进性水平更仅有世界先进水平的 9.3%，差距明显（见表 1.12）。根据哈佛大学增长实验室的数据，中国出口产品的复杂性指数（衡量产品技术含量），从 2000 年的全球第 39 名，

① 对外经贸大学全球价值链研究院．全球价值链报告 2021：超越制造[R]. 2021. 11.
② 连平．新发展格局下的制造业转型[R]．植信投资研究院，2021. 3.

上升到2018年的第18名，中国在制造业产品的技术含量方面仍有很大改善空间。

表1.12 中国重点工业行业现代化水平达到世界先进水平的程度（单位:%）

产业	行业	综合水平	技术先进性水平
采矿和能源产业	煤炭工业	46.3	70.0
	石油工业	76.2	100.0
	电力工业	53.6	59.4
高技术产业	医药制造业	51.3	42.6
	通信设备制造业	62.6	67.0
	计算机制造业	57.4	9.3
中高技术产业	汽车工业	50.1	83.4
	机床工业	44.4	85.7
	船舶工业	70.3	98.9
中低技术产业	钢铁工业	63.3	50.0
	化学工业	56.0	100.0
	水泥工业	56.0	97.5
低技术产业	食品工业	69.6	68.3
	纺织工业	59.8	91.1
	造纸工业	58.4	100.0

数据来源：黄群慧，李芳芳等．中国工业化进程报告（2021）[M]．北京：社会科学文献出版社，2021.12.

——中国在生物技术、农牧育种、精细化工、工业软件、芯片制造、医疗设备、民用航空发动机等细分行业的先进性与美国相比差距较大。同时，中国专利对美国依赖要大于美国对我国的依赖，处于技术净进口的被动地位。

表 1.13　中美信息技术、人工智能、航空航天领域的技术力量对比

产业	中国	美国
信息技术： ——集成电路及专用设备 ——信息通信设备 ——操作系统及工业软件	——中国的集成电路产业正处在高速发展期，已基本实现产品领域全覆盖，但也存在企业多而不强、产业领域同质化发展和低水平重复建设现象严重、核心设备及零部件进口依赖度高等问题。 ——中国在第五代移动通信技术（5G）上具有一定的专利优势，并已开始布局和探索下一代技术；中国企业虽然在各通信模块的设计上已具有业内顶尖水平，但在射频前端芯片等一些关键零部件上还受制于美日企业，自主可控能力有待进一步提升。 ——中国国内的自主操作系统虽占有一定市场份额，但整体缺乏核心竞争力。中国企业在经济管理等具有数据敏感性的软件上占据一定的国内市场份额，但在全球高端市场上始终难以突破；而在对信息技术发展较为关键的研发设计和通用工具类软件（如 EDA 软件）方面，中国与美国尚有较大差距。	——美国虽在晶圆制造等环节依赖于外国企业，但依然具有整体技术优势；而美国政府也在试图通过加大对集成电路产业的投资来保持领先地位。 ——信息通信领域，中美技术实力差距相对较小。近年来，美国也开始通过加大政府投资力度和与盟友合作等方式进行追赶。 ——各类操作系统上，美国都具有明显优势，并掌握内核等核心技术。美国企业在多数工业软件分类中也保持领先地位。
	信息技术软实力：信息技术领域的标准与规范主要指由相关国际行业协会或机制商议制定的指导性标准与规范。近年来，中国企业虽然在 5G 通信技术标准等较为重要且覆盖面广的领域实现了集中突破，但在存储器、车规级芯片等诸多细分领域的技术及产品标准上的国际话语权依然有限。此外，由于不具备先发优势，在由核心技术优势、市场普及度和用户接受度等因素构成的“软标准”方面，中国也相对落后于美国。	
人工智能： ——基础科研 ——产业技术 ——应用技术	——中美人工智能科研论文的发表数量和被引用量旗鼓相当，但美国在原创性、开创性研究上优势明显。 ——中美在软件、模型、算法方面的差距有限。 ——中国基于海量数据积累和用户体验的优势，在产品带动研发的技术领域（如人脸识别、语音识别、计算机视觉、影像诊断技术）领先于美国。	——美国是人工智能芯片、算法、机器学习等核心技术的原创方，至今仍大幅领先于进步快速的中国。 ——美国在生物合成、药物研发中引入机器学习技术，取得了重大突破。美国也领先推进人工智能技术的军事应用。

续表

<table>
<tr><th>产业</th><th>中国</th><th>美国</th></tr>
<tr><td rowspan="2">航空航天：</td><td colspan="2">——在航天领域的航天运输、载人航天、卫星导航与通信、深空探测等方面，美国绝对领先，中国则拥有独立的技术和装备体系，与欧、俄同为第二梯队。
——在航空领域的航空发动机、航空电子、航空材料等关键环节上，美国整体上保持领先，中国则发展迅速，与俄、英、法同为第二梯队。
——中美两国在航空航天领域相互依赖关系相对薄弱，技术与安全竞争逐渐升温，但是产业竞争关系高度不对称。</td></tr>
<tr><td colspan="2">航空航天软实力：
——在商业航天方面，美国商业火箭发射能力独步全球，GPS 占据全球卫星导航市场份额的六成以上，因而在这两个产业拥有最大话语权。
——在民用航空产业标准上，美国拥有世界最多的航空技术专利，中国虽然迅速缩小与美差距，但是核心专利有限，市场转化率不高，并且在民航客机发动机等关键领域仍依赖进口。
——美国还对制定全球民用航空标准的国际民航组织拥有巨大影响力。不过，近年来中国的北斗导航系统和民用无人机取得长足进步，国际市场份额迅速增加，大疆甚至成为全球头号民用无人机制造商，有望成为全球行业规则塑造者。</td></tr>
</table>

资料来源：北京大学国际战略研究院课题组．技术领域的中美战略竞争：分析与展望[R]. 2022. 1.

3. 关键材料、技术与零部件严重依赖进口

（1）总体上看，关键材料、技术与零部件均严重依赖进口。工信部对全国 30 多家大型企业 130 多种关键基础材料调研的结果显示，中国 32%的关键材料仍为空白，52%依赖进口；95%的高端专用芯片、70%以上智能终端处理器、绝大多数存储芯片依赖进口；高档数控机床、运载火箭、大飞机、航空发动机、汽车等关键件精加工生产线上逾 95%的制造及检测设备依赖进口[①]。

（2）从具体产业来看，多个行业产品依赖国际进口。

——在集成电路行业，中国每年消费的集成电路价值约占全球出货量

① 中国工程院战略咨询中心，中国机械科学研究总院集团有限公司，国家工业信息安全发展研究中心. 2021 中国制造强国发展指数报告[R]. 2021. 12.

的33%，但集成电路产业规模却仅占全球产业规模的7%，80%的集成电路依赖进口①。以半导体产业链为例，中国半导体产业上游原材料存在较高的进口依存度，硅片、靶材、抛光材料、光刻胶、电子特气等关键半导体制作的原材料对外依存度高达75%~90%（见表1.14）。

表1.14　中国半导体材料细分领域对外依存度

细分材料领域	对外依存度	国内现状
硅片	>90%	国内半导体材料企业多供应6寸以下，少量企业陆续布局8英寸、12英寸生产线。
靶材	>90%	我国的超高纯金属材料和溅射靶材严重依赖进口，部分企业实现突破。
CMP抛光材料	抛光垫>95% 抛光液>80%	半导体CMP抛光垫几乎100%依赖进口，陶氏化学市场份额达80%；CMP抛光液主要为Cabot等主导，国内企业实现部分突破。
光刻胶	>75%	高端光刻胶被跨国企业主导，部分国内企业进入该市场I线、G线等。EUV等下一代技术的光刻胶，国内企业尚未布局。
湿制化学品	8寸以上约90%， 8寸以下约20%	欧美传统老牌企业的湿电子化学品产品市占率约35%，日本近10家企业市占率约28%，韩国等内资企业市占率约35%。国内8英寸及以上IC用超净纯试剂大部分依赖进口。
电子特气	>75%	我国集成电路高端应用领域中，海外大型气体公司占据了80%以上的市场份额。尤其在极大规模集成电路等尖端应用领域，进口制约尤为严重。

资料来源：前瞻产业研究院.2020年中国半导体材料行业发展报告[R].2020-11-05.

——在机械行业，很多产品的一致性、稳定性、可靠性较差，中国90%左右的大型优质铸锻件和几乎全部的高档液压件、密封件全部依赖进口②。

——在医药行业，2020年，中国对欧盟、美国、日本的药品进出口总

① 产业基础高级化 发展迈向高质量[N].人民日报，2019-08-30.

② 中国信息通信研究院.中国工业经济发展形势展望（2020年）[R].2020.11.

额分别为250.28亿美元、73.45亿美元、16.09亿美元。其中，进口占比分别高达88.06%、67.19%、81.48%，进口额明显高于出口额，逆差额较大，竞争力较弱（见表1.15）。

表1.15　2020年中国对欧美日药品进出口金额及占比（单位：亿美元）

	出口	出口占比	进口	进口占比	进出口总额
欧盟	29.88	11.94%	220.40	88.06%	250.28
美国	24.10	32.81%	49.35	67.19%	73.45
日本	2.98	18.52%	13.11	81.48%	16.09

数据来源：国家统计局外经贸司．中国贸易外经统计年鉴2021[M]．北京：中国统计出版社，2021.11.

——在上游产品，例如部分粮食、金属、天然橡胶等严重依赖进口（见表1.16）。

表1.16　中国上游产品的进口依赖情况

产品	对外依存度	储量占比	主要进口国	下游分布	进口替代评估
大豆	81.0%	—	巴西（63%）、美国（26.9%）	榨油（82%）、豆粕97%用于饲料	严重依赖进口
大麦	78.4%	—	法国（30%）、加拿大（28%）、乌克兰（26%）、阿根廷（14%）	酿酒（49.5%）、饲料（46.9%）	严重依赖进口
菜籽油	37%	—	加拿大（87.8%）	食用（90%），工业消费（10%）	一般依赖进口
牛肉	23.9%	—	巴西（37%）、阿根廷（20%）、乌拉圭（15%）、新西兰（9%）、澳大利亚（7%）	食用	有一定替代空间
羊肉	23.8%	—	新西兰（55%）、澳大利亚（41.7%）	食用	有一定替代空间
钾肥	43.0%	9.0%	俄罗斯（30%）、加拿大（27%）、白俄罗斯（23%）、以色列（9%）	氯化钾：农业肥料（57%）、医药食品加工（43%）	严重依赖进口

续表

产品	对外依存度	储量占比	主要进口国	下游分布	进口替代评估
铁矿石	64.7%	11.0%	澳大利亚（61.7%）、巴西（21.1%）	建筑（53.3%）、机械（19.2%）、汽车（8.1%）、能源（4.7%）	严重依赖进口
铜矿	92.9%	3.1%	智利（34.3%）、秘鲁（22.3%）	电力（46%）、家电（14.6%）、交通运输（11%）、建筑与建设（9.4%）、电子（7.5%）	严重依赖进口
铝土矿	59.5%	3.3%	几内亚（47.2%）、澳大利亚（33.2%）、印度尼西亚（16.7%）	建筑业（33%）、交通运输（21%）、电力设备（13%）、机械（9%）	严重依赖进口
铬矿	95.0%	0.5%	南非（82%）	不锈钢、特钢（90%）	严重依赖进口
锌精矿	60.9%	17.0%	澳大利亚（35.9%）、秘鲁（17%）	建筑业（32%）、基础设施（23%）、汽车制造（16%）、家用电器（13%）	一般依赖进口
铅矿	37.5%	20.0%	俄罗斯（21.9%）、秘鲁（16.9%）、美国（10.4%）	电池（80%）	一般依赖进口
镍矿	85.7%	3.0%	菲律宾（81.8%）	不锈钢（82%）、电池（7%）	严重依赖进口
电解镍	98.8%	—	俄罗斯（46%）、澳大利亚（23.8%）、加拿大（10.9%）	电池、合金、电镀	严重依赖进口
铂	100.0%	0.6%	南非（55.9%）、日本（16%）、俄罗斯（9.2%）	首饰（58.9%）、工业（28.7%）、汽车（12.5%）	严重依赖进口
对二甲苯	50.5%	—	韩国（39%）、日本（12%）、文莱（11%）	聚酯（90%）、工程塑料（10%）	有一定替代空间
双酚A	24.6%	—	韩国（38.5%）、泰国（22.3%）、新加坡（15.6%）	环氧树脂（50%）、聚碳酸酯、PC（49%）	有一定替代空间

续表

产品	对外依存度	储量占比	主要进口国	下游分布	进口替代评估
木浆	63.2%	—	巴西(31.8%)、印度尼西亚(16.6%)、加拿大(11.7%)、智利(9.5%)、芬兰(8%)	造纸	严重依赖进口
天然橡胶	86.4%	—	泰国(45%)、越南(23%)、马来西亚(13%)、印度尼西亚(8%)	轮胎(76%)、工业胶制品(12%)、乳胶制品(12%)	严重依赖进口

资料来源：张夏，郭亚男．我国上游资源哪些被“卡了脖子”——中国供应链安全系列报告（一）[R]．招商证券，2022.4.

（3）高端制造业国产替代率较低。我国在高端制造领域如芯片制造、数控机床、分析仪器、大飞机等领域的国产替代率较低。例如，在数控机床领域，中国机床的高端市场的国产替代率仍然较低，截至2018年仅为10%，高端供给严重不足（见表1.17）。日本、德国、美国是全球高端机床的主要生产国，日本重点发展数控系统，在质量、性能上位居世界前列；美国则在数控机床设计与基础科研等方面形成了明显优势。

表1.17　我国高端制造国产替代率与进程

领域	细分领域	国产替代率
芯片制造	晶圆制造	—
	半导体材料	15%
	半导体设备	21%
	EDA与IP核	11.5%
储存器	DRAM	1%
	NAND Flash	
逻辑芯片	CPU	3%
	GPU	

续表

领域	细分领域	国产替代率
模拟芯片	电源管理芯片	12%
	信号链芯片	较高
射频芯片		10%
MLCC		4%
MEMS 传感		14%
偏光片		20%
数控机床		10%
工业机器人		31%
分析仪器		1%~3%
汽车电控系统	电动汽车电控系统	25%
	电动助力转向系统（EPS）	20%
	线控制动系统	10%以下
航空发动机		军用 80%/民用 0%
燃气轮机		56%
大飞机		2%

资料来源：张夏，郭亚男．我国高端制造国产替代突围进展如何——中国供应链安全系列报告（二）[R]．招商证券，2022. 8.

第三节　我国产业结构转型的主要目标

以产业结构转型推动经济高质量发展，需要抓住新一轮科技革命的趋势，形成制造业高质量发展的新格局，形成服务型经济新形态，形成数字经济新优势，到 2035 年基本实现新型工业化。

一、基本形成产业新格局

1. 实现新型工业化

（1）工业发展总体达到世界先进水平。争取到2035年前后，我国工业效率、结构、质量等与世界先进水平的差距显著缩小。工业发展总体达到世界先进水平，工业现代化基本实现。重点如煤炭、机床、医药制造、汽车等行业的工业现代化综合水平明显提升，达到或接近世界先进水平的70%。

（2）工业化与信息化深度融合。到2025年，工业化和信息化将在更广范围、更深程度、更高水平上实现融合发展，全国“两化”融合发展指数达到105，关键工序数控化率、经营管理数字化普及率、数字化研发设计工具普及率分别达到68%、80%、85%①。争取到2035年，工业化与信息化深度融合，三大指标均达到90%以上。

（3）形成以新型工业化为导向的产业结构。预计到2035年，基本形成以包括高技术制造业、高技术服务业、战略性新兴产业等在内的各类高技术产业为主的产业结构，高技术产业对经济增长的贡献度明显提升。产业结构的科技含量和知识含量明显提升。

2. 形成服务型经济新形态

（1）形成服务型经济新形态。服务型经济是与消费结构变化相适应的经济形态，并在现代科技的推动下形成制造业服务化的新变化。进入工业化后期，以服务业为主导、经济整体日益服务化，是一个客观趋势。它不仅表现为服务业自身的高度发展，更突出表现在服务业对其他产业的支撑、引领和带动作用，表现在服务业与农业、工业的融合、协同、互动发展。需要强调指出的是，服务型经济形态并不意味着不重视制造业，并不意味着对制造业的挤出。恰恰相反，服务型经济形态重要标志是制造业服

① 工信部．“十四五”信息化和工业化深度融合发展规划[R]. 2021-11-17.

务化，是制造业价值形态的进一步提升。

（2）稳步提升服务业占比。2021 年，我国第三产业占比为 53.3%。与 2018 年全球服务业平均水平相差 10 个百分点，还有巨大的发展空间。如果能够尽快克服新冠肺炎疫情对服务业的影响，推动服务业回归正常增长轨道，我国服务业仍有巨大的空间。预计到 2025 年，我国服务业占比将达到 60%左右，并且在这个水平上保持相对稳定。

（3）显著提升生产性服务业占比。根据当前的发展态势，我国生产性服务业占服务业比重到 2025 年有望达到 45%左右，2030 年和 2035 年将分别达到 60%和 70%。

二、形成制造业高质量发展新格局

1. 制造业比重保持基本稳定

（1）尽快稳定制造业占比是基础。这是推动制造业高质量发展新格局的基本条件。我国尚未完成由制造大国向制造强国转型的任务，制造业占比过快下降，不仅影响制造业自身发展，而且对国民经济其他领域的发展将带来相当严重的后果。近年来，制造业占比持续下降，已经引起各方高度关注。虽然 2021 年制造业占比有所回升，但需要进一步稳定这一态势，避免制造业比重再度下滑。

（2）制造业比重保持基本稳定的目标。到 2025 年，制造业占比将基本稳定在 28%左右；到 2035 年，随着新型工业化的基本实现，制造业占比将基本稳定在 30%左右。按此估算，我国第二产业占比届时有可能稳定在 40%~45%。

专栏 1.1

中国制造业比重的测算

根据中国社会科学院经济研究所的研究，2021—2025 年，中国 GDP 的潜在增速将保持在 5%以上水平，到 2035 年，中国 GDP 的潜在增速将下行至 4.33%。按照该研究预测的GDP增速平均值计算，如果制造业增速沿袭2016—2020年的情况，低于GDP增速1.09个百分点，则2025年比重将下降到26.4%，2035年下降到23.77%；如果制造业增速沿袭1991—2020年的情况，高出GDP增速1.06个百分点，则2025年制造业比重将达到29.2%，2035将上升为32.3%。但无论是在短期内还是在长期内，制造业增速和GDP增速都不可能保持一个较为恒定的值，更有可能出现的情况是，在未来五年（2021—2025年）内，制造业增加值增速将会至少保持与GDP同步增长甚至略超出的趋势，截至2025年，中国制造业增加值占GDP的最低比重仍可维持在27.8%左右甚至更高。

资料来源：黄群慧，杨虎涛．中国制造业比重“内外差”现象及其“去工业化”涵义[J]．中国工业经济，2022（03）.

2. 高技术制造业比重明显提升

（1）制造业力争进入全球第一、第二方阵。目前，世界制造业综合指数中，我国处于第三方阵。美国遥遥领先，处于第一方阵；德国、日本处于第二方阵；中国、英国、法国、韩国处于第三方阵。推动制造业高质量发展，就是要力争尽快进入前两个方阵。2025年争取进入制造强国第二方阵，迈入制造强国行列；2035年力争位居第二方阵前列，成为名副其实的制造强国；2045年力争进入第一方阵，成为具有全球引领影响力的制造强国。

（2）明显提升高技术制造业占比。争取到2025年，高端新材料、重大技术装备、智能制造与机器人技术、航空发动机及燃气轮机、北斗产业化应用、新能源汽车和智能（网联）汽车、高端医疗装备和创新药、农业机械装备等制造业核心竞争力明显提升，高技术制造业占规模以上工业增加值比重力争提升至20%左右。到2035年，高技术制造业占规模以上工业增加值比重力争提升至25%左右，制造业整体达到世界制造强国阵营中等水平①。

① 国务院关于印发《中国制造2025》的通知[EB/OL]．中国政府网，2015-05-19.

3. 先进制造业与现代服务业实现深度融合

（1）形成一批创新活跃、效益显著、质量卓越、带动效应突出的深度融合发展企业、平台和示范区。到 2025 年，企业生产性服务投入逐步提高，产业生态不断完善，“两业”融合成为推动制造业高质量发展重要支撑。

（2）先进制造业与现代服务业实现深度融合。力争到 2035 年，融合效率争取位居世界前列，形成先进制造业与现代服务业相互促进、相互支撑的新格局。

三、增强数字经济发展新优势

1. 数字经济占比明显提升

（1）数字经济有长足发展，但不宜过于乐观。从现实情况看，2020 年，美国数字经济规模为 13.6 万亿美元，占全球比重的 41.7%，位居第一；而位居第二的中国数字经济规模为 5.4 万亿美元，占全球比重 16%左右，还有较大的发展空间①。从实际情况看，我国数字经济发展还面临着多方面的掣肘和挑战，不宜过度乐观。尤其这两年一些平台企业发展态势趋缓，更要引起高度重视。

（2）数字经济比重不断提升。到 2025 年，数字经济核心产业增加值占 GDP 比重力争达到 10%；争取到 2035 年，数字经济迈向繁荣成熟期，力争形成统一公平、竞争有序、成熟完备的数字经济现代市场体系，数字经济发展水平位居世界前列，数字经济核心产业增加值占比上升至 15%，数字经济占全球比重达到 30%。

2. 数字经济产业渗透率明显提升

（1）推动数字经济与相关产业融合发展。这是产业结构转型的重大任务。当前，我国数字经济对三大产业的渗透率不一。总体上看，呈现

① 中国信息通信研究院．全球数字经济白皮书[R]. 2021. 8.

出“服务业>工业>农业”的不平衡特点。最需要利用数字经济提质升级的农业，尽管有一些基层实践和探索，但尚未形成数字化农业的基本格局。

（2）显著提升数字经济产业渗透率。争取到 2035 年，数字经济产业渗透率大幅提升，尤其是农业和制造业数字经济产业渗透率与服务业的差距明显缩小，以此既推动产业转型升级，又显著增强数字经济发展新优势。

（3）各地产业数字化进程明显提升。《数字中国发展报告（2021 年）》评估认为，2021 年，浙江、北京、上海、广东、江苏、山东、天津、福建、湖北、四川等地区数字化综合发展水平位居全国前 10 名[①]。需要加快推动其他地区的产业数字化水平，缩小区域间产业数字化差距。

3. 制造业数字化转型基本实现

（1）推动制造业数字化转型是数字经济发展的重要目标。以工艺、装备为核心，以数据为基础，依托制造单元、车间、工厂、供应链等载体，构建虚实融合、知识驱动、动态优化、安全高效、绿色低碳的智能制造系统，推动制造业实现数字化转型、网络化协同、智能化变革。

（2）基本实现制造业数字化。争取到 2025 年，规模以上制造业企业大部分实现数字化网络化，重点行业骨干企业初步应用智能化。预计到 2035 年，规模以上制造业企业全面普及数字化网络化，重点行业骨干企业基本实现智能化[②]。

① 数字中国发展报告（2021 年）[R]. 国家网信办，2022.8.

② 八部门关于印发《“十四五”智能制造发展规划》的通知[EB/OL]. 中国政府网，2021-12-21.

第四节　我国产业结构转型的重大任务

未来5~10年是我国产业结构转型的关键时期。抓住全球产业链布局变化趋势，依托14亿人的大市场，加快推进产业结构转型，重点是推动先进制造业、生产性服务业、数字经济的高质量发展；核心是充分调动市场主体的积极性，加快专精特新“小巨人”的发展；突破口是加快推进“两业”“两化”融合进程；关键是优化产业集群发展模式，加快培育链长企业。

一、加快数字经济发展

1. 加快优化数字基础设施建设

（1）数字基础设施建设是数字经济发展的基本保障。数字基础设施是指以数据创新为驱动、通信网络为基础、数据算力设施为核心的基础设施体系。数字基础设施建设不仅是促进数字经济发展的保障，还是改造和赋能传统基础设施的关键支撑。

（2）适当超前部署数字基础设施，稳步构建融合基础设施。一方面，因地制宜，适当超前部署5G基站、数据中心和云计算中心等关键数字基础设施，加快工业互联网、车联网布局；另一方面，稳步构建智能高效的融合基础设施，提升传统基础设施网络化、智能化、服务化、协同化水平。

2. 推动数字产业化和产业数字化的协同发展

（1）数字产业化和产业数字化协同发展，相互促进。数字产业化是指数据要素的产业化、商业化和市场化。产业数字化是指利用现代数字信息技术、先进互联网和人工智能技术对传统产业进行全方位、全角度、全链条改造，使数字技术与实体经济各行各业深度融合发展。推动数字产业化为产业数字化发展提供数字技术、产品、服务、基础设施、相应解决方案以及完全依赖数字技术、数据要素的各类数字产品和服务，从而引领和推动各行各业的快速发展和数字化转型升级。产业数字化转型的推进，又会产生关于各行各业生产经营销售等的海量数据，为数字产业化提供源源不断的源头活水和数据资源，推动我国数字产业不断做强做大。

（2）以产业数字化为重点推动数字经济和实体经济的深度融合发展。产业数字化是数字经济发展核心目标。从实践来看，我国数字经济发展结构不断优化，产业数字化占数字经济比重由 2015 年的 74.3%提升至 2021 年的 81.7%，数字产业化占比则由 2015 年的 25.7%下降至 2021 年的 18.3%。需要进一步以产业数字化发展为重点推动数字经济和实体经济深度融合，避免数字经济和实体经济两张皮。

3. 加快提升数字治理能力

（1）着力打造数字化政府。一方面，利用数字技术加快改造政府管理和服务流程；另一方面，提高政府获取数据、分析数据、运用数据的能力，不断提高对大数据发展规律的把握和运用能力，同时依法推进政府数据开放、数据汇集共享。

（2）大力推进一体化的政务服务和监管体系。适应社会流动大趋势，通过同类数据的互联共享和互认互通，在更大范围内构筑跨地域、跨部门、跨层级的业务协同平台，统一标准，全国互认。

（3）加快推动重点领域的数字化供给服务，协同优化城乡数字化服务。加快推动文化教育、医疗健康、会展旅游、体育健身等公共服务资源的数字化供给和网络化服务。统筹推动新型智慧城市和数字乡村建设，协同优化城乡数字化公共服务。

（4）完善数字治理的标准与规范。适应数字流动等特点，加强数字经济统计监测，加强重大问题研判和风险预警，着力构建数字服务监管体系。

二、着力补齐产业发展短板

1. 以“补链强链”为重点加快促进制造业高质量发展

（1）显著加大重点领域基础研究投入，完善产业链配套措施，加快提升高端制造领域的国产替代率。加大对数控机床、工业机器人、分析仪器、芯片制造等高端制造领域的国内龙头企业的基础研究投入与配套政策扶持，优先推动已具备研发基础和优势的重点企业加快提升国产替代率。

（2）深入实施智能制造和绿色制造工程，发展服务型制造新模式，推动制造业高端化智能化绿色化。培育先进制造业集群，推动集成电路、航空航天、船舶与海洋工程装备、机器人、先进轨道交通装备、先进电力装备、工程机械、高端数控机床、医药及医疗设备等产业创新发展。培育先导性和支柱性产业，推动战略性新兴产业融合化、集群化、生态化发展，战略性新兴产业增加值占 GDP 比重超过 17%。

（3）着力发展优势制造业，进一步提升优势制造业核心竞争力。在 5G、光伏等我国已初步具备竞争优势的制造业领域，要进一步优化行业发展环境，引导社会资本广泛参与，进一步提升我国优势制造业的核心竞争力。

2. 大力发展以研发为重点的生产性服务业

（1）发展以研发与设计为重点的生产性服务业。作为高附加值产生的重要环节，研发与设计成为我国生产性服务业发展的明显短板。从我国生产性服务业的内部结构来看，科学研究和技术服务业是占生产性服务业比重最低的一个子项，且发展速度远不及金融业。科学研究和技术服务业占比仅从 2005 年的 7.5%左右上升至 2019 年的 10.91%，同期金融业从 23%上升至 36.77%[①]。为此，需要把研发与设计作为我国生产性服务业发展的重点。

---

① 国家统计局．中国统计年鉴 2021［M］．北京：中国统计出版社，2021.9.

（2）加强新一代信息技术、数字技术、人工智能技术与生产性服务业的融合发展，着力提升生产性服务业发展效率。利用先进技术创新生产性服务业的产品，使得商务咨询等生产性服务业发展效率大大提升。积极研发生产性服务产品，支持智能终端与服务对象融合，形成全生命周期的高新技术生产服务产业链、价值链。

（3）加快推动生产性服务业高质量发展。推动生产性服务业向专业化和价值链高端延伸，重点优化研发与设计、金融服务、商务服务、检验检测认证等重点领域的高质量发展。聚焦提高要素配置效率，推动供应链金融、信息数据、人力资源等服务创新发展。聚焦增强全产业链优势，提高现代物流、采购分销、生产控制、运营管理、售后服务等发展水平。培育一批具有国际竞争力的现代服务企业。

3. 加快夯实产业发展基础

（1）着力补齐工业发展“五基”短板[①]。“硬科技”的重大突破是推动产业结构转型的核心任务。在制造业高质量发展的重大技术突破方面，要分类别、分行业摸清我国“五基”短板，对照短板开展专项协同攻关，尽力补齐工业发展的“五基”短板，推动工业大数据创新发展。

（2）加大金融对先进制造业的支持力度。虽然金融业是我国生产性服务业占比最重的一个子项，但金融业的发展质量仍有待提升。一方面，通过完善现代金融管理标准、金融基础设施标准等加快金融业高质量发展的标准建设；另一方面，顺应数字经济发展趋势，加快金融科技发展，但同时要注意金融科技发展的公平性和均衡性。进一步扩大金融科技创新监管试点范围，在东北、西北地区以及农村地区选择相应的城市和场景进行试点应用；关注“数字鸿沟”和竞争失衡问题，推动金融科技领域互联互通；进一步发挥金融科技的普惠服务价值，在服务小微企业和个体工商

---

① 《中国制造 2025》提出包括基础核心零部件元器件、先进基础工艺、关键技术材料、产业技术基础在内的工业“四基”，之后增加工业基础软件，合称“五基”。

户、服务乡村全面振兴中发挥更加突出的作用。

三、推动“两业”“两化”融合

1. 推进制造业与服务业“两业”深度融合

（1）“分产业、分类别、分重点”统筹推进产业融合。实现制造业与服务业的深度融合是产业结构转型的重大任务。为此，需要分产业、分类别、分重点推进制造业与服务业双向深度融合，以信息化带动工业化为重点进一步提升工业化与信息化的融合程度①。

——分产业。针对制造业，力推生产性服务业融入中高端生产，促进制造业产业升级；针对生产性服务业，基于产业体量和产业质量的差距，应着力于激发产业活力、加快生产服务类技术要素积累。

——分类别。加快发展技术密集型生产性服务业。在制造业中，劳动和资本密集型制造业对技术密集型生产性服务业的需求短板更为显著；在生产性服务业中，技术密集型生产性服务业对制造业依赖偏高，且产值差距更为显著。

——分重点。在第四次工业革命浪潮下，数字化和智能化是产业融合的重点，应将优势资源聚焦，引导企业和社会资本投入，以实现向新一轮全球高端产业和价值链中的高端环节的攀升。

（2）加快推动制造业“延链”“强链”。

——围绕产业链“延链”，提升生产性服务业在制造业生产中的前端和后端投入，进而提升生产性服务业融合强度。参考日本“延链”经验，通过食品以及农产品加工的技术研发，延长食品制造产业链前端；通过将管理系统、维修保养等附带服务整体打包出口，延长机械设备制造产业链后端。

——紧扣产业链“强链”，加强制造业生产中技术密集型生产性服务业投入，实现生产性服务业融合效度的提升。继续坚持创新立国战略，针

① 匡贤明．推动制造业与服务业融合[J]．中国社会科学（内部文稿），2022（02）．

对制造业技术短板，通过需求牵引和揭榜挂帅等新机制，引导技术密集型生产性服务业融入制造业，组织联合攻关。

（3）推动工业大数据创新发展。加快工业数据汇聚，开展工业数据资源调查，建立多级联动的国家工业基础大数据库和原材料、装备制造、消费品、电子信息等行业数据库。开展企业数据管理能力成熟度评估国家标准贯标，提升企业数据管理水平。支持产业链上下游企业共建安全可信的工业数据共享空间，深化工业数据应用，激活数据要素潜能，发展数据驱动的新模式新业态，促进工业数据的价值提升①。

（4）加强“两业”融合中的数据安全保障。有研究报告显示，在制造业投入服务化水平上，与发达国家相比，我国明显偏低。我国78%的装备制造企业服务收入占总营业收入比重不足10%，只有6%的企业服务收入占总营收比重超过20%②。制造业企业服务投入不足的一个重要因素是对数据安全的担忧，尤其是接入领军企业工业互联网平台的中小企业担忧较多。为此，需要加强“两业”融合中的数据安全保障，这是推动“两业”融合的务实措施。

2. 推进工业化与信息化“两化”深度融合

（1）着力推动网络信息技术和制造业深度融合。以信息化带动工业化，充分发挥信息化的倍增和催化作用。顺应第四次工业革命发展趋势，积极探索新技术、新业态、新模式，探寻新的增长动能和发展路径。坚持以数字化、网络化、智能化为主攻方向，发挥制造大国和网络大国的双重优势，推动互联网、大数据、人工智能等信息网络技术与制造业深度融合，促进工业经济向数据驱动型创新体系和发展模式转变。大幅提升网络设施支撑能力、核心技术创新能力、产业融合引领能力、网络空间防护能

---

① 工业和信息化部关于印发“十四五”信息化和工业化深度融合发展规划的通知[EB/OL]. 中国政府网，2021-11-17.

② 魏翔，罗敬蔚. 服务业助力“科技智造”迈向新阶段[J]. 中国发展观察，2021(18).

力和依法管网治网能力，前瞻布局工业互联网，打造一批有生态控制力的平台型企业[①]。

（2）建设智能化综合性数字信息基础设施。有序推进骨干网扩容，协同推进千兆光纤网络和5G网络基础设施建设，推动5G商用部署和规模应用，前瞻布局第六代移动通信（6G）网络技术储备，加大6G技术研发支持力度，积极参与推动6G国际标准化工作。积极稳妥推进空间信息基础设施演进升级，加快布局卫星通信网络等，推动卫星互联网建设。提高物联网在工业制造、农业生产、公共服务、应急管理等领域的覆盖水平，增强固移融合、宽窄结合的物联接入能力[②]。

（3）推进云网协同和算网融合发展。

——加快构建算力、算法、数据、应用资源协同的全国一体化大数据中心体系。在京津冀、长三角、粤港澳大湾区、成渝地区双城经济圈、贵州、内蒙古、甘肃、宁夏等地区布局全国一体化算力网络国家枢纽节点，建设数据中心集群，结合应用、产业等发展需求优化数据中心建设布局。

——加快推进“东数西算”工程实施进程。推进云网协同发展，提升数据中心跨网络、跨地域数据交互能力，加强面向特定场景的边缘计算能力，强化算力统筹和智能调度。按照绿色、低碳、集约、高效的原则，持续推进绿色数字中心建设，加快推进数据中心节能改造，持续提升数据中心可再生能源利用水平。

——推动智能计算中心有序发展，打造智能算力、通用算法和开发平台一体化的新型智能基础设施，面向政务服务、智慧城市、智能制造、自动驾驶、语言智能等重点新兴领域，提供体系化的人工智能服务。

（4）建立并完善“两化”深度融合的标准体系。依托全国“两化”

① 陈肇雄．推进工业和信息化高质量发展[N]．学习时报，2019-07-08.

② 国务院关于印发“十四五”数字经济发展规划的通知[EB/OL]．中国政府网，2022-01-22.

融合管理标委会（TC573）、科研院所、联盟团体等各类专业技术组织，开展“两化”融合度、“两化”融合管理体系、数字化转型、工业互联网、信息物理系统（CPS）、数字孪生、数字化供应链、设备上云、数据字典、制造业数字化仿真、工业信息安全等重点领域国家标准、行业标准和团体标准制修订工作。加强“两化”融合度等关键标准的宣贯推广，组织开展“两化”融合度评估，明确不同融合度企业的发展重点和提升路径，引导企业逐级或跨级提升信息技术融合应用水平。

四、支持专精特新“小巨人”加快发展

1. 加大专精特新“小巨人”发展的政策与制度支持

（1）专精特新“小巨人”成为先进制造业发展的重要新生力量。

——政策层面高度重视专精特新“小巨人”发展。工信部发布《“十四五”促进中小企业发展规划》明确提出，要推动形成100万家创新型中小企业、10万家专精特新中小企业、1万家专精特新“小巨人”企业，并给予配套政策支持。

专栏1.2

“专精特新”内涵

“专”是指采用专项技术或工艺通过专业化生产制造的专用性强、专业特点明显、市场专业性强的产品。其主要特征是产品用途的专门性、生产工艺的专业性、技术的专有性和产品在细分市场中具有专业化发展优势。

“精”是指采用先进适用技术或工艺，按照精益求精的理念，建立精细高效的管理制度和流程，通过精细化管理，精心设计生产的精良产品。其主要特征是产品的精致性、工艺技术的精深性和企业的精细化管理。

“特”是指采用独特的工艺、技术、配方或特殊原料研制生产的，具有地域特点或具有特殊功能的产品。其主要特征是产品或服务的特色化。

“新”是指依靠自主创新、转化科技成果、联合创新或引进消化吸收再创新方式研

制生产的，具有自主知识产权的高新技术产品。其主要特征是产品（技术）的创新性、先进性，具有较高的技术含量，较高的附加值和显著的经济、社会效益。

资料来源：中改院课题组根据公开资料整理。

——前三批专精特新“小巨人”已产生初步效应。截至2021年7月，工信部认定并发布了三批4762家专精特新“小巨人”企业名单。其中有311家在A股上市，上市公司中主要集中于高端装备制造、新材料、新一代信息技术、新能源等中高端制造领域。前五行业共计222家，占比71.38%，分别是机械设备82家、化工行业48家、医药生物37家、电子行业32家、电气设备23家。

——推进专精特新“小巨人”扩容。近期全国各省将陆续公示有望成为第四批专精特新“小巨人”的企业名单，初步整理超过4000家，占比最高的行业是机械、电子、基础化工、电力设备和国防军工，分别为25%、19%、11%、8%和7%①。

（2）强化政策与制度支持。引导创新资源向科技型中小企业集聚，扩大面向科技型中小企业的创新服务供给，加强金融资本市场对科技型中小企业的支持。加强专精特新企业新品首制首用保障。鼓励保险公司加强产品创新，为重大技术创新产品的首制首用提供产业链上下游配套保险服务。加快制定智能装备、新材料、工业软件、网络安全和信创、新一代信息技术等领域新产品首试首用激励政策。

2. 引导创新资源向科技型中小企业集聚

（1）完善企业研发体系。鼓励科技型中小企业制定企业科技创新战略，完善内部研发管理制度，推广应用创新方法。支持有条件的科技型中小企业建立内部研发平台、技术中心等，引进培育骨干创新团队，申请认定高新技术企业。支持有条件的科技型中小企业参与建设国家技术创新中心、企业国家重点实验室等。

① 中金公司．第四批专精特新“小巨人”或有哪些特征？［R］．2022.08.

（2）鼓励开展产学研协同创新。新时期强化产学研一体化创新的政策措施，引导科技型中小企业通过组建产业技术创新战略联盟、共设研发基金、共建实验室、研发众包等方式，共享创新资源、开展协同创新。

（3）加大科技资源集聚共享。支持国家高新区打造科技资源支撑型、高端人才引领型等特色载体，引导科技型中小企业集聚和开展专业化分工协作。推动科研机构、高等学校、大型企业搭建科技资源开放共享网络管理平台，促进科研仪器、实验设施等向科技型中小企业开放共享①。

3. 加大科技型中小企业创新的公共服务供给

（1）探索以科技创新券形式支持科技型中小企业。支持地方设立科技创新券专项资金，以政府购买公共服务方式对各类服务科技型中小企业的服务载体进行奖励或后补助。

（2）支持科技服务机构培育与发展。制定出台促进新型研发机构发展的政策举措，开展新型研发机构培育建设试点，引导面向科技型中小企业创新需求开展成果转化与创新服务。在高等学校、科研院所培育建设一批专业化技术转移机构，为科技型中小企业吸纳科技成果提供专业化服务。

（3）搭建特色服务载体。建设全国科技型中小企业信息服务平台，举办科技型中小企业创新产品博览会，开展科技成果直通车，提供政策咨询、融资对接、技术转移、政府采购等综合服务。

4. 加强金融资本市场对科技型中小企业的支持

（1）加强创业投资引导。发挥北京证券交易所等作用，拓展国家科技成果转化引导基金功能，引导地方政府、社会资本成立专门投资科技型中小企业的“双创”基金，培育发展专注投资初创期科技型中小企业的天使投资。

（2）拓展企业融资渠道。开展贷款风险补偿试点，引导银行信贷支持

① 科技部印发《关于新时期支持科技型中小企业加快创新发展的若干政策措施》的通知[EB/OL]. 科技部网站，2019-08-05.

转化科技成果的科技型中小企业。加强科技金融结合试点工作，加快推进投贷联动、知识产权质押、融资租赁等，为优质企业进入“新三板”、科创板上市融资提供便捷通道。

五、优化产业集群发展模式

1. 分类优化产业集群发展模式

（1）转变基础产业集群发展模式。调整基础产业集群结构，避免基础产业低水平的同质化竞争，摒弃原有的高污染高能耗的发展模式，着力提高基础产业集中度，依托龙头企业，支持开展跨区域、跨所有制的兼并重组，引导企业在战略、资源、研发、采购、销售、物流等方面充分发挥协同效应，加快产能布局统筹协调，避免重复投资和建设。

（2）筑牢战略性新兴产业集群的竞争优势。对于已经基本具备工程集成能力和优势产品供给能力的战略性新兴产业集群，应更加注重“强链补链”。瞄准全球价值链的中高端，培育产业链链主企业，形成“链主企业牵引、中小企业集聚”生态，以补齐上下游链条避免被“卡脖子”，从而形成一条自主可控的高端产业链。

（3）夯实尖端技术产业集群的发展基础。围绕卡脖子的重点产业领域，持续打造尖端技术产业集群。以创新要素资源的充分供给持续奠定尖端技术产业集群的发展。推动尖端技术成果转化，催生更多的尖端技术产业集群。

2. 以平台创新加快产业集群发展

（1）打造基础产业集群平台经济体。加快发展由多方主体参与，共同建立、共同运营、分享资源、共享利益的平台经济体。加入平台经济体的企业通过互相参股、有限联合的方式形成利益共同体，消除产能过剩、产能分散、产品同质化、低成本竞争等矛盾，降低企业兼并重组可能造成的风险。基础产业集群利用互联网、大数据技术建设联合生产运营一体化智能平台，形成产能的集约化运行管理功能，打造产能“联合体”。为加入产能“联合体”的企业提供创新优惠政策，以平台经济体模式激发企业加强技术创新。

（2）建设重大共性技术创新平台与中试平台，促进产业集群“产学研”合作、产业链上下游协同创新。

——加速关键基础材料、关键基础元器件等集群产业链短板环节实现自主可控，提升产业集群的核心竞争力。优先在产业集群内建设国家制造业创新中心、国家技术创新中心、产业技术研究院等重大公共创新平台，促进集群产业形成协同创新网络。

——针对第三代半导体、光电、集成电路等尚未形成产业集群的关键领域，注重政策配套、金融配套、创新生态建设和人才培养。以国家级创新中心、国家实验室为中心，依托国家综合性科技创新区，带动和辐射周边的“卫星式”产业集群，打通产业链和创新链。改善创新生态，建立大平台，形成大体系，组建大团队，发展若干科技金融、创新载体、应用示范、高端人才紧密结合的“硅谷”创新示范区。

（3）建设前沿技术创新平台，打造环高校和科研院所的创新生态圈。围绕产业发展需求，支持高校、科研院所与有实力的企业在科技创新资源密集地区或者周边地区合作建设前沿技术创新平台。

（4）加强先进制造业新技术的试验验证与示范应用。突出引领产业链升级、制造业转型升级的前沿技术应用研究，建立容错机制，为新技术提供应用场景，保障新产品应用落地。在重点领域实施产业化及应用示范工程，加速产品应用示范，促进尖端技术产业集群的高质量建设。

专栏 1.3

先进制造业集群科技支撑体系建设的国际经验

（1）美国先进制造业集群科技支撑体系。依托区域优势推动科技资源集聚。区域的要素禀赋、交通基础设施、科研机构密度、技术研发实力等优势促成了美国制造业集聚，相应的技术、资本、人才、产业聚集形成较完整的科技支撑体系。加利福尼亚州凭借区域内斯坦福大学、加州理工学院等高校的计算机、信息技术研发优势，形成了以信息技术、互联网服务、软件开发为主的产业集群。休斯敦市依托墨西哥湾畔丰富的石油储量和便利的交通条件形成了石化产业集群，集聚了美国30余家大能源公司中的29家企业总部以及1000家石油设备制造商和供应商，带动了石油开采、精炼加工等关联产业成长。

（2）德国先进制造业集群科技支撑体系。建立网络化的互动交流机制。德国政府积极推动地理空间邻近且集聚的企业和各类机构之间形成高度网络化的本地互动/交流机制。德国“领先集群竞赛计划”中的能源效率创新集群集中分布在萨克森州，聚集的110多个集群伙伴（含17家大企业、61家中小企业、33家高校及研究机构）基于技术联盟共同开发节能信息通信技术，为数字社会建设奠定了基础。

（3）日本先进制造业集群科技支撑体系。创新机构在集群中起到核心枢纽功能。各类高校、科研院所等创新机构在日本先进制造业集群中占据了核心位置。集群创新活动以研发机构的科学家和研发团队为基础，以技术研发为中心，以技术转移转化、金融机构等为中介，以技术研究开发型企业为最终培育目标。

（4）韩国先进制造业集群科技支撑体系。以微集群为基本单位构建集群的管理体系。韩国产业集群中的微集群指以产业集群中特定领域多个企业面临的共性关键问题为基础，以企业为主体，联合研究机构及其他相关机构形成的特别兴趣小组。以微集群形式开展集群产业共性关键问题的研发突破及合作交流，实践证明这种体系提高了技术创新的效率，对韩国制造业集群发展起到显著的促进作用。

资料来源：干勇，谢曼，廉海强，邹伟龙，王慧．先进制造业集群现代科技支撑体系建设研究[J]．中国工程科学，2022（02）．

3. 以链长企业提升链内企业发展质量

（1）以现代产业链链长企业带动产业链群发展。

支持产业链链长企业扎根发展，形成以产业链链长企业为主导，具有完备生态形态的产业链群。各地应遵循产业链和产业集群发展的基本规律，利用链长企业在产业链中的地位推动产业链上下游整合，吸引相关企业集聚发展，推动产业链与产业集群融合发展，形成生态完善的产业链群，促进产业链高质量发展[①]。

（2）推动链长企业与其他企业的协同发展。

借鉴美国、日本、德国产业协同发展的经验，推动产业链内链长企业、链核企业、链环企业和链辅企业的有效协同。鼓励链长企业打造产业链平台或者产业联盟，成为链长企业与国内乃至全球产业网络中企业主体、创新主体沟通协作的平台。鼓励链长企业与产业链其他企业按照市场化、全球化的原则开展现代产业链建设的系统性设计和探索创新，为链长企业牵引带动链核、链环、链辅企业提供支持，推动产业生态的繁荣发展。支持中央企业主动融入全球创新和产业网络，加大联合研发力度，设立全球研发中心，推动企业研发机构“走出去”，吸引境外研发人员和研发机构“走进来”。

（3）推动数字技术与产业链发展的深度融合。

数字技术与产业链的深度融合有助于加强产业链上下游企业的有效对接，降低信息沟通成本和交易成本，促进供给与需求精准匹配和高效协同。加快推进产业链数字化转型，立足中央企业、五百强企业等作为链长企业在产业、用户、数据、场景等方面的优势，大力推进工业大数据、物流大数据等产业数字化平台建设，构建技术复杂度更高、技术迭代速度更快、架构更加复杂的工业互联网平台体系，有效发挥工业互联网平台的协同作用，推动数据资源集中统一归集使用，打破产业链不同环节之间的数据壁垒，丰富平台应用场景，完善平台生态系统功能，赋能全产业链数字化转型。

（4）打造现代产业链链长。

——促进链长企业在基础研究探索、关键核心技术突破、平台打造建设、创新生态培育等方面扮演更加积极的角色。例如，在中央企业打造现

① 中国社会科学院工业经济研究所课题组．产业链链长的理论内涵及其功能实现[J]．中国工业经济，2022（07）．

代产业链链长的过程中，以总体国家安全观统领推进，不仅要利用全球大分工进一步提升效率和经济效益，也要关注关键原材料、设备、产品、技术等方面的国产化问题，同时要强化产业循环体系内的非对称竞争优势构建。

——加快产业链链长工作在实践中落地。加快确定企业名单和推进方案，在关乎国家安全和未来竞争力的行业，通过企业自行申报、相关部门推荐等多种方式，确定重点突破产业链及链长企业名单，加快形成可为链长企业参照的细化方案。

Structural Transformation: Cross the Threshold of High-quality Development

第二章

科技结构转型

科技竞争已经成为大国竞争的焦点。我国科技创新已取得了长足进展，但与发达国家相比仍有明显差距，成为实现高质量发展的掣肘之一。在大变局中，直面“科技脱钩”等严峻挑战，抢占国际竞争的“制高点”，要把推动科技结构转型作为重大任务，提高研发强度，加大基础研究力度，提升科技创新能力。

科技是第一生产力，创新是发展的第一动力。当前，新一轮科技革命方兴未艾，科技竞争成为全球竞争的焦点所在，成为一国在大变局中抢占“制高点”的关键所在。党的十九届五中全会提出，坚持创新在我国现代化建设全局中的核心地位，把科技自立自强作为国家发展的战略支撑。实现高质量发展，统筹发展与安全，提升国家竞争力，需要牢牢抓住全球科技竞争的态势，直面“科技脱钩”等挑战，以更大的改革举措和更大的开放力度，激发全社会科技创新活力，释放科技创新潜力，推动科技结构转型，以科技创新赢得未来10~15年发展的主动。

第一节　我国科技结构转型进程

改革开放以来，我国科技结构转型取得明显进展，在基础研究、高科技领域、产业发展等多方面取得重大突破，为经济社会发展奠定了重要基础。与此同时，科技结构转型面临着突出矛盾和严峻挑战，成为14亿人口大国实现经济高质量发展迫切需要解决的重大问题。

一、科技结构转型进程

1. 研发强度逐步提升

（1）研发投入规模不断加大。1996—2022 年，全国研发支出规模从 348.69 亿元增长到 2.79 万亿元。不考虑价格因素，年均增长 19.15%；研发支出与 GDP 的比值（即研发强度）从 0.57%提升到 2.44%（见图 2.1）。

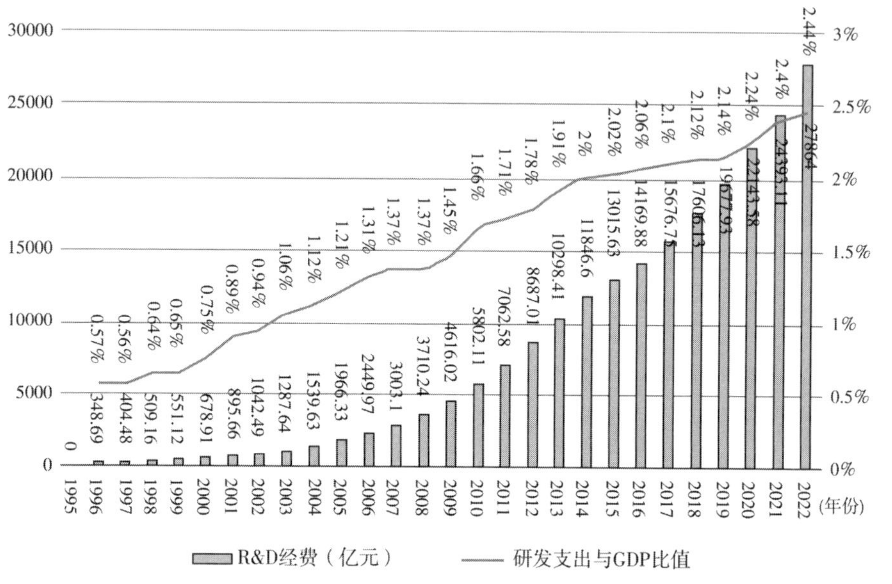

图 2.1　1995—2022 年我国研发支出及与 GDP 比值

数据来源：1995—2020 年数据根据《中国科技统计年鉴 2021》统计数据整理，2021 年数据根据国家统计局网站公布数据整理。

（2）研发活动当量持续扩大。从研究与试验发展人员全时当量指标看，1995 年，我国研究与试验发展人员全时当量仅为 75.17 万人年，到 2020 年快速提升到 523.45 万人年，年均增长接近 13%（见表 2.1）。

表 2.1　1995—2020 年我国研究与试验发展人员全时当量（单位：万人年）

年份	研究与试验发展人员全时当量	基础研究人员全时当量	应用研究人员全时当量	试验发展人员全时当量
1995	75.17	6.66	22.79	45.71
1996	80.4	6.96	23.65	49.79
1997	83.12	7.17	25.27	50.68
1998	75.52	7.87	24.97	42.68
1999	82.17	7.6	24.15	50.42
2000	92.2	7.95	21.97	62.3
2001	95.65	7.88	22.6	65.17
2002	103.51	8.4	24.73	70.39
2003	109.48	8.97	26.03	74.49
2004	115.26	11.07	27.86	76.33
2005	136.48	11.54	29.71	95.23
2006	150.25	13.13	29.97	107.14
2007	173.62	13.81	28.6	131.21
2008	196.54	15.4	28.94	152.2
2009	229.13	16.46	31.53	181.14
2010	255.4	17.37	33.56	204.46
2011	288.3	19.32	35.28	233.73
2012	324.7	21.22	38.38	265.09
2013	353.3	22.32	39.56	291.4
2014	371.06	23.54	40.7	306.82
2015	375.88	25.32	43.04	307.53
2016	387.81	27.47	43.89	316.44
2017	403.36	29.01	48.96	325.39
2018	438.14	30.5	53.88	353.77
2019	480.08	39.2	61.54	379.37
2020	523.45	42.68	64.31	416.46

数据来源：国家统计局数据库。

（3）科技创新指数全球排名逐步提升。世界知识产权组织 2021 年发布的全球创新指数显示，2020 年，中国 GII（全球创新指数）为 54.8 分，在全球排名第 12 位，在地区排名第 3 位，在中高收入经济体中排名第 1 位（见表 2.2）。2013—2021 年 9 年间，提升了 23 个位次。在全球创新指数分项中，我国知识产权和技术产出排名第 4（见表 2.3）。在全球科技活跃度的前 25 位中，我国的深圳—香港—广州集群以及北京集群分别位列第 2 和第 3。

表 2.2　2020 年全球创新指数排名

排名	经济体	分数	收入组排名	地区排名
1	瑞士	65.5	1	1
2	瑞典	63.1	2	2
3	美国	61.3	3	1
4	英国	59.8	4	3
5	韩国	59.3	5	1
6	荷兰	58.6	6	4
7	芬兰	58.4	7	5
8	新加坡	57.8	8	2
9	丹麦	57.3	9	6
10	德国	57.3	10	7
11	法国	55.0	11	8
12	中国	54.8	1	3
13	日本	54.5	12	4
14	以色列	53.4	14	1
15	加拿大	53.1	15	2
16	冰岛	51.8	16	9
17	奥地利	50.9	17	10
18	爱尔兰	50.7	18	11
19	挪威	50.4	19	12

数据来源：世界知识产权组织 .2021 年全球创新指数：跟踪新冠疫情危机下的创新［R］. 2021. 12.

表 2.3　2020 年全球创新指数分项排名

经济体	总体排名	制度	人力资本和研究	基础设施	市场成熟度	商业成熟度	知识产权和技术产出	创意产出
瑞士	1	13	6	2	6	4	1	2
瑞典	2	9	2	3	11	1	2	5
美国	3	12	11	23	2	2	3	12
英国	4	15	10	10	4	21	10	4
韩国	5	28	1	12	18	7	8	8
荷兰	6	6	14	16	31	5	7	7
芬兰	7	2	4	11	19	6	5	16
新加坡	8	1	9	15	5	3	13	17
丹麦	9	8	5	5	7	11	14	13
德国	10	17	3	21	20	12	9	11
法国	11	19	15	17	17	19	16	6
中国	12	61	21	24	16	13	4	14
日本	13	7	20	9	15	10	11	18
以色列	15	34	19	40	8	8	6	30
加拿大	16	5	18	30	1	20	23	19
冰岛	17	14	23	25	25	18	25	10
奥地利	18	16	7	7	40	15	19	27
爱尔兰	19	18	27	4	48	17	15	29
挪威	20	3	13	1	21	23	28	25
爱沙尼亚	21	22	34	8	10	29	22	15
比利时	22	23	8	35	33	16	17	36
卢森堡	23	27	40	33	53	9	38	3
捷克	24	32	33	19	50	25	12	22
澳大利亚	25	10	12	20	9	26	42	24

数据来源：世界知识产权组织 .2021 年全球创新指数：跟踪新冠疫情危机下的创新［R］. 2021. 12.

2. 科技结构逐步优化

（1）研发投入总量：基础研究占比不断提升。

——基础研究支出规模。从 1995 年到 2021 年，全国基础研究支出从 18.06 亿元提升到 1696 亿元，占研发支出比重从 5.18%提升到 6.09%（见图 2.2）。2021 年，我国基础研究经费同比增长 15.6%。

——基础研究人员全时当量。在研究与试验发展人员全时当量指标上，基础研究人员全时当量从 1995 年的 6.66 万人年提升到 2020 年的 42.68 万人年，年均增长 7.7%，占全时总当量比重保持在 8%左右。

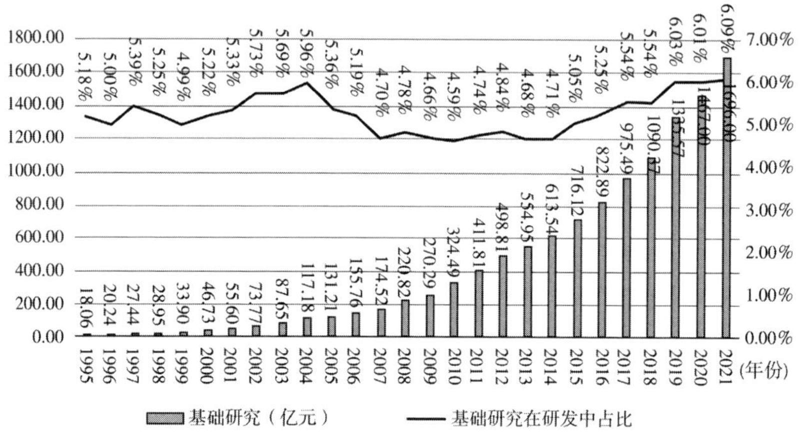

图 2.2　1995—2021 年我国基础研究支出规模及占比

数据来源：1995—2020 年数据根据《国家统计局．中国科技统计年鉴 2021》统计数据整理，2021 年数据根据国家统计局网站公布数据整理。

（2）研发支出内部结构：企业成为研发主体。

——在 2020 年的研发经费支出中，企业支出占比达到 76.55%，研究与开发机构占比为 13.97%，高等学校占比为 7.72%。

——试验发展研究中，企业支出占比 89.31%，成为最主要的支出主体。

——在基础研究和应用研究中，研究与开发机构以及高等学校成为主要支出主体（见表 2.4）。

表 2.4　2020 年我国研发支出内部结构（单位:%）

项　目	R&D 经费	基础研究	应用研究	试验发展（研究）
企　业	76.55	6.52	20.50	89.31
研究与开发机构	13.97	39.12	39.33	8.68
高等学校	7.72	49.41	34.97	0.96

数据来源：国家统计局．中国科技统计年鉴 2021［M］．北京：中国统计出版社，2021.12.

（3）研发支出区域结构：东部地区成为重点研发区域。

——在 2020 年的研发经费支出中，东部地区占比达到 65.46%；中部、西部和东北地区分别占 17.75%、13.17%和 3.61%。

——在研发支出的三大类型中，东部地区占比均超过 60%，成为重要的研发区域（见表 2.5）。

表 2.5　2020 年我国研发支出区域结构（单位:%）

项　目	R&D 经费	基础研究	应用研究	试验发展
东部地区	65.46	66.88	60.40	66.05
中部地区	17.75	12.94	16.47	18.28
西部地区	13.17	14.37	16.30	12.66
东北地区	3.61	5.81	6.83	3.02

数据来源：国家统计局．中国科技统计年鉴 2021［M］．北京：中国统计出版社，2021.12.

3. 在研发等方面取得突破和某些优势

（1）在基础研究某些前沿领域取得突破。

——原创领域的突破。空间探测、核物理、量子科学、生物工程等多个原始创新领域取得新突破。在量子科学、铁基超导、暗物质粒子探测卫星、CIPS 干细胞等基础研究领域取得重大突破。国产大飞机、高速铁路、三代核电、新能源汽车等领域取得了重大成果。

——科技基础设施的建设。新建了中国散裂中子源、500 米口径球面射电望远镜（FAST）、“科学”号海洋科考船、JF12激波风洞等一批重大科技基础设施。

——国家重点实验室的发展。建立国家重点实验室和国家技术创新中心，规范管理国家科技资源共享服务平台。截至2021年底，正在运行的国家重点实验室达到533个①。

（2）取得了信息技术领域的某些优势。依托巨大的市场，我国在数字经济等方面取得了一定的优势。

——在40个国民经济大类行业中，工业互联网已经落地应用，涵盖31个重点工业门类，渗透至企业研发、生产、销售、服务等各个环节②。

——我国5G标准专利储备量世界第一。5G基站总量占到全球总量60%以上，每万人拥有10.1个5G基站③。

——在行业上，电子信息制造业、软件和信息服务业、电信业快速发展，业务收入分别从2012年的8.46万亿元、2.48万亿元和1.08万亿元，增长到2020年的12.1万亿元、8.17万亿元和1.36万亿元④。

（3）个别研发指标处于世界前列。我国研发投入在规模上仅次于美国，研发强度超过欧盟国家，研发人员数量、学术论文发表、专利申请都排在全球第一。

——以PCT专利申请量为例，2019年，我国超过美国成为全球第一；我国PCT专利申请与美国的倍数，从2001年的4%快速提升到2020年的117%（见表2.6）。

——在研发方面，根据基本科学指标数据库（ESI）论文被引用情况，2020年我国科学论文被引用次数排名世界第二位（见表2.7）。

---

① 李雪松．不断培育壮大发展新动能[N]．中国社会科学报，2022-03-18.

② 中国信通院．全球数字经济白皮书——疫情冲击下的复苏新曙光[R]．2021.8.

③ 5G覆盖延伸，中国已累计建成开通5G基站155.9万个[EB/OL]．人民日报海外版，2022-05-06．

④ 工信部．新征程上再创工业和信息化发展新辉煌[J]．求是，2021（24）.

表 2.6　2001—2021 年 PCT 专利申请量的国际比较（单位：件）

年份	中　国	德　国	日　本	韩　国	美　国
2001	1730	14029	11905	2324	43059
2002	1015	14323	14061	2520	41316
2003	1297	14653	17415	2945	41046
2004	1707	15216	20268	3555	43395
2005	2503	15986	24870	4689	46879
2006	3930	16734	27024	5946	51301
2007	5455	17825	27743	7064	54062
2008	6119	18856	28763	7902	51667
2009	7900	16793	29810	8040	45655
2010	12300	17560	32216	9604	45088
2011	16396	18846	38864	10357	49206
2012	18616	18749	43523	11787	51857
2013	21506	17922	43772	12381	57451
2014	25542	17983	42381	13119	61488
2015	29837	18004	44053	14564	57132
2016	43092	18308	45210	15555	56592
2017	48904	18951	48205	15751	56685
2018	53352	19748	49708	17013	56156
2019	59050	19327	52686	19075	57692
2020	68764	18538	50559	20054	58730

数据来源：国家统计局．中国科技统计年鉴 2021［M］．北京：中国统计出版社，2021. 12.

表 2.7　2020 年按 ESI 论文数量排序的国家

国家	位次	被引用次数（次）	论文数量（篇）	论文引用率（%）
美国	1	87553897	4379730	19.99
中国	2	45591820	3465661	13.16
英国	3	29822342	1396742	21.35
德国	4	22824920	1186919	19.23
法国	5	15205668	802799	18.94
加拿大	6	14517245	751647	19.31
意大利	7	13434758	758293	17.72
澳大利亚	8	13270891	690031	19.23
日本	9	12290608	875069	14.05
西班牙	10	11229911	652443	17.21
荷兰	11	10393486	444028	23.41
韩国	12	8434778	628139	13.43
瑞士	13	8209522	334901	24.51
印度	14	8132863	725360	11.21
瑞典	15	6303610	302024	20.87
巴西	16	5453146	502647	10.85
比利时	17	5270430	244370	21.57
丹麦	18	4620560	203133	22.75
伊朗	19	3925991	364717	10.76

数据来源：国家统计局．中国科技统计年鉴 2021［M］．北京：中国统计出版社，2021.12.

（4）科技市场发展较快。

——1995 年我国技术市场成交金额仅为 268.34 亿元，到 2020 年增长到 2.83 万亿元，年均增长 20.4%（不考虑价格因素）（见图 2.3）。在成交项目上，2020 年，全国技术市场成交合同 54.9 万项，涉及技术开发、技术转让、技术咨询和服务等方面，是 2014 年 29.7 万项的 1.85 倍[①]。

——各类孵化器、加速器、众创空间等科技中介组织不断涌现。截至 2018 年底，经国家备案的众创空间达 1952 家，各类科技孵化器、加速器逾 4800 家[②]。

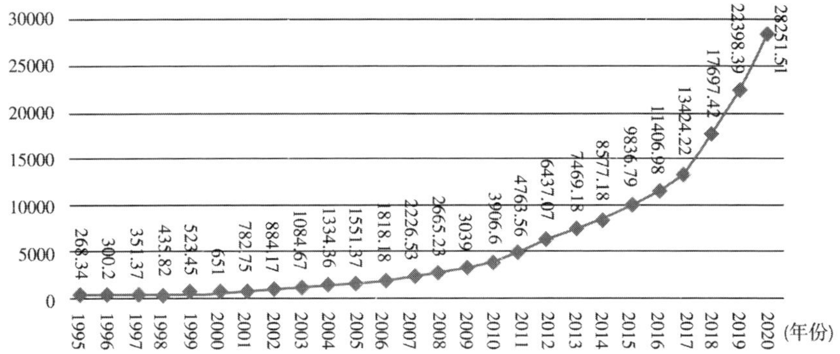

图 2.3　1995—2020 年全国技术市场成交金额（单位：亿元）

数据来源：国家统计局数据库。

4. 在经济增长中发挥重要作用

（1）创新对经济增长的贡献逐步提升。

——从五年期衡量的科技贡献率这一指标来看，近几年，我国科技对经济增长的贡献率稳步提升。2015—2020 年科技贡献率超过 60%，比 2010—2015 年的 55.3%将近提升了近 5 个百分点（见图 2.4）。

——从产业看，2020 年专利密集型产业[③]的增加值达到 12.13 万亿元，同比增长 5.8%，占 GDP 比重达 11.97%，比 2019 年提升 0.37 个百分点（见表 2.8）。版权产业增加值达 7.51 万亿元，同比增长 2.58%，占 GDP

① 国家统计局．中国科技统计年鉴 2021［M］．北京：中国统计出版社，2021.12.

② 国家统计局社科文司．科技发展大跨越 创新引领谱新篇［N］．中国信息报，2019-07-24.

③ 专利密集型产业即发明专利密集度、规模达到规定的标准，依靠知识产权参与市场竞争，符合创新发展导向的产业集合。

比重达 7.39%[①]。

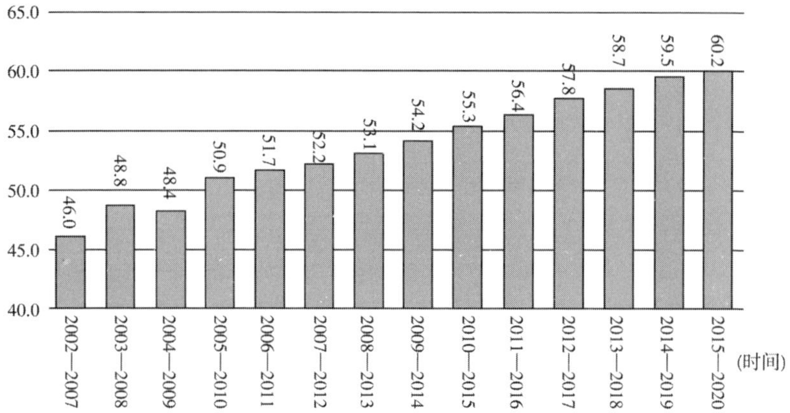

图 2.4　2002—2020 年我国科技贡献率（单位:%）

数据来源：国家统计局．中国科技统计年鉴 2021［M］．北京：中国统计出版社，2021.12.

表 2.8　2018—2020 年我国专利密集型产业主要指标

指标	2018 年	2019 年	2020 年
增加值（亿元）	107090	114631	121289
同比增长（%）	—	7	5.8
占 GDP 比重（%）	11.6	11.6	11.97

数据来源：2018—2020 年《全国专利密集型产业增加值数据公告》统计数据整理。

——从全要素生产率（TFP）角度看，有研究指出，改革开放 40 多年来，资本投入对 GDP 增长的贡献，一直维持在 70%～80%的水平。综合考虑资本、劳动力对增长的贡献之后，效率改进对 GDP 增长的贡献维持在 20%～30% 的水平。其中，1978—2007 年，TFP 对经济增长的贡献为 23.33%；1993—2007 年 TFP 对经济增长的贡献超过了 35%；但在 2008—

① 我国每万人口高价值发明专利拥有量达 7.5 件[N]. 经济日报，2022-04-25.

2018 年，TFP 对经济增长的贡献降至 20%以下①。这需要引起高度警觉和重视。

（2）创新成为产业变革的重要动力。

——高技术产业发展。2019 年，我国高技术产业主营业务收入 15.9 万亿元，占制造业比重达到 16.8%；高技术产业研发经费为 3804.0 亿元，研发强度为 2.39%；

——地区创新强度。研发强度最高的地区是东部地区，达到 2.60%，中部地区为 2.13%，东北及西部地区分别为 1.87%和 1.72%②。

——企业研发投入。从大中型工业企业口径看，2003—2020 年，我国高技术产业发展相对较快。高技术产业研究与试验发展人员全时当量、高技术产业研究与试验发展经费、高技术产业新产品开发经费、高技术产业专利申请数、高技术产业有效发明专利数年均分别增长 10.84%、18.04%、20.50%、21.42%和 33.20%（见表 2.9）。

表 2.9　2003—2020 年我国高技术产业核心指标（大中型工业企业口径）

年份	高技术产业研究与试验发展机构数（个）	高技术产业研究与试验发展人员全时当量（万人年）	高技术产业研究与试验发展经费（亿元）	高技术产业新产品开发经费（亿元）	高技术产业专利申请数（件）	高技术产业有效发明专利数（亿元）
2003	—	12.78	222.44	207.58	8270	3356
2004	—	12.08	292.13	258.82	11026	4535
2005	1619	17.32	362.5	415.69	16823	6658
2006	—	18.9	456.44	509.95	24301	8141
2007	—	24.82	545.32	652.03	34446	13386

① 张平，楠玉．改革开放 40 年中国经济增长与结构变革[J]. China Economist，2018（01）.

② 科技部．2019 年我国高技术产业发展状况统计分析[EB/OL]．科技部网站，2021-07-01.

续表

年份	高技术产业研究与试验发展机构数（个）	高技术产业研究与试验发展人员全时当量（万人年）	高技术产业研究与试验发展经费（亿元）	高技术产业新产品开发经费（亿元）	高技术产业专利申请数（件）	高技术产业有效发明专利数（亿元）
2008	2534	28.51	655.2	798.4	39656	23915
2009	2845	32	774.05	925.07	51513	31830
2010	3184	39.91	967.83	1006.94	59683	50166
2011	3254	42.67	1237.81	1528.03	77725	67428
2012	4566	52.6	1491.49	1827.48	97200	97878
2013	4583	55.9	1734.4	2069.5	102532	115884
2014	4763	57.3	1922.2	2350.6	120077	147927
2015	5572	59	2219.7	2574.6	114562	199728
2016	6456	58.02	2437.61	3000.36	131680	257234
2017	7018	59.03	2644.65	3421.3	158354	306431
2018	6399	66.1	2912.53	3768.45	179600	327965
2019	6331	63.9	3077.8	4389.3	199660	365523
2020	6682	73.5	3728.59	4945.36	224198	438667
年均增长	—	10.84%	18.04%	20.50%	21.42%	33.20%

数据来源：国家统计局数据库。

（3）创新成为企业变革的重要动力。2018—2020年，在规模以上工业企业中，有产品或工艺创新活动的企业占比从43%提升到52.1%；实现了产品和工艺创新的企业占比则分别从28.8%、30.4%提升到35.3%和39.4%（见表2.10）。企业创新活动的不断培育，为“中国制造”升级为“中国智造”奠定了重要的微观基础。

表 2. 10　有（实现）产品或工艺创新的企业占规模以上工业企业比重（单位:%）

年份	有产品或工艺创新活动的企业占比	实现产品创新的企业占比	实现工艺创新的企业占比
2018	43. 0	28. 8	30. 4
2019	49. 6	31. 7	34. 3
2020	52. 1	35. 3	39. 4

数据来源：国家统计局数据库。

二、科技结构转型挑战

1. 研发支出总量持续增长，但研发强度低

（1）研发强度偏低。

——研发支出总量上与美国差距较大。中改院课题组根据《中国科技统计年鉴 2021》研发投入数据，用年平均汇率换算成美元进行分析。结果发现，尽管我国研发支出总量持续增长，但到 2019 年也仅为美国的 48. 82%；在研发支出绝对差距上，我国在较长时期内每年都比美国少 2000 亿~3000 亿美元（见表 2. 11）。

表 2. 11　1995—2019 年中国与美国研发支出总量比较

年份	中国（亿元）	人民币年平均汇率（100 美元）	中国（亿美元）	美国（亿美元）	中国研发支出/美国研发支出（%）
1995	348. 69	835. 10	41. 75	1840. 77	2. 27
1996	404. 48	831. 42	48. 65	1977. 92	2. 46
1997	509. 16	828. 98	61. 42	2127. 09	2. 89
1998	551. 12	827. 91	66. 57	2269. 34	2. 93
1999	678. 90	827. 83	82. 01	2455. 48	3. 34
2000	895. 67	827. 84	108. 19	2695. 13	4. 01
2001	1042. 48	827. 70	125. 95	2802. 38	4. 49
2002	1287. 60	827. 70	155. 56	2798. 91	5. 56

续表

年份	中国（亿元）	人民币年平均汇率（100 美元）	中国（亿美元）	美国（亿美元）	中国研发支出/美国研发支出（%）
2003	1539. 63	827. 70	186. 01	2938. 52	6. 33
2004	1966. 33	827. 68	237. 57	3056. 40	7. 77
2005	2449. 97	819. 17	299. 08	3281. 28	9. 11
2006	3003. 10	797. 18	376. 71	3533. 28	10. 66
2007	3710. 24	760. 40	487. 93	3803. 16	12. 83
2008	4616. 02	694. 51	664. 64	4072. 38	16. 32
2009	5802. 11	683. 10	849. 38	4064. 05	20. 90
2010	7062. 58	676. 95	1043. 29	4100. 93	25. 44
2011	8687. 01	645. 88	1344. 99	4297. 92	31. 29
2012	10298. 41	631. 25	1631. 43	4343. 49	37. 56
2013	11846. 60	619. 32	1912. 84	4551. 28	42. 03
2014	13015. 63	614. 28	2118. 84	4770. 03	44. 42
2015	14169. 88	622. 84	2275. 04	4958. 93	45. 88
2016	15676. 75	664. 23	2360. 14	5226. 52	45. 16
2017	17606. 13	675. 18	2607. 62	5563. 43	46. 87
2018	19677. 93	661. 74	2973. 66	6074. 74	48. 95
2019	22143. 58	689. 85	3209. 91	6574. 59	48. 82

数据来源：国家统计局．中国科技统计年鉴 2021［M］．北京：中国统计出版社，2021. 12；国家统计局．中国统计摘要 2021［M］．北京：中国统计出版社，2021. 4.

——研发强度与主要发达国家有较大差距。中改院课题组以美国、日本、法国、德国、韩国、新加坡为比较对象。1995 年，在几个比较样本中，我国是研发强度唯一没有超过 1%的经济体；到 2002 年才首次超过 1%，2013 年首次达到 2%。相比之下，1995 年只有新加坡没有超过 2%。2019 年，我国研发强度达到 2. 24%，与这几个发达国家差距明显缩小，但仍然不到韩国的 50%（见表 2. 12）。从企业角度看，我国企业研发强度较低，规模以上工业企业研发强度只有1%左右，低于发达国家2%左右的水平。

表2.12 1995—2019年研发强度的国际比较（单位：%）

年份＼国家	中国	美国	日本	法国	德国	韩国	新加坡
1995	0.57	2.41	2.56	2.24	2.14	2.16	1.69
1996	0.56	2.45	2.64	2.22	2.14	2.22	1.72
1997	0.64	2.48	2.72	2.15	2.19	2.25	1.80
1998	0.65	2.50	2.83	2.09	2.22	2.11	1.88
1999	0.75	2.55	2.85	2.11	2.35	2.02	1.94
2000	0.89	2.63	2.86	2.09	2.41	2.13	1.91
2001	0.94	2.65	2.92	2.14	2.40	2.28	2.03
2002	1.06	2.56	2.97	2.17	2.44	2.21	2.11
2003	1.12	2.56	2.99	2.12	2.47	2.28	2.22
2004	1.21	2.50	2.98	2.09	2.44	2.44	2.27
2005	1.31	2.52	3.13	2.05	2.44	2.52	2.33
2006	1.37	2.56	3.23	2.05	2.47	2.72	2.44
2007	1.37	2.63	3.29	2.02	2.46	2.87	2.48
2008	1.45	2.77	3.29	2.06	2.62	2.99	2.67
2009	1.66	2.81	3.20	2.21	2.74	3.15	2.84
2010	1.71	2.74	3.10	2.18	2.73	3.32	2.82
2011	1.78	2.77	3.21	2.19	2.81	3.59	2.91
2012	1.91	2.68	3.17	2.23	2.88	3.85	2.96
2013	2.00	2.71	3.28	2.24	2.84	3.95	3.00
2014	2.02	2.72	3.37	2.28	2.88	4.08	2.98
2015	2.06	2.72	3.24	2.27	2.93	3.98	3.00
2016	2.10	2.79	3.11	2.22	2.94	3.99	3.09
2017	2.12	2.85	3.17	2.20	3.05	4.29	3.19
2018	2.14	2.95	3.22	2.19	3.12	4.52	3.35
2019	2.24	3.07	3.20	2.20	3.19	4.64	3.49

数据来源：国家统计局．中国科技统计年鉴2021［M］．北京：中国统计出版社，2021.12.

（2）基础研究占比偏低。2021年，我国基础研究支出占比为6.1%。

这一比重比日本（2019）低 7 个百分点，比韩国（2019）低 8.6 个百分点，比美国（2019）低 10.3 个百分点，比英国（2019）低 12.2 个百分点（见表 2.13）。根据前面转换成美元总量的换算，2019 年中美的基础研究总量分别为 192.59 亿美元和 1078.23 亿美元，中国基础研究投入仅为美国的 17.86%。基础研究投入偏低，客观上制约了我国在科技基础理论创新上的突破，不利于中长期科技竞争力的提升。

表 2.13　基础研究占研发费用比重的国际比较（单位：%）

国家	年份	基础研究	应用研究	试验发展
瑞士	2017	41.7	32.2	26.1
捷克	2019	26.2	41.4	32.3
法国	2018	22.7	41.3	36.1
意大利	2019	21.3	39.9	38.8
丹麦	2019	18.3	32.5	49.2
英国	2018	18.3	42.1	39.7
美国	2019	16.4	19	64.5
俄罗斯	2016	15.2	20.7	64.1
韩国	2019	14.7	22.5	62.8
日本	2019	13.1	19.4	67.6
中国	2020	6.1	11.3	82.7

数据来源：国家统计局．中国科技统计年鉴 2021［M］．北京：中国统计出版社，2021.12.

（3）研发实力仍有较大差距。我国的科技实力总体上还处于跟跑的状态。例如，在先进技术上，我国与发达国家还有数十年的差距，绝不能因为有几项技术在全球领先就沾沾自喜。具体看，我国有相对完整工业体系，但是基础工业配套能力不强，供应链一些关键环节依然脆弱，对外技术依存度还很高；我国创新型企业数量不断增加，但总体上企业研发强度较低，规模以上工业企业研发强度只有 1%左右，低于发达国家 2%左右的水平；系统创新能力较低，还没有实现从点的突破到系统创新。

2. 研发成果规模大，但成果转化水平低

（1）专利转化率偏低。一国创新能力的高低不仅体现在新知识和新技术的创造上，还表现为知识的转移、扩散及技术商业化水平。从转化率角度看，我国与发达国家还有较大差距。有专家推算，中美两国的专利转化率分别为6%和50%[①]。

（2）从技术许可和转让收入占研发支出比重看，我国转化率较低。

——依据OECD（2013）分析，美国、英国、加拿大、澳大利亚、欧盟五大经济体的主要科研部门（大学和公共研究机构）在2004—2011年的“技术许可与转让收入占研发支出比重”基本处在1%~7%。其中，美国均值高达4.8%（其中2008年接近7%），其次是澳大利亚（2.2%），之后是欧盟（1.7%）、英国（1.4%）和加拿大（1.2%）[②]。

专栏2.1

科技成果转化效率评价指标

发达国家已经建立了较为成熟的科技成果转化测度体系，其中最具代表性的有美国、欧盟委员会、英国三个指标测度体系。目前，OECD将“技术许可或转让收入占研发支出的比重”（或称许可收入强度）作为具体比较其主要成员国之间公共科研部门知识转移效率差异的一个核心指标。

资料来源：熊鸿儒．我国科研部门成果转化效率的测算与评价：基于价值导向的国际比较[J]．学习与探索，2019（02）．

——我国高校科技转化率较低。根据教育部公布的高校科技活动数据测算，近几年我国高校的技术转让实际收入占研发支出的比重为2%~3%（见表2.14），而且呈现明显下降趋势。从绝对值上比，如果以《科技成果

① 沈健．我国大学专利转化率过低的原因及对策研究[J]．科技管理研究，2021（05）．
② 熊鸿儒．我国科研部门成果转化效率的测算与评价：基于价值导向的国际比较[J]．学习与探索，2019（02）．

转化年度报告》调查数据中当年到账金额衡量，我国高校转化收入不足美国的十分之一①。

表 2.14　2002—2018 年我国高校研发支出与技术转让实际收入

年份	高校研发支出（亿元）	高校技术转让实际收入（亿元）	高校技术转让实际收入/研发支出（%）
2002	130.50	10.98	8.42
2003	162.30	15.80	9.73
2004	200.94	13.55	6.74
2005	242.30	12.59	5.20
2006	276.81	12.56	4.54
2007	314.70	13.17	4.18
2008	390.20	19.78	5.07
2009	468.20	21.53	4.60
2010	597.30	20.82	3.49
2011	688.84	24.10	3.50
2012	780.56	27.56	3.53
2013	856.70	27.23	3.18
2014	898.10	26.03	2.90
2015	998.59	23.42	2.35
2016	1072.24	26.71	2.49
2017	1265.96	36.60	2.89
2018	1457.88	34.06	2.34

数据来源：国家统计局数据库，2022—2018 年《高校科技活动资料汇编》统计数据整理。

——我国科研机构科技转化率较低。根据科技部发布的科研机构创新能力监测数据测算，我国科研机构技术许可与转让收入占研发支出的比重

① 沈健，王国强，钟卫．科技成果转化的指标测度和跨国比较研究[J]．自然辩证法研究，2021（07）．

相对较低、波动较大。2011 年以来持续低于 1%。2009—2020 年，科研机构技术许可与转让收入/研发支出均值为 0.52%（见表 2.15），低于发达国家的平均水平。

表 2.15 2009—2020 年我国科研机构研发支出及技术许可与转让收入

年份	科研机构研发支出（亿元）	科研机构技术许可与转让收入（亿元）	科研机构技术许可与转让收入/研发支出（%）
2009	996	12.08	1.21
2010	1186.4	29.07	2.45
2011	1306.74	6.66	0.51
2012	1548.93	4.24	0.27
2013	1781.4	3.97	0.22
2014	1926.2	4.69	0.24
2015	2136.49	7.24	0.34
2016	2260.18	8.63	0.38
2017	2435.7	8.87	0.36
2018	2691.68	9.86	0.37
2019	3080.83	19.50	0.63
2020	3408.82	15.11	0.44

数据来源：国家统计局数据库，2009—2020 年《中国科技统计年鉴》统计数据整理。

（3）成果转化体系的发展相对滞后。

——专利代理机构和专利代理师规模不断增大，但人均专利代理师水平较低。从实际看，《专利代理行业发展状况（2020 年）》报告数据显示，截至 2020 年底，我国专利代理机构共有 3253 家（见图 2.5），执业专利代理师已达到 23193 人，总计 53090 人获得了专利代理师资格证书，新增 5172 人，年增长率为 10.7%（见图 2.6）。相比之下，目前美国执业专利代理师包括专利律师在内有 4.2 万人，日本专利代理师 1.15 万人，韩国专利律师 3800 人，欧洲专利代理师包括专利律师在内 1.27 万人。

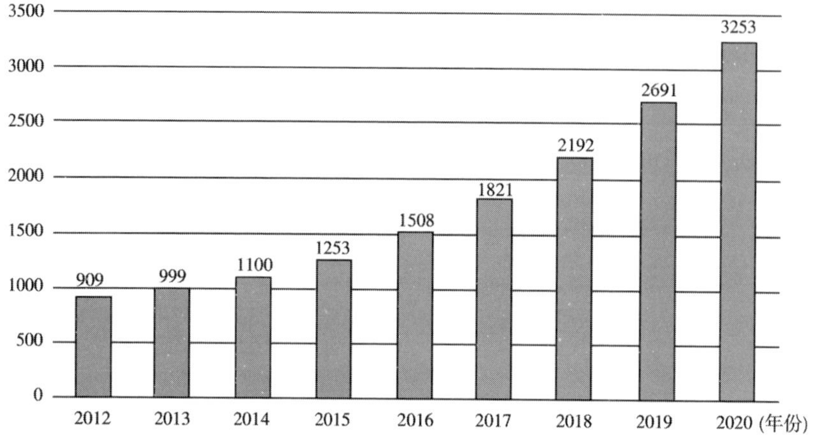

图 2.5　2012—2020 年我国专利代理机构数量（单位：家）

数据来源：国家知识产权局．专利代理行业发展状况（2020 年）[EB/OL]．国家知识产权局网站，2021-08-30.

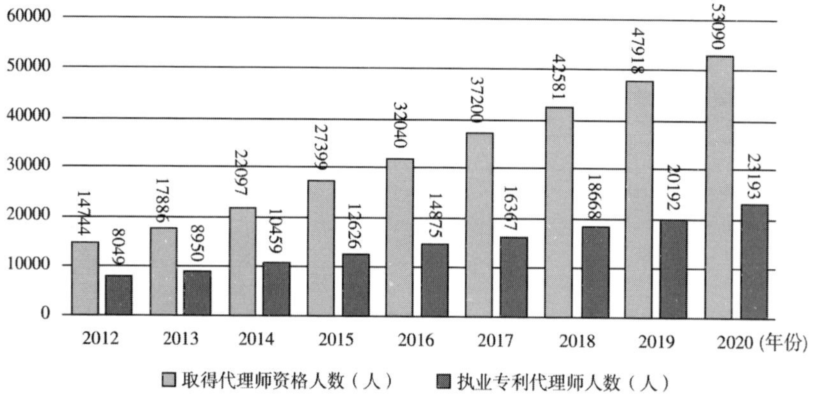

图 2.6　2012—2020 年我国专利代理人数量（单位：人）

数据来源：国家知识产权局．专利代理行业发展状况（2020 年）[EB/OL]．国家知识产权局网站，2021-08-30.

——发明专利申请量与专利代理师数量之比偏高。在发明专利申请量方面，2021 年美国是 60 万件，日本是 31 万件，韩国是 21 万件，欧洲是 17 万件，中国是 154 万件。我国目前取得专利代理师资格的 4.8 万人，其中执业的有 2 万人。但从人均数量角度考虑，我国人均专利代理师数量水平就相对较低。在发明专利申请量与专利代理师数量之比方面，美国、日本、韩国、欧洲分别约为 14、27、55 和 13.7，中国约为 76[①]。

（4）成果转化形式有限。科技成果转化具有主体多元化、渠道和方式多样化的特征。如科研人员直接创办新企业（也包括学生创业）也是国内外大学或科研机构转化成果的重要方式。OECD 国家调查发现，欧盟国家每 100 万美元的研发支出平均衍生出 2.4 家新创企业（spin-offs），美国、加拿大则相对落后约为 1.1 家[②]。我国目前更多地以技术许可或转让的形式，衍生新创企业。虽然目前没有直接数据，但可以通过近几年我国独角兽企业增速下降得到部分反映研发的衍生效果。

3. 研发人员数量大，但工匠比重低

（1）研发人员不断增长，但大国工匠短缺。我国技工总数超过 7000 万人，而高级技工人数仅约 350 万人，只占工人总数的 5%。相比西方发达国家，高级技工占技工总数的 38%以上，其中日本高级技工占工人总数的 40%，而德国的高级技工在工人中的比例高达 50%[③]。

（2）制造业重点领域技能人才短缺。实现《中国制造 2025》的目标，高技能人才是不可或缺的保障条件。如果不尽快采取行动和切实举措，2025 年人才缺口将接近 3000 万人，缺口率高达 48%（见表 2.16）。

① 申长雨. 提高质量 优化服务 强化监管 促进专利代理行业持续健康发展——在中华全国专利代理人协会第十次全国会员代表大会上的讲话[EB/OL]. 国家知识产权局网站，2019-12-19.

② 熊鸿儒. 我国科研部门成果转化效率的测算与评价：基于价值导向的国际比较[J]. 学习与探索，2019（02）.

③ 高级技工占工人比例德国是 50%中国仅 5%，急需大国工匠[EB/OL]. 中国新闻网，2017-03-09.

表2.16　制造业十大重点领域人才需求预测（单位：万人）

序号	十大重点领域	2015年	2020年		2025年	
		人才总量	人才总量预测	人才缺口预测	人才总量预测	人才缺口预测
1	新一代信息技术产业	1050	1800	750	2000	950
2	高档数控机床和机器人	450	750	300	900	450
3	航空航天装备	49.1	68.9	19.8	96.6	47.5
4	海洋工程装备及高技术船舶	102.2	118.6	16.4	128.8	26.6
5	先进轨道交通装备	32.4	38.4	6	43	10.6
6	节能与新能源汽车	17	85	68	120	103
7	电力装备	822	1233	411	1731	909
8	农机装备	28.3	45.2	16.9	72.3	44
9	新材料	600	900	300	1000	400
10	生物医药及高性能医疗器械	55	80	25	100	45

数据来源：教育部、人社部、工信部．制造业人才发展规划指南[R].2017.2.

4. 技术市场发展快，但自主研发比重低

（1）核心技术对外依赖度高，“卡脖子”风险加大。

例如，《科技日报》提出了一份包含35项关键技术的“卡脖子”清单，其中每项都对国家经济安全有着重要影响（见表2.17）。

表2.17　我国被“卡脖子”的35项关键技术

序号	技术名称	序号	技术名称
1	光刻机	6	手机射频器件
2	芯片	7	航空发动机短舱
3	操作系统	8	iCLIP技术
4	触觉传感器	9	重型燃气轮机
5	真空蒸镀机	10	激光雷达

续表

序号	技术名称	序号	技术名称
11	适航标准	24	掘进机主轴承
12	高端电容电阻	25	微球
13	核心工业软件	26	水下连接器
14	ITO 靶材	27	高端焊接电源
15	核心算法	28	锂电池隔膜
16	航空钢材	29	燃料电池关键材料
17	铣刀	30	医学影像设备元器件
18	高端轴承钢	31	数据库管理系统
19	高压柱塞泵	32	环氧树脂
20	航空设计软件	33	超精密抛光工艺
21	光刻胶	34	高强度不锈钢
22	高压共轨系统	35	扫描电镜
23	透射式电镜		

资料来源：《科技日报》系列报道相关资料整理。

（2）科技竞争压力加大。

——以美国《无尽前沿法案》（*Endless Frontier Act*）为例，美国在美国国家科学基金会设立新的技术和创新部门，在 5 年内拟投入 1000 亿美元，用于包括人工智能、半导体、量子计算、先进通信、生物技术和先进能源在内的关键技术领域的基础和先进研究、商业化、教育和培训项目。

——2019 年，工信部数据显示，我国高端芯片、工业控制软件、核心元器件、基本算法等 300 多项与数字产业相关的关键技术仍然受制于人，核心关键技术对外依存度高，导致我国企业更多注重商业模式创新，产品与服务创新较弱，制约了我国数字技术产业化应用和推广①。

① 数字经济时代，新型实体企业将应运而生[N]. 科技日报，2021-11-08.

(3) 科技脱钩压力加大，科技安全面临挑战。

——美国的基本思路。未来10~15年，科技竞争将伴随中美竞争的全过程。为此要高度警惕美国从高依赖行业入手，阻止我国科技进步。美国基本将在一些我国急需却又无法实现自给的核心技术上坚决脱钩；在两国水平相当的技术领域放松出口管制①。

——高度关注高依赖行业。有研究根据我国对美国技术依赖程度，把我国产业分为高依赖、中依赖和低依赖三类。三类产业对美技术依赖度在2016年后同时出现大幅下降，且降幅远大于以往。这种同时间出现的共同变化，可能具有较强的趋势性。初步判断，美国可能优先选择脱钩收益大、成本低的行业，如医疗技术、药品、基础材料、特殊机器等（见表2.18）。

表2.18 我国对美国技术依赖不同程度的行业目录

高依赖行业	医疗技术，发动机、泵、涡轮机，高分子化学，计算机技术，基础材料化学，纺织和造纸机，食品化学，药品，运输，其他特殊机器。
中依赖行业	有机精细化学，机械元件，化学工程，环境技术，测量，搬运，生物技术，表面技术，涂层，数字通信，生物材料分析，材料、冶金，电机、电气装置、电能，机床，半导体，土木工程。
低依赖行业	热处理和设备，其他消费品，控制，信息技术管理方法，电信，基础通信程序，家具、游戏，视听技术，光学，微结构和纳米技术。

注：三大类行业划分依据是美国优质综合指数，它综合考虑专利数量差额和倍数。在三大类中，各行业按依赖度从高到低排序。

资料来源：石光．中美科技脱钩：中国最需要警惕的行业[EB/OL]．财经，2020-09-14.

三、以结构转型统筹科技发展与安全

1. 统筹自主创新与开放创新

(1) 科技创新能力成为影响国家竞争力和世界经济格局的重要因素。

① 北京大学国际战略研究院课题组．技术领域的中美战略竞争：分析与展望[R]. 2022.1.

俄乌冲突后，美欧主导的对俄科技脱钩和制裁，给各国敲响警钟。在科技武器化的特定背景下，作为全球第二大经济体，需要以全球视野谋划科技创新能力提升，需要在复杂多变的科技创新环境中赢得主动、赢得未来。

（2）创新能力不足、关键核心技术受制于人的局面尚未改变。面对全球科技竞争的新挑战，需要加强创新能力、创新方式、资源配置、体制政策等方面的谋划部署。

（3）以提高自主创新能力为重点厚植创新引领发展的根基。加大科技研发投入，深化科研体制机制改革创新，释放科技要素活力，增强自主创新对产业发展的支撑能力。要坚持开放创新，以制度型开放主动融入国际创新大格局，吸引聚集科技创新优质要素，实现更高起点的自主创新。

2. 统筹“软科技”与“硬科技”发展

（1）新一轮科技革命和产业变革正在重构全球创新版图、重塑全球经济结构。

——以数字化为代表的“软科技”深刻改变产业形态与生活方式，互联网、大数据、人工智能同实体经济深度融合，并成为产业变革的重要推动力。

——以先进制造业为主体的“硬科技”成为国际科技竞争的重点、焦点。“硬科技”是“软科技”的重要基础，并成为全球科技创新版图重塑与国家间科技竞争合作地位的核心要素。

（2）“硬科技”发展短板仍然比较突出。在发展与冲突成为全球突出矛盾的大背景下，“硬科技”短板开始成为我国统筹发展与安全的掣肘。为此，以全面深化改革开放推动科技结构转型升级，成为我国统筹科技发展与安全的重大任务。

3. 统筹国内国际布局

（1）科技创新既离不开自力更生，也离不开开放创新。科技创新需要要用好国内力量，自力更生，尤其是一些关键领域和核心环节技术上。与此同时，也需要用好国际创新要素，推动开放创新。科技无国界，开放程度越高，合作创新力度越大，在创新上就越有可能取得突破。因此，需要以自力更生为基础，以开放创新为重点，统筹科技创新的国内布局与国际布局。

（2）推进科技创新离不开有效利用国际创新资源。适应国际格局变化的大趋势，要在优化整合国内科技创新资源的基础上，主动布局和抓紧利用国际创新资源①。越是在科技竞争激烈的时期，越是某些大国企图推进“科技脱钩”，越要推进开放创新，越要有效利用国际创新资源。

（3）抓住科技创新密集活跃期的机遇。当前，全球科技创新进入密集活跃时期。全球主要创新强国加快科技资源国内国际布局优化，以此抢占世界创新高地。目前，我国以国内为重点的科技要素布局取得重要进展。例如，北京、上海、粤港澳大湾区三大国际科技创新中心，已跻身全球科技创新集群前 10 位。但是，应当清醒地看到国内科技资源布局分散、重复、低效，国际布局与建设科技强国目标不相适应的矛盾依然突出。

第二节　全球科技创新趋势

当今世界正经历百年未有之大变局，尤其是随着新一代数字技术的兴起，新一轮科技革命悄然而至。以大数据和人工智能等数字技术为代表的第四次科技革命，对当前国际分工格局产生重大影响，也对我国科技创新、科技结构转型带来机遇和挑战。

① 迟福林：科技创新已成为统筹安全与发展的关键因素[EB/OL]. 新华网，2022-04-21.

一、全球科技创新趋势

1. 历次科技革命

迄今为止，人类共经历过三次科技革命。第一次科技革命使用的蒸汽技术、第二次科技革命发明的电力技术，以及第三次科技革命创造的信息技术都已作为通用目的技术广泛应用到经济社会发展的方方面面，深刻改变了生产函数，改变了国家间的比较优势和竞争优势，也改变了国际分工格局（见表 2.19）。

表 2.19　历次技术革命的比较

	历史意义	背景	主导性技术	科学革命的联系	创新方式	思维工具
第一次技术革命	工业经济——机械时代，部分提升人类四肢活动能力	文艺复兴	蒸汽动力和机械革命	生产经验起先导作用；科学原理辅助	发明家（也是产业者）个体在实践中创新	逻辑学
第二次技术革命	工业经济——电气时代，全方位提升人类四肢活动能力	资本主义殖民扩张、生产过剩	内燃机与电力革命	理论起先导作用（第一次科学革命），经验辅助	发明家在实验室创新，再推广给产业者	抽象思维
第三次技术革命	工业经济——电子时代，提升人类感知能力	资本主义经济危机和两次世界大战	电子技术、计算机网络和原子能技术	技术在理论基础上（第二次科学革命发展起来）	科研团队、产业者联合创新	数字编码
新一轮科技革命	知识经济——智能时代，提升人类思考能力	全球化、国际金融危机、生态资源危机	信息技术、生命科学技术、低碳绿色技术和新材料技术等技术群落	科学与技术全方位紧密联系（在第二次科学革命范式下渐进发展）	科研团队应用科学仪器设备和信息技术，联合全球力量创新	复杂网络和系统思维

资料来源：洪志生，秦佩恒，周城雄．第四次工业革命背景下科技强国建设人才需求分析[J]．中国科学院院刊，2019（05）．

2. 新一轮科技革命的到来

（1）从趋势看，未来科技有可能在四个方面取得突破。一是以能源代表的基础科技革命；二是以量子计算代表的算力革命；三是以人工智能代表的智能革命；四是以物联网代表的生活方式革命。

（2）新一轮科技革命对我国经济社会发展带来新的挑战。抓住新一轮科技革命，客观上要求我国加快生产性服务业发展，加快科技研发的突破。

——以工业机器人为例，近几年我国工业机器人得到快速发展，工业机器人密度从 2010 年的 15 台/万人快速提升到 2019 年的 187 台/万人。

——与国际比较，我国工业机器人密度依然偏低。2019 年，韩国、日本、德国、美国的机器人密度分别为 855、364、346、228 台/万人，均高于我国。

3. 数字经济发展与“开源、上云、跨境”的趋势

（1）数字经济发展趋势。大数据、物联网、人工智能、区块链等数字技术仍处于技术爆发阶段，距离大规模扩散应用还需一段时期。目前，数字技术革命处于向大规模应用过渡的导入期后半段，预计这一阶段将持续 10 年左右。之后将进入展开期，技术将向经济社会广泛扩散并释放其对经济增长的推动作用，预计在 2030 年前后进入新一轮繁荣周期①。

（2）“开源、上云、跨境”成为主要趋势

——在“开源”方面，全球最大开源项目托管平台 GitHub 统计，2020 年较 2019 年新增了 1600 万开发者用户，预计到 2025 年将达到 1 亿人。预计到 2030 年，我国开发者将成为全球最大的开源群体。我国的“十四五”规划首度列入了“开源”，提出“支持数字技术开源社区等创新联合发展”“鼓励企业开放软件源代码、硬件设计和应用服务”。

---

① 国务院发展研究中心创新发展研究部课题组，全球科技创新趋势的研判与应对[N]. 经济日报，2021-01-22.

——在“上云”方面，已经形成了基本潮流。数据显示，22%的企业完成了云化，65%的企业正在云化中，仅有12%的企业未云化①。

——在“跨境”方面，跨境数字贸易规模持续提升。近年来，数字服务贸易快速发展，实质就是数据的跨境流动。从全球看，2010—2019年数字贸易平均增长6.1%，增长速度远高于服务贸易（5.2%）和货物贸易（2.5%），数字服务出口占全球服务出口比重达到52%。从我国情况看，2015—2019年，我国数字贸易额由2000亿美元增长到2947.6亿美元，占服务贸易比重从30.6%提高到44.5%；在新冠肺炎疫情的影响下，2020年，我国数字贸易不降反升，同比增长20.5%，增速高于服务贸易整体增速15.6个百分点②。

（3）科技创新和生产对数据的依赖程度将越来越高。越来越多的设备与网络建立连接，生产对数据的依赖程度在不断上升。科学技术发展也呈现出明显的大科学、定量化特点，创新将越来越依赖科学数据。随着数据逐步成为企业、产业乃至国家的战略性资源，数据驱动的技术研发和应用创新能力将直接影响一国的长期竞争优势。与此同时，数字增加值在价值链中所占比重显著提升，仅依靠低成本劳动要素参与全球价值链的国家和地区将面临严重冲击③。

4. 创新范式转变的趋势

（1）创新范式正在深刻变化。科学研究的跨学科融合日益增强，科技与经济社会发展加速渗透融合。随着以生物技术、人工智能与大数据为代表的新技术的快速突进，很多科技后果给人类社会带来的风险与不确定性都是前所未有的。例如，为适应新一轮科技革命的需求，基于思维科学的“第五范式”，即“机器猜想”范式开始兴起。新科学范式跃迁的变化虽然

① 张一甲 . 2021中国数字经济50条判断[R]. 2021.12.

② 商务部 . 中国数字贸易发展报告2020[R]. 2021.9.

③ 国务院发展研究中心创新发展研究部课题组，全球科技创新趋势的研判与应对[N]. 经济日报，2021-01-22.

正处于萌芽阶段，但将极大改变理解智能经济时代技术发展的基础，尤其是人工智能技术为基础的智能化技术的应用逻辑。

（2）数字经济创新趋势。

——2020年，全球数字化转型市场规模为3361.4亿美元，预计2021—2028年将以23.6%的复合年增长率增长。2008—2018年，全球数字汇款出口额从18380亿美元增长到29314亿美元，年平均增长率约为5.8%，远超同期货物和服务贸易增速。商品交易数字化进程正在加速，2019年全球跨境电子商务B2G市场份额从2014年的2360亿美元增加到8260亿美元，年均增长率为27%。世界上一半以上的服务贸易是通过数字平台实现的。

——随着智能制造、工业互联网等数字化技术的普及，智能设备将逐步取代人工，生产将走向消费市场，中间流通环节减少，产业链不断更新缩短，区域化、国际化产业分工趋势正在显现。

二、全球科学中心转移趋势

1. 欧美国家科技创新优势依然明显

（1）位于创新指数前列的仍以发达国家为主。例如，2020年全球创新指数前20名的国家或地区接近四分之三位于欧美地区，瑞士、瑞典、美国和英国连续三年位列前五，亚洲地区的韩国、新加坡、中国、日本分别名列第5、8、12、13位[①]。

（2）科技集群仍集中在少数国家。

——从全球看，东京—横滨是表现最好的科技集群，其次是深圳—香港—广州、北京、首尔、圣何塞—旧金山。美国是科技集群数量最多的国家，其次是中国、德国和日本。中国的科技集群在科技产出方面的增长最为显著。巴西、中国、印度、伊朗、土耳其和俄罗斯都是拥有定

① 世界知识产权组织.2021年全球创新指数：跟踪新冠疫情危机下的创新[R].2021.12.

级科技集群的中等收入经济体，其中德里、孟买和伊斯坦布尔的增长较为显著。

——全球的专利申请主要分布在美国、日本、中国、韩国和欧盟。根据世界知识产权组织公布的专利数据，2020 年全球专利申请数量达到有史以来最高，专利申请总量达 27. 59 万件，同比增长 4%。其中，中国以 6. 9 万件专利位居第一，同比增长 16. 1%，美国以 5. 9 万件位居第二，日本和韩国分别位列第三和第四（见表 2. 20）。

表 2. 20　2019—2020 年全球主要国家专利情况（单位：件）

国家	2019 年	2020 年
中国	59193	68720
美国	57499	59230
日本	52693	50520
韩国	19073	20060
德国	19358	18643
法国	7906	7904
英国	5773	5912
瑞士	4627	4883
瑞典	4202	4356

数据来源：世界知识产权组织 . 2021 年全球创新指数：跟踪新冠疫情危机下的创新 [R]. 2021. 12.

（3）全球研发投入集中度仍相当高。

——从全球 TOP2500 家企业的国家/地区分布情况看，研发投入分布非常集中。总部位于研发投入前五位国家（美国、中国、日本、德国和法国）的公司占样本研发投入的 77. 6%（占公司总数的 72. 5%）。如考虑欧盟，则欧盟和美国、中国和日本拥有 81. 6%的公司，合计占全球 TOP2500 家企业研发总投资的 85. 2%。从企业的分布来看，全球 TOP10 研发投入企业主要分布在美国、中国和韩国，中国的华为公司研发投入全球排名第三。

——从企业研发投入排名来看，全球入围的2500家公司中，美国有775家企业入围，研发支出共为3477亿欧元，全球排名第一；其次是欧洲，有542家企业入围，研发支出金额共为2209亿欧元；第三是中国，有536家企业入围，研发支出是1188亿欧元。

——从研发重点领域来看，全球研发投入的增长趋势因地而异，增长模式也各有不同，欧盟主要集中于汽车领域，美国以信息通信技术（ICT）和生物技术为主的健康领域为主导，中国以软件和互联网为主的ICT领域为主导。

2. 亚洲在全球创新版图中的权重不断提升

（1）亚洲成为新兴行业的聚集地。亚洲作为最具发展活力的地区，在数字时代到来时，成为新兴行业的聚集地。亚洲国家（尤其是中国、日本和韩国）2020年提交的专利、商标和工业品外观设计申请数量占全球申请总量的三分之二以上。2021年9月发布的国际科技创新中心指数（Global Innovation Hubs Index，GIHI）2021显示，亚洲城市在创新经济中展现新的活力，形成厚积薄发之势，全球领先的50个国际科创中心，有23个在亚洲，有9个在中国。

（2）亚洲国家在科技革命中由过去的跟跑者、参与者向新一轮科技革命中并跑者、变革者转变。一大批亚洲城市作为国际科技创新中心的新兴力量正在崛起。亚洲成为全球高端生产要素和创新要素转移的重要目的地，特别是东亚将成为全球研发和创新密集区，未来很可能产生若干具有世界影响力的创新中心。

3. 全球创新博弈面临大变局

（1）欧盟国家较大概率与美国联合遏制和封锁中国。虽然中国一直在强化与欧盟国家形成全球产业链和创新链的协作分工关系，欧盟国家也不会轻易排斥中国的全球科技创新体系。但从国家利益角度来看，美国对欧盟的重要性在一段时期内仍然高于中国。因此，欧盟仍然较大概率与美国一起封锁和遏制中国的科技创新自主能力和战略新兴产业体系发展能力。

（2）新兴大国较大概率以分化和摇摆谋求自身利益最大化。针对中美之间科技创新领域的全面战略竞争格局，全球新兴大国之间有可能出现分化、摇摆态势以及遵循国家利益最大化策略。巴西、印度尼西亚、越南等新兴大国不会放弃同时从美国和中国巨大内需市场和发展机会中的牟利机会，也很可能采取同时参与美国和中国各自主导的全球科技创新体系和战略性新兴产业体系，从而实现自身国家利益的最大化①。

三、全球科技竞争格局变化趋势

1. 科技竞争成为国家竞争的战略重点

（1）在前沿的技术领域，全球竞争进入白热化状态。世界发达国家均根据自身需求进行相关布局，所涉及领域交叉重叠现象明显，人工智能、量子科技、5G/6G、网络安全、新材料、新能源等前沿技术领域竞争激烈。

——2021 年美国参议院通过的《美国创新与竞争法案》，拟投资 1900 亿美元用于芯片、锂电池、人工智能、量子等核心技术领域，1000 亿美元用于数字技术设施建设。

——欧盟委员会发布的《2030 数字指南针》计划书，提出了欧盟 2030 年实现“数字主权”的数字化转型目标，旨在构筑一个以人为本、可持续发展的数字社会；发布总规模达 3110 亿欧元的预算提案，用于支持促进经济复苏、创造就业、环保和数字化转型。

——法国发布第四期《未来投资计划》，计划在 2021—2025 年投入 125 亿欧元于脱碳氢能、量子技术、网络安全、生物制药、生物燃料、5G 未来通信等重点领域。

① 张杰．中美科技战略竞争格局下的全球科技创新[EB/OL]．中国宏观经济论坛，2022-05-07.

（2）我国科技升级的重大任务。《国民经济和社会发展第十四个五年规划和2035年远景目标纲要》明确指出，要瞄准人工智能、量子信息、集成电路、生命健康、脑科学、生物育种、空天科技、深地深海等前沿领域，启动一批具有前瞻性、战略性的国家重大科技攻关项目。

2. 美国挑起对华科技脱钩

（1）打造“小院高墙”的技术保护。美国的基本做法是，筛选与美国国家安全直接相关的特定技术和研究领域（“小院”），同时采取更严密、更大力度的对华科技封锁（“高墙”），而在非关键技术领域可以与中国合作①。

（2）对华实施出口管制和实体清单。目前，中国越来越多的企业被美国列入出口管制“实体清单”中，无法从美国获得有价值的技术、产品等，被美国所主导的市场机制、供应链、创新体系所排斥。截至目前，美国已将600余家中国企业列入了实体清单，其中110多家是拜登政府上台以来新增的。

（3）对华实施外资审查和市场准入制度。2018年，美国政府实行了对于外资审查的立法改革，加大了对中国的投资审查力度，涉及芯片、互联网、通信等领域的中国投资都受到了美国政府的严格干预和极大限制。同时，美国市场对于中国高科技产品采取限制禁止的不公平贸易措施，中国高科技产品海外发展网络布局受到影响，科技创新和发展空间受到限制和挤压。

（4）对华实施针对知识产权侵权的“337调查”。随着知识产权在全球贸易中的战略地位迅速上升，进而成为中美科技竞争日趋激烈的标志。美国针对进口产品的“337调查”在实践中主要针对涉嫌侵犯美国专利权和商标权、著作权等知识产权的行为。其中，针对中国企业的调查占了近

---

① 于潇宇．新形势下美国对华科技竞争战略的特点、走向与应对——基于美国重点智库报告的分析[J]．创新科技，2022（02）．

40%，尤其针对科技领域专利含金量高的企业产品频繁实施“337调查”并采取制裁措施，成为美国限制和打击中国科技企业和专利产品的惯用手段①。

第三节　我国科技结构升级的主要目标

着眼于创新型国家建设，加快推进科技结构升级，提升科技创新能力，这是实现经济高质量发展的关键所在。未来5～10年，面对全球科技竞争格局，尤其是面临美国的“小院高墙”，关键是要明确创新目标，实现重点突破，以赢得国际竞争合作的主动。

一、提升研发强度

1. 2025：研发强度达到3%

（1）“十三五”研发强度目标尚未实现。《“十三五”国家科技创新规划》提出，到2020年我国研发强度要提升到2.5%。2020年，我国研发规模为24393.1亿元，研发强度为2.4%，虽然比2016年的2.1%有明显提升，但尚未实现“十三五”的基本目标，对此需要引起高度重视。

（2）研发强度自然增长可达到2.6%左右。

——根据“十四五”规划的指标要求，全社会研发经费年均增长不低于7%。以此测算，不考虑价格因素，预计到2025年，我国研发经费总规模将超过3.4万亿元，研发强度将达到2.58%左右（见表2.21）。

① 郝敏．中美科技竞争中的法律问题研究[M]．北京：法律出版社，2021.6.

表 2.21　未来我国研发经费与研发强度的初步估算

年份	研发经费支出（亿元）	GDP（亿元）	研发强度（%）
2020	24393.10	1015986.00	2.40
2021	26100.62	1071865.23	2.44
2022	27927.66	1130817.82	2.47
2023	29882.60	1193012.80	2.50
2024	31974.38	1258628.50	2.54
2025	34212.58	1327853.07	2.58

数据来源：中改院课题组测算。

——从大国科技不断激烈的竞争情况看，我国常规化的研发经费支出力度不足。美国正在大幅加大科技研发投入，我国如果仍按常规提升研发支出，与美国的研发差距有可能被进一步拉大。

（3）建议 2025 年研发强度达到 3%。考虑到科技创新在高质量发展中的重要位置，建议把 2025 年研发强度提升到 3%作为基本目标，达到主要发达经济体研发强度水平。

——研发经费接近 4 万亿元。初步测算，2025 年，研发经费总规模需要达到 3.98 万亿元，年均增速需要达到 10.31%，比“十四五”提出的 7%的目标高出 3.31 个百分点。

——从实际情况看，2021 年我国研发费用达到经费支出 27864 亿元，比 2020 年增长 14.2%，研发强度达到 2.44%。随着科技创新政策的不断落实，到 2025 年研发强度达到 3%是有可能的。

2. 加大规模以上工业企业科研投入

（1）规模以上工业企业研发强度明显偏低。2008 年以来，我国规模以上企业研发投入逐年提升，研发强度（研发经费支出/营业收入）逐年提升，到 2020 年达到 1.41%（见表 2.22）。但企业这一研发强度不仅低于全国平均水平，而且也低于发达国家企业研发强度 3%以上的水平。2020 年，中国企业 500 强平均研发强度仅为 1.61%，入围全球创新百强企业名单的中国制造业企业仅有小米和华为两家，同期美国超过30家①。

表2.22 2008—2020年我国规模以上工业企业研发规模与强度

年份	营业收入（亿元）	研发经费支出（亿元）	研发强度（%）
2008	500020.1	3073.13	0.61
2009	542522.4	3775.70	0.70
2011	841830.2	5993.81	0.71
2012	929291.5	7200.65	0.77
2013	1038659.5	8318.40	0.80
2014	1107032.5	9254.26	0.84
2015	1109853.0	10013.93	0.90
2016	1158998.5	10944.66	0.94
2017	1133160.8	12012.96	1.06
2018	1057327.3	12954.83	1.23
2019	1067397.2	13971.10	1.31
2020	1083658.4	15271.29	1.41

数据来源：国家统计局数据库，《中国统计年鉴2021》统计数据整理。

（2）明显提升规模以上工业企业的研发强度。规模以上工业企业是我国开展研发的主力军，要把创新作为第一动力。通过相关政策支持与体制创新，争取到2025年，规模以上工业企业研发强度提升到2.5%，到2030年达到3%以上。

二、优化科技支出结构

1. 提升基础研究比重

（1）更加重视基础研究，缩小与国际先进水平差距。基础研究是重大

① 中国工程院战略咨询中心，中国机械科学研究总院集团有限公司，国家工业信息安全发展研究中心．2021中国制造强国发展指数报告[R].2021.12.

技术创新的源头，其投入产出水平是国家综合科技实力的重要体现。发达国家基础研究投入占比大多处于13%~25%的水平。在过去几十年的发展中，我国技术进步在相当程度上采取引进、消化、吸收，科技研发也主要集中在已有成熟技术的突破，以及相应的应用性技术研发，而前沿技术和基础研究能力相对不足。进入新发展阶段，要缩小与发达国家的技术差距，提高科技自立自强能力，除了继续攻克未掌握的成熟技术、应用性技术以外，还要以更大的力气在前沿技术方面实现突破，以更大力气在更多的基础研究方面实现并跑甚至领跑①。

（2）明显提升基础研究比重。到2025年，基础研究经费投入占研发经费投入比重力争提高到8%以上②；到2030年，基础研究占比争取提升到15%，接近美国2019年的水平。通过基础研究投入的明显加大，大力加强基础科学理论研究，实现科技基础领域的重大突破，尤其是在“卡脖子”的基础材料、基础工艺、基础零部件、基础研究等方面取得重大突破。

2. 形成多元化基础研究投入格局

（1）我国基础研究投入来源相对单一。当前，全球主要创新型国家均形成了以政府为主导，企业、高校、非营利机构为补充的多元化基础研究投入格局。比如，美国2015年基础研究支出中，联邦政府占44%、企业占28.2%、大学占12.3%、其他非营利组织占12.7%、州政府占2.8%；日本和韩国基础研究中企业支出占比高达40%~60%。而我国基础研究投入以政府为主，其中又以中央政府占大头。比如在2018年的基础研究支出中，各级财政支出占比达到65%~70%，企业支出占比不到3%。在政府财

① 张军扩．提高科技自立自强能力需要处理好五个重要关系——在第87次中国改革国际论坛上的演讲[N]．中国日报，2021-11-01.

② 中华人民共和国国民经济和社会发展第十四个五年规划和2035年远景目标纲要[M]．北京：人民出版社，2021.3.

政支出中，中央政府支出占到 85%以上[①]。

（2）加快形成多元化的基础研究投入机制，提升企业基础研究投入占比。需要对企业投入基础研究实行税收优惠，加快完善稳定多元的投入机制，在继续加大财政投入的同时，鼓励社会以捐赠和建立基金等方式多渠道投入，撬动更多社会资金支持基础研究，形成持续稳定投入机制。争取到 2025 年，在基础研究支出中，企业投入比重逐步提升到 10%以上。

三、提升科技成果转化能力

1. 稳步提升每万人高价值发明专利拥有量

（1）我国还不是专利强国。

——从国外申请来看，我国所有专利申请中只有 6.3%同样在国外提交，而德国国外申请占其申请总量的 58.8%，日本和美国的国外申请量均超过 45%。

——从专利维持年限来看，印度、德国、美国的专利平均维持年限分别为 12.4 年、11.2 年、9.7 年，而我国仅为 7.6 年[②]。

（2）提升每万人口高价值发明专利拥有量。提升科技转化水平，首要的是提升专利质量。为此，要把每万人高价值发明专利作为核心指标，努力改善。从实际情况看，2021 年我国每万人口高价值发明专利[③]拥有量达到 7.5 件，较上年提高 1.2 件。要进一步缩小与美日等发达国家的差距，需要形成初具规模的高价值专利资源。根据“十四五”规划要求，到 2020

---

① 张军扩．提高科技自立自强能力需要处理好五个重要关系——在第 87 次中国改革国际论坛上的演讲[N]．中国日报，2021-11-01.

② 中国信通院．打通知识产权全链条，促进创新创业蓬勃发展——《知识产权强国建设纲要（2021—2035 年）》系列分析之四[R]．2021-11-25.

③ 以下五种专利属于高价值发明专利：战略性新兴产业的发明专利、在海外有同族专利权的发明专利、维持年限超过 10 年的发明专利、实现较高质押融资金额的发明专利、获得国家科学技术奖或中国专利奖的发明专利。

年，我国每万人口高价值发明专利拥有量要达到12件①，由此为经济高质量发展提供有力支撑。

2. 提升科技成果转化水平

（1）参照OECD明确科技成果转化水平的衡量标准。核心是稳步提升高校技术转让实际收入与研发支出的比重、科研机构技术许可与转让收入和研发支出的比重。相对其他指标来说，这两个指标是综合性指标，反映了科技成果从研发到投入市场的程度，也是OECD广泛使用的指标。

（2）明显提升科技成果转化水平。预计到2025年，高校技术转让实际收入与研发经费支出的比重将从2008年的2.34%提升到5%以上；科研机构技术许可与转让收入和研发支出的比重将从2020年的0.44%提升到1%以上。

（3）优化企业科研评估体系。由于企业研发投资天然具有“有偏性”的特点，在科研项目的评判中会着重评估科研收益易于获取的程度，在科研投资的管理上需要加快去行政化。

3. 形成各具特色和优势的区域创新体系

（1）尽快扭转区域创新能力不平衡现状。我国区域创新能力与区域经济发展水平直接相关，区域创新能力不平衡与区域经济发展不平衡的矛盾同时存在。党的十九届五中全会明确提出，布局建设区域创新高地，支持北京、上海、粤港澳大湾区形成国际科技创新中心。强大的区域创新能力是地区高质量发展的重要基础。当前，东部地区仍然是创新能力最强的地区，中西部地区依然较弱，且各个地区的创新实力、创新潜力和创新效率差异较大。

（2）聚焦区域协调发展战略，优化区域创新布局，推动区域创新能力和竞争力全面提升。未来10~15年，东部地区要注重提升原始创新和集成

① 中华人民共和国国民经济和社会发展第十四个五年规划和2035年远景目标纲要[M]. 北京：人民出版社，2021. 3.

创新能力，加快推动北京、上海、深圳等优势地区建成具有全球影响力的科技创新中心；中西部地区要走差异化和跨越式发展道路，加快先进适用技术的推广和应用，培育壮大区域特色经济和新兴产业；构建跨区域创新网络，打造区域协同创新共同体。

（3）在国家的各个经济区根据区域的产业特性，科研能力等进行差异化管理。引入企业合作范式，让市场对科研院所产生适当的引导作用，提升科研效率。例如，在经济增长较慢的地区，无须和经济增长快的京津冀、长三角地区设定同样的科研目标，而是可以将研发重点放在农业、服务业等区域发达产业上，与企业合作打造出本土具有国际竞争力的产业品牌。

四、扩大大国技能人才规模

1. 继续扩大研发人员规模

（1）研发人员不足。一方面，2020 年我国研发人员全时当量已达到 509.2 万人年，连续多年位居世界第一；另一方面，不包括规模以上工业企业，我国高校与科研机构的研究与试验发展人员还相对偏少，2020 年不到 180 万人（见表 2.23）。

表 2.23　2005—2020 年我国高校与科研机构研发人员规模（单位：万人）

年份	高校	科研机构	小计
2005	38.7	24.1	62.8
2006	42.1	25.7	67.8
2007	44.8	29	73.8
2008	47.8	30.4	78.2
2009	50.9	32.3	83.2
2010	59.36	34.2	93.56
2011	63.17	36.21	99.38

续表

年份	高校	科研机构	小计
2012	67.78	38.82	106.6
2013	71.51	40.9	112.41
2014	76.3	42.3	118.6
2015	83.88	43.63	127.51
2016	85.18	44.99	130.17
2017	91.36	46.22	137.58
2018	98.43	46.43	144.86
2019	123.32	48.53	171.85
2020	127.39	51.94	179.33

数据来源：国家统计局数据库。

（2）适应科技结构提升需求，进一步扩大研发人员规模。一方面，吸引更多青年投入研发行业，着力扩大研发人员规模；另一方面，下大力气优化人才成长环境，培养和吸引更多的战略科学家、顶尖科学家。

2. 明显提升技能人才规模与比重

（1）加强创新型、应用型、技能型人才培养。实施知识更新工程、技能提升行动，壮大高水平工程师和高技能人才队伍，是我国推动科技创新和制造业水平的关键所在。人社部的数据表明，目前我国技能劳动者总量已经超过 2 亿人，高技能人才超过 5000 万人。但从整个就业和经济发展需求看，我国技能人才总量仍然不足，特别是结构不优、素质不高问题比较突出。技能劳动者占就业人口总量仅为 26%，高技能人才仅占技能人才总量的 28%，这个数据与发达国家相比，仍存在很大差距①。

（2）提高技能劳动者和高技能人才比重。技能劳动者占就业人口比重

① 国新办举行落实五中全会精神壮大高技能人才队伍新闻发布会[EB/OL]. 人社部网站，2020-12-18.

和高技能人才占技能人才比重达到40%以上，这是实现高质量发展的基本要求。经过5~10年的努力，基本消除“技工荒”，培育出更多的大国工匠。

第四节　我国科技结构转型的重大任务

未来5~10年是我国科技结构转型的窗口期。实现科技结构升级，需要抢抓机遇，加大基础研究力度，强化企业作为研发主体的作用，提升科技成果转化水平，进一步优化国家创新体系，完善国家竞争体系，提升国家创新能力。

一、加大基础研究力度

1. 推动基础科学研究整体水平大幅跃升

（1）高度重视全球科技竞争不断向基础研究前移的趋势。当前，新一轮科技革命兴起，科学探索加速前进，学科交叉融合更加紧密，一些基本科学问题的重大突破正在酝酿之中。世界主要发达国家普遍强化基础研究战略部署，全球科技竞争正不断向基础研究前移。

（2）基础科学研究整体水平和国际影响力实现明显跃升。

——党的十九大报告明确要求，“要瞄准世界科技前沿，强化基础研究，实现前瞻性基础研究、引领性原创成果重大突破”，强调要“加强应用基础研究”，为建设科技强国提供有力支撑。

——《国务院关于全面加强基础科学研究的若干意见》明确提出，到2035年，我国基础科学研究整体水平和国际影响力大幅跃升，在更多重要领域引领全球发展，产出一批对世界科技发展和人类文明进步有重要影响的原创性科学成果，为基本实现社会主义现代化、跻身创新型国家前列奠定坚实基础。

（3）到21世纪中叶，努力把我国建设成为世界主要科学中心和创新高地。涌现出一批重大原创性科学成果和国际顶尖水平的科学大师，为建成富强民主文明和谐美丽的社会主义现代化强国和世界科技强国提供强大的科学支撑。

2. 加大基础研究投入力度

（1）加大中央财政对基础研究的支持力度。完善对高校、科研院所、科学家的长期稳定支持机制。采取政府引导、税收杠杆等方式，落实研发费用加计扣除等政策，探索共建新型研发机构、联合资助、慈善捐赠等措施，激励企业和社会力量加大基础研究投入。

（2）形成基础研究投入新机制。探索实施中央和地方共同出资、共同组织国家重大基础研究任务的新机制。地方政府结合本地区经济社会发展需要，加大对特定基础研究的支持力度。

（3）坚持以前沿性研究为评价标准，“成熟一个、资助一个”。着眼于攻克“卡脖子”技术，不盲目追求项目数量，不盲目针对个人或机构进行连续资助，资助项目呈现出“少而精”的特点，这使其单个项目资金充足，有利于实现突破性进展。

3. 加大优化基础研究体系

（1）把国立科学院、一流高校打造成为基础研究的主体和科学中心的重要源泉。科学革命是技术革命乃至产业革命的重大基石。世界科技史和教育史表明，意大利、英国、法国、德国、美国的五大科学中心的诞生与发展，国立科学院和一流大学都分别发挥了根本的作用。美国的《确保美国科学技术全球领先法案（2021年）》和《NSF未来法案》对重点基础研究领域进行了部署，涵盖了先进科学计算、网络安全、AI和自主技术、材料和先进制造业、基础能源科学、清洁能源、高能物理、核物理、可持续的化学、气候、生物科学等。

为此，需要加强高校（特别是一流大学）和中国科学院等国立科院机构从事高水平基础研究活动，加强两大基础研究体系的战略协同，培育出更多从事基础研究的人才，是实现我国基础研究体制改革的关键①。

（2）发挥高校和科研机构在原创性基础研究中的主力军作用。建设创新型国家，实现经济高质量发展，需要更多原创性的知识创造，更依赖于基础性的科学研究。这就需要高校和科研机构在原创性的基础研究上发挥主力军的作用。

——加快一流大学和一流学科建设，发展研究型大学，推动一批高水平大学和学科进入世界前列。

——建设世界一流科研机构，加强应用基础研究，拓展实施国家重大科技项目，在若干优势领域形成一批具有鲜明特色的世界级科学研究中心。

——发展一大批面向市场的新型研发机构，推动知识创新和知识应用的有机结合，形成相互促进的新格局。鼓励有条件的企业建设基础研究实验室，加大基础研究投入。例如，阿里探索“达摩院”模式。

——支持高校、科研院所自主布局基础研究。高等学校与科研机构结合国际一流科研机构、世界一流大学和一流学科建设，遵循科研活动规律，自主布局基础研究，扩大高等学校与科研机构学科布局和科研选题自主权。

（3）鼓励科学家围绕重要方向开展长期研究。鼓励和支持科学家敢于啃硬骨头，敢于挑战最前沿科学问题，在独创独有上下功夫，努力开辟新领域、提出新理论、设计新方法、发现新现象。推动科教融合，围绕重大科技任务加强科研育人②。

---

① 武雨婷．科学技术高质量发展需打牢“地基”［J］．华东科技，2022（05）．

② 加强“从 0 到 1”基础研究工作方案［EB/OL］．科技部网站，2020-03-04．

二、突出企业在研发中的主体作用

1. 显著增强企业创新主体地位和主导作用

（1）突出企业创新主体地位。支持企业牵头实施技术、装备和标准的攻关，加快构建企业为主体、市场为导向、产学研深度融合的技术创新体系。比如，完善高成长性科技企业培育机制。深入实施创新型领军企业培育行动计划和高新技术企业培育计划，积极培育“独角兽”企业，开展科技企业上市培育入库工作，加快培育具有全球竞争力的创新型企业集群。

（2）提升企业研发机构建设水平。以高端化和国际化为导向，积极创建国家级企业研发机构，引进国际高端资源，开展产业前沿技术研究，打造企业创新驱动发展的标杆，建设一批具有全球影响力的企业研发机构。引导构建高效的企业研发体系，创新组织模式、研发模式和管理方式，打造一流的企业研发机构。大力推进大中型企业和规模以上高新技术企业研发机构建设，加大研发投入、集聚研发人才、完善研发条件，激发企业技术创新活力。

（3）鼓励更多的专精特新“小巨人”发展。通过科技研发和创新的突破，涌现出更多领域的隐形冠军。同时，充分发挥我国市场空间大、应用场景多、需求升级快的优势，促进新技术产业化规模化应用，加强知识产权创造、保护和运用，开辟科技成果转化的快车道。

2. 鼓励企业加大基础研究投入

（1）借鉴发达国家企业重视基础研究的做法。相对于中国重在基于技术与工程领域的创新，美国、德国和日本的优秀企业更重视基于科学技术的创新。美国企业积极投资基础研究，其研发实力非常强大，甚至能够做出诺贝尔奖级的研究成果。

（2）鼓励有条件的央企或者民企加大对基础研究投入。华为公司每年150亿~200亿美元的研发费用中，有20%~30%将用于基础研究。借鉴华为经验，支持和鼓励企业更加重视基础研究的重大平台建设和加大引进与培育首席科学家等基础科研领军人物培养，并尽快成长为继科研院所和一流高校之外的重要基础研究力量①。

3. 完善支持企业创新的联动体系

（1）建立强有力的激励约束制度。例如，对创新人员实行产权和股权激励、提高创新成果收益的分享比例，对重大创新成果创造者给予崇高国家荣誉，等等。

（2）支持企业探索基础研究的新形式。比如，超常规使用创新人才，不拘一格、唯才是用，并不惜代价支持其开展研发试验。以美国思科公司为例，为了鼓励有特殊想法的特异人才进行科技创新，允许他们离职组建团队，自主进行研发，并给予相当数额的资金支持研发创新，由此不受思科体制所限制，也能妥善解决前后左右平衡的问题。

三、提升科技成果转化水平

1. 加快完善科研成果转化机制

（1）聚焦科技成果转化和产业化的梗阻环节。从问题出发，听取科研机构、科研人员的反映，找准“堵点、痛点”，全力打通科研与产业之间的通道，促进科技和经济紧密结合、创新成果和产业发展紧密对接。

（2）加大力度支持科研成果转化。加大对科研人员的政策激励，将成果转让收益用于奖励研发团队的比例从原来规定的50%提高到70%；落实国家对职务科技成果转化获得的现金奖励实行个人所得税优惠的相关规定，依法保障实施科技成果转化各方主体权益。改革高校院所考核评价标准，增加科技成果转化的权重。

2. 扩大科研成果的溢出效应

（1）支持科研院所完善成果转化制度。支持科研院所设立成果转化

① 陈劲．发挥基础研究在实现科技自立自强中的重大作用[J]．中国经济评论，2022(03).

岗，实行专职科研人员与成果转化人员分岗分类考核管理。强化政策协同，聚焦重点发展的战略性新兴产业。

（2）支持科研转化中介机构发展。用市场的办法推动科研成果转化。大力发展技术市场，支持各类科技成果转移转化中介服务机构发展，构建功能完善、高效运转、辐射全球的技术转移服务网络。

3. 建设与国际对接的成果转化服务体系

（1）建立健全科技成果转移转化管理制度。强化科技成果集成化管理，建立科技成果信息发布和推介常态化机制，提高知识产权管理和运营水平。推动建设专业化成果转移团队，积极与国际技术转移组织联合培养国际化技术转移人才。

（2）对标国际成果转化服务体系。规范科技成果转化工作流程，通过协议定价、挂牌交易、拍卖等多种定价方式，落实协议定价交易在单位内公示成果名称和拟交易价格的程序。

四、完善国家创新体系

1. 完善国家重大创新平台建设推进机制

（1）加快国家重大创新平台建设。紧密围绕国家创新平台建设部署，主动融入国家创新体系，瞄准国家优势领域和重大战略方向，支持有条件的地方建设综合性科学中心，支持高校院所建设国家重大科技基础设施、国家实验室和科技创新中心。

（2）形成国家创新平台建设保障机制。加大国家创新平台的放权和赋权，充分发挥其在科技创新上的潜力和积极性。积极谋划和争取国家重大科技专项，集中突破一批前瞻性、原创性、标志性的科技创新成果，力争在更多科技领域占有一席之地。

2. 加快建立科技资源统筹开放机制

（1）建立科技资源统筹管理机制。大力推动科技资源统筹服务中心建设，采取“线上线下”相结合的方式，整合科研机构、科学数据、科技金融等资源，搭建共享、交易、创业等平台，建立统一的科技资源信息系统和服务网络，努力打造“一站式、全链条”科技资源统筹体系。

（2）提高资源开放程度和使用效率。鼓励科研院所、高等学校、企业等科技资源所属单位，成立仪器开放共享管理委员会，协同推进管理单位仪器开放共享，引导有条件的单位搭建在线服务平台向全社会开放共享。

（3）拓宽市场配置科技资源新途径。引导和支持有条件的单位探索专业化、市场化运营管理单位大型仪器资源，建立仪器开放共享服务新模式。支持科研设备所属单位开展增值服务，鼓励中小企业使用“创新券”购买除检验检测之外的研发设计、技术服务等增值服务；将大型仪器开放共享服务纳入技术服务合同登记管理，按要求享受相应税收优惠政策。

3. 培育发展技术转移机构和技术经理人队伍

（1）加强国家技术转移区域中心建设。支持科技企业与高校、科研机构合作建立技术研发中心、产业研究院、中试基地等新型研发机构。

（2）积极推进科研院所分类改革，加快推进应用技术类科研院所市场化、企业化发展。支持高校、科研机构和科技企业设立技术转移部门。建立国家技术转移人才培养体系，提高技术转移专业服务能力。比如，将技术转移人才纳入职称评定序列。

专栏2.2

创新技术转移人才培养的地方经验

（1）深圳市。基于技术转移立法研究，深圳提出并建立了技术转移专员培训体系。技术转移专员面向企业、高校、政府机构内部人员招生。专员负责从事手机、识别企业（院校、科研机构）技术成果，分析企业（院校、科研机构）技术能力和技术需求，研究技术成果运用和保护策略。技术转移专员有别于技术经纪人。

（2）上海市。在上海市科委指导下，国家技术转移人才培养基地（东部中心），联合同济大学经管学院，建设上海技术转移学院。结合《国家技术转移专业人员能力等级培训大纲》基本要求，建立上海技术转移学院教学大纲与课程。

(3) 湖北省。依托国家技术转移人才培养基地（中部中心），在华中科技大学设立了湖北技术转移学院，聘请多名北京、上海等地技术转移培训导师，培养专业化的“技术经理人”队伍，将业务知识与实践操作相结合，建立科技成果转化“店小二”队伍，带动技术转移服务机构提质增效。

(4) 青岛市。青岛技术经纪人培训“一条主线、两大特色”。一条主线是指以科技成果转移转化为主线，设置满足不同需求的多层级、分梯次的培训课程系统和培训制度。两大特色是指作为国家科技成果标准化评价试点城市以及著名的海洋科技城，打造科技评估班与“海洋+”特色培训班，彰显青岛科技成果标准化评价改革试点工作的成绩及海洋科技特色优势。

资料来源：全国各地市在“培育发展技术转移机构和技术经理人”方面的经验和做法[J]. 全国经理人. 2020 (12).

Structural Transformation: Cross the Threshold of High-quality Development

第三章

消费结构转型

消费是经济增长的第一动力，也是实现高质量发展的重要条件。短期内，受新冠肺炎疫情等多重因素影响，消费面临下降的严峻挑战，消费预期转弱成为突出矛盾。从中长期看，以服务型消费为重点的消费结构转型升级趋势并未改变，仍是一个大趋势。消费结构转型蕴藏着经济增长的潜在动力。关键在于以一揽子结构性政策调整稳定和改善消费预期，以一揽子结构性改革推进消费结构转型，有效释放14亿人的服务型消费潜力。

进入工业化后期，消费已经成为我国经济增长的主拉动力，也是当前推动经济运行回归正轨的重要发力点。消费结构转型升级，一方面，有助于释放消费市场潜力；另一方面，有利于引导和带动产业结构等转型升级，进而形成新的经济结构。从全球范围看，14亿人的大国拥有独一无二的超大规模国内消费市场，这是我国应对百年变局的战略优势与战略底气所在，更是构建新发展格局的关键与基础所在。受新冠肺炎疫情等因素的影响，短期消费释放面临严峻挑战，消费预期转弱，但中长期消费结构升级的趋势并未改变，消费仍有大文章可做，关键是以结构性改革这支笔做好“中国消费”这篇文章。

第一节　我国消费结构转型升级

进入21世纪以来，我国城乡居民消费结构呈现持续升级的态势，包括旅游、医疗、教育、信息等在内的服务型消费水平、规模与占比不断提升。随着消费供给、消费场景的不断创新，大数据、人工智能、5G、云计算、区块链等新技术不断更新迭代，不仅带来新的消费形态，而且推动传统消费“老树发新芽”①。

一、消费结构转型进程

1. 服务型消费较快发展

(1) 服务型消费支出水平不断提升。

——全国城乡居民服务型消费支出水平不断提升。2013 年以来，服务性消费支出保持快速增长趋势。到 2019 年，居民人均服务型消费支出达到 9886 元。受新冠肺炎疫情影响，2020 年城乡居民服务型消费水平与占比均呈现明显下降趋势。2021 年居民人均服务型消费支出较上一年有所回升，达到 10645 元，超过了 2019 年 9886 元的水平，首次超过 1 万元，增速高于全国居民人均消费支出 4.2 个百分点（见表 3.1）。

表 3.1 2013—2021 年全国居民服务型消费年人均支出水平及增速

年份	服务型消费年人均支出水平（元）	服务型消费年人均支出增速（%）
2013	5246	—
2014	5842	11.4
2015	6460	10.6
2016	7157	10.8
2017	7803	9.0
2018	8781	12.5
2019	9886	12.6
2020	9037	-8.6
2021	10645	17.8

数据来源：国家统计局数据库。

——农村居民服务型消费支出增速较快。2013—2021 年，城镇居民服

① 迟福林，匡贤明，张飞，方栓喜. 2021 年中国消费结构升级的进展与挑战[J]. 财经智库，2022（05）.

务型消费年人均支出规模由7705.9元增长到14059元，年均增长7.8%；农村居民服务型消费年人均支出规模由2567.2元增长到6143元，年均增长11.5%，不仅高于全国平均增速，也高于城镇居民增速（见表3.2）。

表3.2 2013—2021年我国城乡居民服务型消费年人均支出水平及增速

年份	城镇居民		农村居民	
	服务型消费年人均支出水平（元）	增速（%）	服务型消费年人均支出水平（元）	增速（%）
2013	7705.9	—	2567.2	—
2014	8438.5	9.5	2945.9	14.8
2015	9192.4	8.9	3337.4	13.3
2016	10068.1	9.5	3750.9	12.4
2017	10854.5	7.8	4130.2	10.1
2018	12130.4	11.8	4644.7	12.5
2019	13517.7	11.4	5290.2	13.9
2020	12012.8	-11.1	5189.9	-1.9
2021	14059	—	6143	—

数据来源：国家统计局数据库。

（2）服务型消费支出规模不断扩大。

——服务型消费支出总规模实现倍增。2013年全国服务型消费支出规模约为7.17万亿元，到2021年增长到15.04万亿元，实现了倍增。不考虑价格因素，年均增长11.05%。

——城乡服务型消费支出规模快速增长。截至2021年，城镇居民和农村居民的服务型消费支出规模分别达到12.85万亿元和3.06万亿元，在2013年的基础上分别增长10.60%和8.47%（见表3.3）。

表 3.3　2013—2021 年我国城乡居民服务型消费支出规模（单位：亿元）

年份	城乡居民	城镇居民	农村居民
2013	71726.46	57410.49	15974.15
2014	80412.79	64755.06	17942.99
2015	89358.60	72897.84	19698.57
2016	99648.34	82482.01	21495.62
2017	109250.58	91549.70	22992.15
2018	123409.05	104846.34	25131.68
2019	139400.51	119531.77	27816.87
2020	127613.28	108379.48	26464.34
2021	150371.27	128534.41	30613.64

数据来源：国家统计局数据库。

（3）服务型消费支出在消费结构中占比出现反弹。

——全国服务型消费支出占比转降为升。进入 21 世纪以来，全体居民的消费支出结构开始发生明显变化，服务型消费增支出占比持续提升。在新冠肺炎疫情暴发前的 2019 年，全国居民人均服务型消费支出占比已经达到 45.86%，2020 年有所下降，但 2021 年回升到 44.17%，比 2020 年提高了 1.56 个百分点（见图 3.1）。

——城乡居民服务型消费支出占比反弹。到 2021 年，城镇居民和农村居民服务型消费支出占比分别达到 46.39% 和 38.60%（见图 3.2、图 3.3）。

——恩格尔系数重现下降态势。2021 年，我国居民恩格尔系数为 29.8%，尽管仍高出 2019 年 1.6 个百分点，但比 2020 年下降 0.4 个百分点，并降至 30%以内。其中，城镇和农村居民恩格尔系数分别为 28.6%和 32.7%（见图 3.4）。

（4）传统服务型消费领域均实现较快增长。

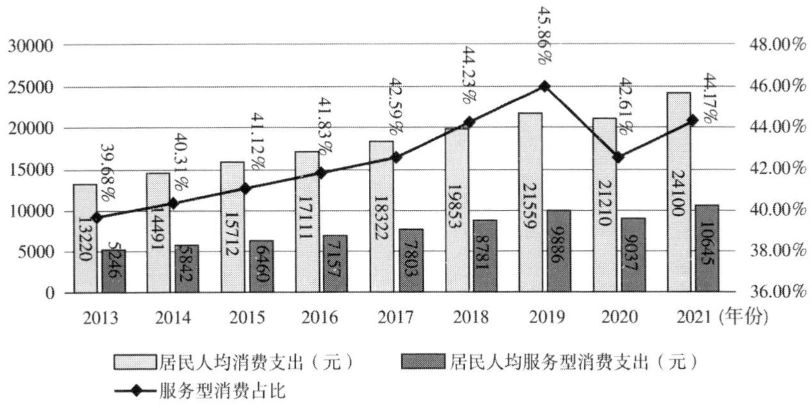

图 3.1　2013—2021 年我国居民服务型消费支出及占比

数据来源：国家统计局数据库。

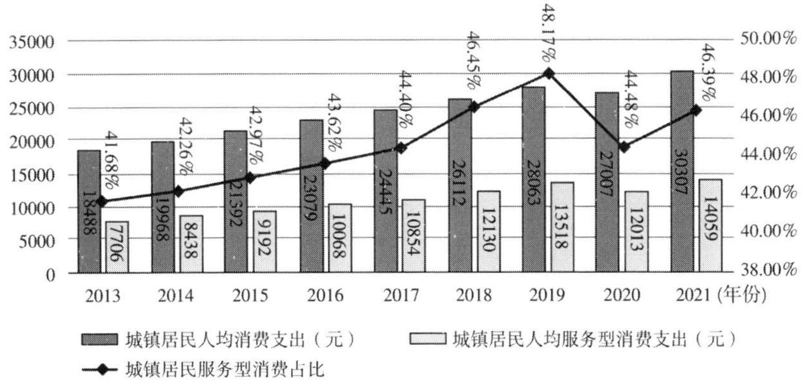

图 3.2　2013—2021 年我国城镇居民服务型消费支出及占比

数据来源：国家统计局数据库。

——教育文化娱乐消费快速增长。新冠肺炎疫情暴发前 5 年（2015—2019 年），我国居民人均教育文化娱乐服务支出一直保持着超过 10%的平均增速。虽然 2020 年此项支出受新冠肺炎疫情影响比较明显，但 2021 年呈现出较为明显的恢复性增长，人均教育文化娱乐服务支出达到 2599 元，同比增长 27.90%（见表 3.4）。

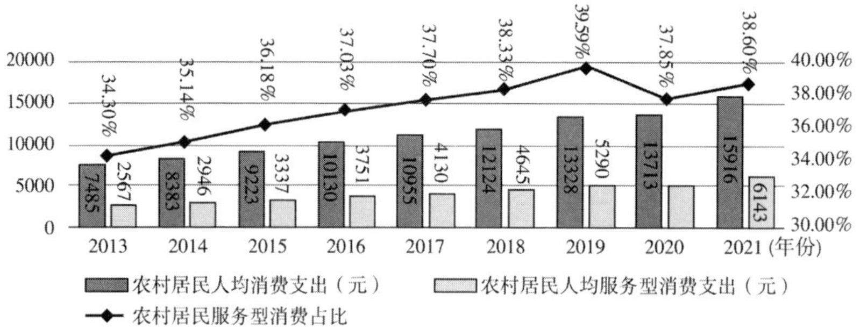

图 3.3　2013—2021 年我国农村居民服务型消费支出及占比

数据来源：国家统计局数据库。

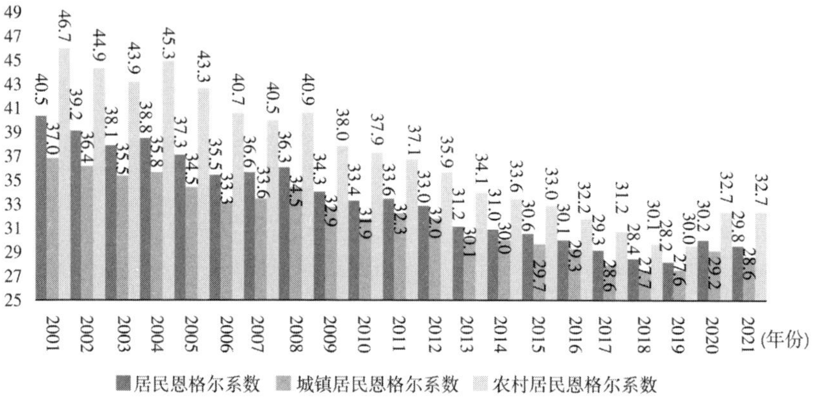

图 3.4　2001—2021 年我国城乡居民恩格尔系数（单位：%）

数据来源：国家统计局数据库。

表 3.4　2014—2021 年我国居民人均教育文化娱乐服务支出及增速

年份	教育文化娱乐支出（元）	增速（%）	占比（%）
2014	1535. 9	—	10. 60
2015	1723. 1	12. 20	11. 00
2016	1915. 3	11. 20	11. 20
2017	2086. 2	8. 90	11. 40
2018	2225. 7	6. 70	11. 20
2019	2513. 1	12. 90	11. 70
2020	2032. 2	-19. 10	9. 60
2021	2599. 0	27. 90	10. 80

数据来源：国家统计局数据库。

以电影票房为例，2021 年，我国全年票房达到 472.6 亿元，同比增长 131.5%，比北美市场电影票房高六成多（见表 3.5），位居全球榜首。2021 年，全年放映总场次达到 1.23 亿，同比增长 118.2%；2021 年假日档期累计票房 170.0 亿元，较 2019 年的 144.2 亿元增长 17.9%。

表 3.5　2016—2021 年中国电影票房情况及比较

年份	中国票房（亿元）	中国票房增速（%）	中国票房折算（亿美元）	北美票房（亿美元）
2016	455.3	3.8	72	114
2017	558.3	22.6	88	111
2018	607	8.7	95	119
2019	641.6	5.7	101	114
2020	204.2	-68.2	32	22
2021	472.6	131.5	74	45

资料来源：艺恩．2021 中国电影市场报告[R]．2022.1.

——医疗健康养老消费快速增长。新冠肺炎疫情暴发前 5 年（2015—2019 年），居民人均医疗保健服务支出一直保持着超过 12%的平均增速。2020 年受新冠肺炎疫情影响，人均医疗健康服务消费略有减少，但是在总体消费结构中的占比依然接近 2019 年。2021 年呈现出较为明显的恢复性增长，人均医疗保健支出达到 2115 元，同比增长 14.8%（见表 3.6）。

表 3.6　2014—2021 年我国人均医疗保健支出及增速占比

年　份	医疗保健支出（元）	增速（%）	占比（%）
2014	1044.8	—	7.2
2015	1164.5	11.5	7.4
2016	1307.5	12.3	7.6
2017	1451.2	11.0	7.9
2018	1685.2	16.1	8.5
2019	1902.3	12.9	8.8
2020	1843	-3.1	8.7
2021	2115	14.8	8.8

数据来源：国家统计局数据库。

——信息消费快速增长。从 2012 年以来，我国信息消费发展势头强劲。信息消费总体规模从 2012 年的不到 2 万亿元增长到 2020 年的近 6 万亿元，年均增幅超过 15%[①]，增速为同期消费增速的 1.6 倍，占最终消费的比重从 6.4%提升到 10.4%。

——绿色消费快速增长。随着“双碳”理念的不断普及，城乡居民对绿色消费的认知程度逐渐增强，绿色消费商品和服务供给日益多样化，推动绿色消费快速发展。调查显示，我国 74%的受访者有意愿购买环保包装或少包装的绿色商品，高于全球 55%的平均水平[②]。全国已累计创建绿色商场 500 多家，其中，2021 年新增将近 200 家。2021 年“双十一”期间，节能电风扇、节能中央空调成交额同比分别增长 274.1%和 118.1%[③]。

——新能源汽车成为突出亮点。2021 年，我国新能源汽车产销量分别达到 354.5 万辆和 352.1 万辆（见图 3.5），同比均增长 1.6 倍，市场占有率达到 13.4%，比 2020 年提高了 8 个百分点。新能源汽车保有量占全球新能源汽车保有量 50%左右。截至 2021 年底，全国新能源汽车保有量达 784 万辆，占汽车总量的 2.6%。其中，纯电动汽车保有量 640 万辆，占新能源汽车总量的 81.63%[④]。值得关注的是，2021 年，各级政府对新能源汽车产业的扶持从财政补贴逐渐转向市场化措施，表明新能源汽车市场正从政策驱动向市场拉动转变。

2. 新服务消费不断产生

（1）线上消费较快增长。

——线上消费保持增速。2021 年，全国网上零售实现 13.1 万亿元，

---

① 中国信息通信研究院 . 中国信息消费发展态势报告（2022 年）[R]. 2022. 3.

② 普华永道 . 2021 年全球消费者洞察调研中国报告[R]. 2021. 9.

③ 商务部：全国累计创建绿色商场 500 多家 节能降耗成效初显[EB/OL]. 央广网，2022-01-21.

④ 公安部交管局 . 2021 年全国机动车保有量达 3.95 亿辆 新能源汽车同比增 59.25%[EB/OL]. 公安部网站，2022-01-11.

同比增长 14.1%。其中，实物商品网上零售额超过 8.5 万亿元，同比增长 12%，两年平均增长 13.4%，比全国社会消费品零售总额两年平均增速高出 9.4 个百分点。2021 年，实物商品网上零售额占社会消费品零售总额的 24.51%，比 2019 年高出近 4 个百分点。其中，文化领域的可穿戴智能文化设备制造、互联网广告服务两个细分行业的营收两年平均增速分别达到 46.4%和 31.8%①。

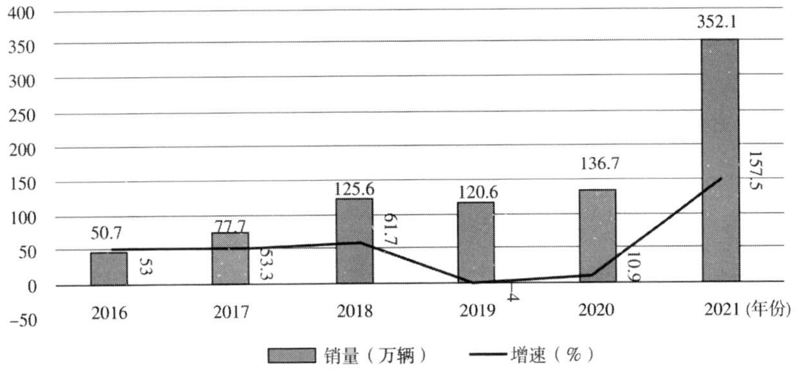

图 3.5　2016—2021 年我国新能源汽车销量及增速

数据来源：2021 年汽车工业经济运行情况[EB/OL]. 中国汽车工业协会网站，2022-01-12.

——农村线上消费较快发展。2021 年全国农村网络零售额突破 2 万亿元，达到 2.05 万亿元，同比增长 11.3%，增速比 2020 年高 2.4 个百分点（见图 3.6）。其中，全国农产品网络零售额达到 4221 亿元，同比增长 2.8%②。农村线上消费快速发展，与农村电商基础设施建设加快直接相关。截至 2021 年 11 月，现有行政村全面实现“村村通宽带”，农村网民规模达到 2.84 亿人，农村互联网普及率达到 57.6%，比 2020 年 12 月提升了 1.7 个百分点③。

---

① 北京京和文旅发展研究院．中国文化产业和旅游业年度盘点报告（2021）[R]. 2022.02.

② 商务部召开例行新闻发布会[EB/OL]. 商务部网站，2022-01-28.

③ 中国互联网络信息中心．第 49 次中国互联网络发展状况统计报告[R]. 2022.2.

（2）新消费群体不断扩大。随着人口结构的变化，新消费人群不断涌现，成为支撑消费快速增长的重要因素。其中以Z世代群体为代表的新消费群体不断扩大，成为重要的潜在消费群体。从全球看，各国Z世代人口占比保持在20%左右①。

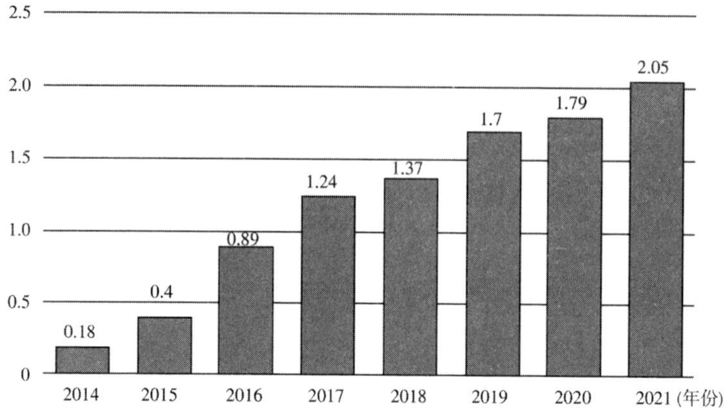

图3.6　2014—2021年全国农村网络零售额增长情况（单位：万亿元）

数据来源：根据商务部公布数据整理。

专栏3.1

Z世代

Z世代是指出生于1995—2009年的“95后”。2022年，我国Z世代总人数约为2.6亿人，占总人口数量的18%。其中，1995—2000年出生的人口数量约为9945万人，2000—2005年出生的人口数量约为8312万人，2005年后出生的人口数量约为7995万人。许多“Z世代”是独生子女，作为家中唯一的孩子，他们获得了父母更多的注意力和更慷慨的经济支持，享受消费生活的自由度更高。“中国少年儿童发展状况”调查数据显示，和2005年的“90后”相比，2015年的“00后”拥有零花钱的比例更高，零花钱数额也更大。不仅如此，“Z世代”从小就广泛参与或影响各类家庭消费决策。他们从小生活在消费社会中，善于享受消费生活，成为“有钱花、会花钱”的一代人，

① 联合国．世界人口展望2019［R］. 2019. 6.

是“天然的消费者”。

资料来源：中改院课题组根据公开资料整理。

（3）新消费理念不断普及。人们对个性化生活方式，对美好生活的需求越来越高，也更加注重享受生活、回归自然，对休闲娱乐的需求与日俱增。这些新消费理念在消费领域体现的特征是：更高层次的消费需求；注重购买个人体验和服务；倾向选择绿色消费，可溯源的产品。

3. 服务型消费逐步回流

（1）城市群都市圈成为服务型消费集聚的重要平台。

——与农村相比，城市和城市群拥有广泛的零售网络、齐全的服务产品，成为服务型消费释放的重要载体。2021 年，全国前 10 大消费城市（上海、北京、重庆、广州、深圳、成都、苏州、南京、武汉、杭州）的社会消费品零售总额累计达到约 10.63 万亿元，占全国的 24%（见图 3.7）。

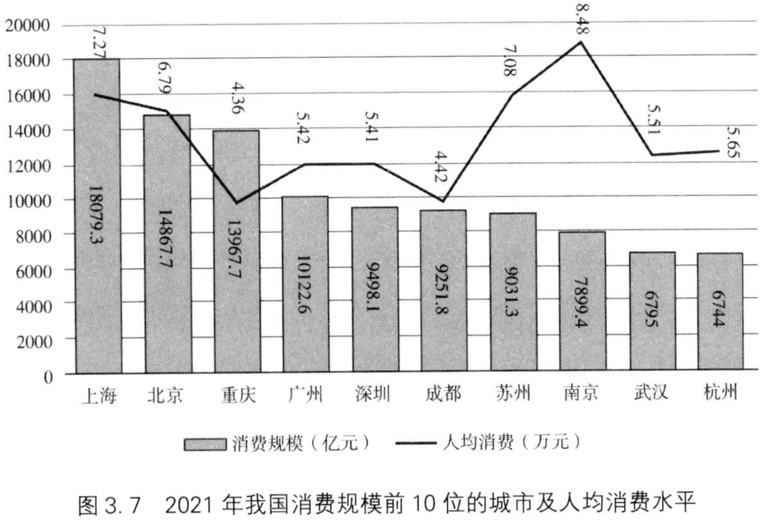

图 3.7　2021 年我国消费规模前 10 位的城市及人均消费水平

注：消费规模口径为社会消费品零售总额。
数据来源：中改院课题组整理。

——与此同时，城市成为消费新业态的策源地。以首店为例，过去两年，首店大都选择在消费大城市落地。2019—2021 年上半年，上海首店数达到 2408 家，北京和成都分别为 1363 家和 1155 家，沪京蓉成为首店第一梯队（见表 3.7）。

表 3.7　2019—2021 年上半年我国 10 大城市首店数量（单位：家）

城市	2019 年	2020 年	2021 年上半年	小计
上海	986	909	513	2408
北京	598	331	434	1363
成都	473	386	296	1155
杭州	267	208	246	721
广州	232	227	138	597
武汉	227	163	195	585
深圳	243	172	108	523
南京	206	170	101	477
重庆	201	169	97	467
西安	182	167	36	385

数据来源：中商数据 .2021 中国首店经济发展报告[R].2021.12.

（2）启动国际消费中心城市建设。国际消费中心城市建设是推动经济高质量发展和高水平对外开放的重要举措。2021 年 7 月 19 日，国务院批准在北京、上海、广州、天津、重庆五地率先开展国际消费中心城市建设。五个城市中，除天津、广州外，上海、北京、重庆三地 2020 年的消费规模均超过万亿元（见表 3.8）。国际消费中心城市建设成为服务型消费升级的重要载体，预计到 2025 年，社会消费品零售总额超过万亿元规模的城市有望达到 8~10 个。

表 3.8 2012—2020 年我国列入首批国际消费中心城市社会消费品零售总额

（单位：亿元）

年份	北京	天津	上海	广州	重庆
2012	8123.5	3921.4	7840.4	5977.3	4403
2013	8872.1	4470.4	8557	6882.8	5055.8
2014	9638	4738.7	9303.5	7144.5	5710.7
2015	12271.9	3963.2	11605.7	7988	7667.6
2016	13134.9	4188.1	12588.2	8706.5	8728.4
2017	13933.7	4210.4	13699.5	9402.6	9769.4
2018	14422.3	4231.2	14874.8	9256.2	10705.2
2019	15063.7	4218.2	15847.6	9551.6	11631.7
2020	13716.4	3582.9	15932.5	9218.7	11787.2

数据来源：国家统计局数据库。

（3）海南自由贸易港吸引消费回流初见成效。以免税购物和境外医疗回流为例，2021 年海南全省 10 家离岛免税店总销售额达到 601.73 亿元，同比增长 84%。其中，全省离岛免税销售额达到 504.9 亿元，免税购物人数达到 967.66 万人次，免税购买件数达到 5349.25 万件，同比分别增长 83%、73%和 71%[①]。与此同时，2021 年，博鳌乐城国际医疗旅游先行区全年接待医疗旅游人数、医疗机构营业收入、特许药械使用患者分别达到 15.33 万人次、12.73 亿元、9963 人次，同比分别增长 83.7%、90.57%、483.31%（见表 3.9）；未在国内上市但在乐城已率先使用的创新药械累计达 200 种[②]。

① 海南离岛免税店销售额快速增长[N]. 人民日报，2022-01-05.

② 2021 年境外医疗消费回流明显提升，医疗健康产业快速发展[N]. 海南日报，2022-02-14.

表 3.9　2018—2021 年博鳌乐城国际医疗旅游先行区相关指标

年份	医疗机构营业收入		全年接待医疗旅游人数	
	总额（亿元）	增长（%）	规模（万人）	增长（%）
2018	3.65	227	3.2	69.1
2019	6.4	75.3	7.5	134
2020	7.67	19.84	8.39	11.87
2021	12.73	90.57	15.33	83.7

数据来源：中改院课题组根据公开资料整理。

二、消费结构转型效应

1. 引致新的投资

（1）满足服务型消费的投资空间巨大。

——在医疗健康上，预计到 2030 年我国医疗卫生市场需求将达到 15 万亿元，2040 年将达到 29 万亿元，2050 年将达到 37 万亿元①。

——在信息消费上，5G 商用将带动信息消费 8.2 万亿元，其中智能手机、可穿戴设备等终端产品的升级换代将释放 4.3 万亿元信息消费空间②。

——文化消费不断兴起。尤其是传统历史文化消费也在不断兴起，“传统文化+数字经济”成为消费升级的重要载体，也成为新消费的重要内容。

——与城镇居民直接相关的物业，也正从传统的物业转向融合了健康医疗、文化等方面的综合物业服务。预计未来 3~5 年物业管理市场总体规模将增加至 2.4 万亿元。其中，住宅物业管理市场规模增加至 1.54 万亿元，增值服务市场规模扩张至超过 4200 亿元③。

---

① 中国民生银行研究院．政府市场双到位 公立民营双发展 医生患者双满意——迈向 2049 的我国医疗卫生体制机制改革战略研究[R]．2020.3.

② 5G 商用将带动信息消费 8.2 万亿元[N]．经济参考报，2019-03-06.

③ 物管行业规模 3 至 5 年有望增至 2.4 万亿元[N]．中国证券报，2021-01-13.

（2）绿色消费带来绿色投资及绿色金融发展空间。我国绿色金融发展和能源消费结构优化水平总体呈逐年上升趋势。以绿色消费催生出的“绿色金融”为例，截至 2021 年末，我国绿色信贷余额达到 15.9 万亿元（见图 3.8），占金融机构人民币贷款余额的 8.25%，增速高出各项贷款增速 21.7 个百分点①。

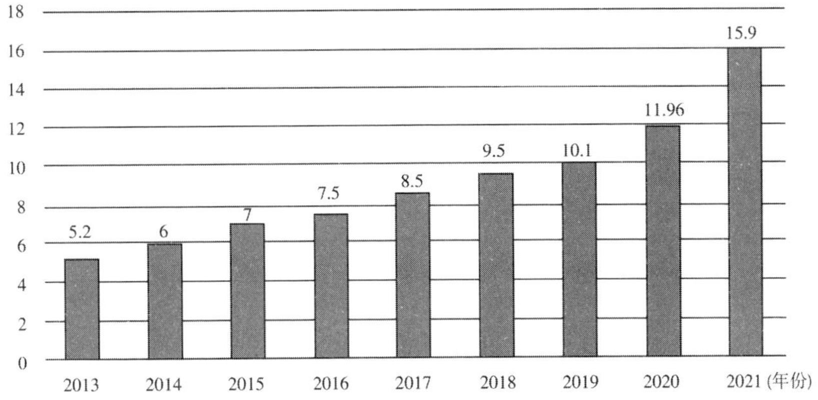

图 3.8　2013—2021 年我国绿色信贷余额（单位：万亿元）

数据来源：中国银行业协会．中国银行业社会责任报告[R].2021.

2. 推动经济增长

（1）消费成为拉动增长的第一动力。2012—2019 年，消费是拉动经济增长的第一动力。2020 年，受新冠肺炎疫情影响，消费对经济增长的贡献率下降为-6.8%。2021 年，面对复杂多变的发展环境，消费对经济增长贡献率达到 65.4%，超过了 2017—2019 年 59.5%的平均水平，消费再次成为拉动经济增长的第一动力（见图 3.9）。从季度来看，1~4 季度，消费贡献率分别为 50.7%、74.1%、77.5%、85.3%，逐季递增的特点明显②。

① 中国人民银行．金融机构贷款投向统计报告（2021）[R].2022.1.

② 《经济研究》智库经济形势分析课题组．2021 中国经济回顾与 2022 经济展望[R].2022.2.

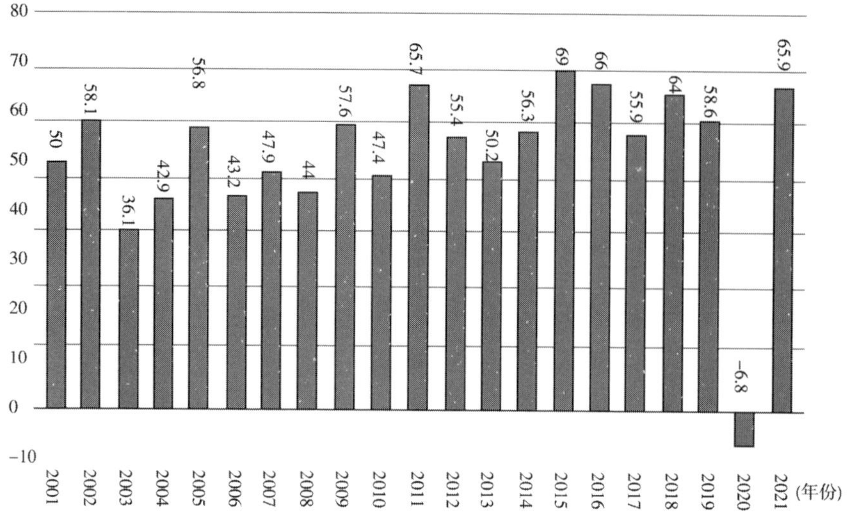

图 3.9　2001—2021 年我国消费对经济增长的贡献率（单位:%）

数据来源：国家统计局．中国统计年鉴 2021［M］．北京：中国统计出版社，2021.9.赵同录．经济持续稳定恢复“十四五”实现良好开局［EB/OL］．国家统计局网站，2022-01-18.

（2）服务型消费对经济增长的贡献率转负为正。中改院课题组初步测算服务型消费对 GDP 增长的贡献率。2020 年，服务型消费对经济增长的贡献率为-40. 10%；2021 年的贡献率转负为正，达到 17. 85%；且超过了 2014—2019 年年均 17. 20%的贡献率（见表 3. 10）。

表 3. 10　2013—2021 年我国服务型消费对经济增长的贡献率

年份	人均服务型消费（元）	服务型消费规模（亿元）	服务型消费增量（亿元）	GDP 总量（亿元）	GDP 增量（亿元）	服务型消费贡献率（%）
2013	5246	71726. 46	—	592963. 2	—	—
2014	5842	80412. 79	8686. 33	643563. 1	50599. 87	17. 17
2015	6460	89358. 60	8945. 80	688858. 2	45295. 11	19. 75
2016	7157	99648. 34	10289. 75	746395. 1	57536. 84	17. 88
2017	7803	109250. 58	9602. 24	832035. 9	85640. 89	11. 21

续表

年份	人均服务型消费（元）	服务型消费规模（亿元）	服务型消费增量（亿元）	GDP 总量（亿元）	GDP 增量（亿元）	服务型消费贡献率（%）
2018	8781	123409.05	14158.47	919281.1	87245.18	16.23
2019	9886	139400.51	15991.46	986515.2	67234.07	23.78
2020	9037	127582.56	-11817.95	1015986.2	29470.99	-40.10
2021	10645	150371.27	22788.71	1143670	127683.80	17.85

注：服务型消费贡献率=服务型消费增量/GDP 增量。
数据来源：服务型消费、GDP 源于国家统计局数据库，其他数据根据中改院课题组计算。

（3）服务型消费对消费增长的贡献率超过 40%。初步测算表明，除了 2020 年受新冠肺炎疫情影响外，服务型消费对消费增长的贡献率始终在 30%以上，2018 年、2019 年、2021 年在 40%以上（见表 3.11）。这表明，服务型消费已经成为促进消费增长的重要动力。

表 3.11　2014—2021 年我国服务型消费对消费增长的贡献率

年份	服务型消费（元）	服务型消费规模（亿元）	服务型消费增量（亿元）	消费总量（亿元）	消费增量（亿元）	服务型消费贡献率（%）
2013	5246	71726.46	—	213103.88	—	—
2014	5842	80412.79	8686.33	237030.54	23926.66	36.30
2015	6460	89358.6	8945.8	260844.1	23813.56	37.57
2016	7157	99648.34	10289.75	289610.91	28766.81	35.77
2017	7803	109250.58	9602.24	321584.27	31973.35	30.03
2018	8781	123409.05	14158.47	354792.94	33208.68	42.63
2019	9886	139400.51	15991.46	387829.81	33036.87	48.40
2020	9037	127582.56	-11817.95	387456.07	-373.74	—
2021	10645	150371.27	22788.71	438923.07	51467	44.28

注：服务型消费对消费增长的贡献率=服务型消费增量/居民消费增量。
数据来源：服务型消费、GDP 源于国家统计局数据库，其他数据根据中改院课题组计算。

3. 为全球增长作出贡献

（1）中国消费对全球市场的贡献率。随着中国消费的不断增长，在世界经济版图中，中国消费的权重明显增加，服务型消费的权重也在逐步提升。在新冠肺炎疫情暴发之前，中国消费对全球消费增长的贡献率均超过25%，2019年接近30%。即便受2020年新冠肺炎疫情影响，中国消费下降的幅度也要小于全球下降幅度，对全球消费的贡献率仍为正（见表3.12）。中国的市场，正在日益成为全球的市场。

表3.12　2012—2020年中国消费对世界消费的贡献率

年　份	中国消费（万亿美元）	世界消费（万亿美元）	中国消费占比（%）	中国消费增量（万亿美元）	世界消费增量（万亿美元）	中国消费贡献率（%）
2012	3.23	39.18	8.25	—	—	—
2013	3.52	40.25	8.74	0.29	1.08	26.59
2014	3.84	41.40	9.28	0.32	1.15	28.19
2015	4.18	42.62	9.80	0.33	1.22	27.49
2016	4.55	43.87	10.37	0.37	1.25	29.77
2017	4.99	45.38	10.99	0.43	1.51	28.72
2018	5.40	46.90	11.52	0.41	1.51	27.41
2019	5.75	48.08	11.95	0.35	1.19	29.27
2020	5.60	45.67	12.27	−0.14	−2.41	5.96

数据来源：世界银行数据库。

（2）“中国服务”成为全球增长的重要动力。随着我国城乡居民服务型消费的不断增长，对全球服务供给的需求不断加大，由此成为拉动全球增长的重要力量。数据显示，2022年上半年，服务进出口总额28910.9亿元，同比增长21.6%；其中服务出口14059.5亿元，增长24.6%；进口14851.4亿元，增长18.9%。在服务贸易中，数字贸易等新业态发展迅速。数据显示，2022年上半年，我国数字服务贸易达到1.2万亿元，同比增长

9.8%；其中数字服务出口6828亿元，增长13.1%[①]。

三、消费结构升级趋势

1. 消费规模扩大的趋势

（1）消费规模稳步增长。

——初步估算表明，如果我国经济在“十四五”“十五五”和“十六五”时期的年均增速能够达到5.5%、5%和4.5%，按照收入增长对消费增长的带动作用为0.57测算，未来14年的居民消费年均增速有望达到5.3%，累计增幅有望达到106%；按照收入增长对消费增长的带动作用为0.75测算，那么未来14年的居民消费年均增速有望达到6.2%，累计增幅有望达到133%（见表3.13）。

表3.13 “十四五”时期及2035年末居民消费增长潜力测算

类别	2021—2035年人均GDP增速假设	收入增长对消费增长的带动作用	居民消费增速（%）	
情形1	2035年，人均GDP达到2万美元，年均增速为3.4%	0.57	“十四五”时期	6
			2021—2035年	4.85
情形2		0.75	“十四五”时期	7
			2021—2035年	5.45
情形3	“十四五”“十五五”和“十六五”时期的年均增速分别为5.5%、5%和4.5%	0.57	“十四五”时期	6
			2021—2035年	5.3
情形4		0.75	“十四五”时期	7
			2021—2035年	6.2

数据来源：杨光普．我国居民消费增长的基础、挑战与着力点[R]．内部文稿，2022.5.

——以我国人口占比与消费占比为例，2020年，我国居民消费规模占全球比重仅为12.27%，同年我国人口占全球比重为18.17%，消费占比低

① 商务部服贸司负责人介绍2022年上半年服务贸易发展情况[EB/OL]．中国政府网，2022-08-04.

于人口占比近6个百分点（见图3.10）。这个缺口在过去25年呈现明显收窄的态势。如果我国消费占比能达到人口占比的水平，将带来可观的新增消费市场。

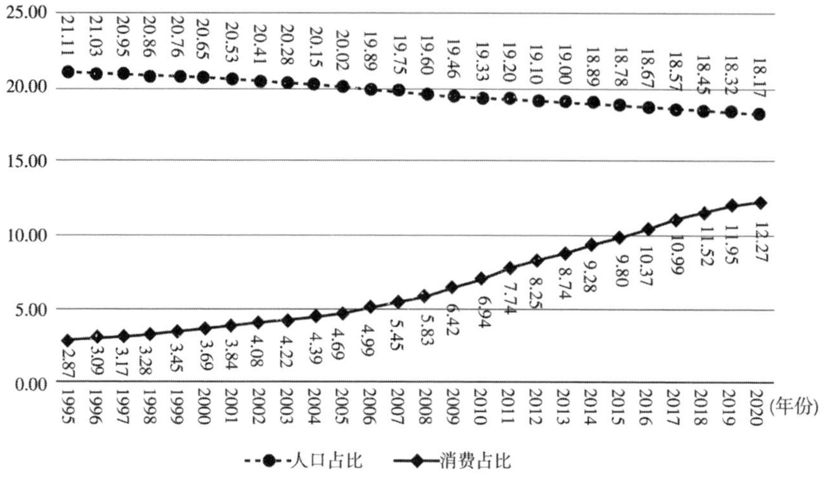

图3.10　1995—2020年我国消费占比与人口占比（单位：%）

数据来源：世界银行WDI数据库（消费占比按2015年不变价美元计算）。

（2）消费市场规模有望成为全球第一。

——新冠肺炎疫情暴发前，我国与美国消费市场规模差距呈现缩小态势，2019年缩小到2728亿美元。新冠肺炎疫情期间，中美两国采取了不同策略。美国直接补贴消费者，推动美国消费的异常增长。2021年美国消费市场达到7.41万亿美元，同比增速接近20%。而我国更加注重对市场主体的救助，主要通过促进生产端恢复以保障就业，从而带动消费增长。2021年中美消费规模差距扩大至5700亿美元左右，中国消费市场相当于美国消费市场的92.17%，比2020年提升了1.29个百分点（见表3.14）。

——从未来趋势看，新冠肺炎疫情影响的逐步消失将推动中国消费潜力加快释放，美国刺激消费政策的逐步退出将推动美国消费回归常态化增长。两者作用下，中国消费市场超过美国市场的趋势不变，并且有可能在2025年前后成为全球第一大商品消费市场。

表 3.14　1992—2021 年中美消费市场规模及差距

年份	中国（亿元）	人民币汇率（中间价）	中国（万亿美元）	美国（万亿美元）	中美消费市场差距（万亿美元）	中国消费市场规模/美国消费市场规模（%）
1992	10993.7	551.46	0.20	2.02	1.8198	9.90
1995	23613.8	835.1	0.28	2.46	2.1734	11.38
2000	39105.7	827.84	0.47	3.29	2.8218	14.29
2005	68352.6	819.17	0.83	4.09	3.2596	20.29
2010	158008	676.95	2.33	4.36	2.0213	53.44
2015	300930.8	622.84	4.83	5.32	0.4882	90.79
2016	332316.3	664.23	5.00	5.50	0.5006	90.91
2017	366261.6	675.18	5.42	5.75	0.3292	94.26
2018	380986.9	661.74	5.76	6.03	0.2766	95.52
2019	411649	689.85	5.97	6.24	0.2728	95.67
2020	391981	689.74	5.68	6.25	0.5668	90.88
2021	440823	645.12	6.83	7.41	0.5768	92.17

注：中国市场规模的口径为社会消费品零售总额。
数据来源：中改院课题组整理。

2. 服务型消费结构升级趋势

（1）服务型消费结构升级趋势没有改变。虽然 2021 年我国居民服务型消费占比仍未恢复到 2019 年的水平，但从中长期看，城乡居民以服务型消费为重点的消费升级趋势并未改变。例如，2022 年春节假期，北京冬奥会带动效应明显，冰雪消费快速增长。从 2021 年除夕到 2022 年正月初四，天猫滑雪装备同比增长超 180%，冰上运动品类同比增长超 300%。冰雪消费的爆款式增长表明，城乡居民服务型消费仍是基本趋势。

（2）服务领域仍有巨大空间。以健康消费为例，有研究显示，未来 50 年，我国卫生费用支出规模将不断提升，医疗卫生市场需求明显扩大。预计到 2030 年，我国医疗卫生市场需求将达到 15 万亿元，2040 年将达到 29

万亿元，2050 年将达到 37 万亿元①。

3. 体验类娱乐消费等新型消费不断涌现

（1）以元宇宙体验为例。2021 年，元宇宙成为各方关注焦点，其带来的万物皆可虚拟，让人类社会在科技手段下得以重构，预计将带来更多的消费新业态。摩根士丹利预测，在美国，元宇宙潜在的消费者支出市场（TAM）高达 8.3 万亿美元。我国已有企业布局元宇宙，预计将带来数万亿元的市场空间。

（2）以新兴户外运动体验消费为例。与登山露营和露营野炊相关产品的销售额同比增长均接近 200%，滑板运动同比增长 155%，飞盘运动更暴涨近 6 倍②。

第二节　我国消费结构转型挑战

当前，受新冠肺炎疫情等因素的影响，消费增长面临着严峻挑战，成为“需求收缩”的重要表现，加大了经济增长的压力。从短期看，低消费预期制约了消费结构升级进程。从中长期来看，服务型消费升级还面临着高质量供给不足等挑战。对此，需要引起高度重视。

一、短期消费下降

1. 消费增速下降

（1）社会消费品零售总额。2022 年 1—2 月，我国消费形势总体较好，但从 3 月份开始，消费面临新冠肺炎疫情比较大的影响。2022 年 1—5 月，社会消费品零售总额累计为 17.2 万亿元，同比下降 1.5%。其中，3—5

① 中国民生银行研究院．政府市场双到位公立民营双发展 医生患者双满意——迈向 2049 的我国医疗卫生体制机制改革战略研究[R]. 2020. 3.

② 蔡佳文．消费扩容提质新引擎：“智能+”消费生态体系[N]．中国商报，2022-05-13.

月，社会消费品零售总额连续三个月下降，降幅分别为 3.5%、11.1%和 6.7%，这与 1—2 月增长 6.7%形成鲜明对比。2022 年 7 月社会消费品零售总额累计增速下降 0.2%（见图 3.11）。

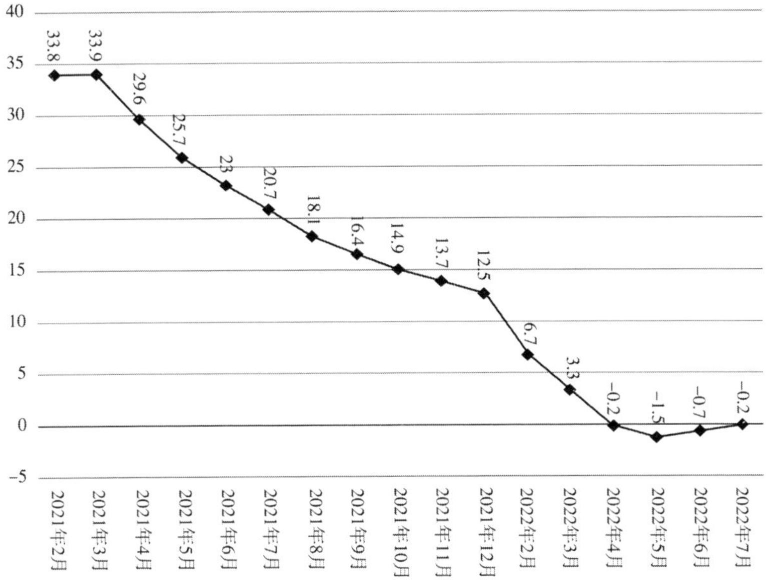

图 3.11　2021 年 2 月—2022 年 7 月我国社会消费品零售总额累计增速（单位:%）

数据来源：国家统计局数据库。

（2）居民人均消费支出。从居民消费支出角度看，2022 年上半年，全国居民人均消费支出累计 11756 元，同比增长仅为 0.8%。季度累计人均消费支出增速呈现断崖式下降（见图 3.12）。

2. 消费者信心下降

（1）消费者信心指数。国家统计局数据显示，2022 年 4 月，消费者信心指数大幅降至 86.7%，呈现出断崖式下降，创有记录以来的最低值。5—7 月，消费者信心并没有得到明显改善，呈现出倒“L”形走势（见图 3.13）。如果这个走势持续下去，对国民经济发展将带来极大的挑战。对此不能不予以高度重视。

（2）倾向“更多消费”的居民占比。中国人民银行公布的《2022 年

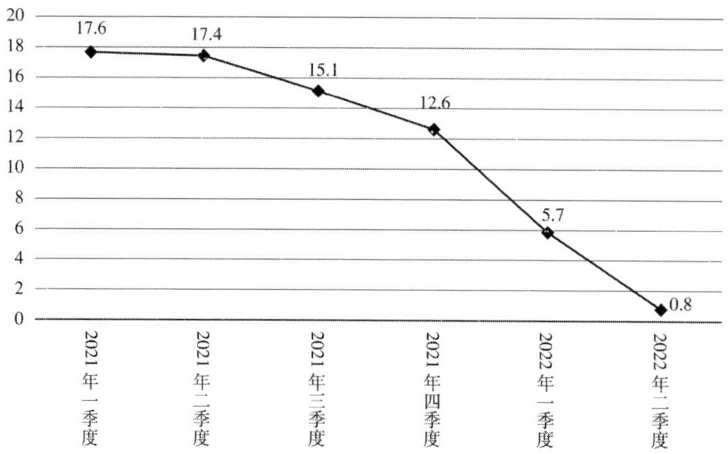

图 3.12　2021 年一季度—2022 年二季度我国居民人均消费支出累计增速（单位:%）

数据来源：国家统计局数据库。

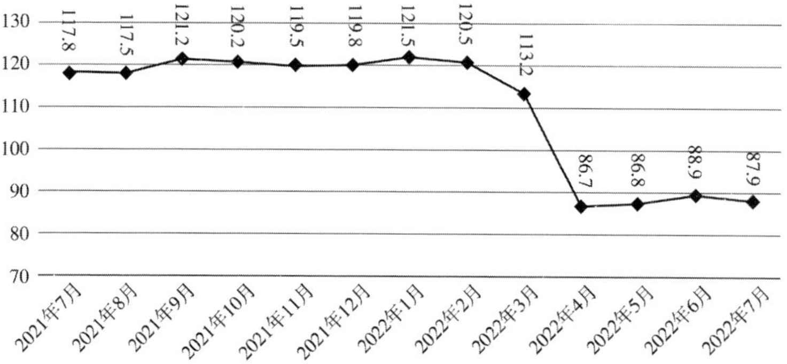

图 3.13　2021 年 7 月—2022 年 7 月我国消费者信心指数（单位:%）

数据来源：国家统计局数据库。

第二季度城镇储户问卷调查报告》显示，2022 年二季度，倾向于“更多消费”的居民占 23.8%，比上季度增加 0.1 个百分点；倾向于“更多储蓄”的居民占 58.3%，比上季度增加 3.6 个百分点①。消费者的消费信心明显不足，由此也加剧了相关产业发展的困境。

① 中国人民银行调查统计司 . 2022 年第二季度城镇储户问卷调查报告[R]. 2022. 6.

3. 服务消费占比下降

（1）2021 年服务型消费呈现“双回升”的态势。中改院在题为《2021：消费结构升级的进展与挑战》的报告中提出，2021 年全国居民人均服务型消费支出达到 10645 元，超过了 2019 年 9886 元的水平；居民服务型消费支出占比回升到 44.2%。

（2）2022 年上半年居民服务型消费水平与占比有可能出现“双下降”。

——2022 年二季度，城乡居民人均交通通信支出、教育文化娱乐支出和医疗保健支出增速均比 2021 年四季度有明显下降。其中教育文化支出增速由 2021 年四季度的 27.9%显著下降到 2022 年三季度的-7.4%。

——以旅游为例，数据显示，2022 年“五一”假期 5 天，全国国内旅游出游 1.6 亿人次，同比减少 30.2%；实现国内旅游收入 646.8 亿元，同比减少 42.9%。端午节全国国内旅游出游 7961.0 万人次，同比下降 10.7%，实现国内旅游收入 258.2 亿元，同比下降 12.2%。

4. 消费复苏乏力直接影响增长

（1）消费拉动作用下降。2022 年上半年，消费受到新冠肺炎疫情的影响，对经济增长的作用在下降。最终消费支出拉动经济增长 0.8 个百分点。其中，二季度受新冠肺炎疫情影响，最终消费支出向下拉动当季度经济 0.9 个百分点。

（2）投资承担了稳增长的重任。2022 年上半年，资本形成总额拉动经济增长 0.8 个百分点。其中，二季度资本形成总额拉动当季度经济增长 0.3 个百分点[①]。

专栏 3.2

消费预期转弱成为突出矛盾

消费预期不仅是城乡居民对消费的预期，而且更深层次地反映了对经济增长的预

① 赵同录．我国经济二季度实现正增长[EB/OL]．中国经济网，2022-07-15.

期。稳消费预期重在推动结构性政策调整，要把改善消费预期作为稳经济大盘的重要着力点。当前面临的“需求收缩”和“供给冲击”，在很大程度上源于“预期转弱”。消费预期是基础和前提，消费预期稳住了、改善了，就能推动投资预期、市场预期改善。我国是一个拥有14亿多人口的大国，并且处在产业结构、消费结构转型升级的重要阶段，这是稳预期的重要基础和条件。从当前情况来看，稳定消费预期，关键是要加大结构性政策调整力度。

资料来源：迟福林．稳消费重在稳消费预期[N]．经济日报，2022-08-01.

二、消费预期转弱

1. 就业压力加大

（1）企业经营压力加大。从实际调研情况看，一些企业受新冠肺炎疫情影响，不仅正常的经营受到冲击，而且面临现金流压力。餐饮行业的一项调研显示，超过三分之二的受访企业（68.5%）表示目前的账面资金仅能维持近3个月的经营。企业预期受到影响。几乎所有的受访餐企（94.6%）认为未来餐饮市场的消费会收紧[①]。从采购经理指数（PMI）看，只有2021年8月份综合PMI低于50%，此后迅速反弹到50%以上。而2022年3—5月，综合PMI已连续3个月低于50%这一荣枯线以下。6月份有所反弹，但随后又出现走低（见图3.14）。

（2）就业压力加大。2022年以来，全国失业率持续走高，4月份突破6%，5月份小幅回落到5.9%，仍高于2022年政府工作报告提出的5.5%的控制目标。

——从行业看，全国工商联旅游业商会调查显示，旅游从业者目前稳定就业的仅占13.8%，失业比重高达68.1%，近六成的从业人员失业时间已超过1年[②]。

① 世界中餐业联合会．2022年疫情背景下餐饮企业调研[R]．2022.5.

② 全国工商联旅游业商会．疫情期间旅游业失业专项调研报告[R]．2022.2.

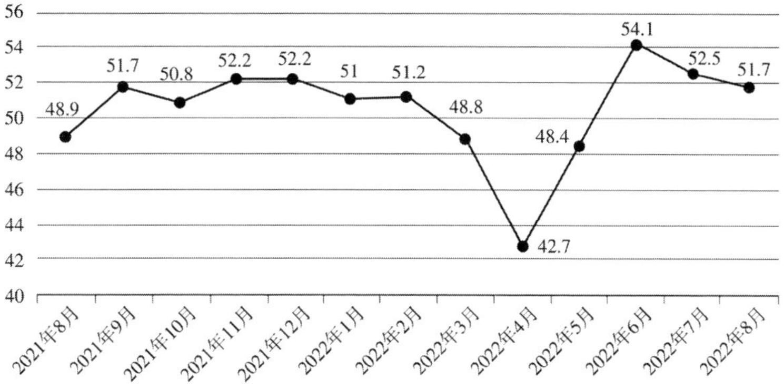

图 3.14　2021 年 8 月—2022 年 8 月我国综合 PMI（单位:%）

数据来源：国家统计局数据库。

——从年龄结构看，值得关注的是 16～24 岁年轻人失业率 2022 年 7 月达到 19.9%，就业压力相当大（见图 3.15）。2022 年我国大学毕业生达到 1076 万人，大学毕业生集中进入劳动力市场，进一步加大短期的就业压力①。

——我国灵活就业规模达到 2 亿人，占就业人员比重超过四分之一，但其就业稳定性、收入稳定性及权益保障等还面临多方面挑战。

2. 收入增速放缓

（1）居民总体收入增速放缓。2022 年二季度居民可支配收入增速仅为 3.0%，较 2021 年全年下滑了 5.1 个百分点。其中，工资性收入和经营净收入降幅分别为 4.9 个百分点和 7.8 个百分点。

（2）中低收入群体在收入缩水导致消费意愿下降。中国家庭财富指数 2021 年三季度的调研报告显示，年收入 5 万～10 万元家庭的财富直到 2021 年二季度才恢复增长，但三季度再次缩水；年收入 5 万元及以下家庭的财富到 2021 年三季度仍在持续缩水，且缩水程度有所加剧②。这部分群体覆

① 陈洁．多地新政力促高校毕业生就业[N]．21 世纪经济报道，2022-06-16.

② 西南财经大学中国家庭金融调查与研究中心．疫情后时代中国家庭的财富变动趋势——中国家庭财富指数调研报告 2021Q3 [R]．2021. 11.

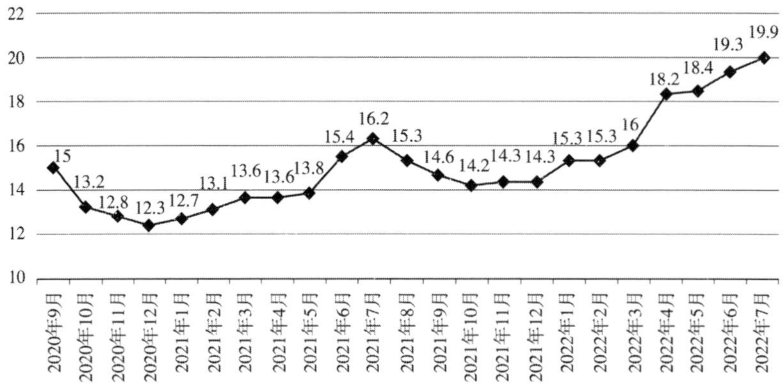

图3.15　2021年1月—2022年7月全国16~24岁年轻人失业率（单位:%）

数据来源：国家统计局数据库。

盖了我国大部分的三、四线城市和农村地区家庭，他们在收入改善时的消费意愿更高，在收入缩水时的消费意愿更容易下降。

（3）农民工群体收入增长放缓成为突出问题。2021年，农民工人均月收入为4432元，2020—2021年两年平均增速仅为5.7%（见图3.16），低于全国居民人均可支配收入两年平均6.9%的增速。

3. 储蓄倾向提升

（1）居民消费倾向下降。由于收入增速放缓，居民消费倾向明显下降，不愿消费倾向加大。居民消费支出占可支配收入的比重（居民消费倾向）由2021年四季度的68.61%下降至2022年二季度的63.67%（见图3.17）。

（2）消费信贷减少。目前货币政策相对宽松，但信贷需求不足，包括居民信贷需求走弱。2022年5月，短期消费信贷余额约为9万亿元，比2021年11月高点的9.38万亿元下降了3000余亿元（见图3.18）。消费者信贷收缩预示着消费有可能出现抑制状态。

（3）居民杠杆率偏高抑制消费。从国际经验看，居民部门高杠杆抑制居民的消费意愿，尤其是需求弹性较高的服务型消费的释放。国家资产负

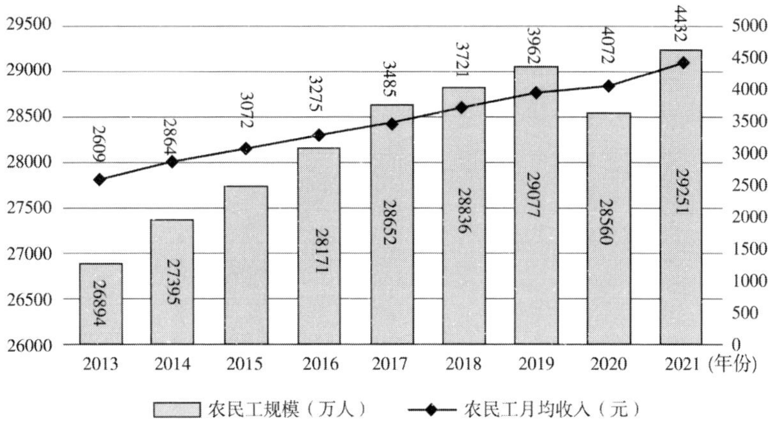

图 3.16　2013—2021 年我国农民工规模及月均收入水平

数据来源：国家统计局数据库；国家统计局．中华人民共和国 2021 年国民经济和社会发展统计公报[EB/OL]．国家统计局网站，2022-02-28.

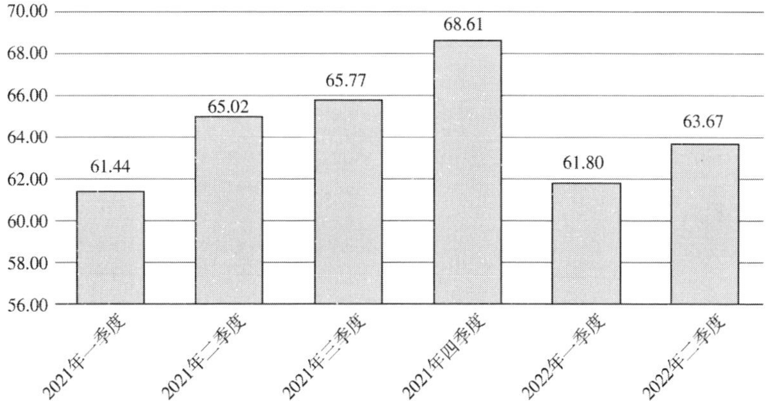

图 3.17　2021 年第二季度—2022 年第二季度我国居民消费倾向（单位：%）

数据来源：中改院课题组根据国家数据库数据测算。

债表研究中心的数据显示，2012—2021 年，我国居民部门杠杆率从 30%快速提升到 60%以上，居民部门杠杆率每年大约提升 3 个百分点，2021 年达到 62.20%（见图 3.19）。这几年杠杆率提升过快，意味着家庭利息支出压力加大。2020 年，我国居民“债务还本付息额/可支配收入”高达 15.0%，明显超过韩国（12.4%）、英国（9.0%）、美国（7.8%）、日本（7.6%）、法国（6.5%）、德国（6.1%）①。

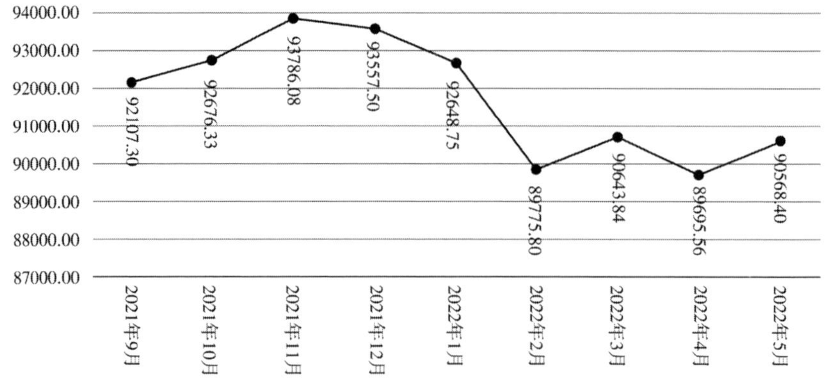

图 3.18　2021 年 9 月—2022 年 5 月我国消费者短期消费信贷余额（单位：亿元）

数据来源：中国人民银行统计数据。

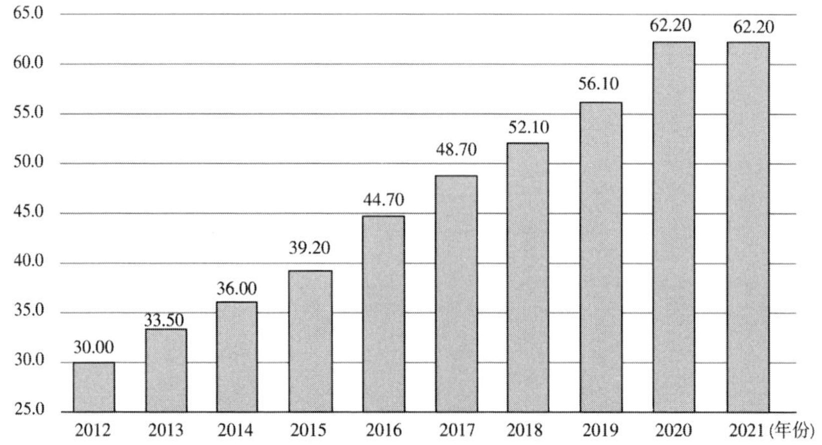

图 3.19　2012—2021 年我国居民部门杠杆率（单位:%）

注：杠杆率=各部门债务/名义 GDP。居民部门债务为居民贷款，包括消费贷款和经营贷款。

数据来源：国家资产负债表研究中心。

① 李扬. 2022 年，稳定经济大盘最重要[EB/OL]. 新浪财经，2022-03-03.

三、服务型消费升级趋缓

1. 服务型消费支出水平与占比偏低

（1）服务型消费规模与水平均偏低。

——服务型消费规模。按照国家统计局数据初步测算，2021 年我国服务型消费约为 15 万亿元，同比增长 8.0%。与美国相比，我国服务型消费规模和占比相对较低。美国 2021 年服务型消费总额为 10.26 万亿美元，同比上涨 9.3%，仍是世界第一消费大国。

——服务型消费占比。2021 年，我国服务型消费占比低于美国 21.01 个百分点（见图 3.20）。

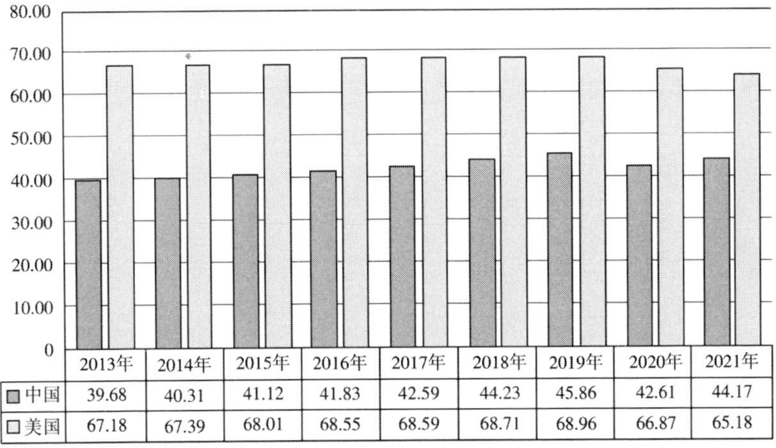

	2013年	2014年	2015年	2016年	2017年	2018年	2019年	2020年	2021年
■中国	39.68	40.31	41.12	41.83	42.59	44.23	45.86	42.61	44.17
□美国	67.18	67.39	68.01	68.55	68.59	68.71	68.96	66.87	65.18

图 3.20　2013—2021 年中美服务型消费占比（单位:%）

（2）服务型消费标准偏低。当前，我国仍有一些服务行业缺乏国家总体标准。以养老服务为例，截至 2021 年 6 月，与养老服务业相关的国家标准总计 16 项、行业标准 20 项，内容上大同小异，远远满足不了养老服务业发展的需要。在这方面，可以主动借鉴德国养老服务标准及其实施经验。

专栏 3.3

德国养老服务标准

德国的养老服务业标准化工作非常值得我国借鉴。虽然德国并非 ISO-9000 质量管理体系系列标准的诞生地，但在德国，ISO-9000 质量管理体系标准与服务标准配合得相当默契，养老服务业亦不例外——质量管理体系标准和服务标准共同构成了德国养老服务业标准化工作的基础框架，从质量管理体系和服务提供双维度对养老服务业进行规范，这种标准化建设模式对于养老服务业标准化水平整体不高的我国不失为事半功倍的良好借鉴。

资料来源：侯非，曹俐莉，张雨辰. 国外养老服务业标准化及认证现状与启示[J]. 标准科学，2014（12）.

（3）服务型消费仍有外流。我国消费者的服务型消费外流的主要表现为通过境内零售终端购买国外商品、通过海外代购形式购买国外商品以及直接出境购买国外商品三种形式。后两种形式在商品购买力外流第一种形式的基础上，进一步附带了渠道服务购买力外流和交通旅游购买力外流，外流程度依次增加。

2. 农村服务型消费发展相对滞后

（1）农村消费结构尚未达到城镇 2009 年水平。2013—2021 年，农村居民服务型消费占比低于城镇居民 6~8 个百分点，城乡居民服务型消费支出差距从 2013 年的 5139 元扩大到 2021 年的 7916 元（见图 3. 21）。从恩格尔系数看，2021 年农村居民消费结构（32. 7%）相当于 2009 年城镇居民消费结构（32. 9%）。

（2）医疗养老保障水平相对偏低制约城乡居民消费结构升级。2016—2020 年，我国城乡居民养老保险年人均养老金领取额从 1407. 99 元提升到 2088. 00 元，月均领取数从 117. 33 元提升到 174. 00 元（见表 3. 15）。尽管水平在持续提升，但 2020 年居民人均养老金领取额仅相当于农民人均消费支出的 15. 23%，不及农民人均食品烟酒支出的 50%，城乡居保的水平还远达不到“保基本”的要求。

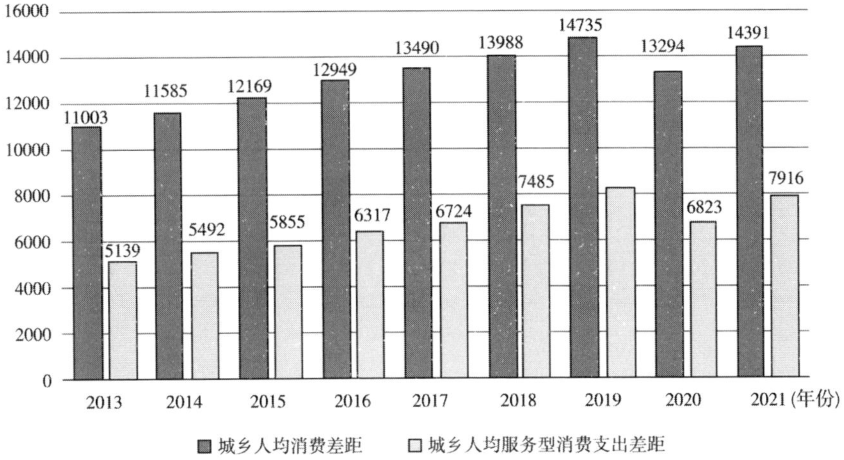

图 3.21　2013—2021 年我国城乡人均消费与服务型消费支出差距（单位：元）

数据来源：国家统计局数据库。

表 3.15　2016—2020 年我国城乡居民养老保险人均养老金领取额

年　份	基金支出总额（亿元）	实际领取待遇人数（万人）	年人均领取额（元）	月人均领取额（元）
2016	2150	15270	1407.99	117.33
2017	2372	15598	1520.71	126.73
2018	2906	15898	1827.90	152.33
2019	3114	16032	1942.37	161.86
2020	3355	16068	2088.00	174.00

数据来源：人社部 .2016—2020 年度人力资源和社会保障事业发展统计公报[R].2017—2021.

（3）农民工服务型消费潜力尚未完全释放。由于农民工尚未全面融入城市，客观上制约了农民工的消费结构升级。有调研发现，农民工家庭的生存消费占总消费的比例很高，平均达到 62%，远高于城乡居民恩格尔系数；与服务型消费直接相关的发展消费和享乐消费占比合计仅为 24.3%①。

3. 服务型消费供给规模有限

（1）服务业投资增速偏缓。2021 年第三产业投资增速仅为 2.1%，只有 2012 年增速的十分之一，为 2012 年以来的最低（见图 3.22）。逐月看，2021 年第三产业固定资产投资也呈现明显下行趋势，累计增速从 2 月的 34.6%快速下降到 12 月的 2.1%（见图 3.23）。

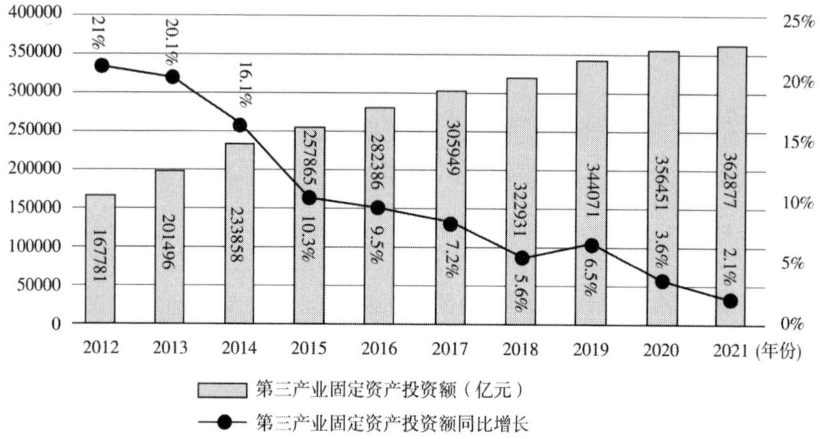

图 3.22　2012—2021 年我国第三产业固定资产投资及增速

数据来源：国家统计局数据库。

（2）高品质服务供给比较短缺。近年来，城乡居民对服务型消费需求的要求和标准不断提升。我国服务型消费供给总量矛盾在有所缓解的同时，服务标准、服务质量、服务体系不适应的矛盾逐步凸显出来，客观上制约了服务型消费的升级，成为服务外流的一个重要因素。例如，即便在新冠肺炎疫情暴发的 2020 年，我国赴美留学生人数为 38.3 万人，虽然比 2019 年减少 9.2 万人，但仍占 30%左右②。

① 孟令燕．我国农民工消费结构特征及其驱动因素研究[J]．商业经济研究，2021（07）.

② 美国移民与海关执法局．2020 年在美留学生报告（2020 SEVIS by the Numbers Report）[R]. 2021. 3.

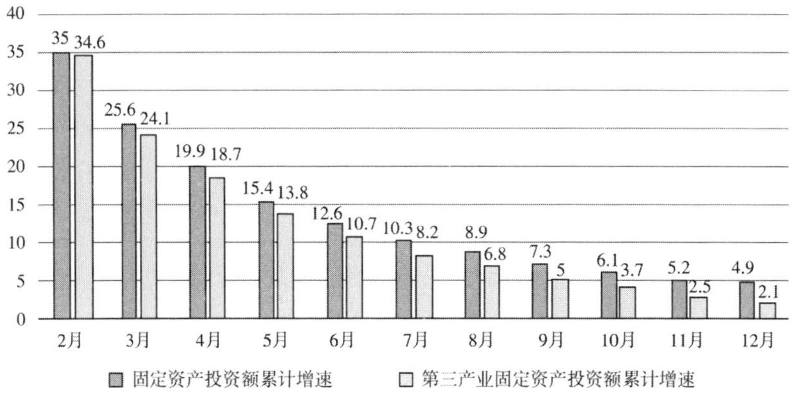

图 3.23　2021 年我国固定资产投资及第三产业固定资产投资增速（单位:%）

数据来源：国家统计局数据库。

（3）公共消费财政支持力度有所弱化。在公共财政支出结构上，2021 年我国一般公共预算收入同比增长 10.7%，但一般公共预算支出同比仅增长 0.3%。其中涉及公共消费的相关支出同比增速均有所下降。2021 年，教育支出同比增速 3.5%；文化旅游体育与传媒、卫生健康支出分别同比下降 6.1%和 0.1%（见表 3.16）。与前几年相比，同比增速均明显下降。

表 3.16　2017—2021 年我国公共消费财政支出同比增速（单位:%）

类别	2017 年	2018 年	2019 年	2020 年	2021 年
一般公共预算支出同比增速	7.7	8.7	8.1	2.8	0.3
教育支出同比增速	7.8	8.5	8.5	4.4	3.5
文化旅游体育与传媒支出同比增速	6.4	2.3	2.3	3.6	-6.1
卫生健康支出同比增速	9.3	10	10	15.2	-0.1

数据来源：2017—2021 年财政部国库司统计财政收支情况整理。

第三节　我国消费结构转型的主要目标

未来几年，14 亿人的大国仍处于消费结构转型的关键时期。随着人民对美好生活的向往不断增长，我国仍有着巨大的消费规模潜力和结构潜能，由此成为实现高质量发展的基础。与此同时，也要直面消费结构转型升级面临的严峻挑战，对可能出现最坏情况做好准备。这就需要把稳消费预期摆在突出位置，尽快改善居民消费预期。

一、改善消费预期

1. 稳增长重在稳消费

（1）促进消费尽快恢复，对稳增长具有决定性作用。消费在经济增长中处于基础性地位，稳增长的基础是稳消费。为此，要把稳消费的相关政策作为宏观经济政策的重点，加大政策调整力度和政策刺激力度。

消费恢复是形成更大引致投资空间的前提，消费恢复进程决定了能否有效应对“需求收缩”挑战。从实际情况看，消费增速持续低迷，将会大幅加重投资稳增长的压力，有可能在短时间内推升宏观杠杆率，解决短期问题的同时带来中长期的风险累积。中国社科院经济所的研究表明，消费每 1 个百分点的下降，需要基建投资增速提高 2~3 个百分点才能对冲[①]。

（2）加快推出一系列的结构性改革举措。相对投资来说，消费是一个发挥作用较慢的变量。在消费预期受损的情况下，要实现消费的根本好转，标志是城乡居民消费信心的恢复，消费预期的完全好转，是“不能消

① 《经济研究》智库经济形势分析课题组 . 2021 中国经济回顾与 2022 经济展望[R]. 2022. 2.

费、不敢消费、不愿消费”格局的改变。这就需要在政策调整的同时，加快推出一系列的结构性改革举措。否则，消费复苏的态势可能会相当脆弱，“企业困难—就业恶化—收入放缓—消费低迷”以及“预期转弱—居民去杠杆—消费低迷”两个负循环就难以打破。

2. 稳消费重在稳消费预期

（1）市场经济重在有良好预期，预期深刻影响着需求和供给。当前面临的“需求收缩”和“供给冲击”，在很大程度上根源于“预期转弱”。消费预期是基础和前提，消费预期稳住了、改善了，就会推动投资预期、市场预期。

（2）未来几个月是稳消费的关键期。我国是一个 14 亿人口的大国，并且处在产业结构、消费结构转型升级的重要阶段，这是稳预期的重要基础和条件。从当前的情况判断，未来几个月要稳定消费预期，关键是要加大结构性政策调整力度。

（3）尽快把居民消费信心提升到 100 以上。从 2022 年 4—7 月的居民消费信心看，消息信心断崖式下降后反弹乏力。能否采取有效举措，尽快把居民消费信心提升到 100 以上，对短期稳增长、中长期促进消费结构升级具有决定性影响。

二、提高服务型消费占比

1. 居民服务消费水平稳步提升

（1）服务型消费年均增速不断提升。2013 年至 2021 年，我国居民服务型消费年均增速 10.6%（不考虑价格因素）。未来 10 年左右，服务型消费增速要在此基础上不断提升。

（2）人均服务型消费支出水平有望超过 1.8 万元。中改院课题组预测，如果保守估计 2022 年为零增长，2023—2030 年年均增速预计为 7%。初步预计到 2030 年，我国城乡居民人均服务型消费水平将超过 1.8 万元（见图 3.24）。

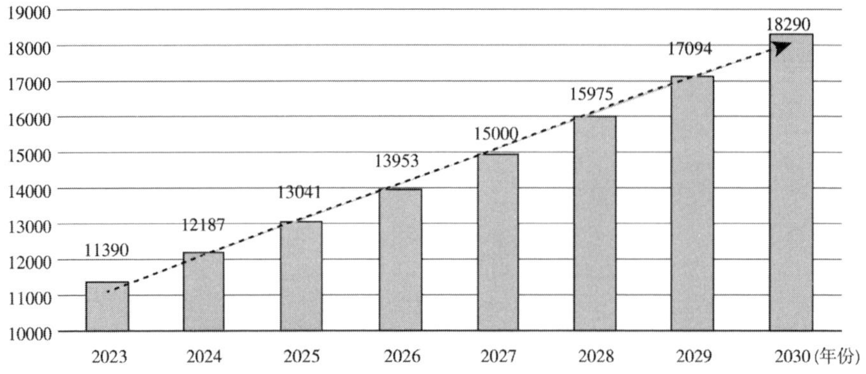

图3.24　2023—2030年我国居民人均服务型消费支出水平初步预测（单位：元）

数据来源：中改院课题组预测。

2. 2030：服务型消费占比达到55%左右

（1）服务类消费超过实物类消费。摩根士丹利研究认为，从现在开始的下一个10年，中国消费市场变化的一个重要特征是服务类消费超过实物类消费。预计中国服务型消费占比将从当前的45%提升至52%，年均增长率为9.2%，超过同期实物类消费6.7%的增长率①。

（2）保持服务型消费占比持续增长。中改院课题组经过测算建议，到2025年，我国服务型消费占比力争达到52%左右；2026—2030年，我国服务型消费占比仍有望保持1个百分点的增长速度；力争到2030年我国服务型消费占比达到55%~60%。

3. 2035：服务型消费占比达到60%~65%

（1）长期内服务型消费需求提升仍有较大空间。例如，我国常住人口城镇化率有望在65%左右达到相对稳定状态；服务业占GDP的比重有望在60%左右达到相对稳定状态；城乡收入差距有望在1.5：1左右达到相对稳定状态；人口老龄化率，在三孩政策出台后，长期内有望形成一个相对稳定的状态。

---

① 摩根士丹利．消费2030：“服务”至上[R]．2021.1.

（2）到 2035 年服务型消费占比力争达到 60%以上。结合前面分析，考虑到上述因素对服务型消费的影响，初步预计，我国城乡居民服务型消费占比在 2035 年有望达到 60%以上，并相对稳定下来。

三、扩大服务型消费效应

1. 改善投资预期

（1）市场主体经营困难在很大程度上是短期因素造成的。但要防止短期因素长期化，并且对市场主体预期带来负面冲击。2021 年民间投资增速出现反弹，达到 7.0%（见表 3.17），但到 2022 年 5 月，民间固定投资（累计）增速又下降到 4.1%，成为 2021 年以来的最低值（见图 3.25）。

（2）以稳定消费市场稳定市场主体预期。消费是生产的生产，稳定投资预期，基础和前提是稳定消费预期，稳定市场预期。

表 3.17　2012—2021 年全国民间投资占比

年份	民间固定资产投资（亿元）	比上年增长（%）	占固定资产投资（不含农户）比重（%）
2012	153698	—	56.5
2013	184662	20.1	57.9
2014	213811	15.8	58.9
2015	232644	8.8	58.8
2016	239137	2.8	56.3
2017	251650	5.2	55.7
2018	273543	8.7	57.2
2019	286400	4.7	56.8
2020	289264	1.0	55.7
2021	307659	7.0	55.64

数据来源：国家统计局．中国统计摘要 2022［M］．北京：中国统计出版社，2022.5.

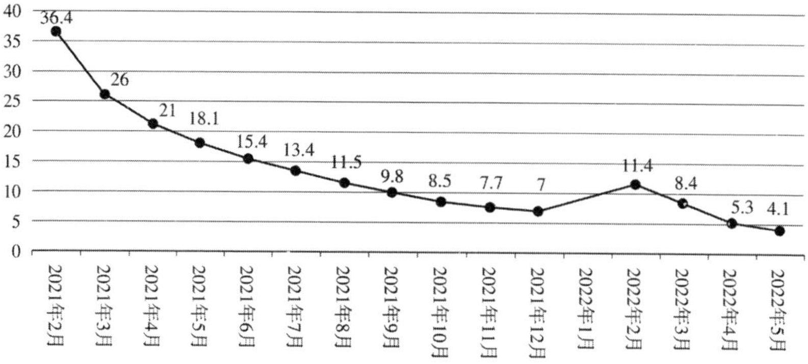

图 3.25　2021 年 2 月—2022 年 5 月我国民间固定投资增速（单位:%）

数据来源：国家统计局数据库。

2. 助力制造业转型

（1）企业生产要适应服务型消费社会的趋势。企业不仅要专注产品生产，更要专注满足消费者的服务需求。2007—2018 年，我国服务型制造企业占所有制造企业的比重由 1%提高到 38%，年均增长 3.4 个百分点，但仍然分别低于英国和美国 18 个百分点和 15 个百分点①。

（2）推动企业从以生产型向“制造+服务”转型升级。消费结构升级所形成的巨大的服务型消费市场，将形成服务型制造的重要推动力，促进制造业企业转型升级。

3. 推动科技变革

（1）科技创新是统筹发展与安全的关键因素。这是构建新发展格局、赢得国际竞争主动的重大任务。应当说，14 亿人的消费大市场为科技发展提供了巨大的应用市场。以机器人发展为例，2020 年，我国工业机器人的产量达到 23.7 万台套，全国规模以上工业机器人制造企业营业收入 531.7 亿元，其中全国规模以上服务消费机器人制造企业营业收入 103.1 亿元②，

① 吴猛，刘凯琳．服务型制造[J]．纺织导报，2021（01）．

② 工信部：2020 年全国工业机器人产量 237068 台 同比增 19.1%[N]．经济日报，2021-02-01.

占比达到19.4%。

（2）大力发展服务型科技。未来5~10年，随着消费结构持续升级，大力发展服务型科技，推动科技在消费领域的广泛应用，将促进“中国智造”形成产业链。

第四节　我国消费结构转型的重大任务

短期内尽快改善消费预期，稳定消费，以此形成稳增长的重要基础；与此同时，加快推动消费结构升级，着力释放服务型消费的巨大潜力，加快释放新消费群体的新型消费，依托数字经济推动传统消费业态升级。

一、尽快改善和提振消费预期

1. 出台稳消费预期的一揽子举措

（1）关键是有效克服新冠肺炎疫情影响。新冠肺炎疫情是影响过去几年消费预期的重要因素。从各地实施情况看，尽管精准化防疫程度逐步提升，但仍有一些地方实施“休克式”防疫，付出了巨大成本。按照中央的精神和要求，需要坚持外防输入、内防反弹，加强新冠肺炎疫情精准防控，降低新冠肺炎疫情对服务型消费的冲击。科学精准处置局部新冠肺炎疫情，维持正常生产生活秩序，避免新冠肺炎疫情防控对节假日等重要消费时点的冲击，防止擅自增加对服务业的新冠肺炎疫情防控措施。

（2）保持宏观政策平稳，避免影响消费。

——在加强监管力度的同时推进监管体制变革。这段时间以来，有关部门陆续出台平台经济、教育培训、信息安全等多个领域监管举措，有助于优化市场秩序，但同时客观上也影响了某些领域的消费。

——市场监管政策调整，既要解决短期问题，又要完善监管体制，稳定消费预期。例如，在教育监管上，鼓励互联网教育企业与各级各类学校结合，为学校提供信息化的教学技术产品与服务，更好地提升教学与管理效率，同时为互联网教育企业开辟新的发展空间。

（3）减少资本市场波动对中等收入群体消费预期的冲击。有研究表明，当前有近1900只理财产品的净值小于1，涉及数万亿元资金，占银行理财市场规模的十分之一。银行理财和住房是大众两个基本财富载体，也是最有安全感的保值增值资产，如果出现大幅度的波动，将严重影响家庭预期和家庭消费①。2022年政府工作报告首次提出设立金融稳定保障基金。在资本市场出现异常波动的情况下，需要尽快设立金融稳定保障基金并发挥重要作用，通过稳股市来稳中等收入群体的消费预期。

（4）全面清理不利于消费潜力释放的政策。各地方尽快梳理行政性限制消费的相关规定，开展政策效应评估，适时取消或者逐步放松不适应形势的政策，尤其是适时取消限制大宗消费的行政性政策。加大财政货币政策的支持力度，满足城乡居民在住房、汽车等领域的改善型消费需求。

2. 稳定市场主体的发展预期

（1）加大稳市场主体的结构性政策力度。“市场主体青山常在，经济就能生机盎然”。1.6亿多户市场主体是经济发展动力源、就业顶梁柱。有效应对经济增长下滑的挑战，核心是稳住市场主体，以稳市场主体来稳就业、保民生，进而稳消费预期。例如，高效统筹新冠肺炎疫情防控和经济社会发展，对关键性系统性企业，制定企业（项目）白名单，加大精准施策力度；对服务业中的民营企业和小微企业、个体户，要加大专项税费减免政策，必要时采取负税收政策；高度关注政策执行过程中的实际效果，进一步提升财税政策惠及小微企业的广泛性和有效性。

（2）切实推动劳动力市场的结构性政策调整。就业是社会稳定的基

① 赵建．金融市场波动导致居民财富缩水，警惕金融返贫影响共同富裕[R]．西泽研究院，2022.3.

石。面对就业压力加大尤其是16~24岁青年失业率居高不下的挑战，要放开各类就业限制，取消各类不合理的就业管制，规范设立零工市场，允许流动摊贩在有序前提下开展营业并提供配套服务，为相关群体开辟更大的自主就业空间；扩大公益岗位，对就业困难群体进行定向精准扶持；鼓励和支持特定产业“旺工淡学”，尽量减少企业裁员；完善灵活就业的制度保障，解决灵活就业人员的后顾之忧；严禁以防疫为名出台各类就业歧视标准。

（3）加大财税货币政策的调整力度。鼓励地方政府积极探索，创新各类政策。比如，进一步加大以工代赈力度，对失业者和毕业未就业大学生提供过渡性工作岗位；对企业开展“旺工淡学”的予以专项财政补贴和支持等①。

二、释放服务型消费的巨大潜力

1. 教育：加大公共教育服务供给

（1）在家庭消费支出中，教育仍是重中之重。这也是东亚区域的传统文化特点。2021年，我国家庭教育支出达到2600元的历年最高水平，占居民消费支出比重为10.8%。尽管相关部门出台了“双减”政策，规范了教育消费市场，但在做好“减法”的同时，为了与家庭教育需求相匹配，进一步做好“加法”也是不可或缺的。

（2）大力提倡政府公共文化服务中引入多种非学科类型的教育内容。例如科学、传统文化、美学教育等。对教育消费市场增强新开发消费品的准入机制，提供规范化的教育服务内容，使教育类消费品能真正开发学生的天赋，避免超前教育的恶性竞争。

2. 健康：着力释放居民健康需求潜力

（1）健康需求不断增长。2021年，我国居民人均医疗保健支出首次超

① 迟福林．稳消费重在稳消费预期[N]．经济日报，2022-08-01.

过 2000 元，达到 2115 元。从未来趋势看，城乡居民健康需求还将进一步增长。比如，数据显示，2020 年，全国健康检查人次为 4.31 亿，体检行业渗透率为 31%左右。2021 年，我国健康体检市场规模为 1890 亿元，同比增长 7%①。

（2）加大健康服务供给。适应我国居民健康需求全面快速增长的趋势，加快医疗健康服务市场开放，加大政策引导和支持，推动以生物技术和生命科学为先导、以数字经济为支持，涵盖医疗卫生、营养保健、健身休闲等健康服务功能的健康产业大发展，加大健康服务供给，有效满足居民健康需求。比如，加大社区健康服务供给，尤其是扩大老年健康服务，可以考虑将健康管理费用纳入医保报销范围。

3. 绿色：加大新型消费供给

（1）新型消费空间仍然比较大。以绿色消费为例，绿色消费在我国的发展空间依然巨大。随着《促进绿色消费实施方案》的深入实施，“十四五”期间，绿色消费通过贯穿民生衣食住行的消费行为，对消费品选择、资源节约再利用以及环境保护产生全方位影响。促进绿色消费深入人心，需要全面促成重点领域消费绿色转型，强化绿色消费科技与服务支撑。

（2）加大绿色消费供给。持续提升食品消费绿色化水平，积极推广有机农业发展，加大市场绿色农产品供给，不断满足消费者对健康饮食的需求。鼓励绿色住房消费，积极推广绿色、低碳建筑，推进老旧小区绿色化改造，鼓励有条件的地区开展绿色低碳建材下乡，建设绿色农房。

（3）抓住新能源汽车发展的良好态势，提速绿色出行，全面普及新能源汽车。加快推动公共交通领域绿色化转型。研究预测，到 2025 年，我国新能源汽车保有量将超过 2500 万辆，2030 年和 2035 年保有量有望分别超

---

① 智研咨询 . 2022—2028 年中国健康体检服务行业发展模式分析及未来前景规划报告 [R]. 2022. 8.

过8000万辆和1.6亿辆，其中纯电动车占比将在90%以上①。要做足做好新能源汽车这篇文章，支持和鼓励地方政府出台新能源汽车政策。比如，海南明确宣布，到2030年全面禁售燃油车，在全国率先走出一步。

（4）尽快完善绿色消费的政策保障体系。加快完善绿色消费积分制度，调动城乡居民绿色消费的积极性；完善政府绿色采购标准，提升绿色产品与服务在政府采购中的比重。

三、构建更多消费新场景

1. 加快发展线上消费

（1）线上消费已成为消费增长的新空间和经济发展的新动能。随着疫情防控常态化，线上消费逐渐成为生活中的重要方面，在线医疗、在线健身等也已经跟生产生活密切关联在一起。例如，2022年上半年，浙江省组织阿里巴巴、唯品会等省内重点电商平台充分发挥数字赋能和创新驱动作用，以品牌品质助力消费升级；为了顺应消费技术的升级、消费场景的数字化、消费模式的迭代变迁，成都在2022年的数字生活消费节中将利用线上渠道，进一步挖掘直播等形式的消费潜力，通过消费者、商家和各区域的融合互动，尝试打造出一个全场景的消费“试验场”②。例如，鼓励各地推动实体商场、超市、便利店等的数字化改造，提升线上线下协同程度，发展各类服务等零售新业态，推动体验式、沉浸式消费新场景建设。

专栏3.4

在线医疗服务发展案例

在线健康医疗服务近年来发展势头迅猛。目前，全国已有1700余家互联网医院，远程医疗服务县（区、市）覆盖率达到90%以上。当前，国内外新冠肺炎疫情防控形

---

① 专家预计2035年中国新能源车保有量超1.6亿辆 纯电动逾九成[EB/OL]. 中国新闻网，2020-09-29.

② 消费扩容提质新引擎：“智能+”消费生态体系[N]. 中国商报，2022-05-13.

势仍严峻复杂，多地医院增加了线上服务。例如在上海，“健康云”App 上开通了“我要配药”专区，提供“一键续方”“复诊配药”“在线咨询”三大便民服务功能。北京部分医院也可通过互联网诊疗提供服务，例如北医三院互联网医院新增应急保障服务、药事咨询服务和开放护理团队咨询服务，让患者少跑腿，做到防疫诊疗两不误。一些机构也积极推出相关服务，平安健康近期开设了“疫诊”爱心通道，24 小时在线为有需要的用户提供一站式就医服务。

资料来源：消费扩容提质新引擎：“智能+”消费生态体系[N]. 中国商报，2022-05-13.

（2）鼓励更多的线下消费线上化。鼓励发展定制消费、体验消费、智能消费、时尚消费等。支持消费领域的平台企业运用新技术探索和打造数字消费新场景，培育更多“小而美”网络品牌。抓住 5G 商用的契机，拓深拓宽直播电商、社交电商等应用面。推动生活服务智能化，加快促进生活服务业上线上云，优化到店与到家双向服务模式体验。加强智能服务终端建设，重点发展无接触交易式的服务。

（3）鼓励“互联网+流通”发展。全面推动吃住行及旅游、娱乐等生活性服务业在线化，促进线上交易和线下服务结合，提供个性化、便利化服务。支持企业开展线上促消费活动。鼓励商贸流通企业发展线上线下全渠道销售模式，促进线上线下一体化转型。

2. 鼓励传统消费发展新业态

（1）传统消费仍有巨大空间。虽然传统消费的占比有可能逐步下降，但传统消费的水平与规模仍将保持增长态势。例如，我国居民人均食品烟酒支出从 2012 年的 3983 元增长到 2021 年的 7178 元，即便在新冠肺炎疫情冲击比较严重的 2020 年仍保持正增长。

（2）传统消费新业态空间更大。立足传统消费，依托新科技，可以推动传统消费发展出新的业态来。过去几年，这方面涌现出不少创新创业企业。以衣着为例。有的企业已经开始以 C2M 经营模式为基础，将“互联网+上门量体+工业 4.0”引入服装定制行业，通过改善用户购物体验及着装体验，为消费者提供全方位、一站式的私人定制服务。

（3）支持传统消费创新更多新业态。例如，充分利用智能感知设备，大力发展小众旅游。我国14亿人口的大市场，小众旅游的规模在其他国家就是一个巨大的市场。创新传统消费业态方面，还有相当大的潜力可以挖掘。如果加大智能穿戴设备应用，打通与小众旅游的接口和通道，就可以有效释放巨大的小众旅游市场潜力，使旅游这个传统消费业态派生出更多的新业态。

3. 打造国际消费中心城市

（1）着力提升城市消费的国际化水平。清除阻碍商品和服务自由流动的种种壁垒，显著提高贸易便利化水平。取消一些行政性限制消费购买的规定，对过去受到限制的一些中高端消费，在市场准入、税收和购买资格方面进行突破。提高城市离境退税商店覆盖率，丰富退税商品品类，创建离境退税示范街区，探索多种退税渠道。

（2）培育国际知名消费品牌。注重从引进国际知名商贸企业进驻，吸引国际消费品牌的中国总部或区域总部落户，依托本地优质消费资源，形成独特的商品和品牌供给能力。特别是要增加特色产业、知名品牌、独特的文化资源等优质商品和服务供给，吸引国内外知名品牌新品首发，提升城市在全球中高端消费领域的影响力。

（3）提供国际一流的消费服务。加快培育和发展服务消费产业，积极兴办各类消费博览会，发展各类国际性的消费展览会，举办各类购物节。在产品特色、服务特色方面有所创新，并带动商圈改造，形成独特的智慧商圈、特色商业街、步行街等，实现差异化消费体验。

（4）突出城市文化底蕴。我国有五千年文明历史，具有深厚的文化底蕴。历史文化消费将成为城市消费的重要组成部分。比如过去几年，开封的历史文化名城，吸引了越来越多游客，一些文化景点成为“网红打卡地”。这方面还有相当大的空间。依托本地独特的历史文化优势，推动消费融合创新，打造一批商旅文体联动示范项目，并推动传统百货店、大型体育场馆、闲置工业厂区向消费体验中心、休闲娱乐中心、文化时尚中心等新型发展载体转变，形成具有本地特色的独特消费体验。

4. 推动农村服务消费升级

（1）加大服务下乡力度。一方面，服务于农业工业化的现实需求，以农业产业化经营为导向，鼓励和支持城镇专业化服务商下乡，推动城市物流、金融、营销、品牌、渠道、研发、咨询等专业服务向农村延伸；另一方面，加大教育、医疗、健康、文化等服务下乡力度，释放农村服务消费潜力。

（2）推动乡村旅游发展。

——积极培育乡村新型经营主体，推进乡村特色产品与服务、生态环境、历史文化等价值和功能融合，提升乡村旅游文化品质，形成新的消费热点。

——推进乡村旅游高质量发展，持续提升乡村旅游产品与服务质量，提升乡村旅游的吸引力，吸引城镇居民到农村消费。

——将乡村旅游与促进农民增收相结合，带动农民致富，增强农民的消费能力。

（3）精准推动新一轮家电下乡。在商品消费领域，城乡消费差距，目前主要集中在耐用消费品。推进家电下乡，可以考虑针对城乡耐用消费品差距最大的领域，精准切入。比如，一些常见厨房电器城乡仍有较大差距。截至 2020 年底，农村每百户家庭仅有微波炉 19.7 台，为城镇的 34.82%；仅有排油烟机 30.9 台，为城镇的 37.41%（见表 3.18）。为此，可以考虑把农村耐用消费品不足城市 50%水平的家庭，如微波炉、排油烟机等各类厨房电器以及空调等，纳入家电下乡的补贴范围，以激发更大的消费增长空间。

表 3.18 2014—2020 年我国耐用消费品的城乡差距（城市=1，单位：%）

耐用消费品	2014 年	2015 年	2016 年	2017 年	2018 年	2019 年	2020 年
家用汽车	42.64	44.16	49.06	51.44	54.30	57.14	58.91
摩托车	275.96	298.10	311.19	307.30	294.53	294.50	294.14
电动助力车	106.85	109.40	115.90	115.08	117.97	117.92	117.94
洗衣机	82.47	85.41	89.20	90.18	90.65	92.31	92.89
电冰箱	84.61	87.85	92.85	93.52	95.00	96.22	97.02
微波炉	28.02	27.88	29.10	30.30	32.09	33.98	34.82
彩色电视机	94.78	95.59	97.08	96.97	96.14	95.70	95.79
空调	31.85	33.83	38.47	40.92	45.89	48.09	49.38
热水器	58.13	61.36	67.29	68.91	70.68	73.06	75.69
排油烟机	20.35	22.12	25.65	27.69	32.88	35.49	37.41
移动电话	99.29	101.03	104.06	104.53	105.70	105.57	104.88
计算机	30.85	32.76	34.94	36.17	36.73	38.17	38.82
照相机	12.76	12.36	11.99	13.42	12.58	12.01	11.55

数据来源：国家统计局．中国统计年鉴 2021［M］．北京：中国统计出版社，2021.9.

四、有效释放公共消费潜力

1. 公共消费仍有较大提升空间

（1）有效发挥公共消费的逆周期调节作用。我国政府公共消费率近 10 年来处于 15%~17%内，2020 年为 16.6%。从国际比较看，公共消费率低于全球平均水平 0.3 个百分点，低于发达国家 4 个百分点左右。

（2）公共消费优先向教育、养老、医疗和育幼等重点民生领域倾斜。这可以带来公共消费的乘数效应。研究表明，我国公共消费每增加 1 个百分点，居民消费长期内最高可提升 0.4 个百分点①。

① 钟正生．中国公共消费的特征与政策含义［J］．中国经济评论，2021（09）．

（3）进一步调整政府消费支出结构。压低政府自身消费，将支出向公共消费倾斜，提高公共消费在社会总消费中的比例。着眼于社会关注度高、对居民消费能力和预期制约较大的领域，增加公共消费支出规模。

2. 加大公共消费支出力度

（1）增加公共教育消费。实现财政教育支出增长高于财政经常性收入增长，争取到2025年财政性教育经费投入占GDP的比重提升至4.5%~5%。

（2）增加公共医疗消费。建立稳定的投入增长机制，使公共医疗投入增速不低于财政收入增长速度。

（3）增加公共养老消费。加快养老服务设施建设，为有养老服务需求的所有城乡老年人口提供均等化的基本养老服务。

（4）增加公共住房保障消费。采取多种形式，加大公共住房供给，提高公共住房比重。

3. 优化公共服务券设计

（1）进一步加大消费券发放力度，并且针对不同的商品和服务，设置不同的补贴水平。对日用消费品等生活必需消费，以及受新冠肺炎疫情冲击较小的行业设置较低补贴；对文旅、电器等可选消费，以及受新冠肺炎疫情冲击较大的行业设置较高补贴。

（2）以公共服务券的形式，加大向教育、养老、医疗和育幼等重点民生领域倾斜力度，发挥公共消费的乘数效应。公共消费向这些领域倾斜，在减轻居民部门当前支出压力的同时，还将改善居民的消费预期，从而降低预防性储蓄的需求，由此提高居民的边际消费倾向。例如，中改院课题组估算，如果为全国2亿名中小学生每人发放1000元教育券，将直接带动2000亿元教育消费支出，按4~5倍的乘数，将引致8000亿~10000亿元的相关消费需求。在操作中，可以线上线下联动，重点积极引导小微企业加入，让需要帮扶的小型个体商家入驻消费券平台①。

① 沈建光．厘清消费券政策迷思[N]．第一财经，2022-02-18.

五、稳定并扩大中等收入群体

1. 扩大中等收入群体比过去更为迫切

（1）中等收入群体逐步扩大。目前，国家统计局以家庭年收入 10 万～50 万元作为中等收入群体的标准。从中等收入群体的结构特征来看，全国的共同特征是，中等收入群体中以家庭年收入 10 万～20 万元为主，全国平均水平达 70.73%，甘肃高达 80.07%，即使发达地区如浙江、广东也在 60%以上（见表 3.19、表 3.20）。

表 3.19　2017 年全国及部分地区中等收入群体调查样本情况（单位：户）

范围	样本情况	全国	海南	浙江	广东	甘肃
总体	样本数	127013	3624	6762	10298	2947
	中等收入家庭户数（10 万～50 万元）	37287	880	2948	4014	612
城镇	样本数	81945	2218	4808	7541	1559
	中等收入家庭户数（10 万～50 万元）	30263	722	2401	3419	461
农村	样本数	45068	1406	1954	2757	1388
	中等收入家庭户数（10 万～50 万元）	7024	158	547	595	151
收入区间	10 万～20 万元收入的家庭户数	26374	592	1897	2506	490
	20 万～30 万元收入的家庭户数	6844	160	600	820	72
	30 万～40 万元收入的家庭户数	2749	88	255	464	25
	40 万～50 万元收入的家庭户数	1324	40	196	224	25

数据来源：根据西南财经大学中国家庭金融调查与研究中心 2017 的调查样本数据梳理。

表 3.20　2017 年全国及部分地区中等收入群体比重及比较（单位：%）

群体类别	全国	海南	浙江	广东	甘肃
中等收入群体占比	29.36	24.28	43.60	38.98	20.77
城镇家庭中等收入群体占比	36.93	32.55	49.94	45.34	29.57

续表

群体类别	全国	海南	浙江	广东	甘肃
农村家庭中等收入群体占比	15.59	11.24	27.99	21.58	10.88
10万~20万元群体在中等收入群体中比重	70.73	67.27	64.35	62.43	80.07
20万~30万元群体在中等收入群体中比重	18.35	18.18	20.35	20.43	11.76
30万~40万元群体在中等收入群体中比重	7.37	10	8.65	11.56	4.08
40万~50万元群体在中等收入群体中比重	3.55	4.55	6.65	5.58	4.08

数据来源：根据西南财经大学中国家庭金融调查与研究中心2017的调查样本数据梳理。

（2）中等收入群体占比仍有提升空间。若基于欧盟28个国家收入中位数的60%~200%作为界定中等收入群体的上下限，我国中等收入群体比重仅为24.7%，而西欧的英德法、北欧的挪威、北美的加拿大中等收入者比重都在70%左右。虽然美国的中等收入者比重略低，占到55.9%，但高收入者占到30.5%。亚洲的韩国、日本中等收入者比重也都在60%以上。俄罗斯也达到49.3%①。

（3）推动更多的相对贫困人口进入中等收入群体行列。虽然我国消除了绝对贫困，但仍有大量的相对贫困群体存在。根据2019年相关数据，低收入组和中间偏下收入组共40%家庭户对应的人口为6.1亿人，年人均收入为11485元，月人均收入不足1000元。其中，低收入组户月人均收入低于1000元，中间偏下收入组户月人均收入高于1000元②。这表明，我国仍然是世界上最大的发展中国家，广大农村和中西部地区相当一部分居民收入水平依然偏低。

---

① 李实，杨修娜．中等收入群体与共同富裕[J]．经济导刊，2021-03-05.

② 国家统计局新闻发言人付凌晖就2020年5月份国民经济运行情况回答媒体关注的问题[EB/OL]．国家统计局网站，2020-06-15.

2. 稳住就业基本盘，提升就业质量

（1）以稳企业为重点稳就业。数据显示，中小微企业就业人数占全部企业就业的 80%左右，稳就业离不开中小微企业。新冠肺炎疫情暴发以来，我国已经出台多项针对小规模纳税人的税费支持政策，需要的是进一步推进减税降费，采取新的组合式税费支持政策，稳定以中小微企业为重点的市场主体。为此：

——将针对小规模纳税人的财税支持政策继续延长执行期，并进一步提高减免范围。

——针对消费服务业中的小微企业、个体户再出台专项税费减免政策。

——关注政策执行过程中的实际效果，进一步提升财税政策惠及小微企业的广泛性和有效性。

——有些支持性政策可以考虑长期化和制度化，稳定中小微企业的预期。

（2）重点稳定高校毕业生的就业。2022 年高校毕业生超过 1000 万人，这是稳住就业的“基本盘”。为此，需要强化就业优先政策，大力扶持高就业吸纳能力的服务业发展，不断扩大就业容量；进一步完善大众创业、万众创新的政策体系与制度安排，形成以创业带动和促进就业的热潮；尽快系统梳理和全面取消限制性、歧视性的就业创业政策，包括对过去某些执行过度的政策，如地摊经济管制等，在保障公共卫生的前提下，予以适度松绑并给予积极引导和鼓励。

（3）完善灵活就业制度保障，提升就业质量。适应灵活就业规模不断扩大的趋势，加快建立适应灵活就业特点的制度和支持政策，形成制度化的权益保障体系。

——进一步明确受雇型灵活就业、自雇型灵活就业和平台型灵活就业等非标准劳动关系的法律地位，明确新业态用工的劳动关系。

——在统一社保制度下，提升社保制度灵活性，优化灵活就业人员的参保和缴费方法。降低灵活就业人员缴纳社保的门槛。

——通过“大数据”和“互联网+社保”提升灵活就业人员参保的便利性。允许其以月缴、季缴、年缴等多种方式缴费，建立一次性补缴和中断后再补缴政策。完善社保转续安排。

——灵活就业突出特点是流动性，这对社保提出了快捷、无缝转续的需求。建议尽快建立全国统筹的社保数据库，为灵活就业的社会转续奠定制度基础①。

3. 推动居民收入稳步增长

（1）以稳就业提升工资性收入。支持各地实施“城乡居民收入提升行动”，确保城乡居民收入可持续增长。2021 年，居民收入结构中的工资性收入同比增长 9.6%，两年平均增长 6.9%，占可支配收入比重达到 55.11%（见图 3.26）。提升居民收入水平，关键在于通过稳就业提升工资性收入，确保工资性收入提升速度不低于企业利润增长速度。

（2）提升居民财产性收入水平。财产性收入的源头是财产产权。要深化产权制度改革，提升以农民为重点的财产性收入水平。比如，抓住农业工业化的机遇，加快盘活农村集体资产，通过股份合作制等改革，推动农村集体资源变资产、资金变股金、农民变股东，不断提升农民财产性收入水平。

4. 推动稳定中等收入群体的制度性改革

（1）提升产权保护制度化与法治化水平，稳定中等收入群体。城镇居民最关注的是住宅建设用地使用权期限问题。中央已经明确提出到期土地“可以续期，不需申请，没有前置条件，也不影响交易”，这需要在法律上明确下来，以稳定社会预期。比如，对于大量民营企业家，需要通过进一步的市场开放稳定其制度预期。再如，随着我国进入经济社会转型升级的新阶段，通过承认和确立劳动力产权激发人力资本潜能，在实现创新发展的同时让广大劳动者多渠道获得财产性收入，其现实性、迫切性全面增

① 委员呼吁尽快破除灵活就业青年社保的政策障碍[N]. 中国青年报，2020-05-26.

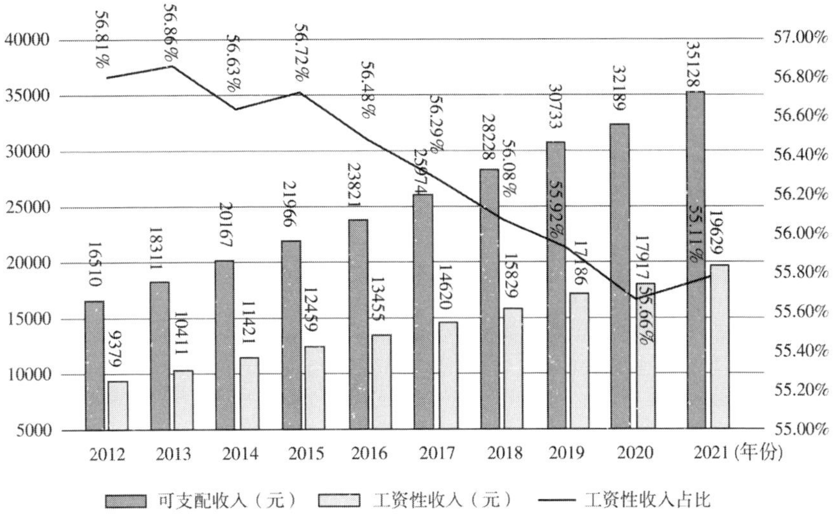

图 3.26　2012—2021 年我国居民可支配收入工资性收入及其占比

数据来源：国家统计局数据库。

强。为此，重要的是要在发展混合所有制经济中，规范发展、广泛普及员工持股，加快形成资本所有者与劳动者的利益共同体。

（2）加快优化收入分配基础性制度。

——以深化要素市场化改革为重点优化一次分配结构。在初次分配领域，收入分配制度改革更多地需要借助于总体改革的推进。特别是我国要素市场化改革是与初次收入分配制度的改革相辅相成的，甚至在很大程度上前者的进展决定了后者的进展，前者的成功决定了后者的成功①。

——加大税收的二次分配力度，缩小初步分配差距。规范高收入人群的税收征管，在降低中低收入群体税负方面发力，进一步优化个人所得税。

——以发展公益慈善事业为重点构建第三次分配的基础性制度。积极发挥公益慈善第三次分配作用。争取 2025 年，社会捐赠额与 GDP 比值达到 0.3%。

① 李实，朱梦冰．推进收入分配制度改革促进共同富裕实现[J]．管理世界，2022(01).

Structural Transformation: Cross the Threshold of High-quality Development

第四章

城乡结构转型

尚未完全打破的城乡二元结构，制约了高质量发展进程。以城乡一体化为导向推动城乡结构转型，既是构建全国统一大市场的条件，也是增强自身战略定力的基础。要以加快农业工业化进程为重点，以城市群和都市圈发展为重点，不断缩小城乡发展差距。要推动结构性政策调整和结构性改革，尽快形成制度统一、要素双向自由流动、发展成果共享的城乡发展新格局。

14 亿人大国跨越高质量发展门槛，推动城乡结构转型是必由之路。改革开放以来，随着市场化的推进，我国城乡结构转型稳步推进，城镇化水平显著提升，城乡一体化水平逐步提升。适应高质量发展的迫切要求，抓住农业工业化的牛鼻子，抓住城市群和都市圈巨大空间。未来 10~15 年，加快推进城乡结构调整，通过结构性改革与结构性政策调整，就能形成制度政策基本统一、要素自由流动与高效配置、发展成果城乡共享的城乡结构新格局。

第一节　我国城乡结构转型进程

进入 21 世纪以来，中央明确提出“以工补农，以城带乡”，推进城乡结构加快调整。近年来，我国城乡一体化在多方面取得重要进展，城乡差距逐步缩小，城市群和都市圈不断扩大，城乡融合程度逐步提升。与此同时，城乡结构转型仍面临较大挑战，城乡二元制度结构尚未完全打破，城乡结构亟待进一步调整。

一、城乡结构转型进程

1. 城镇化水平持续提升

（1）常住人口城镇化水平不断提升。

——从国际经验看，一个经济体的城镇化率处于 30%~70%，是城镇化的加速区。当前，无论是用常住人口城镇化率还是用户籍人口城镇化率衡量，20 世纪 90 年代以来，我国城镇化进入快速发展阶段，与国际城镇化水平的差距正在逐步缩小。

——从城镇人口规模看，2021 年末城镇常住人口增加到约 9.14 亿人，是 1990 年的 3 倍，年均增长 3.6%。

——从城镇化率看。2021 年常住人口城镇化率已达 64.72%，与 1990 年的 26.41%相比，提升了 38.31 个百分点（见图 4.1）。

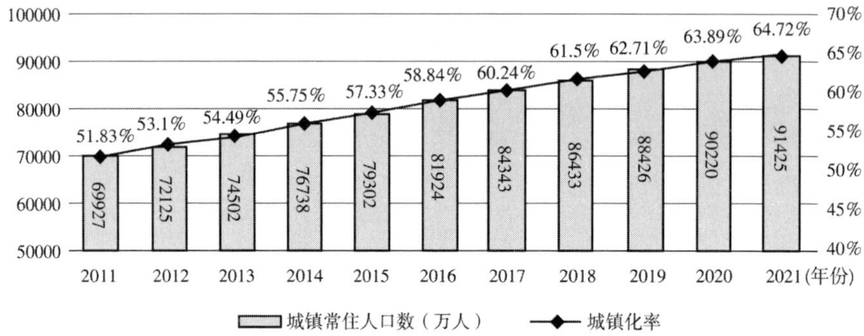

图 4.1　2011—2021 年我国城镇常住人口规模及常住人口城镇化率

数据来源：国家统计局．中国统计年鉴 2021［M］．北京：中国统计出版社，2021.09.

2021 年数据来自《中华人民共和国 2021 年国民经济和社会发展统计公报》。

（2）户籍人口城镇化率持续提升。2012—2020 年，户籍人口城镇化率从 35.4%提升到了 45.4%，提升了 10 个百分点（见图 4.2），超过 1.4 亿人的农村居民融入城镇工作、生活。

（3）都市群的数量与规模不断扩大。都市圈是城市群内部以超大特大城市或辐射带动功能强的大城市为中心、以 1 小时通勤圈为基本范围的城镇化空间形态，都市圈的中心城区人口通常在 200 万人以上。这些年来，都市圈在我国城市体系中的核心地位作用逐步增强，发展势能不断强化。截至 2020 年末，全国有上海、北京、广州、杭州、深圳等 18 个 2000 万人以上的大都市圈，以及青岛、厦漳泉等 4 个 1000 万~2000 万人的大都市圈

（见表 4.1）。

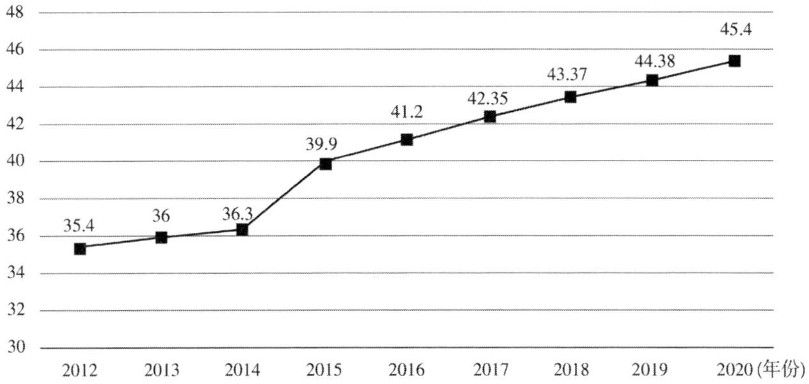

图 4.2　2012—2020 年我国户籍人口城镇化率（单位:%）

资料来源：根据公开资料整理。

表 4.1　2020 年我国主要都市圈 GDP 和总人口情况

地区	都市圈	城市	GDP（亿元）	总人口（万人）
东北地区	沈阳大都市圈	沈阳、鞍山、抚顺、本溪、营口、阜新、辽阳、铁岭	13279.5	2311.7
	长春都市圈	长春、吉林、四平、辽源	9047.1	1570.9
华北地区	首都都市圈	北京、天津、保定、唐山、廊坊、张家口、承德	67803.03	6460.6
	太原都市圈	太原、晋中、吕梁、忻州	8374.69	1477.11
华东地区	上海大都市圈	上海、苏州、无锡、常州、南通、嘉兴、宁波、杭州、舟山、湖州	127820.64	7969.68
	南京都市圈	南京、镇江、扬州、淮安、马鞍山、滁州、芜湖、宣城、溧阳、金坛	41750.78	3531.76
	杭州都市圈	杭州、湖州、嘉兴、绍兴、衢州、黄山	33306.94	2286.95
	苏锡常都市圈	苏州、无锡、常州	40346.25	2549.32
	徐州都市圈	徐州、连云港、宿迁、宿州、淮北、枣庄	18756.51	2982.92

续表

地区	都市圈	城市	GDP（亿元）	总人口（万人）
华东地区	合肥都市圈	合肥、淮南、六安、滁州、芜湖、马鞍山、蚌埠、桐城	24436.9	3048.96
	南昌都市圈	南昌、九江、抚州、宜春、上饶	15972.73	2596.9
	济南都市圈	济南、淄博、泰安、德州、聊城	21976	3099.19
	青岛都市圈	青岛、潍坊	18272.73	1949.93
	厦漳泉都市圈	厦门、泉州、漳州	21088.27	1920.95
华中地区	武汉都市圈	武汉、黄石、鄂州、黄冈、孝感、咸宁、仙桃、天门、潜江	26361.01	3198.74
	郑州都市圈	郑州、开封、新乡、焦作、许昌	22962.21	3161
	长沙都市圈	长沙、湘潭、株洲、益阳、岳阳	23446.5	2558
华南地区	广州都市圈	广州、佛山、肇庆、清远、云浮、韶关	42280.05	4158.9
	深圳都市圈	深圳、东莞、惠州、河源、汕尾	43768.77	3967.96
西北地区	西安都市圈	西安、宝鸡、商洛、铜川、渭南、咸阳	17489.63	2769
西南地区	成都都市圈	成都、德阳、眉山、资阳	22352.04	2967
	重庆都市圈	重庆主城区、渝西地区	26705.7	3013.39

资料来源：根据各省市统计年鉴整理。

2. 城乡经济发展水平不断提升

（1）城乡居民人均可支配收入不断提升。

——全国居民人均可支配收入不断提升。2011—2021年，全国居民人均可支配收入稳步提升，由14551元增长到35128元，年均增长9.2%。

——城镇居民在和农村居民人均可支配收入不断提升。2011—2021年，城镇居民人均可支配收入由21427元增长到47412元，年均增长8.3%；农村居民人均可支配收入由7394元增长到18931元，年均增长9.9%（见图4.3）。农村居民人均可支配收入增速远高于同一时期的全国和城镇居民人均可支配收入的年均增速。

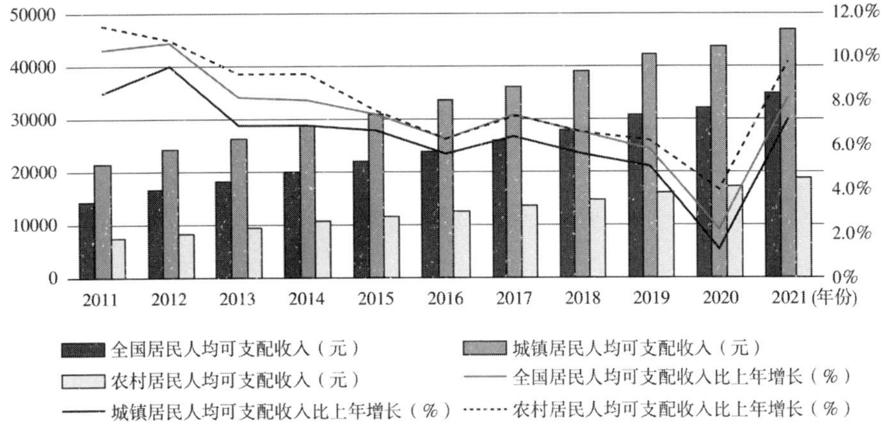

图 4.3　2011—2021 年全国及城乡居民人均可支配收入及增长率

数据来源：国家统计局数据库。

——各地区居民人均可支配收入不断提升。不考虑价格因素，2005—2021 年，31 个省区市均实现了 10% 以上的增长。2021 年，上海、北京、浙江等 3 个地区人均可支配收入超过 5 万元；上海、北京、浙江、天津、江苏、广东、福建、山东等 9 个地区人均可支配收入超过全国平均水平（见表 4.2、图 4.4）。

表 4.2　2005—2021 年各地区居民人均可支配收入（单位：元）

地区	2005 年	2012 年	2021 年	地区	2005 年	2012 年	2021 年
全国	6385	16510	35128	海南	5322	14180	30457
上海	17738	38550	78027	河北	5581	13647	29383
北京	16853	36817	75002	四川	4703	12753	29080
浙江	12093	27020	57541	陕西	4395	12885	28568
江苏	8712	22432	47498	宁夏	4918	13104	27905
天津	10255	24030	47449	吉林	6010	14395	27770
广东	10150	21268	44993	山西	5518	13592	27426

续表

地区	2005 年	2012 年	2021 年	地区	2005 年	2012 年	2021 年
福建	8042	19141	40659	黑龙江	6048	14302	27159
山东	6860	17127	35705	河南	4668	12772	26811
辽宁	6979	18761	35112	广西	4870	12644	26727
内蒙古	5985	16800	34108	新疆	4707	12151	26075
重庆	5942	14924	33803	青海	4587	11470	25920
湖南	5664	14391	31993	云南	4197	11233	25666
安徽	4777	13593	30904	西藏	3630	8568	24950
湖北	5628	14809	30829	贵州	3625	9850	23996
江西	5223	13567	30610	甘肃	3962	9768	22066

数据来源：国家统计局数据库。

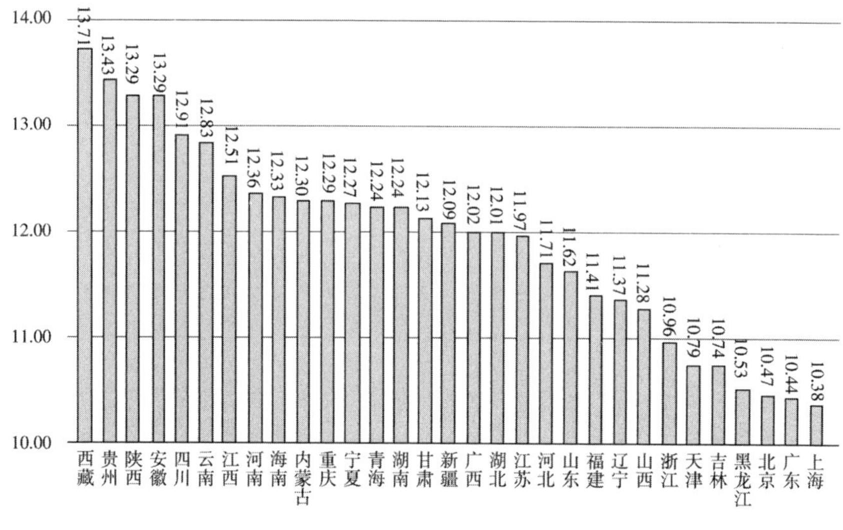

图 4.4 2005—2021 年各省（自治区、直辖市）居民人均可支配收入年均增长（单位：%）

注：不考虑价格因素。

数据来源：国家统计局数据库。

——各地区城镇和农村居民人均可支配收入实现较快增长。不考虑价格因素，根据各省区市可比数据口径，2005—2021 年，各省区市城镇和农村居民人均可支配收入均超过了 10%左右的增长率（见表 4.3、表 4.4、表 4.5）。

表 4.3　2005—2021 年各地区城镇居民人均可支配收入（单位：元）

地区	2005 年	2012 年	2021 年	地区	2005 年	2012 年	2021 年
全国	10382	24127	47412	河南	8512	19843	37095
北京	18775	40306	81518	湖北	8730	20623	40278
天津	11839	26586	51486	湖南	9754	22173	44866
河北	9020	20222	39791	广东	13783	26981	54854
山西	8866	20232	37433	广西	9138	20681	38530
内蒙古	9247	23611	44377	海南	8013	20446	40213
辽宁	9346	24238	43051	重庆	9700	21003	43503
吉林	8464	19352	35646	四川	8354	20180	41444
黑龙江	8592	18894	33646	贵州	8127	18608	39211
上海	18912	41130	82429	云南	9078	20371	40905
江苏	12098	28808	57744	西藏	9538	18362	46503
浙江	16089	33846	68487	陕西	8159	20269	40713
安徽	8399	20729	43009	甘肃	8323	17979	36187
福建	11667	25650	51141	青海	8271	18336	37745
江西	8679	20085	41684	宁夏	8013	19507	38291
山东	10422	24496	47066	新疆	8283	19019	37642

数据来源：国家统计局数据库。

表 4.4 2005—2021 年各地区农村居民人均可支配收入（单位：元）

地区	2005 年	2012 年	2021 年	地区	2005 年	2012 年	2021 年
全国	3370	8389	18931	河南	2970	7963	17533
北京	7041	15365	33303	湖北	3268	8582	18259
天津	5475	13593	27955	湖南	3262	8024	18295
河北	3501	8158	18179	广东	4544	9999	22306
山西	3082	7064	15308	广西	2708	6894	16363
内蒙古	3070	7956	18337	海南	3102	7816	18076
辽宁	3614	9061	19217	重庆	2842	7526	18100
吉林	3296	8741	17642	四川	2905	7432	17575
黑龙江	3168	8367	17889	贵州	1971	5159	12856
上海	8149	17452	38521	云南	2155	5930	14197
江苏	5258	12133	26791	西藏	2073	5698	16932
浙江	7003	15806	35247	陕西	2162	6285	14745
安徽	2784	7826	18372	甘肃	2091	4931	11433
福建	4503	10164	23229	青海	2206	5594	13604
江西	3194	8103	18684	宁夏	2651	6776	15337
山东	3946	9506	20794	新疆	2593	6876	15575

数据来源：国家统计局国家数据库。

表 4.5 2005—2021 年各地区城镇和农村居民人均可支配收入年均增速（单位：%）

地区	城镇居民	农村居民	地区	城镇居民	农村居民
北京	10.28	10.91	湖北	10.73	12.15
天津	10.30	11.48	湖南	10.71	12.18
河北	10.40	11.61	广东	9.65	11.19
山西	10.08	11.28	广西	10.07	12.74
内蒙古	11.02	12.65	海南	11.35	12.47
辽宁	10.72	11.78	重庆	10.52	13.14

续表

地区	城镇居民	农村居民	地区	城镇居民	农村居民
吉林	10.06	11.83	四川	11.27	12.75
黑龙江	9.53	12.23	贵州	11.06	13.32
上海	10.31	10.91	云南	10.56	13.39
江苏	10.98	11.47	西藏	11.14	15.03
浙江	10.14	11.38	陕西	11.31	13.65
安徽	11.50	13.41	甘肃	10.29	11.99
福建	10.35	11.56	青海	10.65	12.89
江西	11.03	12.50	宁夏	10.99	12.41
山东	10.57	11.72	新疆	10.62	12.70
河南	10.31	12.57	—	—	—

注：不考虑价格因素。
数据来源：国家统计局国家数据库整理。

（2）城乡居民消费支出水平不断提升。2005—2021年，我国居民人均消费支出由5035元增加到24100元，年均增长11%；城镇居民人均消费支出由8068元增加到30307元，年均增长9.2%；农村居民人均消费支出由2749元增加到15916元，年均增长12.4%（见表4.6）。

表4.6　2005—2021年我国城乡居民人均消费支出及同比增速

年份	全体居民		城镇居民		农村居民	
	人均消费支出（元）	同比增长（%）	人均消费支出（元）	同比增长（%）	人均消费支出（元）	同比增长（%）
2005	5035	12.5	8068	9.1	2749	12.6
2006	5634	10.2	8851	8.1	3072	10.1
2007	6592	11.6	10196	10.2	3536	9.2
2008	7548	8.1	11489	6.7	4054	7.6
2009	8377	11.8	12558	10.3	4464	10.5
2010	9378	8.4	13821	6.6	4945	6.9
2011	10820	9.5	15554	6.8	5892	12.6
2012	12054	8.6	17107	7.1	6667	10.4
2013	13220	6.9	18488	5.3	7485	9.2

续表

年份	全体居民		城镇居民		农村居民	
	人均消费支出（元）	同比增长（%）	人均消费支出（元）	同比增长（%）	人均消费支出（元）	同比增长（%）
2014	14491	7.5	19968	5.8	8383	10
2015	15712	6.9	21392	5.5	9223	8.6
2016	17111	6.8	23079	5.7	10130	7.8
2017	18322	5.4	24445	4.1	10955	6.8
2018	19853	6.2	26112	4.6	12124	8.4
2019	21559	5.5	28063	4.6	13328	6.5
2020	21210	-4	27007	-6	13713	-0.1
2021	24100	12.6	30307	11.1	15916	15.3

数据来源：国家统计局数据库。

（3）城镇化带动消费释放。初步测算，2013—2021年我国城镇化水平的提升每年直接增加居民消费约3021亿元，累计增加居民消费27189亿元（见表4.7）。

表4.7　2013—2021年我国城镇化引发消费变动情况

年份	城镇化率（%）	农村向城镇转移人口数（万人）	城镇化带动居民消费增加额（亿元）
	（1）	（2）	（3）
2013	53.10	2327	2560
2014	54.49	2236	2591
2015	55.75	2564	3120
2016	57.33	2622	3395
2017	58.84	2419	3263
2018	60.24	2090	5204
2019	62.71	1993	2937
2020	63.89	1794	2385
2021	64.72	1205	1734

注：1.（1）=城镇常住人口（万人）/年末总人口（万人）×100%
2.（2）=上年城镇常住人口（万人）-本年城镇常住人口（万人）
3.（3）=[城镇居民人均消费支出（元）-农村居民人均消费支出（元）]×（2）/10000。

数据来源：根据《中国统计摘要2022》数据计算。

（4）全面消除绝对贫困。

——到 2020 年底，我国如期完成新时代脱贫攻坚目标任务，现行标准下 9899 万名农村贫困人口全部脱贫，832 个贫困县全部摘帽，12.8 万个贫困村全部出列（见图 4.5）。根据国家农村贫困监测调查，2020 年国家贫困县农村居民人均可支配收入 12588 元，党的十八大以来年均增长 11.6%，高于全国农村居民 2.3 个百分点①。

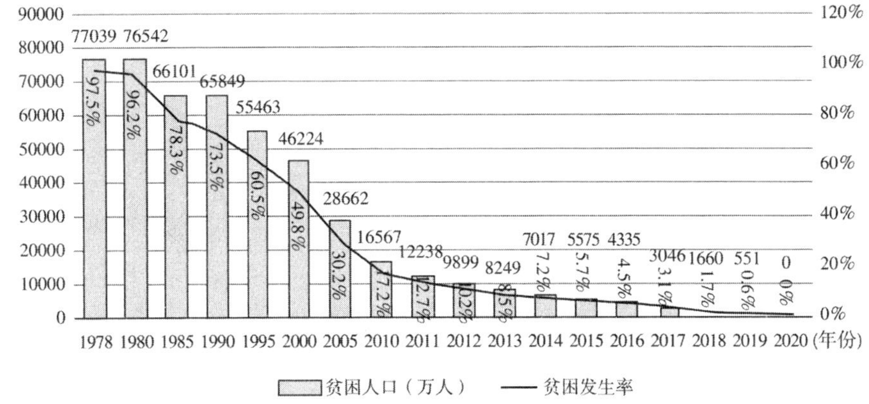

图 4.5　1978—2020 年我国农村贫困人口与贫困发生率

数据来源：国家统计局住户调查司．中国住户调查年鉴 2021［M］．北京：中国统计出版社，2021.11.

——改革开放以来，按照现行贫困标准②计算，我国 7.7 亿名农村贫困人口摆脱贫困；按照世界银行标准，我国减贫人口占同期全球减贫人口 70%以上，提前 10 年实现《联合国 2030 年可持续发展议程》减贫目标③。

（5）农村基础设施明显改善。2011—2020 年，全国已通邮的行政村比

① 国家统计局，国家脱贫攻坚普查领导小组办公室．国家脱贫攻坚普查公报（第二号）——建档立卡户“两不愁三保障”和饮水安全有保障实现情况［EB/OL］．国家统计局网，2021-02-25.

② 2010 年标准：即现行农村贫困标准。现行农村贫困标准为每人每年生活水平 2300 元（2010 年不变价）。

③ 中国的全面小康［EB/OL］．国务院新闻办公室，2021-09-28.

重由98%上升到100%；2011—2020年互联网宽带接入用户由15000.1万户上升到48355万户，年均增速13.9%；其中，城市宽带接入用户由11691.4万户增加到34165.3万户，年均增速12.7%；农村宽带接入用户由3308.8万户增加到14189.7万户，年均增速17.6%。

3. 城乡居民收入差距逐步缩小

（1）城乡居民人均可支配收入差距有所缩小。2011—2021年，城乡居民人均可支配收入均稳步提升，虽然城乡居民人均可支配收入差值的绝对值仍然在扩大，从14033元增加到28481元，但城乡居民人均可支配收入的倍差不断缩小，从2.90缩小到2.50。由此可见，我国已经到了收入分配差距倒“U”形曲线的右侧（见图4.6）。

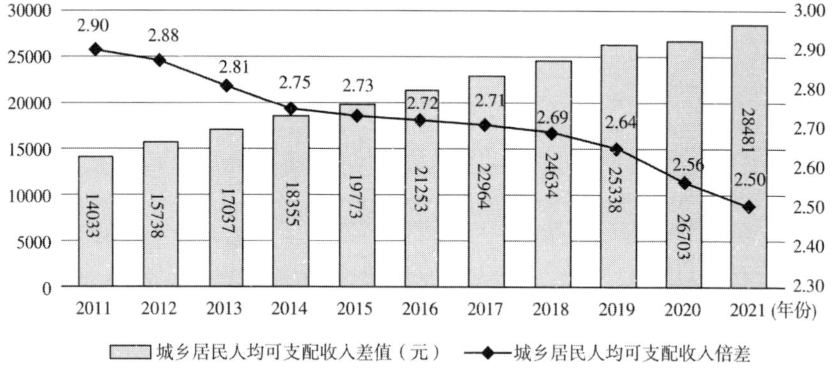

图4.6　2011—2021年我国城乡居民人均可支配收入差值与倍差

数据来源：国家统计局数据库。

（2）城乡收入不同类别的差距均有所缩小。2011—2021年，城乡居民人均可支配收入的各子项中，工资性收入的倍差由5.00缩小到3.58，经营净收入的倍差由0.70增加到0.82，财产净收入倍差由12.12缩小到10.77，转移净收入倍差由3.09缩小到2.16（见表4.8）。

表 4.8 2011—2021 年我国城乡居民人均可支配收入及各子项的倍差

（单位：元，农村=1）

年份	工资性收入			经营净收入			财产净收入			转移净收入		
	城镇	农村	倍差	城镇	农村	倍差	城镇	农村	倍差	城镇	农村	倍差
2011	13673	2734	5.00	2345	3367	0.70	1903	157	12.12	3506	1136	3.09
2012	15247	3123	4.88	2715	3660	0.74	2231	165	13.52	3934	1441	2.73
2013	16617	3653	4.55	2975	3935	0.76	2552	195	13.09	4323	1648	2.62
2014	17937	4152	4.32	3279	4237	0.77	2812	222	12.67	4816	1877	2.57
2015	19337	4600	4.20	3476	4504	0.77	3042	252	12.07	5340	2066	2.58
2016	20665	5022	4.11	3770	4741	0.80	3271	272	12.03	5910	2328	2.54
2017	22201	5498	4.04	4065	5028	0.81	3607	303	11.90	6524	2603	2.51
2018	23792	5996	3.97	4443	5358	0.83	4028	342	11.78	6988	2920	2.39
2019	25565	6583	3.88	4840	5762	0.84	4391	377	11.65	7563	3298	2.29
2020	26381	6974	3.78	4711	6077	0.78	4627	419	11.04	8116	3661	2.22
2021	28481	7958	3.58	5382	6566	0.82	5052	469	10.77	8497	3937	2.16

数据来源：国家统计局数据库整理。

（3）各地区城乡居民人均可支配收入倍差缩小。2011 年，所有地区的城乡居民人均可支配收入倍差都超过 2∶1，其中超过 2.5∶1 的省区市有 23 个；到 2021 年，天津、黑龙江、浙江三省市城乡居民可支配收入倍差低于 2∶1，超过 2.5∶1 的省区减少到 6 个（见表 4.9）。

表 4.9 2011—2021 年各地区城乡居民人均可支配收入倍差（农村=1）

地区	2011 年	2012 年	2013 年	2014 年	2015 年	2016 年	2017 年	2018 年	2019 年	2020 年	2021 年
北京	2.65	2.62	2.61	2.57	2.57	2.57	2.57	2.57	2.55	2.51	2.45
天津	2.02	1.96	1.89	1.85	1.85	1.85	1.85	1.86	1.86	1.86	1.84
河北	2.51	2.48	2.42	2.37	2.37	2.37	2.37	2.35	2.32	2.26	2.19
山西	2.89	2.86	2.80	2.73	2.73	2.71	2.70	2.64	2.58	2.51	2.45
内蒙古	3.00	2.97	2.89	2.84	2.84	2.84	2.83	2.78	2.67	2.50	2.42

续表

地区	2011年	2012年	2013年	2014年	2015年	2016年	2017年	2018年	2019年	2020年	2021年
辽宁	2.67	2.67	2.63	2.60	2.58	2.55	2.55	2.55	2.47	2.31	2.24
吉林	2.23	2.21	2.18	2.15	2.20	2.19	2.19	2.19	2.16	2.08	2.02
黑龙江	2.26	2.26	2.23	2.16	2.18	2.18	2.17	2.11	2.07	1.92	1.88
上海	2.36	2.36	2.34	2.30	2.28	2.26	2.25	2.24	2.22	2.19	2.14
江苏	2.38	2.37	2.34	2.30	2.29	2.28	2.28	2.26	2.25	2.19	2.16
浙江	2.14	2.14	2.12	2.09	2.07	2.07	2.05	2.04	2.01	1.96	1.94
安徽	2.69	2.65	2.58	2.50	2.49	2.49	2.48	2.46	2.44	2.37	2.34
福建	2.54	2.52	2.47	2.43	2.41	2.40	2.39	2.36	2.33	2.26	2.20
江西	2.48	2.48	2.43	2.40	2.38	2.36	2.36	2.34	2.31	2.27	2.23
山东	2.58	2.58	2.52	2.46	2.44	2.44	2.43	2.43	2.38	2.33	2.26
河南	2.53	2.49	2.42	2.38	2.36	2.33	2.32	2.30	2.26	2.16	2.12
湖北	2.41	2.40	2.34	2.29	2.28	2.31	2.31	2.30	2.29	2.25	2.21
湖南	2.77	2.76	2.70	2.64	2.62	2.62	2.62	2.60	2.59	2.51	2.45
广东	2.70	2.70	2.67	2.63	2.60	2.60	2.60	2.58	2.56	2.50	2.46
广西	3.06	3.00	2.91	2.84	2.79	2.73	2.69	2.61	2.54	2.42	2.35
海南	2.64	2.62	2.55	2.47	2.43	2.40	2.39	2.38	2.38	2.28	2.22
重庆	2.80	2.79	2.71	2.65	2.59	2.56	2.55	2.53	2.51	2.45	2.40
四川	2.73	2.72	2.65	2.59	2.56	2.53	2.51	2.49	2.46	2.40	2.36
贵州	3.65	3.61	3.49	3.38	3.33	3.31	3.28	3.25	3.20	3.10	3.05
云南	3.47	3.44	3.34	3.26	3.20	3.17	3.14	3.11	3.04	2.92	2.88
西藏	3.38	3.22	3.11	2.99	3.09	3.06	2.97	2.95	2.89	2.82	2.75
陕西	3.25	3.22	3.15	3.07	3.04	3.03	3.00	2.97	2.93	2.84	2.76
甘肃	3.67	3.65	3.56	3.47	3.43	3.45	3.44	3.40	3.36	3.27	3.17
青海	3.39	3.28	3.15	3.06	3.09	3.09	3.08	3.03	2.94	2.88	2.77
宁夏	2.92	2.88	2.83	2.77	2.76	2.76	2.74	2.72	2.67	2.57	2.50
新疆	2.81	2.77	2.69	2.66	2.79	2.80	2.79	2.74	2.64	2.48	2.42

数据来源：国家统计局数据库。

4. 城乡居民消费水平差距逐步缩小

（1）全国城乡居民人均消费支出倍差缩小。2011—2021 年，城乡居民消费支出水平倍差明显下降，从 2.64 下降到 1.90（见图 4.7）。

（2）各地区城乡居民人均消费支出倍差逐步缩小。2011 年，只有 1 个地区（安徽）城乡人均消费支出倍差低于 2，超过 2.5 的省区市有 14 个；到 2021 年，有 25 个地区城乡居民人均消费支出倍差低于 2，超过 2 的地区减少到 6 个（见表 4.10）。

表 4.10　2011—2021 年各地区城乡居民人均消费支出倍差（农村 = 1）

地区	2011 年	2012 年	2013 年	2014 年	2015 年	2016 年	2017 年	2018 年	2019 年	2020 年	2021 年
北京	2.39	2.44	2.33	2.32	2.32	2.21	2.14	2.13	2.12	2.00	1.98
天津	2.29	2.01	1.79	1.77	1.78	1.78	1.85	1.94	1.95	1.83	1.87
河北	2.25	2.13	2.03	1.96	1.95	1.95	1.96	1.94	1.90	1.83	1.57
山西	2.33	2.06	2.13	2.09	2.13	2.12	2.18	2.16	2.18	1.98	1.93
内蒙古	2.31	2.22	2.12	2.09	2.06	1.98	1.94	1.93	1.84	1.76	1.73
辽宁	2.98	3.02	2.75	2.63	2.43	2.51	2.35	2.31	2.27	2.02	1.95
吉林	2.41	2.32	2.12	2.11	2.05	2.01	1.95	2.07	2.04	1.82	1.82
黑龙江	2.37	2.39	2.18	2.10	2.04	1.93	1.83	1.84	1.77	1.65	1.60
上海	2.86	2.76	2.49	2.37	2.29	2.33	2.34	2.30	2.15	2.03	1.89
江苏	2.09	2.07	2.07	1.99	1.94	1.83	1.78	1.78	1.77	1.81	1.73
浙江	2.05	2.02	1.97	1.88	1.78	1.73	1.76	1.76	1.76	1.68	1.66
安徽	1.89	1.93	2.03	2.02	1.92	1.91	1.87	1.69	1.63	1.51	1.54
福建	2.13	2.10	2.06	2.01	1.97	1.94	1.86	1.88	1.90	1.87	1.76
江西	2.09	2.07	2.03	2.01	1.97	1.94	1.95	1.91	1.82	1.63	1.57
山东	2.58	2.43	2.42	2.30	2.27	2.26	2.23	2.20	2.17	2.16	2.05
河南	2.60	2.48	2.40	2.22	2.17	2.11	2.11	2.02	1.90	1.69	1.65
湖北	2.05	1.97	1.95	1.92	1.86	1.83	1.83	1.72	1.72	1.58	1.62
湖南	2.32	2.23	2.15	2.03	2.01	2.02	2.01	1.97	1.93	1.79	1.67

续表

地区	2011 年	2012 年	2013 年	2014 年	2015 年	2016 年	2017 年	2018 年	2019 年	2020 年	2021 年
广东	2.52	2.51	2.42	2.35	2.31	2.30	2.29	2.01	2.03	1.96	1.83
广西	2.47	2.34	2.40	2.25	2.15	2.07	1.94	1.90	1.79	1.68	1.59
海南	2.64	2.63	2.48	2.49	2.25	2.13	2.12	2.10	2.04	1.79	1.78
重庆	2.66	2.64	2.46	2.29	2.21	2.11	2.08	2.02	1.97	1.87	1.85
四川	2.47	2.37	2.19	2.14	2.08	2.03	1.93	1.85	1.80	1.68	1.64
贵州	2.96	2.90	2.60	2.56	2.55	2.55	2.45	2.27	2.09	1.90	2.02
云南	2.71	2.70	2.83	2.70	2.59	2.54	2.44	2.37	2.29	2.22	2.22
西藏	3.70	3.67	3.33	3.25	3.05	3.20	3.15	3.09	3.05	2.80	2.66
陕西	2.66	2.60	2.53	2.42	2.34	2.26	2.19	2.18	2.15	2.01	1.88
甘肃	2.69	2.73	2.55	2.59	2.56	2.61	2.57	2.49	2.52	2.48	2.30
青海	2.34	2.24	2.16	2.12	2.24	2.26	2.17	2.22	2.10	2.00	1.84
宁夏	2.71	2.61	2.35	2.24	2.26	2.23	2.03	2.04	2.11	1.91	1.88
新疆	2.57	2.50	2.37	2.40	2.52	2.56	2.62	2.57	2.48	2.13	2.01

数据来源：国家统计局数据库。

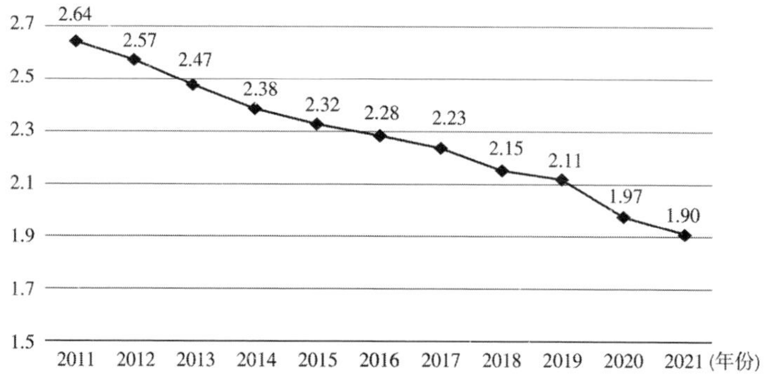

图 4.7　2011—2020 年我国城乡居民人均消费支出水平倍差

注：农村=1。
数据来源：国家统计局数据库。

二、城乡结构转型挑战

1. 城乡内部收入差距有所扩大

（1）城镇内部收入差距持续扩大。在城乡收入的不断提升、城乡收入差距逐步缩小的同时，城镇内部和农村内部的收入差距却在扩大或者保持高位。2013—2021 年，城镇居民最高 20%与最低 20%收入组的收入倍差持续扩大，从 2013 年的 5.84 扩大到 2021 年的 6.13。

（2）农村内部收入差距保持高位。农村居民最高 20%与最低 20%收入组的收入倍差仍保持在 8 以上，而且 2021 年倍差水平仍超过 2013 年的水平（见表 4.11）。

表 4.11 2013—2021 年我国城镇与农村居民最高 20%与最低 20%收入组倍差

年份	城镇居民最高 20%与最低 20%收入组的收入倍差	农村居民最高 20%与最低 20%收入组的收入倍差
2013	5.84	7.41
2014	5.49	8.65
2015	5.32	8.43
2016	5.41	9.46
2017	5.62	9.48
2018	5.90	9.29
2019	5.90	8.46
2020	6.16	8.23
2021	6.13	8.87

数据来源：国家统计局数据库。

2. 相对贫困问题仍比较突出

（1）解决相对贫困问题成为新的社会发展重任。党的十九届四中全会提出建立解决相对贫困的长效机制。在消除绝对贫困后，相对贫困问题的解决成为社会发展的关键。对相对贫困的标准，目前没有统一的界定。有研究提出，可以采用城镇居民可支配收入中位数的 40%界定城镇相对贫困线，采用农村居民可支配收入中位数的50%界定农村相对贫困线。

专栏 4.1

相对贫困标准

国际上主要有5种判断相对贫困的标准：第一种是欧盟国家标准，将全体居民可支配收入中位数的60%作为参考标准来测算相对贫困发生率。第二种是美国标准，采用绝对和相对标准结合的方法划定两条贫困线，一条是美国人口调查局根据不同类型家庭食物与资源的基本需求所划定的贫困线，且每年根据通货膨胀适度调整门槛；另一条是健康和人类服务部门颁布的、主要用于判断个人或家庭是否具有获得财政支持资格的贫困指导线。第三种是日本标准，以中等家庭收入的60%为基本标准，并适时根据四口之家的消费水平，按年龄、家庭规模、家庭结构和地区物价指数进行调整。第四种是澳大利亚标准，以家庭同等可支配收入中位数的50%为低贫困线，60%为高贫困线，并度量处于贫困线以下的人口占比以及贫困人口收入与贫困线的距离。第五种是拉美国家标准，综合考虑收入、教育、医疗、就业等多个方面，将收入与多维贫困有机结合。

资料来源：李棉管，岳经纶．相对贫困与治理的长效机制：从理论到政策[J]．社会学研究，2020（12）．

（2）相对贫困问题需要引起高度重视。从相对贫困标准，过去几年，我国城乡相对贫困线都有较大提升，但城镇相对贫困线提升幅度和上升趋势更加明显。2002—2019年，农村相对贫困线由988元上升到6445元，增加5457元，城镇相对贫困线由2314元上升到12950元，增加10636元。农村相对贫困人口规模较大，但2016—2019年有明显的下降趋势；城镇相对贫困人口虽然基数低，但2014—2017年增幅近26%，城镇相对贫困人口的大幅增加值得警惕①。

3. 城乡公共服务和基础设施建设差距明显

（1）基本卫生服务人均水平的差距有所扩大。虽然城乡基本公共卫生

① 李莹，于学霆，李帆．中国相对贫困标准界定与规模测算[J]．中国农村经济，2021(01).

服务指标的绝对比值有所缩小，但从人均水平看，差距有所扩大。例如，虽然 2011—2020 年，我国城乡卫生技术人员的倍差由 2. 48 缩小到 2. 21、城乡执业（助理）医师的比值由 2. 26 缩小到 2. 06、城乡注册护士的倍差由 3. 36 缩小到 2. 57，但每千人口城乡卫生技术人员的差值由 4. 71 人扩大到 6. 28 人、每千人口城乡注册护士的差值由 2. 31 人扩大到 3. 30 人（见图 4. 8）。

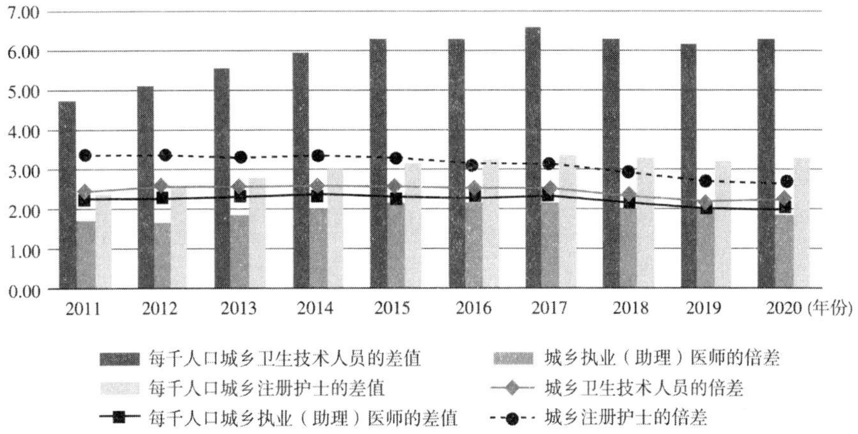

图 4. 8　2011—2020 年我国城乡公共卫生差距

数据来源：国家统计局 . 中国统计年鉴 2021 [M]. 北京：中国统计出版社，2021. 9.

（2）农村新型基础设施建设相对滞后。

——农村数字经济基础设施建设滞后。从实际情况看，相当多的农村地区互联网基础设施建设相对滞后，大数据、人工智能等新型基础设施建设布局还不完善，一些地区的城乡数字鸿沟仍然相当明显。

——农村专业服务基础设施建设滞后。多数农村还没建立起集包装、冷链、仓储、物流于一体的完整配送体系，且普遍存在物流成本较高、标准化规范化不足、冷链专业化水平较低等情况，导致产品配送不及时、保鲜不到位，继而引发一系列售后服务问题。

——农村新型消费设施建设滞后。2015—2021 年，我国公共充电桩数量快速增长，从 5. 8 万台增长到 114. 7 万台（见图 4. 9）。但据统计，全国约90%的充电桩建设在城区，农村充电桩建设相对滞后，客观上制约了农村新能源汽车的消费需求。

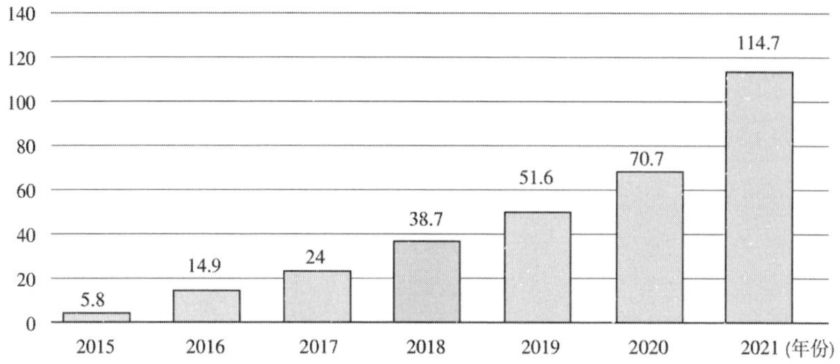

图4.9　2015—2021年全国公共充电桩数量（单位：万台）

数据来源：2021年中国充电桩运行情况总结及2022年行业走势预测[R]. 中商产业研究院，2022.1.

三、城乡二元结构掣肘

1. 城乡土地市场存在明显的二元分割

（1）城市住宅用地与农村宅基地权利的分割。2019年《土地管理法》修订后，虽然明确允许在全国范围内集体经营性建设用地可以直接入市，但农村宅基地使用权的各类权益尚未破题。农村宅基地使用权的权益与城市住房用地使用权的各类权益相比，有着明显的差距，宅基地使用权的抵押权等用益物权不完善是一个突出方面。

（2）土地增值收益分配机制明显差距。当前，城市土地的增值收益分配机制与农村集体土地的增值收益分配机制存在明显区别。城市土地增值收益分配机制让城市居民很大程度上直接共享了城镇化的好处，但农村集体土地的增值收益分配机制仍有待完善，重点是解决城乡间、区域间分配不均衡问题。

2. 城乡社会保障制度的二元结构

（1）城乡社会保障制度的分野。我国的城镇职工社保和城乡居民社保在类别设置、缴费标准差距明显。城镇职工社保覆盖了在城市有稳定工作的群体，而城乡居民社保覆盖的主要是农村居民、青少年及无工作单位的城市居民，其中农村居民占比最大。

（2）城乡社会保障水平差距较大。农村社会保障功能需要进一步补齐。虽然“新农合”和“新农保”的实施为农村提供了一些基本的社会保障，但是给付水平偏低，保障水平仍有限。相关研究发现，与城市相比，农村的养老保险占 GDP 比重只有 0.124%，而城市占 3.38%，城镇养老保险水平比农村高出 26 倍。有研究指出，目前，我国养老保险大概覆盖了10 亿人，约 2.9 亿人实际领取社会养老保险，其中约 56.6%领取的是城乡居民养老保险，但领取养老金数额仅占全部发放金额的 5.9%①。

（3）农民工参保率较低。一方面，由于部分有关企业不重视农民工参保问题，造成农民工参保率低；另一方面，农村养老保险等保障水平太低，而且农民工流动性较大，保险金转移机制不健全，手续烦琐，也造成农民工不愿意参保。

3. 城乡二元结构对城乡一体化发展的掣肘

（1）城乡二元结构降低人口流动性。现行的二元户籍制度降低了人口流动性，其中一个重要表现就是非正规就业。非正规就业意味着就业不稳定、工资报酬偏低、社会保险覆盖不充分，以及职业提升空间小。就业非正规化严重降低了社会流动性，尤其是减少了向上流动的机会。

（2）城乡二元结构制约了缩小城乡收入与消费差距。城市土地权利与农村土地权利的分野在一定程度上制约了农村居民财产性收入的增加，对外出务工但在城市没有固定居所的农村人口来说，通过农村固定资产等获得的财产性收入较低。城乡社会保障制度的分野在一定程度上制约了农村居民的消费支出，使农村居民当期的消费支出明显低于城市居民当前的消费支出。

---

① 蔡昉. 破除二元结构的紧迫性与机遇并存[N]. 北京日报，2022-02-28.

第二节　我国城乡结构转型的主要目标

在百年未有之大变局下，着眼于基本实现现代化，着眼于高质量发展，需要立足于我国城乡结构转型的现状和面临的突出挑战，以城乡一体化为导向，以城市群都市圈为重点，进一步推动城乡结构转型，缩小城乡发展差距。

一、城乡结构转型紧迫性

1. 应对大变局对城乡结构调整提出迫切需求

（1）城乡结构调整是增强战略定力的重要基础。面对百年未有之大变局，增强自己的战略定力。这就对推动城乡一体化进程提出迫切需求。从发展史看，没有哪个国家可以在城乡发展差距仍相当大的情况下顺利推进工业化，也没有哪个国家可以在城乡二元制度安排下实现现代化。

（2）城乡结构中的某些结构性矛盾掣肘高质量发展。我国从打破计划经济的相关制度安排开始，推动市场化、工业化，取得了重要进展。在这个进程中，城乡结构得到了显著改善，但仍有一些传统体制机制尚未完全破除，并且越来越成为制约现代化进程的因素，越来越成为影响大变局下增强战略定力的因素。比如，第一代农民工逐步退出劳动力市场，第二代农民工大都在城市成长，很难用“农民工”来概括这个群体。他们从小生长在城市，把融入城市、享受城市文明作为天然的一种状态。如果相关的制度不尽快改变，城乡结构转型不取得实质性突破，就有可能为高质量发展埋下隐患。

2. 以城乡结构调整推动构建全国统一大市场

（1）城乡结构调整蕴藏巨大内需潜力。如果农村居民消费水平与城镇居民的差距能够缩小，就将带来巨大的新增消费。尤其是农村居民消费结构还滞后于城市居民10年左右，如果农村居民消费结构加快升级，也将带来一个巨大的服务市场。

（2）加快城乡结构调整有助于推动全国统一大市场建设。城乡一体化水平偏低，制约了这一优势的发挥。例如，2021年农民工总量为29251万人，占全国总人口20.7%。但进入城市的农民工仍不能享受和城市居民基本相同的公共服务，社会保障制度也不统一，养老保障不能跨省接续。近3亿名农民工问题能够得到有效解决，将释放出巨大的内需潜力，也将为中等收入群体扩大奠定坚实基础。

3.“十四五”期间实现城乡结构转型重大突破

（1）未来5~10年是城乡结构转型的关键时期。与以往相比，这一紧迫性更为突出。比如，我国至今存在着或明或暗的市场分割和区域壁垒，严重影响经济要素的流动。尽管过去地方“啤酒大战”“棉花大战”等已经消失了，但变相倾销、平台垄断等仍然存在。再如，城乡要素双向自由流动尚未实现。农民长期有保障的土地使用权没有得到完全落实。这些都制约了一体化进程。

（2）加快推进城乡制度一体化。能否抓住未来几年的关键时期，破解一体化中面临的挑战，对我国发展至关重要。这就需要在推动“十四五”期间相关规划落地实施的进程中，更加注重城乡一体化进程，明确一体化的基本目标，实现一体化的重大突破。

二、提升城镇化水平

1. 提升户籍人口城镇化水平并缩小两个城镇化率缺口

（1）2030年常住人口城镇化率达到75%左右。到2025年，我国常住人口城镇化率将由2021年的64.72%提升到68%~70%；争取到2030年达到75%左右并逐步稳定下来。

（2）两个城镇化率差距显著缩小。通过城乡融合发展的体制机制变革的重大突破，预计到2025年户籍人口城镇化率将超过50%，争取到2030年达到65%，缩小到10个百分点以内。

2. 形成城乡融合发展新格局

（1）把握农业农村结构性趋势性变化。未来10~15年，农业小部门化的推动因素将更加多元，农业增长区域分化程度将更加显著，以粮食为代表的大宗农产品“总量不足、品种分化”格局将更加明显，农户兼业化、农民老龄化、村庄空心化将更加突出①。

（2）推动城乡融合发展。充分利用农业多种功能，遵循城镇化和乡村发展规律，以促进农业提档升级、发展乡村“三新”经济和提升乡村生活品质为主要抓手，形成城乡融合发展的新格局。

三、缩小城乡发展差距

1. 城乡居民人均可支配收入差距缩小到2∶1以内

2011—2021年，城乡居民人均可支配收入的年均增速分别为9.9%、8.3%，2022—2030年，我们按照表4.12三种情形进行测算。初步测算表明，到2030年，我国有条件推动城乡居民人均可支配收入差距进一步缩小，达到2∶1以内。

表4.12　我国城乡居民人均可支配收入差距测算

情形		城镇	农村
一	人均可支配收入增速	6%	9%
	2030年人均可支配收入	80102元	38985元
	城乡居民人均可支配收入差距	2.05∶1	
二	人均可支配收入增速	5%	8%
	2030年人均可支配收入	73552元	37843元
	城乡居民人均可支配收入差距	1.94∶1	

① 叶兴庆．深刻把握农业农村的结构性趋势性变化[N]．中国劳动保障报，2021-09-07.

续表

情形		城镇	农村
三	人均可支配收入增速	4%	7%
	2030 年人均可支配收入	67482 元	34804 元
	城乡居民人均可支配收入差距	1.94∶1	

资料来源：中改院课题组测算。

2. 城乡居民消费水平的差距缩小到 1.8∶1 以内

2011—2020 年城乡居民消费水平的年均增速分别为 6.6%、11.8%，2021—2030 年，我们按照表 4.13 三种情形进行测算。初步测算表明，预计到 2030 年，我国城乡居民消费支出水平的差距有望缩小到 1.8∶1 以内。

表 4.13　我国城乡居民消费水平差距测算

情形		城镇	农村
一	居民消费水平增速	6%	10%
	2030 年居民消费水平	60966 元	41619 元
	城乡居民消费差距	1.46∶1	
二	居民消费水平增速	5%	8%
	2030 年居民消费水平	55452 元	34642 元
	城乡居民消费差距	1.6∶1	
三	居民消费水平增速	4%	6%
	2030 年居民消费水平	50392 元	28736 元
	城乡居民消费差距	1.75∶1	

资料来源：中改院课题组测算。

第三节　我国农业现代化的重大任务

未来5~10年，在农业品种革命的基础上，加快提升农业的工业化程度，推动农业与信息技术、数字经济等现代服务业的融合，缩小城乡工业化进程的差距，成为城乡结构转型的关键所在。

一、提升农业工业化水平

1. 农业工业化为城乡一体化提供重要动力

（1）农业工业化改变农业技术基础。通过运用现代科技手段促使农业规模化、机械化、智能化，以明显提升农业劳动生产率。以农业机械为例，农业机械对提高农业生产效率至关重要。数据显示，2012年以来，我国耕整机、联合收割机等大中小型农业机械广泛应用，农业机械总动力逐年增加。2021年全国农业机械总动力达到10.8亿千瓦，比2012年增加0.5亿千瓦，2013—2021年年均增长0.6%。农业机械的广泛应用带动我国农业生产机械化率快速提升。2021年全国农作物耕种收综合机械化率超过71%①。

（2）农业工业化推动农业产业基础高级化。促使农业产业结构由以低附加值的初级产品生产为主向以高附加值的精深加工制造为主转变。以美国为例，80%以上的农产品经过加工后上市，农产品增值达到5倍以上②。

（3）农业工业化推动农业产业集群化发展。由此，将带动农业领域在

① 国家统计局．农业发展成就显著 乡村美丽宜业宜居——党的十八大以来经济社会发展成就系列报告之二[EB/OL]．国家统计局网站，2022-09-14.

② 农产品加工“高征低扣”待破题[N]．华夏时报，2019-03-07.

包括生产、加工、保鲜、流通、储藏以及物流配送等方面关联配套产业的发展。

2. 农业工业化滞后制约农村农业现代化

（1）农产品加工业是构建乡村产业链的核心。它一头连着农业、农村和农民，一头连着工业、城市和市民，沟通城乡，亦工亦农，是体量最大、产业关联度最高、农民受益面最广的乡村产业。美国农产品加工转化率超过85%，我国只有60%；加工业与农业总产值比超过4∶1，我国只有2.2∶1。

（2）以农产品深加工缩小农业工业收益差距。有研究表明，我国2020年农产品加工业营业收入超过23.2万亿元，同比增加1.2万亿元；农产品加工业与农业总产值比接近2.4∶1①。若达到发达国家的3.5∶1左右，就会明显缩小农业与工业收益的差距②。

3. 抓住农业工业化的机遇推动城乡一体化进程

（1）着力提升农产品加工转化率。力争到2025年，农产品加工业与农业总产值比从2.3∶1提高到2.8∶1，农产品加工转化率从67.5%提高到80%。

（2）抓住农业工业化的重要机遇。农业数字化、信息化、机械化、服务化有机结合在一起，深刻改变传统农业形态，形成城乡一体化的重要基础。为此，需要抓住农业工业化的机遇，加快推动城乡一体化进程。

4. 提升农业科技水平

（1）以提高农业科技自主创新能力为重点。当今，农业科技革命浪潮已经形成，加快农业科技创新已成为转变农业发展方式，促进农业和现代服务业融合发展，推进农业现代化建设的根本出路。

---

① 2020年我国农产品加工业营业收入超过23.2万亿元［EB/OL］. 中国政府网，2021-03-25.

② 迟福林．以农业工业化推动农业农村现代化—关于广东乡村振兴的几点思考——在第十届南方智库论坛的主旨演讲[J]. 中改院简报，2021-12-17.

（2）加大农业科技研发。鼓励高校和科研机构加大农业生物技术的研发；大力提高农业机械化水平，降低农业生产成本，提高农业生产效率，实现单位土地产出效益最大化；健全农业信息化服务体系，加快传感、通信、计算机技术在农业生产领域的应用，大力发展“互联网+农业”，用信息技术改造和提升传统农业，引领农业向高端、高效现代农业方向发展。

（3）完善农业科技服务体系。完善教育、科研、推广“三位一体”的农业推广体系，加快农业科技成果的转化应用，提高农产品科技含量，延长农业产业链，促进农业产业结构调整。

二、提升农产品加工度

1. 推动农产品加工业发展

（1）拓展农产品深加工。提升农产品精深加工，推动农产品综合利用加工，推进农产品多元化开发、多层次利用、多环节增值。

（2）按照“粮头食尾”“农头工尾”要求，统筹产地、销区和园区布局。形成生产与加工、产品与市场、企业与农户协调发展的格局。推进农产品加工向产地下沉、与销区对接、向园区集中。

（3）推进农产品加工业转型升级的技术创新。以农产品加工的关键环节和瓶颈制约为重点，建设研究中心，开展技术攻关，研发一批新型实用技术和先进加工技术[①]。

2. 以培育特色产业集群延伸农业产业链

（1）发展农业全产业链。大力发展农业领域研发设计、物流销售等生产性服务业，推动形成包括储藏、保鲜、加工、物流运输在内的农业全产业链发展新格局。

（2）建立现代农业服务体系。在农产品加工业领域培育一批优秀解决

---

① 农业农村部关于印发《全国乡村产业发展规划（2020—2025 年）》的通知[J]. 中华人民共和国农业农村部公报，2020（08）.

方案服务商，构建包括制造企业、服务企业、工业企业等组建产业联合体，聚焦特色农业产业集群共同开展应用场景探索、终端产品研发和行业应用标准制定。

（3）支持农业龙头企业发展。围绕农业工业化的产业链构建，培育一批龙头骨干企业和专精特新中小企业，促进农业价值链、产业链高级化，建立完善现代农业服务体系。

3. 形成“政产学金研”联动的农业科技成果转化机制

（1）搭建农业科技创新公共服务平台。围绕农业工业化关键技术推广，推进农业科技集成创新，形成发挥各类主体优势的创新协作新机制。与此同时，组建农业工业化科技转化基金，以多种方式支持农业科技创新。

（2）提高农业科技水平。采用联合技术攻关、共建研究中心、共建经济实体等方式加强企业与高校、科研院所的合作，提高农业科技成果转化应用水平。

（3）打造“农业硅谷”。发挥粤港澳大湾区、长三角等金融中心优势，发展农业科技创新领域的创业投资和风险投资，培育孵化一批创业板、科创板农业上市公司①。

三、推进农业服务业深度融合

1. 发展以智慧农业为重点的新业态

（1）加快服务智慧农业的新基建建设。加快建立完整可视的农业信息资源目录和大数据平台，实现数据精准采集、预警、分析、决策辅助和共用共享。

（2）全面普及农村电子商务。要加快搭建跨境电子商务平台，构建数

① 迟福林．以农业工业化推动农业农村现代化——关于广东乡村振兴的几点思考[J]．中改院简报，2021-12-17.

字化、可溯源的农产品流通和销售服务体系。

（3）推进农业数字化进程。发展集互联网、移动互联网、云计算和物联网技术于一体，实现农业生产全过程的数字化管理的新业态新模式。

（4）发挥农业产业园区的重要作用。以国家级、省级现代农业产业园区为重点，建设一批 5G 农业产业园区，培育智慧农业的领先优势。

2. 进一步完善农村现代金融服务体系

（1）创新农村金融产品。鼓励各类商业银行拓展对农村信贷业务范围，探索建立健全由财政支持的农业信贷担保体系，向农业专业合作社、家庭农场和农户贷款提供信用担保和风险补偿。

（2）建立多元化资金投入机制。要重视发挥市场机制的作用，拓宽投融资渠道，引导各类民间资本、外资等多元投资主体参与发展农村现代服务业，逐步建立起国家、集体、社会力量等多渠道、多层次的多元化投资格局。

（3）加大政策性农业保险制度的推广力度。建立灵活的投保机制，简化理赔手续，增加政策性农业保险品种和补贴比例，提高农业的参保率。

3. 加快培养新型农业经营主体与新型职业农民

（1）加快培养新型农业经营主体。

——农民专业合作社是农业现代服务业的主要载体，能为分散的农户提供资金、技术、信息、供销等多种农业服务，降低农产品的生产和交易成本，提高农户的组织化程度和农民的抗风险能力。

——积极培养农民专业合作社、农产品行业协会、农技推广中心、家庭农场、农业产业化龙头企业等新型农业经营主体，促进其规范有序健康发展，为农业和现代服务业融合发展、加快实现农业现代化提供强劲的内生动力。

（2）大力培养新型职业农民。

——实施高素质农民培养工程。按照“需求导向、产业主线、分层实施、全程培育”的思路，重点面向从事适度规模经营的农民，分层分类开展全产业链培训，培养一批适应产业发展、乡村建设急需的高素质农民队伍。鼓励有一定产业基础、文化水平较高、有创业愿望的农民积极参加创新创业培训，通过系统技术指导、政策扶持和跟踪服务，增强创业意识、掌握创业技巧、提高创业能力。

——实施农村实用人才培养计划。加强农村实用人才培训基地建设，培养造就一批能够引领一方、带动一片的农村实用人才带头人。建立实用人才精准扶持方案，通过政策倾斜、教育培训、技术指导、资金扶持，为实用人才搭建创新创业平台。

（3）培养农业社会化服务组织带头人队伍。

——引导提升服务能力。实施农业社会化服务组织带头人培育工程，以提升服务能力为核心，以模式创新为抓手，充分发挥市场作用，促进服务组织带头人队伍加快发展，建设与农业农村公共服务优势互补的农业社会化服务体系。在支撑重要农产品生产营销、改善产业链薄弱环节、推广新技术新装备等领域，加强政策扶持、推动机制创新、强化服务保障，加快培养一批农业社会化服务组织带头人。

——创新合作共赢模式。强化行业指导，通过健全服务标准、加强价格监测、强化合同监管、规范服务行为、建立行业自律等，促进规范发展。鼓励开展农业社会化服务组织服务质量评价，主动适应农业生产，持续提升服务能力。鼓励农业公共服务机构与社会化服务组织带头人合作，推行“整合托管”“公建民营、民办公助”等多种模式，合力提升服务质量和水平。鼓励农业社会化服务组织带头人与农村集体经济组织、新型农业经营主体等开展多种形式的合作，推广“服务主体+农村集体经济组织+农户”“服务主体+各类新型经营主体+农户”等组织形式，形成利益共享、风险共担的共同体。

第四节　我国城市群发展的重大任务

从 14 亿人大国的实际出发，加快城市群、大都市圈建设，是我国调整城乡结构的重大举措。这不仅可以有效节约土地等资源，而且可以加快人口集聚，并且为涌现各类新业态、产生各类新投资创造重要的土壤。未来几年，需要在推动城市群加快发展方面尽快出台举措，实现重大突破。

一、推动城市管理模式从行政级别向人口规模转型

1. 城市群发展要求按人口规模管理

（1）行政等级化的城市管理体制成为制约城市群发展的突出矛盾。近年来，随着我国城市群和都市圈的发展，我国城市的发展规模与城市行政等级所配套的城市管理与服务之间的矛盾日益凸显，基于行政等级划分城市资源的管理方式难以适应当前城市发展的需要，不仅不利于大中城市的发展，而且限制小城市的发展。

（2）率先在镇级进行探索。我国目前发展还相当不平衡。例如，东部的镇，与中西部的镇，就有巨大的差距。东部一些特大镇，实际管理服务人口甚至可以超过中西部人口流出地区的地级市，有的镇管理人口达到几十万。但仍只有镇级管理权限，难以满足居民公共服务需求。比如，难以设立三甲医院等。由此，可以考虑把服务管理人口已经达到一定规模的特大镇设置为城市，并弱化城市行政等级①。

2. 尽快改变按行政等级配置公共资源的方式

（1）按照实际服务管理人口规模配置公共资源。中心城市和城市群，

---

① 李铁．按人口规模配置公共资源，是一次重要改革尝试[J]．财经，2020（05）．

尤其是大都市圈发展正在成为承载发展要素的主要空间形式，如果不能按照实际服务管理人口规模来配置公共资源，中心城市周边的城市群就会因为缺乏公共服务资源而无法吸引更多人口。为此，需要按照实际服务管理人口规模配置公共资源，有利于提升中心城市辐射和带动周边地区发展的能力，更好地发挥中心城市应有的带动作用，促进大都市圈与城市群的发展①。

（2）根据居民居住空间布局配置公共资源。例如，三甲医院和大学以及各类教育服务体系，可以尊重居民的选择，不受城市行政等级约束，可以在常住人口较多的城镇设立，不需要任何行政审批。这样，一些最低等级的城镇，就可以自行增加公共服务设施的建设。这类公共服务设施的建设，未来可能要更多尊重市场化规律，使得公共资源的建设和投入，可以为更多管理的人口服务。这里要实行的是雪中送炭，而不是对高等级城市的锦上添花。

3. 充分发挥城市群内中小城市和特大镇的作用

（1）减轻中心城市压力。通过公共服务资源再配置，从城市中心向城市周边疏解一部分重要的医院和学校，或者通过建立分院、分校的模式，减少中心城市人口过于聚集的压力。也可以提高这些中小城市和特大镇的公共服务水平，在有一定常住人口规模的中小城市和特大镇实践和探索户籍制度改革，缓解中心城市主城区无法推进户籍管理制度改革的压力。这样有利于加快户籍管理制度改革。

（2）在低等级城镇加快形成新的人口聚集区。尽快缓解中心城市交通拥堵、基础设施承载能力过重的局面，又可以形成新的中心城市和中小城市以及特大镇协调发展的城市群空间新格局。

① 城市发展必须要以实际服务管理人口规模配置公共资源[N].21世纪经济报道，2020-06-22.

二、推动城市群一体化进程

1. 推动京津冀协同发展

（1）紧抓疏解北京非首都功能这一“牛鼻子”。加快构建功能疏解政策体系，实施一批标志性疏解项目。高标准高质量建设雄安新区，加快启动区和起步区建设，推动管理体制创新。

（2）高质量建设北京城市副中心。促进与河北省三河、香河、大厂三县市一体化发展。推动天津滨海新区高质量发展，支持张家口首都水源涵养功能区和生态环境支撑区建设。

（3）推动京津冀互联互通。全部消除京津冀内的断头路，基本建成轨道上的京津冀，提高机场群港口群协同水平。深化大气污染联防联控联治，强化华北地下水超采及地面沉降综合治理。

2. 提升长三角城市群一体化水平

（1）长三角城市群已经成为重要增长极。过去几年来，长三角地区以4%的国土面积创造了全国四分之一的经济总量。2021 年长三角地区 GDP 在全国占比达到 24.1%，进出口总额达 14.1 万亿元，占全国的 36.1%，比 2018 年增长了 27.7%。在体制机制上，沪苏浙皖聚焦“一体化”和“高质量”两个关键点。为实现“一体化”，长三角地区打破行政界限约束，“数字长三角”“轨道上的长三角”不断提速，推出一网通办、一码通行、一卡通用、医保异地结算等；为实现“高质量”，长三角地区激发出新的经济发展模式，实行地理位置集中、跨行业的开发者联盟模式和行业集中、跨区域的产业链联盟模式等①。下一步，推动长三角城市群发展，仍然需要加大力度。

（2）优化交通网络，推动城际融合。例如，在铁路建设方面，长三角

① 打造世界级城市群 长三角一体化跑出“加速度”[EB/OL]. 中国新闻网，2022-08-19.

需要进一步织密城际高速铁路、地下铁路的“双铁网”，全面提升长三角地区的轨交运输资源配置能力，构筑以上海为核心的近沪“1 小时小经济圈”。

（3）错位发展，推动产业融合。例如，加快建立六大“产业联动区”，即：自由贸易联动区、人工智能联动区、集成电路联动区、生物医药联动区、新能源汽车联动区、高端装备联动区。促进“联动区”内企业的异地合作与互动，最终在长三角地区形成产业多核集聚、协同发展模式。

（4）破除行政壁垒，推动服务融合。例如，加快推进养老资源、人才有机流动，加快长三角地区养老资源整合优化。深化长三角全域养老服务业合作发展中的异地结算、跨区补贴机制，实现医疗保险异地结算、长期护理保险、养老服务补贴异地对接。同时，探索建立区域长期护理保险制度。

3. 做大粤港澳大湾区

（1）粤港澳大湾区已成为我国重要的增长极。2021 年大湾区经济总量约 12.6 万亿元，比 2017 年增长约 2.4 万亿元。做大粤港澳大湾区，发挥其统筹珠三角九市与粤东西北地区生产力布局、带动周边地区加快发展的重要作用，关键是推动粤港澳大湾区和深圳先行示范区“双区”以及横琴、前海、南沙三个重大合作平台建设，持续释放战略叠加效应和强大驱动效应。

（2）加快推进粤港澳大湾区一体化进程。

——依托深港河套等重大创新载体，探索完善联通港澳、接轨国际的科技创新管理机制，打造世界级创新平台。

——加快建设“轨道上的大湾区”“数字湾区”，以“湾区通”工程为抓手推进规则衔接和机制对接，促进深度融合发展。

——加强重大合作平台建设，并推动一批特色合作平台建设，打造高水平对外开放门户枢纽。

4. 加快推进东北城市群合作发展进程

（1）以城乡一体化推动东北都市圈发展。城市群、都市圈的发展，在相当程度上依赖于城乡一体化进程。东北地区是我国城镇化起步较早的地区。2021 年，辽宁城镇化率为 72.81%[①]，黑龙江城镇化率为 65.7%[②]，超过全国平均水平 64.72%[③]。总的来看，东北以城市群为主体，有条件推进居住证取代城乡二元户籍制度进程和省际间居住证制度的相互衔接，以充分释放城乡一体化的巨大潜能。

（2）以沈阳、大连、长春、哈尔滨为主体，形成东北城市群经济合作新格局。东北四大城市在强化本省协同发展的同时，要从推动东北经济一体化出发，打破行政壁垒，推动资源要素跨区域自由流动，实现优势互补和合理分工，以中心城市紧密合作加快推动东北经济一体化进程。

三、推进城市群基础设施一体化进程

1. 协同建设一体化综合交通体系

（1）轨道上的一体化。加快建设集高速铁路、普速铁路、城际铁路、市域（郊）铁路、城市轨道交通于一体的现代轨道交通运输体系，构建高品质快速轨道交通网。打通沿海、沿江和省际通道，以都市圈同城化通勤为目标，加快推进城际铁路网建设，推动市域铁路向周边中小城市延伸，率先在都市圈实现公交化客运服务。

（2）提升省际公路通达能力。加快省际高速公路建设，对高峰时段拥堵严重的国省道干线公路实施改扩建，形成便捷通达的公路网络。

（3）合力打造区域性、国际性、世界级的枢纽机场或机场群。优化提升区域性航空枢纽功能，提升区域航空服务品质。统筹空域资源利用，促进民航、通用航空融合发展。深化低空空域管理改革，加快通用航空发展。

---

① 辽宁省统计局，国家统计局辽宁调查总队．二〇二一年辽宁省国民经济和社会发展统计公报[EB/OL]．辽宁省统计局网站，2022-03-19.

② 黑龙江省统计局，国家统计局黑龙江调查总队．二〇二一年黑龙江省国民经济和社会发展统计公报[EB/OL]．东北网，2022-03-16.

③ 国家统计局．中华人民共和国 2021 年国民经济和社会发展统计公报[M]．北京：中国统计出版社，2022.3.

（4）协同推进港口航道建设。推动港航资源整合，优化港口布局，健全一体化发展机制，增强服务全国的能力，形成合理分工、相互协作的区域性、国际性、世界级港口群。完善区域港口集疏运体系，推进重点港区进港铁路规划和建设。加强内河高等级航道网建设，推动长江淮河干流、京杭大运河等流域的高等级航道网集装箱运输通道建设，提高集装箱水水中转比重[①]。

2. 加快城市群新型基础设施建设

（1）协同建设新一代信息基础设施。

——加快构建新一代信息基础设施，推动信息基础设施达到世界先进水平。加快推进5G网络建设，支持电信运营、制造、IT等行业龙头企业协同开展技术、设备、产品研发、服务创新及综合应用示范。深入推进IPv6规模部署，加快网络和应用升级改造，打造下一代互联网产业生态。

——统筹规划区域性数据中心，推进区域信息枢纽港建设，实现数据中心和存算资源协同布局。加快量子通信产业发展，统筹布局和规划建设量子保密通信干线网，实现与国家广域量子保密通信骨干网络无缝对接，开展量子通信应用试点。加强区域性现代化测绘基准体系建设，实现卫星导航定位基准服务系统互联互通。

（2）共同推动重点领域智慧应用。大力发展基于物联网、大数据、人工智能的专业化服务，提升各领域融合发展、信息化协同和精细化管理水平。围绕城市公共管理、公共服务、公共安全等领域，支持有条件的城市建设基于人工智能和5G物联的城市大脑集群。加快区域性政务数据资源共享共用，提高政府公共服务水平。支持北斗导航系统率先应用，建设区域性位置服务数据中心。推进一体化智能化交通管理，深化重要客货运输

① 中共中央 国务院印发《长江三角洲区域一体化发展规划纲要》[EB/OL]. 新华网，2019-12-01.

领域协同监管、信息交换共享、大数据分析等管理合作。积极开展车联网和车路协同技术创新试点，筹划建设区域性智慧交通示范项目。全面推行区域性联网售票一网通、交通一卡通，提升区域内居民畅行的感受度和体验度。加强区域性数字流域和智能水网建设。推动智慧广电建设，加快广播电视技术革新与体系重构。加强智慧邮政建设，支持快递服务数字化转型。

（3）合力建设区域性工业互联网。积极推进以“互联网+先进制造业”为特色的工业互联网发展，打造国际领先、国内一流的跨行业跨领域跨区域工业互联网平台。统筹推进省际之间工业互联网建设，推动企业内外网改造升级，积极参与国家标识解析与标准体系构建。加快建设以跨行业跨领域跨区域平台为主体、企业级平台为支撑的工业互联网平台体系，推动企业上云和工业 App 应用，促进制造业资源与互联网平台深度对接。全面建立工业互联网安全保障体系，着力推动安全技术手段研发应用，遴选推广一批创新实用的网络安全试点示范项目①。

3. 协同推进城市群能源基础设施建设

（1）统筹建设油气基础设施。完善区域油气设施布局，推进油气管网互联互通。加快区域电网建设。完善电网主干网架结构，提升互联互通水平，提高区域电力交换和供应保障能力。

（2）协同推动新能源设施建设。因地制宜积极开发陆上风电与光伏发电，有序推进海上风电建设，鼓励新能源龙头企业跨省投资建设风能、太阳能、生物质能等新能源。加强新能源微电网、能源物联网、“互联网+智慧”能源等综合能源示范项目建设，推动绿色化能源变革②。

---

① 中共中央 国务院印发《长江三角洲区域一体化发展规划纲要》[EB/OL]. 新华网，2019-12-01.

② 中共中央 国务院印发《长江三角洲区域一体化发展规划纲要》[EB/OL]. 新华网，2019-12-01.

四、加快城市群内农村基础设施提质升级

1. 提升农村道路畅通水平

(1) 继续开展“四好农村路”示范创建，推动农村公路建设项目更多地向进村入户倾斜。以县域为单元，加快构建便捷高效的农村公路骨干网络，推进乡镇对外快速骨干公路建设，加强乡村产业路、旅游路、资源路建设，促进农村公路与乡村产业深度融合发展。

(2) 推进较大人口规模自然村（组）通硬化路建设。有序推进建制村通双车道公路改造、窄路基路面拓宽改造或错车道建设。加强通村公路和村内道路连接，统筹规划和实施农村公路的穿村路段建设，兼顾村内主干道功能。积极推进具备条件的地区城市公交线路向周边重点村镇延伸，有序实施班线客运公交化改造。

(3) 开展城乡交通运输一体化示范创建。加强农村道路桥梁、临水临崖和切坡填方路段安全隐患排查治理。深入推进农村公路“安全生命防护工程”。加强农村客运安全监管。强化消防车道建设管理，推进林区牧区防火隔离带、应急道路建设。

2. 推动乡村清洁能源体系建设

(1) 巩固提升农村电力保障水平。推进城乡配电网建设，提高边远地区供电保障能力。发展太阳能、风能、水能、地热能、生物质能等清洁能源，在条件适宜地区探索建设多能互补的分布式低碳综合能源网络。

(2) 发展农村新能源。以北方地区为例，按照先立后破、农民可承受、发展可持续的要求，稳妥有序地推进北方农村地区清洁取暖，加强煤炭清洁化利用，推进散煤替代，逐步提高清洁能源在农村取暖用能中的比重。

3. 以数字基础设施建设加快建设数字乡村

(1) 推进数字技术与农村生产生活深度融合，加快数字乡村建设。加强农村信息基础设施建设，深化农村光纤网络、移动通信网络、数字电视和下一代互联网覆盖，进一步提升农村通信网络质量和覆盖水平。加快建

设农业农村遥感卫星等天基设施。

（2）建立农业农村大数据体系。推进重要农产品全产业链大数据建设。发展智慧农业，深入实施“互联网+”农产品出村进城工程和“数商兴农”行动，构建智慧农业气象平台。推进乡村管理服务数字化，推进农村集体经济、集体资产、农村产权流转交易数字化管理。

（3）推动“互联网+”服务向农村延伸覆盖。推进涉农事项在线办理，加快城乡灾害监测预警信息共享。深入实施“雪亮工程”。深化乡村地名信息服务提升行动。

Structural Transformation: Cross the Threshold of High-quality Development

第五章

能源结构转型

以能源结构转型推动能源发展与安全，是我国结构转型的重点之一，是实现高质量发展的重大任务。实现能源结构转型的重大突破，需要保障能源供应安全，加快能源技术创新，推动能源绿色低碳转型，在“双碳”与能源安全的双重约束下推动经济高质量发展。

能源是现代化的基础。14 亿人的大国基本实现现代化，要把解决能源发展与安全问题摆在更加突出的位置。能源的供给安全、价格平稳直接关系到经济增长与社会发展。尤其是俄乌冲突爆发后，能源危机已经成为全球普遍关注的重大问题。未来 5~10 年，我国能源结构转型的要求更高、任务更重、时间窗口更紧。对此，要加大相关的结构性政策调整和结构性改革力度，尽快实现能源结构转型的重大突破，夯实经济高质量发展的基础和重要保障。

第一节　我国能源结构转型进程

改革开放以来，我国能源结构逐步优化，清洁能源占比不断提升；能耗与碳排放强度呈现出倒“U”形走势。能源结构转型取得的进展，为我国有效解决发展中的环境问题提供了重要支撑。与此同时，我国能源结构转型仍面临着诸多挑战。“多煤、缺油、少气”的能源结构短期内难以调整；稳定经济增长与实现“双碳”目标形成双向压力。加快推动能源结构转型，成为我国实现经济高质量发展的重大任务。

一、能源结构转型进程

1. 能源供给总量不断提升

（1）一次能源生产总量不断增长。按发电煤耗计算法，2021 年，我国一次能源生产总量达到 43.3 亿吨标准煤，是 1978 年 6.28 亿吨标准煤的 6.9 倍。

（2）人均能源生产量不断增长。2020 年，我国人均能源生产量达到 2886 千克标准煤，是 1980 年 650 千克标准煤的 4.44 倍（见图 5.1）。

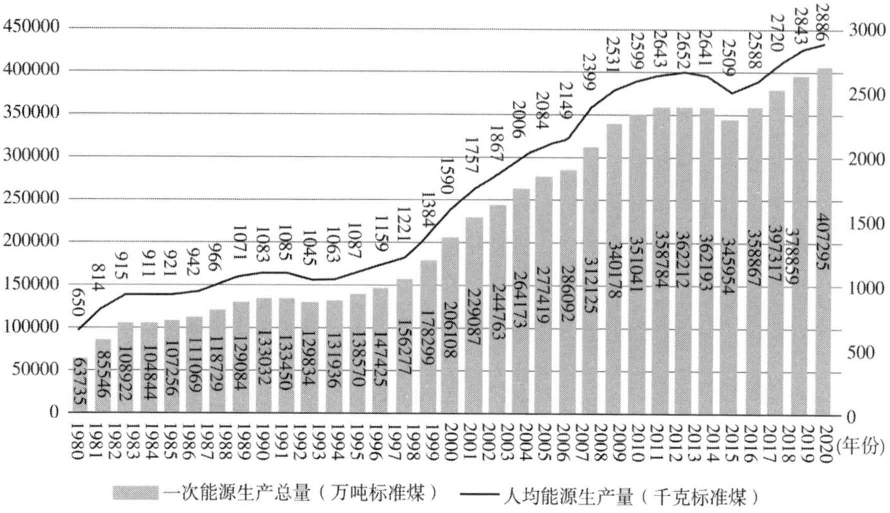

图 5.1　1980—2020 年我国一次能源生产总量及人均能源生产量

数据来源：国家统计局．中国统计年鉴 2021 [M]．北京：中国统计出版社，2021.9；国家统计局能源统计司．中国能源统计年鉴 2021 [M]．北京：中国统计出版社，2022.3.

2. 能源消费和碳排放持续增长

（1）能源消费总量不断增长。

——根据《2021 年国民经济和社会发展统计公报》，2021 年，我国全年能源消费总量为 52.4 亿吨标准煤，约是 1978 年 5.7 亿多吨的 9.2 倍（见图 5.2）。其中，煤炭消费量从 1978 年的 4 亿吨增长至 2020 年的 28 亿吨，增长 24 亿吨；石油消费量从 1978 年的 1.3 亿吨增长至 2020 年的 9.4 亿吨，增长 8.1 亿吨；天然气消费量从 1978 年的 0.18 亿吨增长至 2020 年的 4.18 亿吨，增长 4 亿吨①。

① 煤炭、石油、天然气消费总量数据根据《中国统计年鉴 2021》中不同能源类型的比重计算得出。

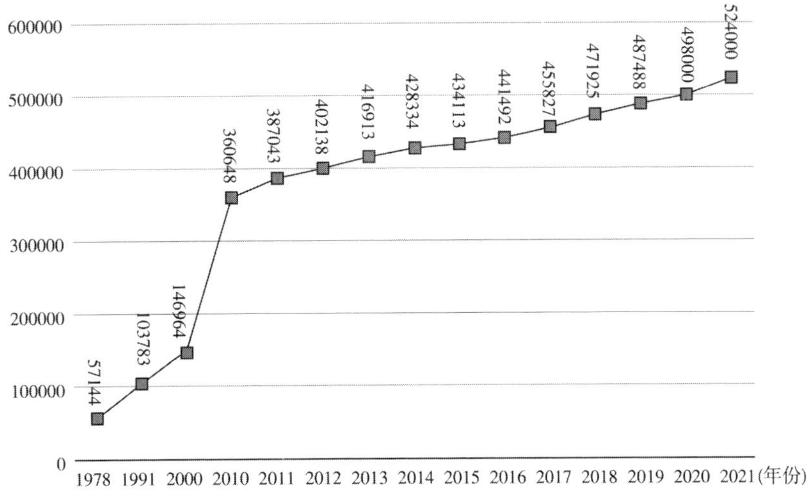

图 5. 2　1978—2021 年我国能源消费总量（单位：万吨标准煤）

数据来源：国家统计局．中国统计年鉴 2021［M］．北京：中国统计出版社，2021. 9；国家统计局．中国统计摘要 2022［M］．北京：中国统计出版社，2022. 5.

（2）人均能源消费量持续提升。2020 年，我国人均能源消费量达到 3531 千克标准煤，约是 1980 年 614 千克标准煤的 5. 75 倍（见图 5. 3）。

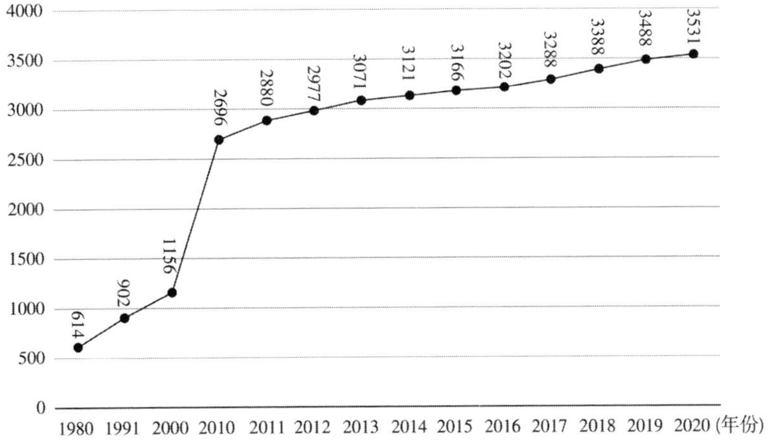

图 5. 3　1980—2020 年我国人均能源消费量（单位：千克标准煤）

数据来源：国家统计局．中国统计年鉴 2021［M］．北京：中国统计出版社，2021. 3；国家统计局能源统计司．中国能源统计年鉴 2021［M］．北京：中国统计出版社，2022. 3.

（3）碳排放总量和人均碳排放量持续增长。根据世界银行数据，2019 年我国碳排放总量为 107.07 亿吨，约是 1990 年 21.73 亿吨的 4.93 倍；2019 年我国人均碳排放量为 7.61 吨，约是 1990 年 1.91 吨的 3.98 倍（见图 5.4）。

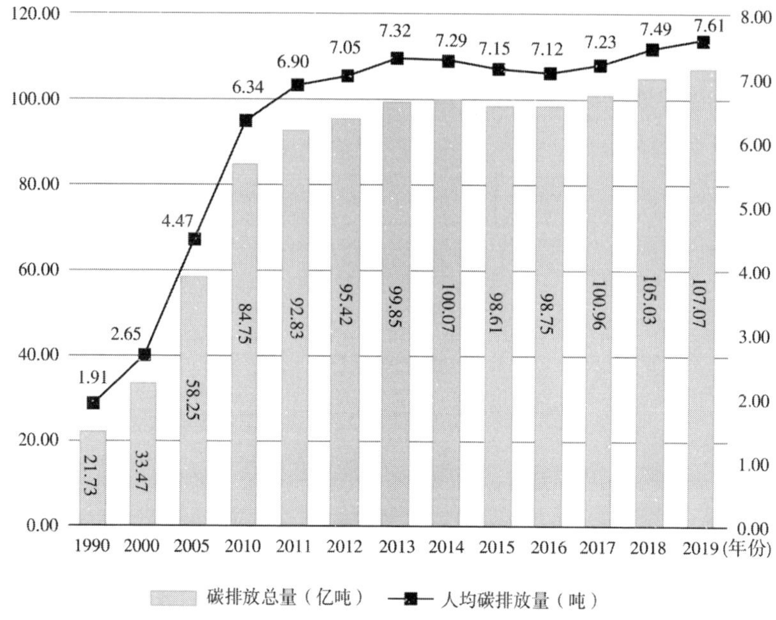

图 5.4　1990—2019 年我国碳排放总量和人均碳排放量

数据来源：世界银行数据库。

3. 能耗强度与碳排放强度显著降低

（1）能耗强度明显降低。

——1980—1989 年，我国万元 GDP 能耗从 13.14 吨标准煤/万元下降到 9.04 吨标准煤/万元（1980 年可比价）。

——1990—1999 年，我国万元 GDP 能耗从 5.23 吨标准煤/万元下降到 3 吨标准煤/万元（1990 年可比价）。

——2000—2005 年，我国万元 GDP 能耗从 1.47 吨标准煤/万元上升到 1.63 吨标准煤/万元（2000 年可比价）。

——此后三个“五年”国民经济发展期，能耗强度均呈现持续显著的下降。到 2019 年，我国能耗强度总体上已经显著下降到 0. 55 吨标准煤/万元（见表 5. 1）。

表 5. 1 1980—2019 年我国万元 GDP 能耗（单位：吨标准煤/万元）

1980—1989 年	万元 GDP 能耗	1990—1999 年	万元 GDP 能耗	2000—2009 年	万元 GDP 能耗	2010—2019 年	万元 GDP 能耗
1980	13. 14	1990	5. 23	2000	1. 47	2010	0. 88
1981	12. 33	1991	5. 03	2001	1. 43	2011	0. 86
1982	11. 81	1992	4. 63	2002	1. 43	2012	0. 83
1983	11. 34	1993	4. 32	2003	1. 51	2013	0. 79
1984	10. 57	1994	4. 05	2004	1. 6	2014	0. 76
1985	10. 08	1995	3. 9	2005	1. 63	2015	0. 72
1986	9. 75	1996	3. 66	2006	1. 36	2016	0. 6
1987	9. 36	1997	3. 36	2007	1. 29	2017	0. 58
1988	9. 03	1998	3. 13	2008	1. 21	2018	0. 56
1989	9. 04	1999	3	2009	1. 16	2019	0. 55

注：GDP 按年份可比价格计算。
数据来源：国家统计局．中国统计年鉴 2021 [M]．北京：中国统计出版社，2021. 9.

（2）碳排放强度持续下降。

——我国单位 GDP 碳排放量从 1978 年的 97. 77 千克/现价美元 GDP 显著降低到 2018 年的 7. 42 千克/现价美元 GDP（见图 5. 5）。

——从国际比较看，我国碳排放强度与全球平均水平的倍数从 1978 年的 4. 23 倍显著下降到 2018 年的 1. 88 倍，与美国碳排放强度的倍数从 1978 年的 4. 7 倍快速下降到 2018 年的 3. 07 倍。

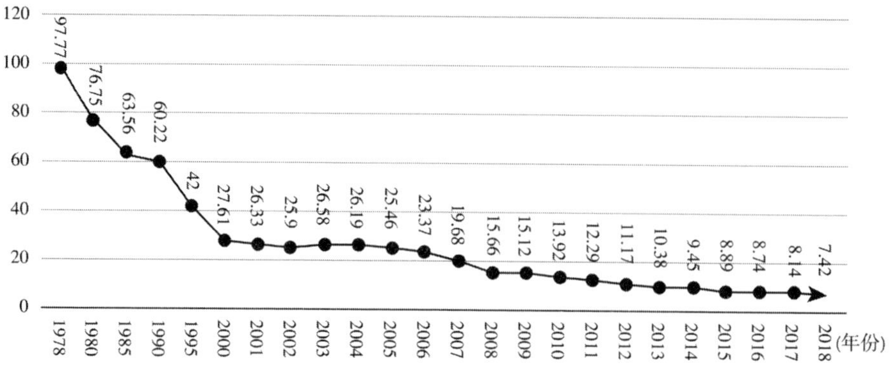

图 5.5　1978—2018 年我国单位 GDP 碳排放（单位：千克/现价美元 GDP）

数据来源：世界银行数据库。

4. 能源结构持续优化

专栏 5.1

能源分类

（1）按是否经过加工可分为：一次能源（在自然界中天然存在的，不需要改变其基本形态而可直接利用的能源）和二次能源（由一次能源经过加工转换成的另一种形态的高品质能源，使之易于输送、方便使用）。

（2）按能否再生可分为：可再生能源（在自然界中可以不断再生并有规律地得到补充的能源，如太阳能、水能、风能、潮汐能等）和非再生能源（经过亿万年形成的、短期内无法恢复的能源，如煤炭、石油、天然气、核燃料等）。

（3）按技术的成熟程度可分为：常规能源（如煤炭、石油、天然气、水力及电力等）和新能源（太阳能、风能、生物质能、氢能、地热能、海洋能、小水电、化工能、核能等）。

资料来源：中改院课题组整理。

（1）清洁能源生产占比稳步提升。

——清洁能源生产占比不断提升。2021 年，我国一次电力及其他非化石能源生产比重达到 20.3%；包括一次电力及其他非化石能源、天然气在内的清洁能源生产占比从1978年的6%上升至2021年的26.4%（见表5.2）。

——清洁能源消费占比持续提高。2021年，我国一次电力及其他非化石能源消费比重达到16.6%；包括一次电力及其他非化石能源、天然气在内的清洁能源占比从1978年的6.6%上升至2021年的25.5%。煤炭、石油等化石能源消费占比均明显下降，煤炭消费占比由1978年的70.7%下降至2021年的56.0%，石油消费占比由1978年的22.7%下降至2021年的18.5%（见表5.3）。

表5.2　1978—2021年我国一次能源生产结构占比（单位:%）

年份	原煤	原油	天然气	一次电力及其他非化石能源	清洁能源
1978	70.3	23.7	2.9	3.1	6.0
1980	69.4	23.8	3.0	3.8	6.8
1985	72.8	20.9	2.0	4.3	6.3
1990	74.2	19.0	2.0	4.8	6.8
1991	74.1	19.2	2.0	4.7	6.7
1992	74.3	18.9	2.0	4.8	6.8
1993	74.0	18.7	2.0	5.3	7.3
1994	74.6	17.6	1.9	5.9	7.8
1995	75.3	16.6	1.9	6.2	8.1
1996	75.0	16.9	2.0	6.1	8.1
1997	74.2	17.2	2.1	6.5	8.6
1998	73.3	17.7	2.2	6.8	9.0
1999	73.9	17.3	2.5	6.3	8.8
2000	72.9	16.8	2.6	7.7	10.3
2001	72.6	15.9	2.7	8.8	11.5
2002	73.1	15.3	2.8	8.8	11.6
2003	75.7	13.6	2.6	8.1	10.7
2004	76.7	12.2	2.7	8.4	11.1
2005	77.4	11.3	2.9	8.4	11.3
2006	77.5	10.8	3.2	8.5	11.7
2007	77.8	10.1	3.5	8.6	12.1

续表

年份	原煤	原油	天然气	一次电力及其他非化石能源	清洁能源
2008	76.8	9.8	3.9	9.5	13.4
2009	76.8	9.4	4.0	9.8	13.8
2010	76.2	9.3	4.1	10.4	14.5
2011	77.8	8.5	4.1	9.6	13.7
2012	76.2	8.5	4.1	11.2	15.3
2013	75.4	8.4	4.4	11.8	16.2
2014	73.5	8.3	4.7	13.5	18.2
2015	72.2	8.5	4.8	14.5	19.3
2016	69.8	8.3	5.2	16.7	21.9
2017	69.6	7.6	5.4	17.4	22.8
2018	69.2	7.2	5.4	18.2	23.6
2019	68.5	6.9	5.6	19.0	24.6
2020	67.6	6.8	6.0	19.6	25.6
2021	67.0	6.6	6.1	20.3	26.4

注：清洁能源占比=天然气占比+一次电力及其他非化石能源占比。

数据来源：1978—2020 年数据根据《中国统计年鉴 2021》统计数据整理，2021 年数据根据《中国统计摘要 2022》统计数据整理。

表 5.3 1978—2021 年我国能源消费结构占比（单位：%）

年份	煤炭	石油	天然气	一次电力及其他非化石能源	清洁能源
1978	70.7	22.7	3.2	3.4	6.6
1980	72.2	20.7	3.1	4.0	7.1
1985	75.8	17.1	2.2	4.9	7.1
1990	76.2	16.6	2.1	5.1	7.2
1995	74.6	17.5	1.8	6.1	7.9
2000	68.5	22.0	2.2	7.3	9.5
2005	72.4	17.8	2.4	7.4	9.8
2010	69.2	17.4	4.0	9.4	13.4
2011	70.2	16.8	4.6	8.4	13

续表

年份	煤炭	石油	天然气	一次电力及其他非化石能源	清洁能源
2012	68.5	17.0	4.8	9.7	14.5
2013	67.4	17.1	5.3	10.2	15.5
2014	65.8	17.3	5.6	11.3	16.9
2015	63.8	18.4	5.8	12.0	17.8
2016	62.2	18.7	6.1	13.0	19.1
2017	60.6	18.9	6.9	13.6	20.5
2018	59.0	18.9	7.6	14.5	22.1
2019	57.7	19.0	8.0	15.3	23.3
2020	56.8	18.9	8.4	15.9	24.3
2021	56.0	18.5	8.9	16.6	25.5

数据来源：1978—2021 年数据根据《中国统计年鉴 2021》统计数据整理，2021 年数据根据《中国统计摘要 2022》统计数据整理。

（2）可再生能源取得较大进展。

——可再生能源开发利用规模不断增长。2020 年，我国可再生能源开发利用规模达到 6.8 亿吨标准煤，相当于替代煤炭 10 亿吨，减少二氧化碳、二氧化硫和氮氧化物排放量分别约 17.9 亿吨、86.4 万吨和 79.8 万吨；可再生能源发电量达 2.2 万亿千瓦时，占全社会用电量的 29.5%，较 2012 年增长 9.5 个百分点①。

——可再生能源消费规模全球第一。2020 年，我国可再生能源消费全球占比达到 24.6%，位列全球第一，比位列第二的欧盟（22%）高出 2.6 个百分点，比位列第三的美国（19.4%）高出 5.2 个百分点②。

（3）新能源发电快速发展。

——新能源发电能力显著提升。2020 年，我国风电、太阳能发电、核电装机容量分别约 2.8 亿千瓦、2.5 亿千瓦、0.5 亿千瓦，占比分别上升至

① 国家能源局局长章建华在中国可再生能源发展有关情况发布会的发言讲话[J]. 中国电业，2021（04）.

② 英国石油公司 . bp 世界能源统计年鉴（2021）[R]. 2021-07-08.

12.79%、11.51%、2.27%（见表5.4）。

——新能源发电能力在世界处于较高水平。截至2018年底，我国新能源累计装机容量占世界新能源总装机的三分之一①。截至2020年底，我国水电、风电、光伏发电、生物质发电等新能源发电分别连续16年、11年、6年和3年居于全球首位②。

——新能源发电成本下降。根据国际能源署（IEA）等国际能源组织评价项目投资的完全发电成本（LCOE）指标③，全球平均光伏平准化度电成本10年之间下降了82%，从2010年的37.8美分/千瓦时下降到2019年的6.8美分/千瓦时④。中国光伏LCOE接近甚至低于燃煤上网标杆电价，未来较短时期内光伏风电LCOE很有可能比煤电LCOE还低。

表5.4　2000—2020年我国发电装机容量及占比（单位：万千瓦）

年份	发电装机容量	火电		水电		核电		风电		太阳能发电	
		规模	占比（%）	规模	占比（%）	规模	占比（%）	规模	占比（%）	规模	占比（%）
2000	31932	23754	74.39	7935	24.85	210	0.66	34	0.11	—	—
2001	33849	25301	74.75	8301	24.52	210	0.62	38	0.11		
2002	35657	26555	74.47	8607	24.14	447	1.25	47	0.13		
2003	39141	28977	74.03	9490	24.25	619	1.58	55	0.14		
2004	44239	32948	74.48	10524	23.79	696	1.57	82	0.19		
2005	51718	39138	75.68	11739	22.70	696	1.35	106	0.20		
2006	62370	48382	77.57	13029	20.89	696	1.12	207	0.33		
2007	71822	55607	77.42	14823	20.64	908	1.26	420	0.58		
2008	79273	60286	76.05	17260	21.77	908	1.15	839	1.06		

① 袁伟.新能源发展形势及“十四五”新能源发展思考[EB/OL].国际能源网，2020-06-01.

② 中国可再生能源实现跨越式发展[N].人民日报海外版，2021-04-02.

③ LCOE是平准化度电成本，即从全生命周期（包括建设期和运营期）内的度电成本。全生命周期内的总成本（全部成本现值之和，主要为原始投资成本、运营成本和残值三大项）除以全部发电量（现值之和）。

④ 晗昱.LCOE的局限性：如何正确把握新能源与传统电源之间的关系[J].能源杂志，2022（03）.

续表

年份	发电装机容量	火电		水电		核电		风电		太阳能发电	
		规模	占比（%）	规模	占比（%）	规模	占比（%）	规模	占比（%）	规模	占比（%）
2009	87410	65108	74.49	19629	22.46	908	1.04	1760	2.01	3	0.00
2010	96641	70967	73.43	21606	22.36	1082	1.12	2958	3.06	26	0.03
2011	106253	76834	72.31	23298	21.93	1257	1.18	4623	4.35	212	0.20
2012	114676	81968	71.48	24947	21.75	1257	1.10	6142	5.36	341	0.30
2013	125768	87009	69.18	28044	22.30	1466	1.17	7652	6.08	1589	1.26
2014	137887	93232	67.61	30486	22.11	2008	1.46	9657	7.00	2486	1.80
2015	152527	100554	65.93	31954	20.95	2717	1.78	13075	8.57	4218	2.77
2016	165051	106094	64.28	33207	20.12	3364	2.04	14747	8.93	7631	4.62
2017	177708	110495	62.18	34359	19.33	3582	2.02	16325	9.19	12942	7.28
2018	190012	114408	60.21	35259	18.56	4466	2.35	18427	9.70	17433	9.17
2019	201006	118957	59.18	35804	17.81	4874	2.42	20915	10.41	20418	10.16
2020	220204	124624	56.59	37028	16.82	4989	2.27	28165	12.79	25356	11.51

数据来源：国家统计局．中国统计年鉴 2021 [M]．北京：中国统计出版社，2021.9.

5. 能源科技水平逐步提升

（1）能源加工转换效率不断提升。我国能源加工转换总效率从 1983 年的 69.9%逐步提升至 2020 年的 73.7%，增长近 4 个百分点（见表 5.5）。其中，炼焦、炼油及煤制油加工转换效率较高，发电及供热加工转换效率从 20 世纪 80 年代初以来已经提升了近 10 个百分点。

表 5.5　1983—2020 年我国能源加工转换效率（单位：%）

年份	总效率	发电及供热	炼焦	炼油及煤制油
1983	69.9	36.9	91.2	99.2
1984	69.2	37.0	90.1	99.2
1985	68.3	36.9	90.8	99.1
1986	68.3	36.7	90.6	99.0
1987	67.5	36.8	90.5	98.8
1988	66.5	36.3	90.8	98.8

续表

年份	总效率	发电及供热	炼焦	炼油及煤制油
1989	66.5	36.7	90.3	98.6
1990	66.5	37.3	91.3	90.2
1991	65.9	37.6	89.9	98.1
1992	66.0	37.8	92.7	96.8
1993	67.3	39.9	98.1	98.5
1994	65.2	39.4	89.6	97.5
1995	71.1	37.3	92.0	97.7
1996	70.2	36.6	94.1	97.5
1997	69.8	35.9	94.0	97.4
1998	69.3	37.1	95.0	96.4
1999	69.3	37.0	96.1	97.5
2000	69.4	37.8	96.2	97.3
2001	69.7	38.2	96.5	97.6
2002	69.0	38.7	96.6	96.7
2003	69.4	38.5	96.1	96.4
2004	70.6	38.6	97.1	96.5
2005	71.1	39.0	97.1	96.9
2006	70.9	39.1	97.0	96.9
2007	71.2	39.8	97.5	97.2
2008	71.5	40.5	98.5	96.2
2009	72.4	41.2	98.0	96.7
2010	72.5	42.0	96.4	97.0
2011	72.2	42.1	96.3	97.4
2012	72.7	42.8	95.7	97.1
2013	73.0	43.1	95.6	97.7
2014	73.1	43.5	93.7	97.5
2015	73.4	44.2	92.1	96.9

续表

年份	总效率	发电及供热	炼焦	炼油及煤制油
2016	73.5	44.6	92.8	96.4
2017	73.0	45.0	92.8	96.0
2018	72.8	45.5	92.4	95.6
2019	73.3	45.8	92.6	95.3
2020	73.7	46.2	93.1	95.3

数据来源：国家统计局．中国统计年鉴2021［M］．北京：中国统计出版社，2021.9；国家统计局能源统计司．中国能源统计年鉴2021［M］．北京：中国统计出版社，2022.3.

（2）水电、风电技术具有一定优势。

——我国水电领域具备全球最大的百万千瓦水轮机组自主设计制造能力①。

——我国风电装备制造技术已经达到了世界先进水平。主要设备制造基本上实现了系列化、标准化。低风速、高海拔风电技术取得突破性进展。海上风电整机和关键零部件设计制造技术水平逐渐成熟，海上风电装备基本具备国产化能力。中小型风电技术自主国产化，处于世界领先水平。国内中小型风电的技术中“低风速启动、低风速发电、变桨矩、多重保护”等一系列技术得到国际市场认可，处于国际领先地位②。

（3）光伏发电技术处于全球领先水平。经过多年发展，我国光伏电池技术创新能力显著提升，光伏转换效率不断刷新世界纪录，规模化光伏开发利用取得重要进展。晶体硅太阳能电池产业技术在国际市场具有较强的竞争力，除个别高效电池生产用等离子体增强型化学气相沉积（PECVD）设备、硼扩散设备外，光伏制造的整套生产线均已实现国产化③。

① 中国可再生能源实现跨越式发展［N］．人民日报海外版，2021-04-02.
② 王蕾．新能源产业发展回顾与展望［J］．中国发展观察，2019（16）.
③ 王蕾．新能源产业发展回顾与展望［J］．中国发展观察，2019（16）.

6. 能源国际合作不断深化

（1）新能源领域合作。这些年来，我国能源国际合作正在从最初的以化石能源为主，逐步向清洁能源领域倾斜，包括核能及各类可再生能源，如太阳能、风能、潮汐能等。2020 年，太阳能、风能和水电等可再生能源已经成为我国海外能源产业的投资重点。

（2）“一带一路”区域能源合作不断深化。

——2014—2020 年，我国在“一带一路”项目中可再生能源投资占比大幅提升了近 40%，超过了化石能源投资。

——截至 2019 年 9 月末，我国自“一带一路”沿线国家进口原油海运量指数为 120 点，同比增长 10. 59%。2019 年以来，我国与中亚天然气管线以及中哈、中俄原油管道均已建成运营，未来我国从中亚诸国进口原油和天然气总量将大幅提高。

——人民币在国际能源贸易中的计价结算需求稳步增长。例如，委内瑞拉改用人民币交易、结算和计价石油；俄罗斯与我国石油交易采用卢布和人民币进行结算，份额各占一半。可以预见，未来石油贸易中更大范围使用人民币结算将是一个大趋势。

（3）国际能源治理能力不断提升。

——积极参与现有框架的能源治理合作。深化与国际能源署、世界贸易组织、石油输出国组织、G20、亚太经合组织、金砖国家等多边机制下的能源国际合作关系，在联合研究发布报告、成立机构等方面取得积极进展。在 G20、亚太经合组织等框架下成功举办了 G20 能源部长会议、亚太经合组织能源部长会议，在能源问题交流合作方面发挥了积极作用。

——建立政府间能源合作机制。我国与 90 多个国家和地区建立了政府间能源合作机制，与 30 多个能源领域国际组织和多边机制建立了合作关系。2012 年以来，我国先后成为国际可再生能源署成员国、国际能源宪章签约观察国、国际能源署联盟国等。

二、能源结构转型挑战

1. 能源供给不足、结构调整难度较大

（1）能源总量不足仍是中长期挑战。我国人均能源占有量显著低于世界平均值。我国已探明的煤炭储量仅占世界储量的11%，石油仅占2.4%，天然气仅占1.2%；人均煤炭资源、人均石油资源和人均天然气资源分别仅为世界平均水平的42.5%、17.1%和13.2%①。

（2）短期内“富煤、贫油、少气”的能源结构难以调整。

——从能源生产端看，2021年，我国一次能源生产结构中原煤、石油、天然气的比值分别为67.0%、6.6%和6.1%，煤炭占比远远高于石油和天然气，且长期以来呈现以煤碳主导的能源结构。

——从能源消费端看，虽然煤炭在我国能源消费结构中占比逐年降低，但煤炭的消费占比仍高于50%。2020年煤炭消费占比为56.8%，远远高于石油的18.9%和天然气的8.4%②。

——从电源结构的国际比较看，我国明显呈现出“多煤缺油少气”的特点。我国的电源结构中石油、天然气、煤炭的占比分别为0.1%、3.1%、64.7%，美国、日本、意大利的煤炭占比远远低于我国煤炭占比，天然气占比则远高于我国天然气占比（见表5.6）。

表5.6　电源结构的国际比较（单位:%）

国家	石油	天然气	煤炭	核电	水电	可再生能源	其他
中国	0.1	3.1	64.7	4.6	16.9	9.8	0.8
美国	0.5	38.6	24.0	19.3	6.2	11.1	0.3

① 国家统计局能源统计司．中国能源统计年鉴2021［M］．北京：中国统计出版社，2022.3.

② 国家统计局能源统计司．中国能源统计年鉴2021［M］．北京：中国统计出版社，2022.3.

续表

国家	石油	天然气	煤炭	核电	水电	可再生能源	其他
日本	4.3	35.0	31.5	6.3	7.1	11.7	4.1
意大利	3.6	44.6	10.5	—	15.9	23.8	1.6

数据来源：国家统计局能源统计司．中国能源统计年鉴 2021 [M]．北京：中国统计出版社，2022.3.

（3）短期内新能源不能完全替代化石能源。

——在能源占比上，新能源占比还不足以替代化石能源，化石能源占比仍在 60%以上。

——在能源技术稳定性上，风电、光伏等新能源的随机性、间歇性、波动性这一问题没能得到根本性解决。保障电网稳定，在使用新能源的同时，仍然需要大量可调节性的电源为其间歇性、波动性和电量欠发的特点维稳和再平衡。也正是在这个背景下，实现储能技术突破成为各国能源战略的重点。

2. 经济增长与“双碳”目标的双重约束

（1）经济增长对能源结构转型带来压力。

——GDP 与能源消费、碳排放仍存在较强的正相关关系。有研究指出，GDP 增量每提高 1 个百分点，对应的能源消费增量将上升 0.33 个百分点，碳排放增量将上升 0.52 个百分点①。“双碳”目标倒逼能源结构朝着绿色低碳转型，但当前阶段我国经济增长与碳排放高度正相关。这是由于我国以煤为主的能源消费结构引起的。

——工业及制造业保持基本稳定增长对能源结构转型产生一定压力。美国碳达峰时工业、服务业增加值占 GDP 比重分别为 22.4%和 73.9%，英国分别为 27.1%和 68.1%②，而 2021 年我国工业、服务业增加值占比分别为 32.6%、53.3%。依据国际经验，我国在碳达峰时工业占比需要进一步

① 闫衍．双碳目标对中国经济的影响及风险挑战[R]．中国宏观经济论坛，2021-12-22.
② 闫衍．双碳目标对中国经济的影响及风险挑战[R]．中国宏观经济论坛，2021-12-22.

下降。然而，问题的关键在于，一方面，我国需要有效防止“过早去工业化”，解决制造业“大而不强”挑战，我国工业及制造业占比需要保持基本稳定，在一定程度上限制了工业及制造业在当前水平的下降空间；另一方面，工业及制造业又是能源消费的主要行业，近年来其能源消费占比分别保持在约 65%及 55%的水平（见表 5.7）。因此，工业及制造业保持基本稳定对能源结构转型带来一定压力。

表 5.7　2015—2019 年我国工业及制造业能源消费占比（单位：万吨标准煤）

年份	总量	工业	占比（%）	制造业	占比（%）
2015	429905	292275	67. 99	244919	56. 97
2016	435818	290255	66. 60	242514	55. 65
2017	448529	294488	65. 66	245139	54. 65
2018	471925	311151	65. 93	258604	54. 80
2019	487488	322503	66. 16	268426	55. 06

数据来源：2015—2019 年《中国统计年鉴》统计数据整理。

（2）“双碳”目标时间紧、任务重。虽然我国碳排放强度显著下降，但仍是碳排放占比全球最大的国家。2020 年，我国碳排放总量占全球比重达到 30. 7%，位居世界第一，超过排名第二的美国（13. 8%）16. 9 个百分点（见表 5. 8）。根据我国对国际社会作出的“双碳”承诺，我国从碳达峰到碳中和仅有 30 年的时间，仅为英国 60 年的一半，也比美国、日本、韩国等国的时间紧（见表 5. 9）。

表 5. 8　2020 年世界各国碳排放总量占全球比重（单位:%）

国家	占全球比重
中国	30. 7
美国	13. 8
印度	7. 1
俄罗斯	4. 6

续表

国家	占全球比重
日本	3.2
伊朗	2.1
德国	1.9
印度尼西亚	1.8
韩国	1.8
沙特阿拉伯	1.8

数据来源：英国石油公司 . bp 世界能源统计年鉴（2021）[R]. 2021-07-08.

表 5.9　部分国家碳达峰碳中和时间

国家	碳达峰时间（年份）	碳排放峰值（亿吨）	碳中和时间（年份）
英国	1991	8.07	2050
美国	2007	74.16	2050
加拿大	2007	7.42	2050
日本	2013	14.08	2050
韩国	2013	6.97	2050
中国	2030	109（预计值）	2060

数据来源：闫衍. 双碳目标对中国经济的影响及风险挑战[R]. 中国宏观经济论坛，2021-12-22.

3. 能源科技水平制约能源结构转型

（1）发电领域尖端技术依赖外部，关键材料依靠进口。

——新型高效光伏技术及装备、大型风电装备、承压或耐高温特种材料等，还需要从国外引进或购买。

——从光伏发电领域各国专利情况来看，我国向境外专利申请量比重不足3%，远远小于欧美向境外专利申请量。我国专利申请主要分布在光伏组件、光伏应用等技术含量并不高的领域，多数光伏技术申请领域多是创新技术的外围专利，仅少数几种在核心技术领域。

——在地热能发电领域，热源探查技术落后，钻探技术还不成熟，成井工艺方面也有待提高，综合技术也十分缺乏，缺少既懂地面技术又懂地下勘探的开发企业①。

(2) 储能技术有待突破。以电力存储技术创新为例，国际能源署和欧洲专利局在2021年9月发布的联合研究报告显示，2005—2018年，全球电池和其他电力存储技术的专利活动以年均14%的速度增长，是所有技术领域平均水平的四倍。对比美国、日本、德国、韩国、中国四国电池技术创新进展可以发现，中国基于专利数据的电池技术创新能力明显弱于其他五个国家。无论是电池技术还是电芯技术，我国在各个细分领域对专利的占有份额都明显少于其他四个国家（见表5.10）。

表5.10 2000—2008年不同国家或地区尖端电池技术占比（单位：%）

国家或地区	电池	与电池组相关的国际同族专利				与电池单元相关的国际同族专利			
		电池单元开发	热控制	设备使用设计	其他类型电池开发	锂电	其他类型电池	工程	制造
日本	40.9	42.3	28.9	31.0	41.6	45.9	35.2	37.3	43.1
韩国	17.4	191	16.0	18.4	10.7	19.9	8.3	20.6	20.8
德国	8.7	7.7	19.3	14.0	9.6	6.9	7.8	9.1	6.4
美国	14.5	14.5	16.3	14.2	14.2	12.6	25.0	15.2	14.2
中国	6.9	5.8	5.8	8.7	10.1	6.2	4.2	6.3	5.6

资料来源：国际能源署，欧洲专利局. Innovation in batteries and electricity storage-A global analysis based on patent data [R]. 2021.9.

(3) 低碳、零碳、负碳技术还不成熟且成本高昂。

——低碳、零碳、负碳技术尚不成熟。各类技术系统集成难度大，环节构成复杂，技术种类多，成本昂贵，急需系统性的技术创新突破。

——深度脱碳技术成本高昂。低碳技术体系涉及可再生能源、负排放

① 王蕾. 新能源产业发展回顾与展望[J]. 中国发展观察，2019 (16).

技术等领域，不同低碳技术的技术特性、应用领域、边际减排成本和减排潜力差异很大。我国脱碳成本曲线显示，可再生能源电力可为我国最初约50%的人类活动温室气体排放低成本脱碳，年度减排成本约为2200亿美元。可再生能源电力的发展为诸多行业（包括发电和其他需要电气化的行业）减排提供支撑，而且在中长期内对于制备绿色氢能十分关键。在达到75%脱碳后，曲线将进入“高成本脱碳”区间，实现90%脱碳的年成本可能高达约1.8万亿美元。如果仅仅延续当前政策而不做出相应的结构性政策调整，现有低碳、零碳和负排放技术难以支撑我国到2050年实现碳中和①。

第二节　全球能源变局

能源问题是全球政治经济问题的核心之一。能源格局变化会引发地缘政治与经济格局的变化，地缘政治与经济格局变化也会反过来引发能源结构的变化，并对一些经济体带来巨大挑战。进入21世纪以来，这一双向影响更加明显。随着新能源的兴起，全球能源格局正在出现深刻变化。尤其是俄乌冲突的爆发，不仅加大了能源危机，而且加速了全球能源格局调整。

一、全球能源基本格局

1. 全球能源供给格局

（1）石油探明储量主要集中在中东地区与中南美洲。

——石油探明储量主要集中在中东地区，2020年占全球比重达到48.3%，中南美洲占18.7%，亚太地区占2.6%，欧洲地区占比最低，仅

① 庄贵阳．我国实现“双碳”目标面临的挑战及对策[J]．人民论坛，2022（03）．

0.8%。从国别看，排名前三的分别是委内瑞拉的 17.5%、沙特阿拉伯的 17.2%、加拿大的 9.7%。

——2020 年全球石油储产比为 53.5 年。委内瑞拉是全球石油储产比最高的国家，超过 500 年。利比亚、加拿大、中东地区是石油储产比比较高的地区，中国、美国、欧洲都是石油储产比较低的地区，远低于全球平均水平（见图 5.6）。

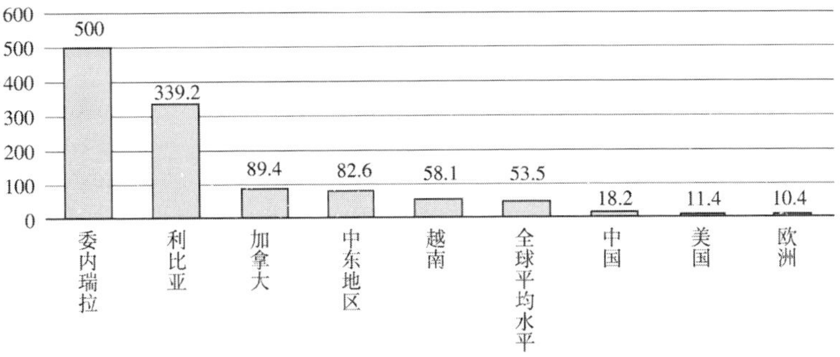

图 5.6　部分地区和国家石油储产比（单位：年）

注：委内瑞拉石油储产比大于 500 年。
数据来源：英国石油公司 . bp 世界能源统计年鉴（2021）[R]. 2021-07-08.

（2）天然气探明储量主要集中在中东地区。

——2020 年，中东地区天然气探明储量占全球比重为 40.3%。从国别看，天然气探明储量比重排名前三的国家是俄罗斯的 19.9%、伊朗的 17.1%、卡塔尔的 13.1%。

——2020 年全球天然气储产比为 48.4 年。也门是全球天然气储产比最高的国家，高达 2618.8 年。中东地区是天然气储产最高的地区，中国的天然气储产比接近全球平均水平，而美国和欧洲的天然气储产比远低于全球平均水平（见图 5.7）。

（3）煤炭探明储量主要集中在亚洲与北美洲。

——2020 年，亚洲煤炭探明储量占全球比重为 42.8%。从国别看，煤炭探明储量集中的主要国家依次是美国的 23.2%、俄罗斯的 15.1%、澳大

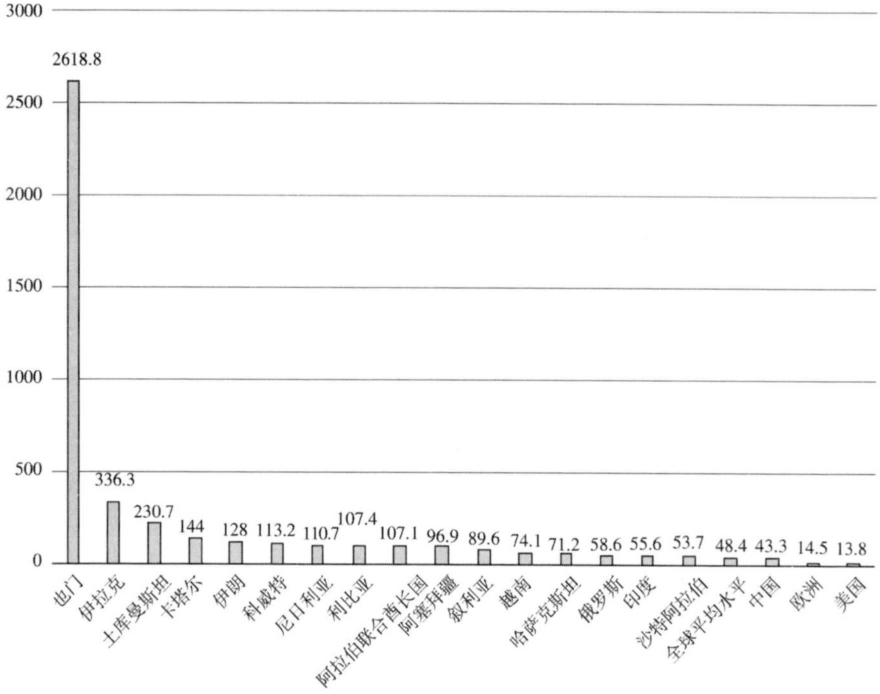

图 5.7　部分地区和国家天然气储产比（单位：年）

数据来源：英国石油公司 . bp 世界能源统计年鉴（2021）[R]. 2021-07-08.

利亚的 14%、中国的 13. 3%、印度的 10. 3%。

——2020 年，全球煤炭储产比为 139 年。美国、巴西、委内瑞拉、乌克兰、巴基斯坦等国的煤炭储产比都高于 500 年，北美洲、中南美洲、欧洲的煤炭储产比较高，而亚洲煤炭储产比较低，中国的煤炭储产比远低于全球平均水平，仅 37 年（见图 5. 8）。

2. 全球能源消费格局

（1）全球能源消费结构。石油仍是最主要的消费能源，2020 年占全球一次能源消费的比重为 31. 2%。煤炭是第二大消费能源，占全球一次能源消费的比重为 27. 2%。天然气和可再生能源的份额分别上升至 24. 7%和 5. 7%，双双创下历史新高。目前可再生能源占比已超过核能，后者在能源结构中仅占 4. 3%的份额。2021 年水电在能源结构中的占比增长了 0. 4 个

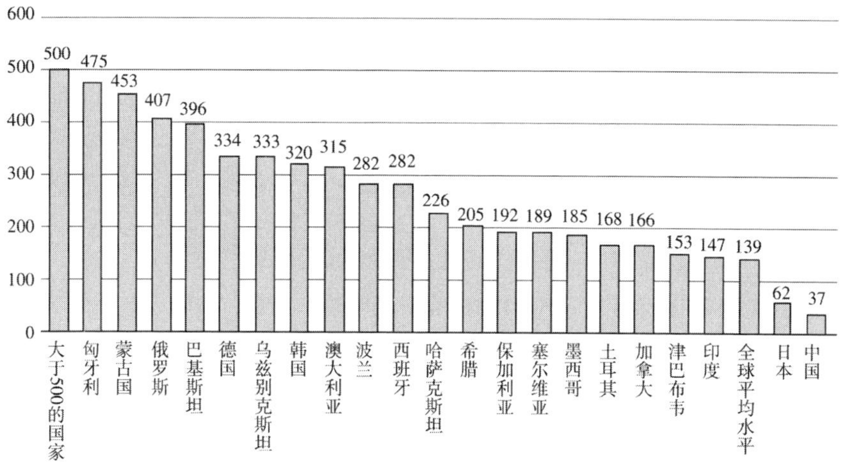

图 5.8　部分地区和国家煤炭储产比（单位：年）

注：大于500的国家包括美国、巴西、委内瑞拉、乌克兰、巴基斯坦。

数据来源：英国石油公司 . bp 世界能源统计年鉴（2021）[R]. 2021-07-08.

百分点，达到 6.9%，是 2014 年以来首次增长。

（2）能源消费的地区结构。非洲、欧洲和美洲的主要燃料为石油，天然气则在中东地区占主导地位，煤炭则是亚洲的主要燃料。2020 年，煤炭占一次能源消费的比重在北美洲与欧洲降至最低水平，分别为 12%和 9%，在亚洲则达到 79.9%。

（3）中国和美国是全球主要能源消费国。

——能源总消费。2020 年我国占全球能源消费比重达到 26.1%，随后是美国的 15.8%。2020 年受新冠肺炎疫情影响，全球能源总消费下降 4.5%，但我国仍保持 2.1%的增长。2009—2019 年，全球能源消费年均增速为 1.9%，亚洲能源消费年均增速最快，达到 3.3%。

——石油消费。美国和中国是石油消费最大的两个国家，2020 年消费量占全球比重分别为 19.4%与 16.1%。

——天然气消费。美国是最大的天然气消费国，2020 年消费量占全球比重为 21.8%，随后是俄罗斯的 10.8%、中国的 8.6%和伊朗的 6.1%。

3. 全球能源贸易格局

（1）石油贸易。中国、美国、欧洲、日本、印度是世界主要的石油进口地区，2020 年占比共达到 64.1%。但美国的进出口总体平衡，而日本、中国、欧洲、印度的进口远远大于出口。中东地区（不含沙特阿拉伯）、沙特阿拉伯、美国、俄罗斯是石油出口的主要地区（见表 5.11）。

表 5.11　2020 年石油进出口的主要国家或地区及占比（单位：%）

主要进口国家或地区	占比	主要出口国家或地区	占比
美国	12.1	加拿大	6.8
欧洲	19.4	墨西哥	1.9
中国	19.8	美国	12.5
印度	7.7	中南美洲	5.3
日本	5.1	欧洲	4.2
其他地区	35.9	俄罗斯	11.4
		沙特阿拉伯	12.3
		中东地区（不包括沙特阿拉伯）	21.4
		北非	2.4
		西非	6.5
		其他地区	0.7

数据来源：英国石油公司 . bp 世界能源统计年鉴（2021）[R]. 2021-07-08.

（2）天然气贸易。

——液化天然气。世界范围内液化天然气的进口地区集中在亚洲和欧洲，2020 年占全球比重分别为 70.8% 和 23.5%，其中亚洲的中国、日本、韩国是最主要的进口国家；液化天然气出口地区集中在亚洲、大洋洲、美洲，其中，卡塔尔、澳大利亚、美国与俄罗斯是最主要的出口国家（见表 5.12）。

——管道天然气。欧洲、北美洲是主要的进口地，俄罗斯是最大的出口地。

表 5.12　2020 年液化天然气进出口的主要国家及占比（单位：%）

主要进口国家或地区	占比	主要出口国家或地区	占比
欧洲	23.5	卡塔尔	21.7
日本	20.9	美国	12.6
中国	19.3	俄罗斯	8.3
韩国	11.3	澳大利亚	21.8
印度	7.3	马来西亚	6.7

数据来源：英国石油公司 . bp 世界能源统计年鉴（2021）[R]. 2021-07-08.

（3）煤炭贸易。中国、日本、韩国、印度、欧洲是世界上主要的煤炭进口国家或地区。数据显示，2020 年中国是世界上最大的煤炭进口国，达到 20.8%。澳大利亚、印度尼西亚、俄罗斯是世界上主要的煤炭出口国（见表 5.13）。

表 5.13　2020 年煤炭进出口的主要国家或地区及占比（单位：%）

主要进口国家或地区	占比	主要出口国家或地区	占比
中国	20.8	俄罗斯	17.8
欧洲	12.3	澳大利亚	29.1
日本	14.3	印度尼西亚	26.8
印度	13.3	—	—
韩国	10.3	—	—

数据来源：英国石油公司 . bp 世界能源统计年鉴（2021）[R]. 2021-07-08.

二、俄乌冲突与全球能源危机

1. 俄罗斯在全球能源供给体系中占据重要位置

（1）石油贸易。根据 2020 年数据，俄罗斯是世界第四大石油出口地区，占全球比重达到 11.4%。从出口地看，欧洲是俄罗斯石油出口的第一大目的地，且俄罗斯是欧洲的第一大石油出口国，2020 年为 138.2 百万吨。我国是俄罗斯石油出口的第二大目的地，2020 年为 83.4 百万吨。

（2）天然气贸易。当前，俄罗斯是世界上最大的管道天然气出口国家和主要的液化天然气出口国家。

——液化天然气。俄罗斯的液化天然气主要流向了亚洲和欧洲，2020年分别占比为55.7%、42.6%。中国、日本都是俄罗斯液化天然气的主要出口目的地（见表5.14）。

表5.14　2020年俄罗斯液化天然气主要贸易地区相关数据比较（单位：%）

地区	俄罗斯出口占比	从俄罗斯进口占比
中国	17.08	7.3
日本	20.8	8.2
欧洲	42.6	15

数据来源：英国石油公司.bp世界能源统计年鉴（2021）[R].2021-07-08.

——管道天然气。俄罗斯是世界上最大的管道天然气出口国家，2020年占全球比重为26%，主要流向了欧洲和中国，其中流向欧洲的占比达到85%。

（3）煤炭贸易。俄罗斯出口的煤炭主要流向了欧洲、中国、日本、韩国。欧洲的煤炭有一半依赖于俄罗斯煤炭进口（见表5.15）。

表5.15　2020年俄罗斯煤炭主要贸易地区相关数据比较（单位：%）

地区	俄罗斯出口占比	从俄罗斯进口占比
欧洲	35	50
中国	18	15
日本	10	12.7
韩国	12.5	22

数据来源：英国石油公司.bp世界能源统计年鉴（2021）[R].2021-07-08.

2. 俄乌冲突严重冲击全球能源价格

（1）天然气价格激增。除美国亨利中心（HH）的天然气期货价格受影响幅度变化不大，其他三大全球主要天然气期货价格均受俄乌冲突的明显影响，2022年7月以来呈现持续上升态势。

——以德国为例，德国家用天然气价格，在俄乌冲突后相当于工业天然气价格的 3 倍。

——以英国为例，英国天然气价格上涨 75%，电价上涨 42%，这导致“每一户家庭”的生活开支将增加 16471 元。

（2）石油价格一路走高。欧洲对俄罗斯能源供应依赖程度较高，2020 年，欧洲对俄罗斯的石油依赖、液化/管道天然气依赖、煤炭依赖分别为 29%、15%/37.5%、50%。俄乌冲突以来，全球石油价格一路走高。到 2022 年 7—8 月，受全球经济衰退的预期、尤其是美国经济衰退的预期的影响，石油价格有所下降，但仍然处于较高态势，并且不排除再度大幅攀升的可能。

3. 能源危机直接冲击全球供应链

（1）能源危机冲击工业企业生产。欧洲能源危机引起工业制造的收缩和关闭，居民用能受阻。电力成本上涨已经致使大量企业濒临破产或已经破产，全球供应链受到巨大冲击，尤其是高端制造业。

（2）能源危机直接冲击化肥工业，影响全球粮食供应。

——氮肥是几乎所有植物生长所必需的营养元素。氨作为氮肥的重要原料，除了我国以煤炭为原料生产氨以外，其余的氨几乎都是由天然气制成的。全球制氨每年消耗量大约为 1700 亿立方米，占天然气消耗量的 4%左右。

——俄乌冲突直接冲击化肥出口，俄乌冲突加剧的能源危机也冲击着化肥工业，直接影响全球粮食供应。联合国粮农组织（FAO）数据显示，2021 年，俄罗斯是全球最大的氮肥出口国，第二大钾肥出口国，第三大磷肥出口国。国际粮食政策研究所（IFPRI）的数据显示，俄罗斯出口的氮肥和钾肥占全球贸易额的 15%和 17%。

三、我国对全球能源市场的依赖

1. 能源自给率下降

（1）能源自给率呈下降趋势。我国石油、天然气对外依存度不断升高，俄乌冲突加大了我国能源安全隐患。中改院课题组根据《中国能源统计年鉴 2021》数据测算，我国总体能源自给率从 2010 年的 87.82%下降到

2019年的79.65%（见表5.16）。

表5.16　1990—2019年我国能源自给率变化情况（单位：万吨标准煤）

类别	1990年	1995年	2000年	2005年	2010年	2015年	2016年	2017年	2018年	2019年
可供消费的能源总量	96138	129535	144234	254619	365588	431636	434121	450444	471686	493178
一次能源生产总量	103922	129034	138570	229037	312125	362193	345954	358867	378859	397317
进口量	1310	5456	14327	26823	57671	77695	90235	100039	110787	119064
出口量	-5875	-6776	-9327	-11257	-8803	-9785	-11956	-12669	-13337	-14151
能源消费总量	98703	131176	146964	261369	360648	434113	441492	455827	471925	487488
平衡差额	-2565	-1641	-2730	-6751	4940	-2477	-7371	-5383	-239	5690
净进口	100703	130855	139234	239053	316720	363725	355842	363074	374236	388265
能源自给率（%）	102.03	99.76	94.74	91.46	87.82	83.79	80.60	79.65	79.30	79.65

注：能源自给率=（可供消费能源总量+出口量-进口量）/能源消费总量。
数据来源：国家统计局．中国统计年鉴2021［M］．北京：中国统计出版社，2021.9.

（2）能源自给率低于世界平均水平，也低于同等发展水平经济体。在同等人均GDP水平时，我国能源自给率低于美国、英国、加拿大。

2. 石油、天然气对外依存度不断提升

（1）能源净进口量大。从中美能源净进口量比较看，2017年，我国石油净进口量规模为世界第一，达到420.21百万吨标准油，约为位居第二美国的228.07百万吨标准油的1.8倍；天然气净进口量规模为世界第二，达到71.31百万吨标准油，而美国的天然气净进口量为4.03百万吨标准油①。

（2）能源对外依存度大幅提升。我国石油对外依存度从1995年的7.58%大幅上涨至2019年的74.57%（见表5.17），天然气对外依存度也

① 国家统计局能源统计司．中国能源统计年鉴2021［M］．北京：中国统计出版社，2022.3.

从2010年的15.22%大幅上涨至2019年的43.56%[①]，2021年，我国天然气对外依存度继续上升，达到45%左右[②]。其中，液化天然气对外依存度80%左右。

表5.17　1995—2019年我国石油对外依存度（单位：万吨）

类别	1995年	2000年	2010年	2015年	2019年
可供量	16073	22631	44178	55688	66901
生产量	15004	16300	20301	21456	19101
进口量	3673	9748	29437	39749	58102
出口量	-2455	-2172	-4079	-5128	-8211
年初年末库存差额	-151	-1245	-1481	-388	-2091
消费量	16065	22496	44101	55960	64507
石油对外依存度（%）	7.58	33.48	57.40	62.17	74.57

注：石油对外依存度=净进口量/可供量，净进口量=进口量-出口量。
数据来源：国家统计局．中国统计年鉴2021[M]．北京：中国统计出版社，2021.9.

3. 俄乌冲突影响我国能源安全

（1）俄罗斯是我国重要能源进口国。2020年，我国进口石油5.57亿吨，其中，从俄罗斯进口占比为14.97%，仅次于沙特阿拉伯；进口液化天然气940亿立方米，其中，从俄罗斯进口占比为7.34%，俄罗斯是我国液化天然气第五大进口来源国（见表5.18）。俄罗斯还是我国第一大电力进口来源国和第二大煤炭进口来源国。

（2）充分估计中长期风险。受俄乌冲突影响，国际能源商品价格迅速大幅上涨，从2022年2月23日到6月6日，原油价格上涨28.5%，天然气价格上涨97.8%[③]。我国部分能源产品价格有所上涨，但涨幅明显低于

① 天然气对外依存度根据《中国能源统计年鉴2021》测算。

② 杨永明．中国能源大数据报告（2022）[R]．中能传媒能源安全新战略研究院，2022.7.

③ 俄乌冲突和地缘政治动荡冲击下的能源价格[R]．中国宏观经济论坛，2022.6.

国际水平。由于我国与俄罗斯能源合作，更多是采取长期合同的方式，短期内受到的冲击有限。尽管如此，但仍需充分关注地缘政治冲突下能源市场扰动对我国能源安全的影响，充分估计中长期内能源安全面临的风险与挑战。

表 5.18　2020 年我国能源进口结构

国家或地区	石油（百万吨）	石油占比（%）	液化天然气（十亿立方米）	液化天然气占比（%）
我国总进口量	557.2	100	94	100
美国	19.8	3.55	4.4	4.68
中南美洲	72	12.92	—	—
欧洲	18.8	3.37	—	—
俄罗斯	83.4	14.97	6.9	7.34
伊拉克	60.1	10.79	—	—
沙特阿拉伯	84.9	15.24	—	—
西非地区	71.8	12.89	—	—
卡塔尔	—	—	11.2	11.91
澳大利亚	—	—	40.6	43.19
印度尼西亚	—	—	7.4	7.87
马来西亚	—	—	8.3	8.83

数据来源：英国石油公司 . bp 世界能源统计年鉴（2021）[R]. 2021-07-08.

第三节　我国能源结构转型的主要目标

充分考虑全球能源体系的基本格局与全球能源危机的可能性，实现经济高质量发展，我国需要在未来 5～10 年加快推动能源结构转型，健全绿色、低碳、安全、高效的能源结构，逐步提高能源科技水平，形成统筹能源发展与安全的新格局。

一、加大能源供给水平

1. 形成安全稳定多元的能源供应体系

（1）明显加大能源供给能力。争取到 2025 年，我国能源年综合生产能力达到 46 亿吨标准煤以上，原油年产量回升并稳定在 2 亿吨水平，天然气年产量达到 2300 亿立方米以上，发电装机总容量达到 30 亿千瓦。

（2）强化能源战略储备。形成能源储备体系更加完善、能源自主供给能力进一步增强的新格局。尽快形成政府储备、企业社会责任储备和生产经营库存三位一体的储备模式。重点城市、核心区域、重要用户电力应急安全保障能力明显提升。比如，充分利用部分油气田进入开发后期在地下形成了封闭性良好的油气储集空间的条件，加大国家储气库建设。

2. 提升能源供求匹配效率

（1）有效应对能源资源空间分布不平衡的突出挑战。

——从能源供给的区域特征看，我国 80%以上的煤炭储量集中分布于华北地区和西北地区，约 70%的可开发水能资源蕴藏在西南地区的高山峡谷中，一半以上的天然气资源储藏在塔里木盆地和四川盆地，大量的风能和太阳能资源等可再生能源也主要集中分布于西部边远欠发达地区。

——从能源需求的特征看，2019 年，我国约三分之二的能源消费位于东中部地区（见表 5. 19）。能源生产和消费之间产生严重的空间错位，形成了“西气东输、西电东送、北煤南运”等能源远距离运输，由此对能源输送效率提出了更高要求。

表 5.19　2019 年我国能源消费区域占比

地 区	能源消费（万吨标准煤）	占比（%）
东部	206275	42.15
中部	100011	20.44
东北	42495	8.68
西部	140546	28.72

数据来源：国家统计局能源统计司．中国能源统计年鉴 2021［M］．北京：中国统计出版社，2022.3.

（2）显著提升能源供求的匹配效率。

——一方面，我国在大力开发西部清洁能源基地的同时，推动特高压输电线路建设，优化能源资源配置；另一方面，因地制宜地发展东中部地区分布式能源，推广屋顶光伏系统及分散式风电系统，不断加强电力协调运行能力。

——到 2025 年，我国灵活调节电源占比争取达到 24%左右，电力需求侧响应能力达到最大用电负荷的 3%~5%。

二、稳步降低能耗与碳强度

1. 稳步降低经济发展能耗

（1）单位 GDP 能源消耗比不断下降。到 2025 年，单位 GDP 能源消耗力争比 2020 年下降 13.5%。由此预测 2025 年单位 GDP 能耗为 0.47 吨标准煤/万元左右。

（2）单位 GDP 碳排放比持续降低。到 2025 年，单位 GDP 碳排放力争比 2020 年下降 18%，即降到 6 千克/现价美元 GDP 左右（基于 2018 年数据）；到 2030 年，单位 GDP 碳排放将下降到 4.2 千克/现价美元 GDP 左右（基于 2010—2018 年的平均降速测算）。

2. 非化石能源消费占比逐步提升

（1）提升非化石能源消费比重。到 2025 年，非化石能源消费比重争取达到 20%左右，到 2030 年，非化石能源消费比重力争达到 25%左右，2050 年超过 50%。

（2）新能源装机容量逐步扩大。我国风电将保持年均 2500 万千瓦、光伏将保持年均 3000 万千瓦以上的新增装机规模；预计到 2030 年和 2050 年，我国新能源装机规模将分别达到 12 亿千瓦、28 亿千瓦以上，逐步成为主导能源之一。

3. 生态系统碳汇能力稳步提升

（1）高度重视碳汇体系建设。以森林、草原、湿地等为主体的生态碳汇途径及生物固碳措施，能够不断提升生态碳汇能力，对减缓全球气候变化具有重要作用。

（2）显著提升碳汇能力。到 2025 年，森林覆盖率争取达到 24.1%，森林蓄积量达到 180 亿立方米。力争到 2030 年，森林覆盖率超过 25%，森林蓄积量达到 190 亿立方米（见表 5.20）。

表 5.20 未来 5~10 年我国能源结构转型的指标体系

类别	指标	2020 年	2025 年	2030 年
绿色低碳	单位国内生产总值能源消耗	0.55 吨标准煤/万元（2019 年）	比 2020 年下降 13.5%：0.48 吨标准煤/万元	—
	单位国内生产总值二氧化碳排放	7.42 千克/现价美元 GDP（2019 年）	6 千克/现价美元 GDP	4.2 千克/现价美元 GDP
	非化石能源消费占能源消费总量比重	15.9%	20%	25%
	新能源装机规模	—	—	12 亿千瓦
	森林覆盖率	22.96%	24.1%	25%
	森林蓄积量	175.6 亿立方米	180 亿立方米	190 亿立方米

续表

类别	指标	2020 年	2025 年	2030 年
安全高效	国内能源年综合生产能力	40.7 亿吨标准煤	46 亿吨标准煤以上	—
	原油年产量	19476.9 万吨	回升并稳定在 2 亿吨水平	—
	天然气年产量	1925 亿立方米	到 2300 亿立方米以上	—
	发电装机总容量	22.02 亿千瓦	30 亿千瓦	—
	能源加工转换总效率	73.7%	—	—

资料来源：《2030 年前碳达峰行动方案》相关资料整理，2020 年森林覆盖率和蓄积量来源于第九次全国森林资源清查（2014—2018）结果相关资料，2025 年森林覆盖率来源于《中华人民共和国国民经济和社会发展第十四个五年规划和 2035 年远景目标纲要》相关资料。

三、逐步提升能源科技水平

1. 加大能源研发投入规模

（1）加大能源研发投入力度。“十四五”期间，我国能源研发经费投入年均增长 7%以上，新增关键技术突破领域达到 50 个左右，逐步提升能源加工转化效率。

（2）进一步健全能源政产学研用协同创新体系。创新基础设施和创新环境持续完善。围绕国家能源重大需求和重点方向，优化整合并新建一批国家重点实验室和国家能源研发创新平台，有效支撑引领新兴能源技术创新和产业发展。

2. 提升能源技术装备水平

（1）新型电力系统建设。先进可再生能源发电及综合利用、适应大规模高比例可再生能源友好并网的新一代电网、新型大容量储能、氢能及燃料电池等关键技术装备力争取得全面突破，推动电力系统优化配置资源能力进一步提升，提高可再生能源供给保障能力。

（2）积极有序发展核电。推动三代大型压水堆装备自主化水平进一步提升，建立标准化型号和型号谱系。有序推进小型模块化反应堆、（超）

高温气冷堆、熔盐堆、海洋核动力平台等先进核能系统研发和示范。争取乏燃料后处理、核电站延寿等技术研究取得阶段性突破。

（3）推动化石能源清洁低碳高效开发利用。“两深一非”、老油田提高采收率等油气开发技术取得重大突破，有力支撑油气稳产增产和产供储销体系建设。煤炭绿色智能开采、清洁高效转化和先进燃煤发电技术保持国际领先地位，支撑做好煤炭“大文章”。重型燃气轮机研发与示范取得突破，各类中小型燃气轮机装备实现系列化。

3. 推动能源产业数字化智能化升级

（1）数字化智能化是能源产业发展的基本方向。根据国际能源组织的《数字化和能源》研究预测，石油行业的数字化转型可使其生产成本降低 10%~20%、使油气技术可采储量提升 5%，可再生能源的整合程度提升可以使 2040 年全球二氧化碳排放量减少 3000 万吨①。

（2）提升能源产业数字化智能化水平。推动先进信息技术与能源产业深度融合，电力、煤炭、油气等领域数字化、智能化升级示范有序推进。能源互联网、智慧能源、综合能源服务等新模式、新业态持续涌现②。

第四节　我国能源结构转型的重大任务

未来 5~10 年是我国能源结构转型的关键时期，要以结构性政策调整和结构性改革实现能源结构转型的重大突破。这就需要加快各环节关键点的技术突破，加快推进煤炭消费替代与清洁高效利用；以数字化为重点构

① 头豹研究院. 2021 年中国能源行业数字化转型趋势[R]. 2021. 3.

② 刘园园.《“十四五”能源领域科技创新规划》出台[N]. 科技日报，2022-04-06.

建现代能源产业链，增强能源供应链的稳定性和安全性；以绿色金融为重点加大绿色投资，积极构建能源国际合作新格局。

一、确保能源供应的稳定性

1. 增强油气供应能力

（1）加大国内油气勘探开发。坚持常非并举、海陆并重，强化重点盆地和海域油气基础地质调查和勘探，夯实资源接续基础。加快推进储量动用，抓好已开发油田“控递减”和“提高采收率”，推动老油气田稳产，加大新区产能建设力度，保障持续稳产增产。积极扩大非常规资源勘探开发，加快页岩油、页岩气、煤层气开发力度。石油产量稳中有升，力争2022年回升到2亿吨水平并在较长时期内保持稳产。天然气产量快速增长，力争2025年达到2300亿立方米以上。

（2）做好煤制油气战略基地规划布局。在统筹考虑环境承载能力等前提下，稳妥推进已列入规划项目有序实施，建立产能和技术储备，研究推进内蒙古鄂尔多斯、陕西榆林、山西北部、新疆准东、新疆哈密等煤制油气战略基地建设。按照“不与粮争地、不与人争粮”的原则，提升燃料乙醇综合效益，大力发展纤维素燃料乙醇、生物柴油、生物航空煤油等非粮生物燃料。

2. 提升能源系统运行安全水平

（1）加强煤炭安全托底保障。优化煤炭产能布局，建设山西、蒙西、蒙东、陕北、新疆五大煤炭供应保障基地，完善煤炭跨区域运输通道和集疏运体系，增强煤炭跨区域供应保障能力。持续优化煤炭生产结构，以发展先进产能为重点，布局一批资源条件好、竞争能力强、安全保障程度高的大型现代化煤矿，强化智能化和安全高效矿井建设，禁止建设高危矿井，加快推动落后产能、无效产能和不具备安全生产条件的煤矿关闭退出。建立健全以企业社会责任储备为主体、地方政府储备为补充、产品储备与产能储备有机结合的煤炭储备体系。

（2）发挥煤电支撑性、调节性作用。统筹电力保供和减污降碳，根据发展需要加快建设先进煤电，保持系统安全稳定运行必需的合理裕度；加快推进煤电由主体性电源向提供可靠容量、调峰调频等辅助服务的基础保障性和系统调节性电源转型；充分发挥现有煤电机组应急调峰能力，有序推进支撑性、调节性电源建设。

（3）提升天然气储备和调节能力。统筹推进地下储气库、液化天然气（LNG）接收站等储气设施建设。构建供气企业、国家管网、城镇燃气企业和地方政府四方协同履约新机制，推动各方落实储气责任。同步提高管存调节能力、地下储气库采气调节能力和 LNG 气化外输调节能力，提升天然气管网保供季调峰水平。全面实行天然气购销合同管理，加强供需市场调节，强化居民用气保障力度。到 2025 年，全国集约布局的储气能力力争达到 550 亿~600 亿立方米，占天然气消费量的比重达到 13%左右。

（4）维护能源基础设施安全。加强重要能源设施安全防护和保护，完善联防联控机制，重点确保核电站、水电站、枢纽变电站、重要换流站、重要输电通道、大型能源化工项目等设施安全，加强油气管道保护。全面加强核电安全管理，实行最严格的安全标准和最严格的监管，始终把“安全第一、质量第一”的方针贯穿于核电建设、运行、退役的各个环节，持续提升在运在建机组安全水平，确保万无一失。继续支持煤矿安全改造，提升煤矿安全保障能力。

3. 加强能源应急安全防控

（1）强化重点区域电力安全保障。以直辖市、省会城市、计划单列市为重点，提升电力应急供应和事故恢复能力。统筹各地电网结构优化和互联输电通道建设，合理提高核心区域和重要用户的相关线路、变电站建设标准，加强事故状态下的电网互济支撑。推进各地应急保障电源建设，鼓励具备条件的重要用户发展分布式电源和微电网，完善用户应急自备电源配置，统筹安排城市启动电源和公用应急移动电源建设。

（2）提升能源网络安全管控水平。完善电力监控系统安全防控体系，加强电力、油气行业关键信息基础设施安全保护能力建设。推进北斗全球卫星导航系统等在能源行业的应用。加强网络安全关键技术研究，推动建立能源行业、企业网络安全态势感知和监测预警平台，提高风险分析研判和预警能力。

二、加快清洁化改造

1. 推进煤炭消费替代

（1）合理把握煤炭消费增速。“十四五”时期严格合理控制煤炭消费增长，“十五五”时期逐步减少。严格控制新增煤电项目，新建机组煤耗标准达到国际先进水平，有序淘汰煤电落后产能，加快现役机组节能升级和灵活性改造，积极推进供热改造，推动煤电向基础保障性和系统调节性电源并重转型。

（2）严控跨区外送可再生能源电力配套煤电规模。新建通道可再生能源电量比例原则上不低于50%。推动重点用煤行业减煤限煤。合理划定禁止散烧区域，多措并举、积极有序推进散煤替代，逐步减少直至禁止煤炭散烧。

2. 促进煤炭绿色生产

（1）严控煤炭新增产能。做好新增产能与化解过剩产能衔接，完善煤矿正常退出机制，实现高质量协调发展。实施煤炭开发利用粉尘综合治理，限制高硫、高灰、高砷、高氟等煤炭资源开发。

（2）加快绿色矿山建设。强化矿山企业环境恢复治理责任，健全采煤沉陷区防治机制，加快推进历史遗留重点采煤沉陷区综合治理。统筹煤炭与煤层气开发，提高煤矸石、矿井水、煤矿瓦斯等综合利用水平。

（3）加强煤炭洗选加工，提高煤炭洗选比例。促进煤炭上下游、相关产业融合，加快煤炭企业、富煤地区、资源枯竭型城市转产转型发展。

3. 推进煤炭清洁化改造

（1）在煤炭绿色智能开采技术领域。集中攻关煤矿智能开采关键技术与装备、煤炭绿色开采和废弃物资源化利用技术、煤矿重大灾害及粉尘智能监控预警与防控技术、煤炭及共伴生资源综合开发技术等。

（2）在煤炭清洁高效转化技术领域。示范试验研发煤炭精准智能化洗选加工技术，集中攻关新型柔性气化和煤与有机废弃物协同气化技术、煤制油工艺升级及产品高端化技术、低阶煤分质利用关键技术、煤转化过程中多种污染物协同控制技术等。

（3）在先进燃煤发电技术领域。集中攻关先进高参数超超临界燃煤发电技术与超临界 CO_2（$S-CO_2$）发电技术，示范试验高效超低排放循环流化床锅炉发电技术、整体煤气化联合循环发电（IGCC）及燃料电池发电（IGFC）系统集成优化技术、老旧煤电机组延寿及灵活高效改造技术，应用推广燃煤电厂节能环保、灵活性提升及耦合生物质发电等改造技术。

（4）燃气发电技术领域。集中攻关燃气轮机非常规燃料燃烧技术，示范试验中小型燃气轮机关键技术与重型燃气轮机关键技术等。

三、构建数字化现代能源产业链

1. 建设能源数据共享平台

（1）加快构建各级能源数据共享平台，加强能源数据资源开放共享。通过建立健全能源行业各品类、跨业务的数据管理协同机制，打破行业“数据孤岛”，实现行业数据互联互通，建立多级、多业联动的能源大数据库。支持各类市场主体发展企业级平台，因地制宜推进园区级、城市级、行业级平台建设。

（2）建立健全能源数据安全规范。鼓励建设各级各类能源数据中心，制定能源数据确权、开放、流通、交易相关制度，统筹能源数据开发利用、隐私保护和公共安全，建立数据要素分级评估、分级保护机制。

2. 推动能源新业态进一步发展

（1）推进能源产业与5G、大数据、云计算、物联网、人工智能等现代信息技术深度融合。加快能源基础设施数字化、智能化建设。统筹铁路、公路、水运、管道基础设施协同发展，加强能源运输保障。推动电网、燃气网、热力网与交通网的柔性互动和配合调控，促进基础设施协同优化运行和多种能源融合发展，构建能源生产、输送、使用和多种能源、储能体系协调互补的智慧能源系统。

（2）鼓励在产业园区、大型企业、大型公用设施和商务区等建设多能互补、高效存储、智能协调的综合能源服务站。发展新能源数字化运营系统、绿色数据中心等能源互联网和智慧用能新模式，打造主体多元化、领域多样化、服务专业化的综合能源服务新业态。

（3）充分挖掘能源数据价值。完善电力消费、能耗指标等指标数据收集体系，建设各省能源大数据中心、数字化管理示范平台，探索能源数字经济新模式。

3. 加快推进能源数字基础设施建设

（1）提升能源系统数字化技术水平。开展能源领域用智能传感和智能量测、特种机器人、数字孪生。集中攻关能源互联网核心装备技术、系统支撑技术，重点推进面向多能流的能源交换路由器技术、能气交换技术、能量信息化与信息物理融合技术。

（2）推进传统能源行业与数字技术深度融合。集中攻关核电数字化智能化技术、煤矿数字化智能化技术，示范试验油气田与炼化企业数字化智能化技术、水电数字化智能化技术、光伏发电数字化智能化技术、电网智能调度运行控制与智能运维技术、火电厂数字化智能化技术，应用推广风电机组与风电场数字化智能化技术。

（3）实施智慧能源示范工程。

——以多能互补的清洁能源基地、源网荷储一体化项目、综合能源服务、智能微网、虚拟电厂等新模式新业态为依托，开展智能调度、能效管理、负荷智能调控等智慧能源系统技术示范。

——推广电力设备状态检修、厂站智能运行、作业机器人替代、大数据辅助决策等技术应用，加快“智能风机”“智能光伏”等产业创新升级和行业特色应用，推进电站数字化与无人化管理，开展新一代调度自动化系统示范。

——实施煤矿系统优化工程，因地制宜开展煤矿智能化示范工程建设，建设一批少人、无人示范煤矿。加强油气智能完井工艺攻关，加快智能地震解释、智能地质建模与油藏模拟等关键场景核心技术开发与应用示范。建设能源大数据、数字化管理示范平台。

（4）构建以数字化为特征的新型电力系统。2021 年 3 月，中央财经委员会第九次会议强调“构建以新能源为主体的新型电力系统”。

——加快实现电网智能化，促进发输配用各领域、源网荷储各环节、各能源系统间敏捷智能联动，进一步提高新能源消纳水平。

——加快开展“双碳”情景下能源系统安全稳定运行控制、多时空尺度电力电量平衡、仿真评估技术等领域攻关，积极打造新型电力系统示范区。

——大力开展综合能源服务，畅通能源使用“微循环”，大幅提高能源使用效率，创建一批智慧零碳示范园区和零碳示范城市，为加快建设绿色低碳社会贡献力量。

四、实现能源关键技术突破

1. 供给端：提升新能源开发利用技术及储能技术水平

（1）以水能、风能、太阳能为重点大力发展新能源发电技术。

——对于水电，研发水电基地可再生能源协同开发运行关键技术与水电工程健康诊断、升级改造和灾害防控技术。

——对于风电，研发深远海域海上风电开发及超大型海上风机技术，应用推广退役风电机组回收与再利用技术。

——对于太阳能发电，研发新型光伏系统及关键部件技术、高效钙钛矿电池制备与产业化生产技术、高效低成本光伏电池技术、光伏组件回收处理与再利用技术、太阳能热发电与综合利用技术等。

——推进生物质能转化与利用技术、地热能开发与利用技术、海洋能发电及综合利用技术等其他可再生能源发电及利用技术研发。

（2）大力发展氢能技术，稳步推进氢在交通、储能、发电、工业等领域的多元化应用。加大研发力度，尽快攻克氢气制备、储运、加注关键技术，攻关氢安全防控及氢气品质保障技术，研发试验燃料电池设备及系统集成关键技术。

（3）优化升级安全高效核能技术。优化三代核电关键技术；开展小型模块化反应堆、（超）高温气冷堆、熔盐堆等新一代先进核能系统关键核心技术攻关；研究放射性废物处理处置、核电站长期运行、延寿等关键技术，推进核能全产业链上下游可持续发展。

（4）大力发展储能技术。集中攻关能量型/容量型储能技术装备及系统集成技术、功率型/备用型储能技术装备与系统集成技术、储能电池共性关键技术、分布式储能与分布式电源协同聚合技术，示范试验大型变速抽水蓄能及海水抽水蓄能关键技术。

专栏 5.2

新能源开发利用及储能技术发展点举例

1. 太阳能发电技术发展点举例

根据半导体材料的不同，太阳能电池可被分为第一代晶体硅太阳能电池、第二代薄膜太阳能电池，以及第三代新型太阳能电池。在碳中和背景下，太阳能的应用逐渐加深，新型光伏技术迭代加速发展。钙钛矿太阳能电池是利用钙钛矿型的有机金属卤化物半导体作为吸光材料的太阳能电池。相比传统转化方式而言，钙钛矿太阳能电池能够提升太阳光的利用水平，此外，还具备价格低、投资小、制备简单等优势。然而，由于钙钛矿材料的耐水性不高，其稳定性和使用寿命较晶硅和无机薄膜材料有明显差距。未来，稳定性或将成为钙钛矿光伏技术商业化应用前景的决定性因素。

2. 氢能技术发展点举例

氢能是最环保、最容易获得的能源，可以做到零排放，被誉为一种“终极清洁能源”。氢能是未来能源变革的重要组成部分。PEM 电解槽相比于碱水电解槽，由于两级室的分隔物、电极、电解槽结构、电解液，电解槽内的电传导方式不同，在反应过程中，具有一系列结构上带来的优势。更加适合可再生能源发电的间歇性与不均匀性，未来发展空间较大，预计2050年渗透率有望达到40%，制氢规模有望达到2713万吨。氢气的单位体积能量密度极低且液化极其困难，而且容易引发燃烧和爆炸，导致储运成本高。氢能储运技术突破在于提高储氢密度和安全性，因此优良氢载体的选择也成为构建氢能源系统的关键。此外，基于氨的清洁运输燃料方式也是一个方向。液氨储氢技术是指将氢气与氮气反应生成液氨，作为氢能的载体进行利用。在同等条件下，液氨在标准大气压下-33℃就能够实现液化，与之相比，如果直接运输液氢温度则需要降至-253℃左右，液氨运输难度相对更低；且液态氨单位质量储氢密度高达17.8wt%、单位体积储氢密度高达10.7kgH_2/100L（常温，10个大气压），因此氨（NH_3）被认为是最佳的氢载体之一。

3. 储能技术发展点举例

目前，抽水储能技术是发展最成熟、建设规模最大的蓄能方式；以锂电池为代表的电化学储能技术已经初步进入商业化、规模化应用。可实现跨天、跨月，乃至跨季节充放电循环的储能系统为长时储能系统。此时我国正处在短时平稳电网波动阶段，储能项目主要是和风光配套，来增加消纳以及减少电网波动，现阶段仍以锂电储能为主，待其他储能成本下降以及新能源发电到达一定比例后，长时储能将走上发展的快车道。可再生能源的能量存储能力一直是阻碍可再生能源发展的一大障碍，来自麻省理工学院（MIT）的一组研究人员开发出了一种新型全液态金属电池系统，这种系统能够在更低的温度下工作，具有更长的使用寿命以及更低的主题成本。在测试中发现，经过十年的日常充放电后，这种电池仍能保持初始转化效率的85%（初始转化效率约为70%）。“热岩”储能技术也是长时储能的一大前沿技术。其基本原理是空气中的热能从一个大的储气罐移动到另一个储气罐，然后再返回，在某个点截取能量作为有用功的输出。“热岩”储能系统包括两个进程——第一个进程为系统充电，第二个进程为其放电。近年来，西门子一直在研究通过加热岩石来储存可再生能源。虽然目前岩石储能是一项冷门的技术，但市场关注度却十分高涨。相对于电池储能技术而言，它的原料易得，拥有极大的成本优势，更为重要的是，这一储能技术更为环保安全。

资料来源：前瞻碳中和战略研究院．碳中和背景下低碳科技关键技术发展与机遇[R].2021.12.

2. 消费端：大力发展行业节能减排技术

（1）发展行业节能减排技术。按照既定工作目标和重点方向，大力推进炼油、乙烯、二甲苯、现代煤化工、合成氨、电石、烧碱、纯碱、磷铵、黄磷、水泥、平板玻璃、建筑卫生陶瓷、钢铁、焦化、铁合金、有色金属冶炼等行业节能减排技术，从能源消费端的技术突破推动能源结构转型。

（2）发展智慧能源系统。多能互补是我国能源利用的主要方向，智慧能源系统将担负起协调供需两侧资源的重任，保障可再生能源的高质量发展。加快推动互联网技术、人工智能、大数据等数字技术的引入，推动分布式可再生能源发电与新一代信息产业数据服务结合的绿色数据中心，促进可再生能源发电与数字产业结合。加快推动电网等基础设施升级，全面提升电力系统的智能化水平。

（3）加快建设多能互补的综合能源系统。加快推进源网荷储一体化，优先利用可再生能源，围绕供热、供电、供冷的用能需求，结合风、光、潮汐、地热、生物质能、微型燃气轮机等分布式电源特性，探索建立差异化的多能互补供能方式。促进分布式微电网关键核心技术攻关，推进以可再生能源为主、分布式电源多元互补的可再生能源独立型或联网型微电网应用示范工程建设。

（4）推动可再生能源与电动汽车高效协同。统筹电动汽车能源利用与风力发电、光伏发电等协同调度，提升可再生能源应用比例。

（5）推动可再生能源与其他产业结合的融合创新应用。发挥风能、太阳能分布广泛以及生物质废弃物资源综合利用优势，因地制宜鼓励可再生能源开发利用与其他产业发展的融合及互补，实现各类经济、社会和环境综合效益①。

① 可再生能源“十四五”会出现哪些新业态？[N]. 中国电力报，2022-06-16.

3. 技术端：明显提升碳汇能力

（1）大力发展 CCUS[①] 技术。在以煤为主的能源消费结构短期内难以改变的情况下，重点考虑大力发展 CCUS 技术。

——明确面向碳中和目标的 CCUS 技术发展路径。充分考虑碳中和目标下的产业格局和重点排放行业排放路径，全面系统评估我国到 2060 年 CCUS 技术的减排需求和潜力。根据相关报告，煤电是我国二氧化碳减排需求潜力最大的行业，化工与生物利用是我国二氧化碳的主要利用行业（见表 5.21、表 5.22）。

表 5.21　2025—2060 年我国各行业 CCUS 二氧化碳减排需求潜力（单位：亿吨/年）

地区	2025 年	2030 年	2035 年	2040 年	2050 年	2060 年
煤电	0.06	0.2	0.5~1	2~5	2~5	2~5
气电	0.01	0.05	0.2~1	0.2~1	0.2~1	0.2~1
钢铁	0.01	0.02~0.05	0.1~0.2	0.2~0.3	0.5~0.7	0.9~1.1
水泥	0.001~0.17	0.1~1.52	0.2~0.8	0.3~1.5	0.8~1.8	1.9~2.1
BECCS	0.005	0.01	0.18	0.8~1	2~5	3~6
DACCS	0	0	0.01	0.15	0.5~1	2~3
石化和化工	0.05	0.5	0.3	0	0	0
全行业	0.09~0.3	0.2~4.08	1.19~8.5	3.7~13	6~14.5	10~18.2

资料来源：蔡博峰，李琦，张贤等．中国二氧化碳捕集利用与封存（CCUS）年度报告（2021）——中国 CCUS 路径研究[R]．生态环境部环境规划院，中国科学院武汉岩土力学研究所，中国 21 世纪议程管理中心．2021.8.

① CCUS 是指将二氧化碳从工业过程、能源利用或大气中分离出来，直接加以利用或注入地层以实现二氧化碳永久减排的过程。CCUS 在二氧化碳捕集与封存（CCS）的基础上增加了“利用（Utilization）”，这一理念是随着 CCS 技术的发展和对 CCS 技术认识的不断深化，在中美两国的大力倡导下形成的，目前已经获得了国际上的普遍认同。CCUS 按技术流程分为捕集、输送、利用与封存等环节。

表 5.22　2025—2060 年 CCUS 我国二氧化碳利用与封存潜力（单位：亿吨/年）

潜力	2025 年	2030 年	2035 年	2040 年	2050 年	2060 年
化工与生物利用	0.4~0.9	0.9~1.4	1.4~2.6	2.9~3.7	4.2~5.6	6.2~8.7
地质利用与封存	0.1~0.3	0.5~1.4	1.3~4.0	3.3~8.0	5.4~14.3	6.0~20.5
合计	0.5~1.2	1.4~2.8	2.7~6.6	6.2~11.7	9.6~19.9	12.2~29.2

资料来源：蔡博峰，李琦，张贤等．中国二氧化碳捕集利用与封存（CCUS）年度报告（2021）——中国 CCUS 路径研究[R]．生态环境部环境规划院，中国科学院武汉岩土力学研究所，中国 21 世纪议程管理中心．2021.8.

——完善 CCUS 政策支持与标准规范体系。推动 CCUS 商业化步伐，将 CCUS 纳入产业和技术发展目录，完善优化法律法规框架，制定科学合理的建设、运营、监管、终止等标准体系。

——规划布局 CCUS 基础设施建设。加大二氧化碳捕集、输送与封存各环节的基础设施投资力度与建设规模，提高技术设施管理水平，建立相关基础设施合作共享机制，推动 CCUS 技术与不同碳排放领域和行业的耦合集成。

——有序开展大规模 CCUS 示范与产业化集群建设。提高 CCUS 全链条技术单元之间的兼容与集成优化，加快突破大规模 CCUS 全流程示范的相关技术瓶颈，促进 CCUS 产业集群建设。

（2）持续提升碳汇能力。我国目前生态系统每年固碳速率在 10 亿吨到 40 亿吨二氧化碳，抵消人为碳源的 10%~40%。持续巩固提升生态系统碳汇能力是实现“双碳”目标的必备手段。以海洋碳汇技术发展为例，森林、耕地碳汇扮演着重要角色，但海洋碳汇发展潜力较大，海洋不仅储存了地球上 93%的二氧化碳，每年还可吸收约 30%的二氧化碳，是陆地碳汇的 3 倍。

专栏 5.3

海洋碳汇技术：海洋人工上升流能量泵技术

海洋人工上升流能量泵技术，能够通过上升流能量泵阵列，人为地从500米深海将富含营养物质的深海海水提升至阳光能够照射到的浅海表面，加速浅海区域浮游生物的生长。深度超过300米的海水具有高浓度的溶解硝酸盐、磷酸盐和铁等微量矿物质。当深层海水在阳光下混合时，会生长出浮游植物，这些植物状的生物会吸收二氧化碳并产生氧气。当这些浮游生物死亡后，其尸体将会牢牢锁住二氧化碳，并将其永远沉在深海的海底当中，从而增加海洋固碳，促进海洋碳汇。

资料来源：前瞻碳中和战略研究院．碳中和背景下低碳科技关键技术发展与机遇[R]. 2021. 12.

Structural Transformation:
Cross the Threshold of
High-quality Development

第六章

贸易结构转型

服务贸易已经成为全球自由贸易的焦点和重点。过去10多年来，我国服务贸易加快发展，但仍面临着服务贸易竞争力不强的挑战。适应国内以服务型消费为重点的消费结构升级大趋势，关键在于推进贸易结构转型，奠定高质量发展的基础。为此，需要以结构性改革加快破除服务贸易创新发展的掣肘，推动服务贸易加快发展，增强服务贸易发展的竞争优势。

改革开放以来，我国打开国门加快融入世界。在不断深化开放的进程中，抓住全球化的机遇，我国迅速成长为一个新型开放大国，不仅推动着自身经济的较快发展，而且也推动着世界经济格局的变化。其中，尤其值得关注的是我国贸易结构的变化。我国不仅是货物贸易大国，而且还是服务贸易大国，服务贸易比重逐步提升。面对全球化的挑战，抓住全球化的机遇，实现经济高质量发展，仍然需要推进贸易结构转型，进一步提升贸易的质量、效率与竞争力，夯实经济高质量发展的基础。

第一节　我国贸易结构转型进程

在产业结构变革与服务业市场开放的双重推动下，我国服务贸易发展取得较大进展，成为推进经济社会发展的重要动力。“中国服务”在国际市场逐步发展，也成为我国大变局的重要底气。与此同时，我国贸易结构转型仍面临突出矛盾，实现经济高质量发展对贸易结构转型提出了更为迫切的要求。

一、贸易结构转型进程

1. 服务贸易规模不断提升

（1）服务贸易总规模不断扩大。

——2014—2021 年，我国服务贸易额由 6520.2 亿美元增长至 8214.4

亿美元。

——2020 年以来，受新冠肺炎疫情影响，我国服务贸易进出口总额有所波动，2021 年我国服务贸易总额由 2020 年的 6617.2 亿美元增长至 8214.4 亿美元，同比增长 24.1%。由于货物贸易超常规增长，服务贸易占对外贸易总额比重由 12.4%下降到 11.9%（见图 6.1）。

——2021 年，我国服务贸易规模继续保持世界第二位，超过绝大多数发达经济体。

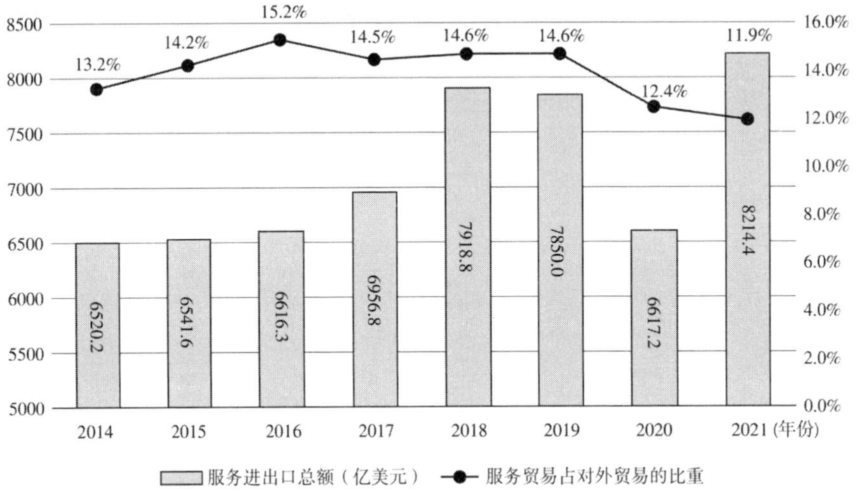

图 6.1　2014—2021 年我国服务贸易额及占比

数据来源：国家统计局．中国统计年鉴 2021［M］．北京：中国统计出版社，2021.9；2021 年数据来源于《中华人民共和国 2021 年国民经济和社会发展统计公报》。

（2）服务贸易进口规模远大于出口规模，但出口增速快于进口增速。

——服务贸易出口规模不断扩大。2014—2019 年，我国服务贸易出口总额由 2191.4 亿美元增长到 2806.3 亿美元，年均增长 3.8%。2020—2021 年，我国服务贸易出口总额由 2806.3 亿美元增长至 3943.4 亿美元，增长 40.5%。2022 年上半年，服务出口 14059.5 亿元人民币，同比增长 24.6%。

——服务贸易进口规模不断扩大。2014—2019 年，我国服务贸易进口总额由 4328.8 亿美元增长到 5014 亿美元，年均增长 3%。2020—2021 年，我国服务贸易进口总额由 3810.9 亿美元增长至 4271 亿美元，增长 12.1%（见图 6.2）。

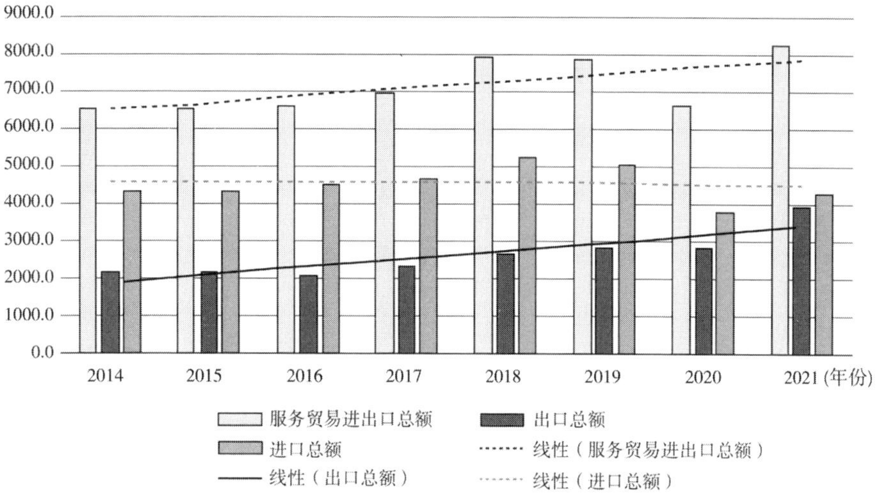

图 6.2　2014—2021 年我国服务贸易总额及变动趋势（单位：亿美元）

数据来源：2014—2020 年数据来源于《中国统计年鉴 2021》，2021 年数据来源于《中华人民共和国 2021 年国民经济和社会发展统计公报》。

2. 服务贸易内部结构不断优化

（1）传统服务贸易平稳增长。

——从总体规模看。2017—2019 年，以运输、旅行、建筑等为代表的传统服务贸易进出口总额由 4825.0 亿美元增长至 5075.4 亿美元，年均增长 2.6%。2020 年受新冠肺炎疫情等因素的影响，我国传统服务贸易进出口总额为 3608.9 亿美元，比 2019 年下降 28.9%（见图 6.3）。

——从传统服务贸易出口看，2017—2019 年，我国传统服务贸易出口总额由 1238 亿美元增长至 1383 亿美元，年均增长 5.7%。2020 年，我国传统服务贸易出口总额为 1229.8 亿美元，比 2019 年下降 11.1%。

——从传统服务贸易进口看，2017—2019 年，我国传统服务贸易进口总额由 3588 亿美元增长至 3692.3 亿美元，年均增长 1.4%。2020 年，我国传统服务贸易进口总额为2379.2亿美元，比2019年下降35.6%。

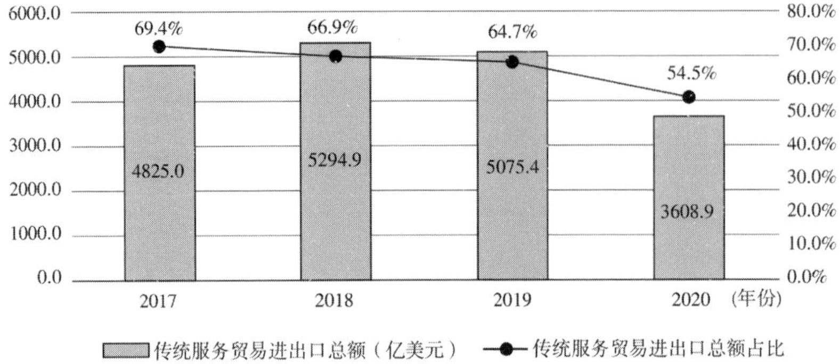

图6.3　2017—2020年我国传统服务贸易进出口总额及占比

数据来源：2018—2021年《中国统计年鉴》统计数据整理。

（2）知识密集型服务贸易增长迅速。

——从知识密集型服务贸易总体规模看，2017—2020年，以保险服务、金融服务、电信、计算机和信息服务、知识产权使用费、个人、文化和娱乐服务等为代表的知识密集型服务贸易迅速增加，进出口贸易总额由2079.0亿美元增长至2947.6亿美元，年均增长12.3%。2017—2020年知识密集型服务贸易进出口总额占服务贸易进出口总额的比重由29.9%上升至44.5%，增长了14.6个百分点（见图6.4）。

——从知识密集型服务贸易出口规模看，2017—2020年，我国知识密集型服务贸易出口总额由1026亿美元增长至1551.5亿美元，年均增长14.8%。2017—2020年，我国知识密集型服务贸易出口额占服务贸易出口总额的比重由45%上升至55.3%，增长了10.3个百分点。

——从知识密集型服务贸易进口规模看，2017—2020年，我国知识密集型服务贸易进口总额由1055亿美元增长至1396.1亿美元，年均增长9.8%。知识密集型服务贸易进口额占服务贸易进口总额的比重由22.6%上升至36.6%，增长了14个百分点。

（3）商业存在模式服务贸易发展迅速。按世界贸易组织的FATS统计

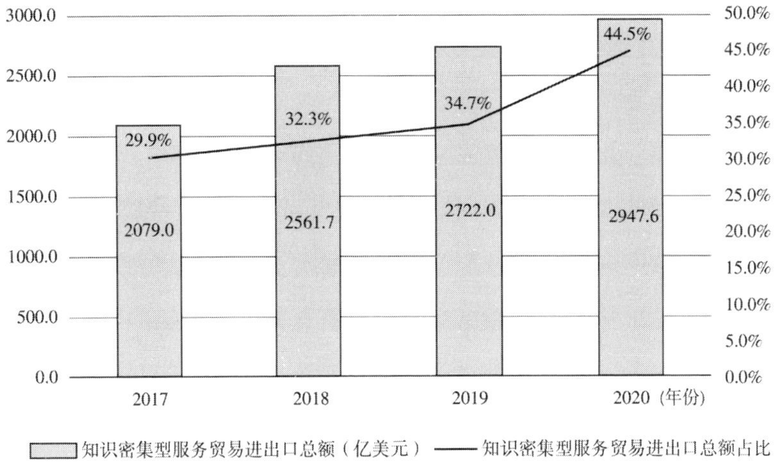

图 6.4　2017—2020 年我国知识密集型服务贸易进出口总额及占比

数据来源：2018—2021 年《中国统计年鉴》统计数据整理。

口径，以商业存在模式提供的服务贸易约占全球服务贸易总额的 55%，与全球跨境投资 60%以上投向服务业的趋势相一致。据商务部统计，我国商业存在模式服务贸易快速增长，2018 年我国商业存在模式服务贸易为 15 万亿元人民币，是当年服务进出口的 2.9 倍，占全口径服务贸易规模的 74.4%，同比增长 17.6%，高于服务整体进出口增速 6.1 个百分点①。

3. 数字贸易较快发展

（1）数字服务贸易规模持续扩大。《数字贸易发展与合作报告 2021》显示，2020 年我国数字服务贸易规模达 2947.6 亿美元，相比 2011 年规模基本实现翻一番，年均增长 6.7%，高于同期服务贸易（4.4%）和货物贸易（2.7%）的增速，增速在世界位居前列②。

2015—2020 年，我国数字传输方式实现的服务出口额由 1794.4 亿美元增加至 2939.9 亿美元，年均增长 10.4%，是全球平均增速的 2 倍；占服

① 服务贸易成为外贸增长新引擎[N]. 新京报，2021-09-04.

② 国研中心外经部与中国信通院联合发布《数字贸易发展与合作报告 2021》[EB/OL]. 澎湃新闻，2021-09-06.

务贸易的比重由27.4%提升至44.4%①。根据商务部测算，2015—2019年，我国可数字化交付服务贸易规模从2000亿美元增长至2722亿美元，占服务贸易总额的比重从31%增长到35%②。

根据麦肯锡分析，尽管我国服务贸易仍存在较大逆差，但在数字领域的服务贸易连续5年保持100亿~150亿美元的顺差。欧洲高等商学院（ESCP）欧洲数字竞争力中心发布的《2020年数字崛起者报告》显示，过去3年来，在G20中，我国数字竞争力显著提升，位列第四③。

（2）信息通信服务贸易高速增长。近年来，随着信息技术业的发展及数字革命的推进，我国信息通信服务贸易呈高速增长态势。2010—2019年，我国信息通信服务贸易额由145.79亿美元增长到806.46亿美元，年均增长20.9%，高于服务贸易整体增速12.3个百分点；占服务贸易额的比重由3.9%提升至10.3%，提高了6.4个百分点（见图6.5）。其中，信息通信服务出口额由104.8亿美元增长至537.9亿美元，年均增长23.2%，我国信息通信服务顺差规模快速扩大。

（3）跨境电商快速发展。2015—2020年，我国跨境电商进出口总额由360.2亿元人民币增加至16900亿元人民币，是2015年的46.9倍，年均增长47.6%，远高于我国货物及服务贸易平均增速。预计未来一段时期内，我国跨境电商交易额仍将保持两位数的增速。

（4）数字交付服务贸易规模不断扩大。2015—2019年，我国数字交付服务贸易规模从1794.41亿美元增长到2718.11亿美元，年均增长10.9%，快于服务贸易整体增速1.5个百分点；占服务贸易额的比重由27.4%上升至34.7%，提高了7.3个百分点（见图6.6）。同时，数字交付服务贸易抗冲击能力更强。例如，2019年，在保护主义影响下，我国服务贸易同比下

---

① 迟福林：打造高水平的海南自由贸易港[EB/OL].2021-01-16.

② 2021年中国数字服务贸易发展现状与出口竞争分析软件和数字内容服务出口能力提高[EB/OL].东方财富网，2021-02-04.

③ 欧洲智库：中国数字竞争力显著提升[EB/OL].光明网，2020-09-12.

降1.6%，但数字交付服务贸易增长6.1%。

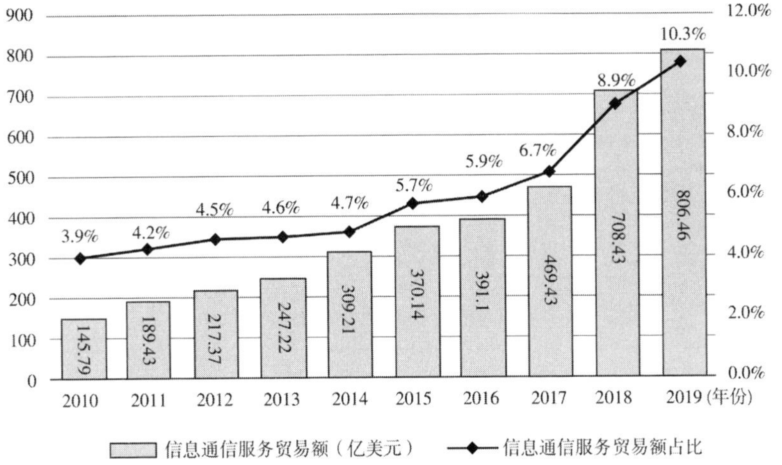

图6.5　2010—2019年我国信息通信服务贸易额及占比

数据来源：WTO数据库。

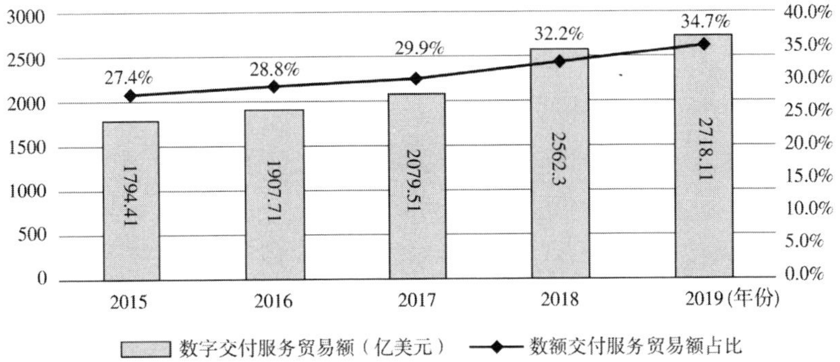

图6.6　2015—2019年我国数字交付服务贸易额及占比

数据来源：UNCTAD。

从服务出口结构看，数字交付服务出口的快速增长成为突出亮点，并带动数字服务贸易快速发展。2010—2019年，我国数字交付服务出口额由576.5亿美元增长至1435.5亿美元，占服务出口总额的比重由32.3%上升至50.7%（见图6.7）。这表明，在我国服务出口结构中，数字交付服务出口已占据主导地位。

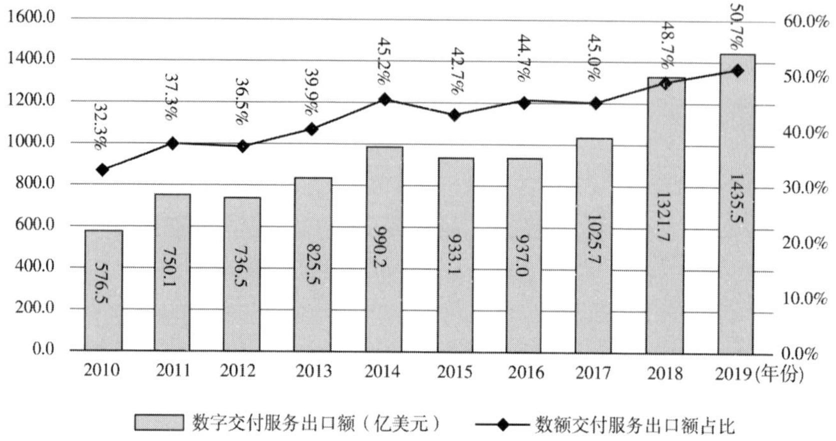

图 6.7　2010—2019 年我国数字交付服务出口额及占比

数据来源：UNCTAD。

（5）离岸服务外包成为数字贸易出口的主要方式。我国离岸服务外包占可数字化服务出口的 68%，成为数字贸易出口的主要方式。2016—2020 年，我国离岸服务外包执行额从 704.1 亿美元增至 1057.8 亿美元，年均增长 10.7%。2020 年受新冠肺炎疫情影响，服务贸易整体下滑，离岸服务外包逆势增长达 9.2%，带动服务出口提升 3.8 个百分点①。

二、“中国服务”成为重要动力

1. 服务贸易成为稳外贸重要动力

（1）服务贸易成为推动外贸发展的重要动力。2014—2021 年，我国服务贸易额年均增长 3.4%，虽然略低于货物贸易增速的 5%和外贸总额整体增速的 4.8%②，但服务贸易在对外贸易进出口总额中的绝对值在明显增加。

① 王晓红，夏友仁．中国数字贸易发展：现状、挑战及思路[J]．全球化，2022（02）．

② 2014—2020 年数据来源于《中国统计年鉴 2019》，2021 年数据来源于《中华人民共和国 2021 年国民经济和社会发展统计公报》。

（2）服务贸易成为双循环的重要连接点。

——传统服务贸易。党的十八大以来，我国旅行服务进口从1019.8亿美元增至2507.4亿美元，年均增长168%，是同期全球增速的3.6倍，占全球旅行进口的比重从7.5%提高至18%。我国人均旅行支出从200美元增至1600美元。

——服务业吸引外资。2020年，我国实际利用外资1443.7亿美元；其中，服务业利用外资1121.8亿美元，占比高达77.7%，比2015年提升13.4个百分点。

2. 为全球贸易持续增长注入新动力

（1）对全球服务贸易的贡献度。过去15年，我国服务进口累计达到4.5万亿美元，对全球服务进口增长的贡献率达到12.9%，累计拉动全球服务进口增长10.4个百分点。

（2）服务贸易仍有较大的空间。未来15年，我国将进口超过10万亿美元的服务①，有力推动全球服务贸易的增长。

3. 为全球经济增长增添新活力

（1）中国服务市场已为全球所关注。随着城乡消费结构升级，我国14亿人的服务型消费大市场将成为国际服务贸易市场主体高度关注的对象。例如，从趋势看，我国将成为全球最大的健康医疗市场，预计到2030年，我国健康服务业总规模将达到16万亿元②。这为欧洲、日本等全球重要的健康服务提供商带来了巨大的商机。

（2）中国服务成为全球增长的重要动力。加快服务贸易发展，释放我国巨大的服务型消费潜力，可以部分缓解由于需求不足而导致的全球经济增长乏力的问题，使我国市场潜力转变为全球增长动力。

---

① 商务部：未来15年中国进口服务将超过10万亿美元[EB/OL]. 中国网，2020-09-03.

② 国家卫计委：2030年我国健康服务业总规模将达16万亿元[EB/OL]. 新华网，2017-08-14.

三、贸易结构转型挑战

1. 服务贸易竞争力不强

(1) 服务贸易占比偏低。我国已成为全球第二大服务贸易国，但与排名第一的美国仍有较大差距。按美元计算，2021 年，我国服务贸易规模仅为美国的 51.1%[①]。从占比来看，2021 年，我国服务贸易额占外贸总额的比重仅为 12.80%，不仅低于 18.0%的发展中国家平均水平，也低于世界 21.10%的平均水平，更远低于 30%的发达国家平均水平（见图 6.8）。

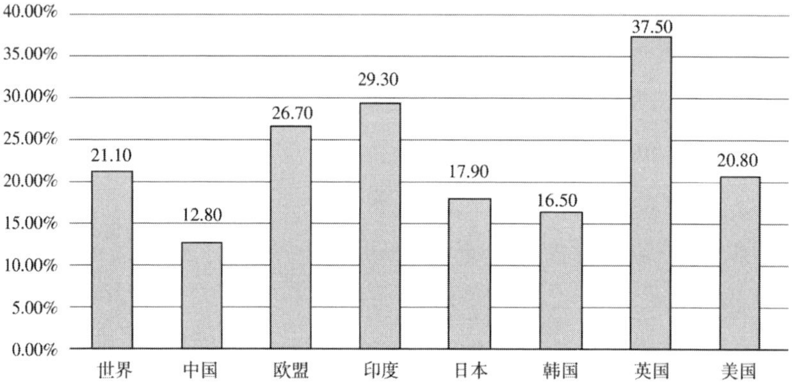

图 6.8 2021 年世界主要国家服务贸易占贸易总额比重（单位：%）

数据来源：WTO 数据库。

(2) 服务贸易竞争力有待提升。

——自 2009 年我国服务贸易由顺差转为逆差以来，服务贸易逆差规模不断扩大。2009—2018 年，我国服务贸易逆差由 296 亿美元增长至 2582 亿美元，增长了近 8 倍；服务贸易逆差占服务贸易额的比重由 5.07%快速上升至 32.61%。

——此后，受新冠肺炎疫情等因素的影响，服务贸易逆差规模不断下降，占服务贸易额的比重也不断下降。2021 年，我国服务贸易逆差为

① 根据 WTO 数据库统计数据计算得出。

327.6 亿美元，服务贸易逆差占服务贸易额的比重为 3.93%（见图 6.9）。虽然我国服务贸易逆差的趋势有所缓解，但这是新冠肺炎疫情影响下特殊情况的逆差收缩，我国服务贸易的国际竞争力仍有待提高。

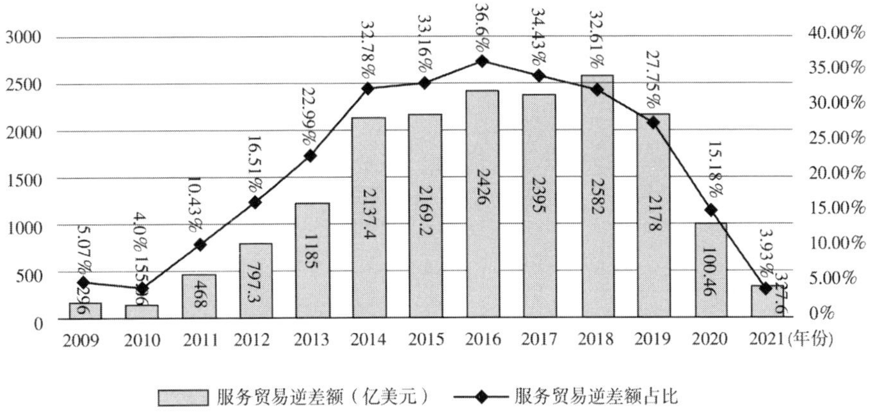

图 6.9　2009—2021 年我国服务贸易逆差额及占比

数据来源：《中国统计年鉴 2021》统计数据整理，2021 年数据来源于《中华人民共和国 2021 年国民经济和社会发展统计公报》。

（3）参与全球服务贸易规则制定的话语权不足。

——当前，美国、欧盟、日本等发达国家和地区不断出台国家战略、完善立法、强化国际战略同盟，尤其是通过区域、双边、专项协定等方式制定数字贸易规则，并在全球发挥主导作用。

——在我国已签署的 19 个自贸协定中（含内地与港澳更紧密的经贸关系安排），14 个未涉及金融服务、13 个未涉及电子商务。从服务贸易自由化便利化程度来看，目前我国仅在中韩自贸协定第二阶段谈判中首次使用负面清单方式开展服务贸易和投资谈判。

——参与度不足、自由化便利化水平不高等直接制约了我国在全球服务贸易规则制定中的话语权。

2. 服务贸易结构有待进一步优化

（1）传统服务贸易占比偏高。2021 年，我国货物相关服务、运输服务、旅行服务等三大传统服务贸易占服务贸易额的比重为42.90%，高于世界平均水平10.3个百分点，高于欧盟5个百分点以上，高于美国、日本、印度20个百分点以上（见图6.10）。

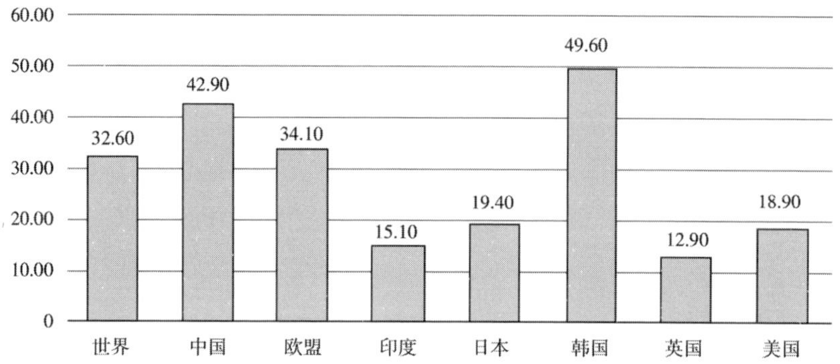

图6.10 2021年部分国家三大传统服务贸易占服务贸易额的比重（单位：%）

数据来源：WTO数据库。

（2）服务贸易区域发展不平衡。我国服务贸易“东强西弱”的特点突出。2020年，我国东部地区服务贸易额占全国服务贸易总额的比重为83.1%；中西部地区占比为13.4%，与2016年相比下降3.6个百分点①。

（3）货物贸易与服务贸易的相互促进作用不强。

——我国货物贸易对服务贸易的促进作用停留在进口层面，在出口层面货物贸易对服务贸易的促进作用远远不够。主要原因在于我国的货物贸易仍然以加工贸易为主，产品附加值低。

——服务贸易竞争力不足无法推动货物贸易的深层次发展，也无法带动货物贸易的转型升级，更无法有效实现货物贸易与服务贸易的相互促进作用。这是因为我国服务贸易高技术人才匮乏、创新水平不足、技术含量低下以及产权制度不完善等问题严重制约了服务贸易国际竞争力的提升。

① 商务部综合司，商务部国际贸易经济合作研究院．中国对外贸易形势报告（2021年秋季）[R].2021.11.

3. 数字服务贸易水平有待提升

（1）服务贸易数字化水平还相对偏低。

——中国数字企业的国际竞争力还有较大差距。根据UNCTAD数据，在全球70个最大数字平台中，美国和中国分别占据市值的第一、第二位，美国占68%，中国仅占22%。

——知识密集型服务贸易开放不足。我国在市场准入、自然人流动、数据本地化方面限制措施较多，已经成为制约数字贸易发展的重要障碍①。

（2）数字服务贸易的制度保障尚不健全。

——数据流动及监管方面缺乏具体法律规制。我国仅在《网络安全法》中确立数据跨境流动基本规则，对于数据的收集、整理、传输、存储、使用以及监管等方面，未作出详细的规制。数字贸易在通关、商检、消费者权益等方面的法律分散于《对外贸易法》《海关法》等不同法律中，未形成统一的数字贸易法。

——个人信息和知识产权保护法律不完善。网络数据安全问题日益凸显。当前，个人数据泄露、黑客攻击、侵袭工业体系数据系统等安全事件频发，成为影响数字贸易发展的突出障碍。我国在个人信息保护和在线消费者保护方面的法律尚待完备，在电子签名、电子认证、信用体系等方面未形成统一标准；数字产品的易复制、易修改和易传播等性质，加大了对知识产权保护的挑战。我国网络侵权的案件量逐年上升，比如盗版文学作品和软件等数字内容，使部分国外高科技产业对我国市场有所顾虑②。

（3）数字服务贸易的基础设施有待优化。在2021年世界移动通信大会（MWC）上Ookla测速网站机构统计显示，我国固定宽带的平均下载速度为63.69Mbps，位于全球排名中第21位，相较于2020年上升两位，但

① 王晓红，夏友仁．中国数字贸易发展：现状、挑战及思路[J]．全球化，2022（02）．

② 郑伟，钊阳．数字贸易：国际趋势及我国发展路径研究[J]．国际贸易，2020（04）．

与发达国家仍相差甚远①。截至 2021 年 6 月，我国互联网普及率超 70%，网民规模达到 10.11 亿，网民中使用手机上网的比例高达 99.6%，但边远地区人口密度低，建设宽带的成本相对较高，使数字经济呈现从东向西发展逐渐下降的趋势，东西部地区以及农村和城镇地区数字经济发展差距拉大，形成“数字鸿沟”。

4. 服务贸易限制指数仍然较高

（1）服务贸易限制指数持续下降，但仍相对偏高。根据 OECD 发布的 2021 年全球服务贸易限制指数（STRI），近年来，我国的服务贸易限制指数与过去几年相比已逐步下降，但与服务贸易限制指数样本中的其他国家相比，仍相对较高。

（2）不同行业服务贸易限制指数差异明显。与所有国家的平均服务贸易限制指数相比，我国建筑服务、工程服务、铁路货物运输和分销服务是得分最低的领域，会计与审计服务、电影、快递服务、广播电视、录音服务和电信服务是得分较高的领域（见表 6.1）。

表 6.1　2021 年我国各行业服务贸易的限制指数

领域	行业	50 国平均值	中国	是否低于 50 国平均水平	得分
数字网络	计算机服务	0.219	0.266	是	41
	电信服务	0.244	0.667	是	49
	广播电视	0.322	0.671	是	50
	电影	0.221	0.562	是	50
	录音服务	0.202	0.415	是	50

① 张秋平，周宇清. 后疫情时代下我国数字服务贸易的发展分析[J]. 商业经济，2022(05).

续表

领域	行业	50国平均值	中国	是否低于50国平均水平	得分
交通运输和分销供应	空中运输	0.418	0.407	否	23
	海上运输	0.271	0.284	是	27
	公路货物运输	0.235	0.209	否	25
	铁路货物运输	0.321	0.239	否	27
	快递服务	0.284	0.721	是	50
	分销服务	0.194	0.157	否	22
	货物装卸	0.262	0.298	是	36
	仓储	0.239	0.235	否	33
	货运代理	0.208	0.194	否	23
	报关	0.23	0.203	否	22
市场衔接和支持服务	法律服务	0.385	0.478	是	37
	会计与审计服务	0.324	0.727	是	47
	商业银行	0.232	0.324	是	42
	保险	0.226	0.348	是	44
基础设施服务	建造服务	0.225	0.213	否	28
	建筑服务	0.253	0.157	否	8
	工程服务	0.235	0.155	否	10

数据来源：OECD数据库。

第二节　全球服务贸易发展趋势

随着全球经济服务化，特别是大数据、物联网、云计算和移动互联网等信息技术的快速发展，服务的可贸易性不断增强，服务在全球价值链中的地位日益凸显，服务贸易已经成为新一轮全球自由贸易的重点与全球经贸规则重构的焦点。抓住这个趋势，将有力推进我国的贸易结构转型。

一、全球服务贸易快速发展

1. 服务贸易呈现较快发展态势

（1）服务贸易增速明显快于货物贸易。2010—2019 年，全球服务贸易额由 7.8 万亿美元增长至 11.9 万亿美元，年均名义增长 4.8%，是货物贸易增速的 2 倍；2020 年，受新冠肺炎疫情影响，全球服务贸易下降 20%，但服务贸易中长期较快增长的趋势并未改变。

（2）服务贸易占比稳步提升。全球服务贸易额占贸易总额的比重由 20.3%提高至 23.9%，提升了 3.6 个百分点（见图 6.11）；若按增加值计算，目前全球服务贸易占比将达到 50.8%，超过货物贸易。

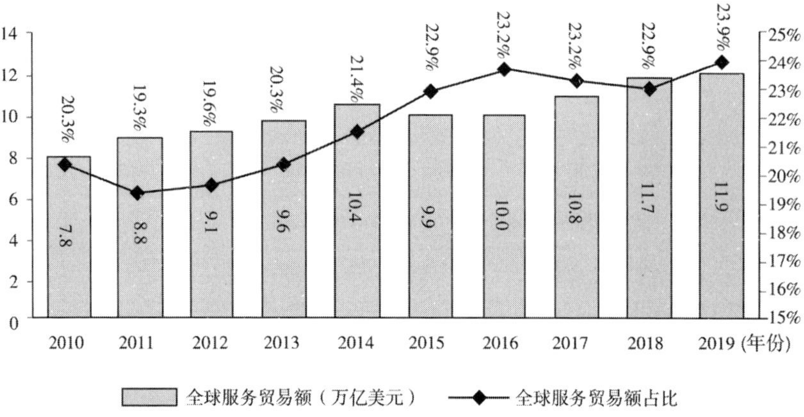

图 6.11　2010—2019 年全球服务贸易额及占比

数据来源：WTO 数据库。

2. 新兴服务贸易快速发展

（1）数字服务贸易。2005—2020 年，全球以数字技术传输的服务贸易规模由 1.20 万亿美元增长至 3.17 万亿美元，年均增长 7%，远高于同期服务贸易 4%左右的增速；占服务贸易的比重由 44. 7%提升至 63. 6%（见图 6. 12）。

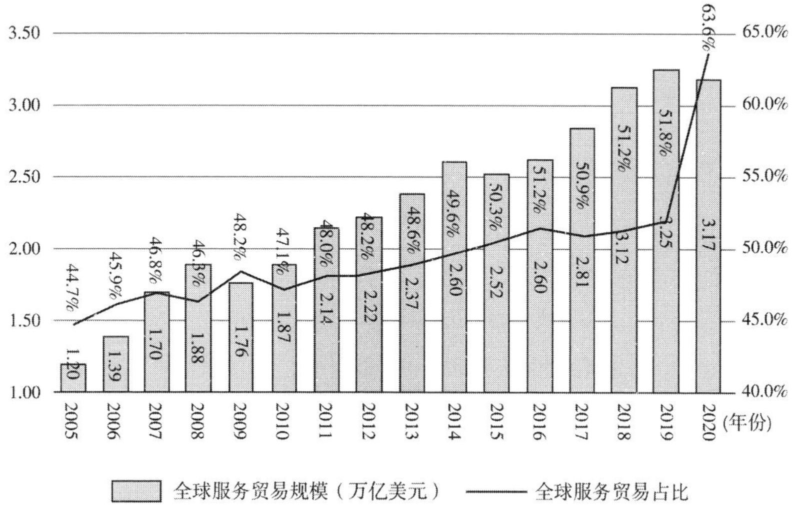

图 6. 12　2005—2020 年全球服务贸易规模及占比

数据来源：WTO 数据库。

（2）新型服务出口。信息技术的快速发展与广泛应用，全球知识产权、电信计算机信息、专业服务、文化娱乐（含视听）等相关服务出口额快速增长。2013—2018 年，上述四项服务出口由 11. 4 万亿美元增长至 15. 6 万亿美元，年均名义增长 6. 5%，快于服务出口整体增速 2. 7 个百分点；占服务出口额的比重由 23. 6%提升至 26. 8%（见图 6. 13）。与信息技术相关的服务贸易成为拉动全球服务贸易增长的重要动力。

3. 发展中国家的地位日益提升

（1）发展中国家服务贸易出口增幅超过发达国家。2005—2019 年，全球服务出口增幅为 118%。其中，发达国家增幅为 110%，发展中国家增幅为 200%；从增速看，同期全球发展中国家服务出口年均增长 8. 2%，高于全球服务出口年均增速 2. 5 个百分点，高于发达国家服务出口年均增速 2. 8 个百分点。

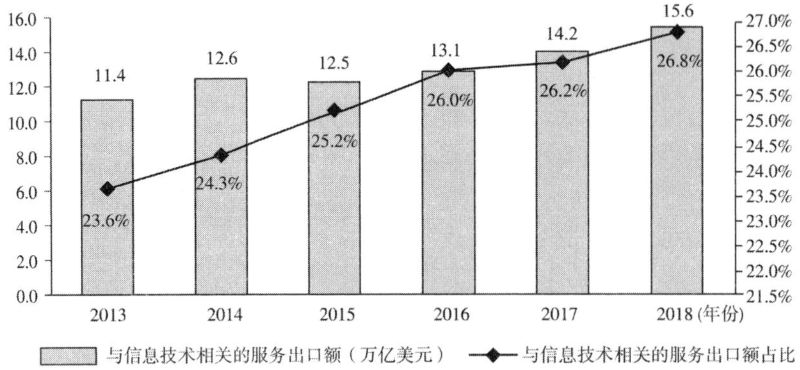

图 6.13　2013—2018 年全球与信息技术相关的服务出口额及占比

数据来源：WTO 数据库。

（2）发展中国家服务出口占全球服务出口总额的比重逐步提升。2005—2019 年，由 22.9% 提升至 29.8%，提高 6.9 个百分点（见图 6.14）。虽然发达国家仍是全球服务贸易发展的主体，但随着发展中国家经济服务化进程的加速，其在全球服务贸易发展格局中的地位日益提升。

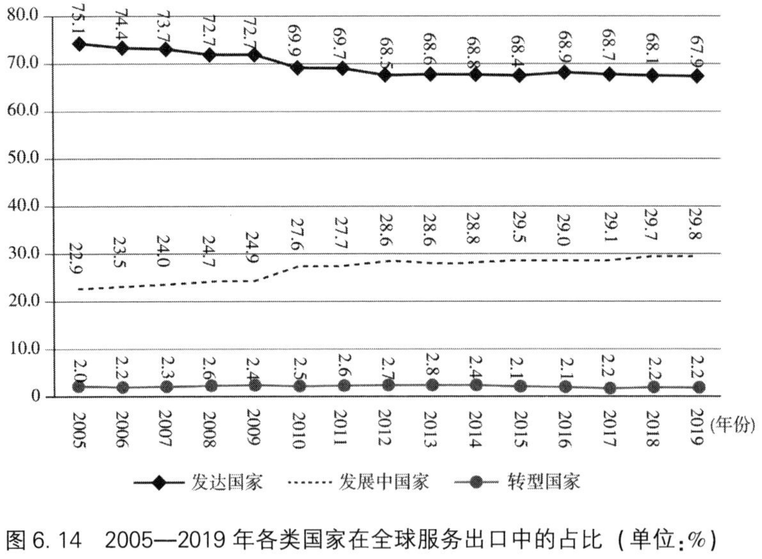

图 6.14　2005—2019 年各类国家在全球服务出口中的占比（单位:%）

数据来源：UNCTAD。

二、科技革命深刻改变服务贸易形态

1. 降低服务贸易发展成本

（1）科技革命降低服务贸易的总体成本。WTO 发布《2019 年世界贸易报告》指出，服务贸易成本几乎是商品贸易成本的 2 倍，但在 2000 年至 2017 年，由于数字技术、政策壁垒减少和基础设施投资，服务贸易成本下降了 9%①。

（2）从行业看，服务贸易成本下降最快的行业为运输、金融及保险、住宿及餐饮其他商业服务等。

（3）从成本构成看，数字技术发展主要降低了生产性服务贸易面对面交流的成本，其次是部分行业的市场准入限制性措施减少，从而促进其发展。未来几年，生产性服务行业成本的下降，还将促进服务贸易拓展更大空间。

2. 拓展服务贸易发展空间

（1）提升服务的可贸易性。信息技术在服务业领域的广泛应用，使服务产品生产与消费跨越不可分离的障碍，为服务业全球化和服务贸易发展提供了客观条件。教育、健康、医疗、文化等传统不可贸易的“服务”变得可贸易，并逐渐成为服务贸易的重要内容。

（2）提供服务贸易分工的技术支撑。科技革命为全球产业分工的进一步细化提供技术支撑，众多服务型企业仅仅保留核心服务，而将非核心服务或中间服务通过服务外包、自然人流动、服务资本的流动等方式进行全球再布局，由此将众多发展中国家纳入全球服务贸易的进程中，推动全球服务贸易空间的拓展。

3. 催生服务贸易发展新业态

（1）推动服务贸易模式创新。全球服务贸易中有 50% 以上已经实现数

---

① 马玉荣 . 服务贸易呈现开放发展新趋势——专访国务院发展研究中心对外经济研究部部长张琦[J]. 中国发展观察，2020（Z7）.

字化，超过12%的跨境实物贸易通过数字化平台实现①。从贸易载体来看，随着跨境电商等互联网平台的兴起，数字旅游、数字教育、数字医疗、数字金融等数字服务贸易快速发展，改变了以往以商业存在、自然人流动等为载体的服务贸易模式。

（2）第三方支付、移动支付、云端交付等数字交付方式逐渐成为主流。例如，2008—2018年，全球数字交付贸易出口规模从18.4万亿美元增长到29.3万亿美元，增长接近60%，年均增长约为5.8%（同期服务贸易出口为3.8%，货物贸易出口为1.8%），在服务贸易出口总额的占比从45.66%增长到50.15%②。到2020年，全球数字交付贸易出口规模达到3.1万亿美元③。

4. 为发展中国家带来新契机

（1）新一代科技革命，使服务外包成为发展中国家、新兴经济体参与全球服务贸易、提升全球经济地位的重要途径。比如，信息技术和新的交付手段，帮助跨国企业通过外包逐步剥离非核心服务，提升专业化和运营效率、降低成本。

（2）发展中国家利用自身成本优势，以服务外包为重要方式积极参与全球服务贸易进程。这有利于扩大服务贸易国际占有量、分享更多的全球化红利，在大力吸引国际资本及技术的同时，加大服务业领域的研发力度，加快技术改造和升级，促进本国服务业转型升级。

三、服务贸易成为全球自由贸易的重点

1. 成为全球贸易增加值的重点

（1）服务贸易越来越融入全球贸易全环节。首先，产成品贸易中约有

---

① 传统贸易向数字贸易转型：全球服务贸易一半以上实现数字化[EB/OL]. 新华网，2018-12-03.

② 中国信息通信研究院. 数字贸易发展与影响白皮书（2019）[R]. 2019. 12.

③ 中国国际发展知识中心. 全球发展报告[R]. 2022. 6.

三分之一的价值形成要归功于服务业；其次，跨国企业向境外子公司输送软件、品牌、设计、运营、知识产权等服务并未计入服务贸易统计；最后，电子邮件、实时导航、视频会议等免费数字服务的跨境流动迅猛增长。

（2）服务贸易成为全球贸易增加值的重点。如果将上述三方面因素考虑并统计在内，2017 年全球服务贸易总额约为 13.4 万亿美元，是现有统计方式下服务贸易总额的 2.6 倍，占全球贸易总额的比重相应由 23.9%上升至 50.8%，超过货物贸易[①]，成为全球贸易增加值的重点。

2. 推动货物贸易发展

（1）服务贸易成为全球货物贸易的黏合剂。随着全球生产的日益碎片化，服务作为一种黏合剂，将全球各种中间商品整合在一起。在价值链中，服务可显著增加其商品销售份额。这具体体现在物流、通信服务和商业服务等，促进了价值链的高效运转，帮助货物、数据和技术的送达和传输，使得企业生产环节的全球布局更为便利。

（2）服务已经成为商品增值的主要环节。

——从价值链趋势看，商品中的服务要素对提升产品竞争力越来越重要，并成为价值增值的主要环节。价值增值环节逐渐向生产前的研发、设计与生产后的市场嵌入服务阶段转移（见图 6.15）。例如，美国出口商品中，55%的增加值来自服务业，欧洲这一比重更高。作为农产品和制成品出口国的荷兰，服务价值占其总出口价值的 70%[②]。

——从企业微观层面来看，在整个价值链条中，服务成为企业利润的主要来源。例如，通用电气公司的服务产值已从 20 世纪 80 年代的 12%增加到目前的 70%；IBM 公司在制造业基础上实现了服务产品化，为全球提

① 麦肯锡全球研究院．变革中的全球化：贸易与价值链的未来图景[R]．麦肯锡研究院网站，2019.4.

② World Bank Group，IDE－JETRO，OECD，对外经济贸易大学，WTO. Global Value Chain Development Report 2017：Measuring and Analyzing the Impact of GVCs on Economic Development [R]. 2017.7.

供网络和软件服务，目前大约有57%的收入来自IT服务。

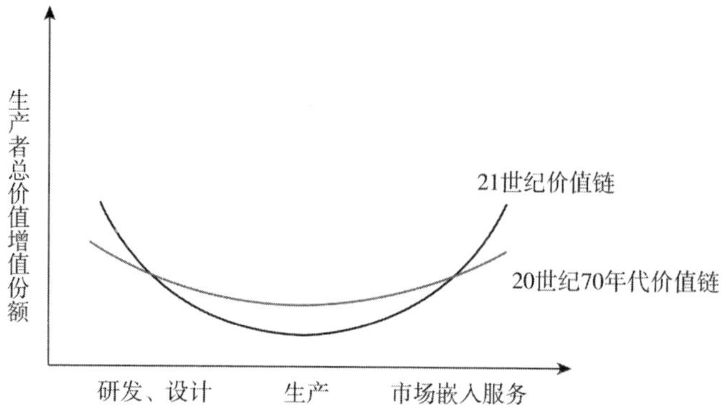

图6.15　服务在全球价值链的重要性变化

（3）数字技术推动货物贸易与服务贸易的融合。

——从当前情况看，占全球贸易总额80%左右的货物贸易中有30%是服务贸易带动的。随着产品的服务化趋势日益明显，越来越多的服务被包含在货物中并以货物贸易为载体实现跨境流动。

——从趋势看，由于新一轮信息技术的发展，使得部分服务贸易不再需要货物载体。根据《2019年世界贸易报告》预测，到2060年，3D打印机可以打印50%的商品①。未来随着3D打印等技术的成熟并推广，数字技术逐渐降低某些货物贸易需求，并刺激服务贸易发展。

3. 服务贸易成为全球贸易规则重构的焦点

（1）国际贸易规则重构更加关注服务贸易。随着服务贸易在全球贸易格局的重要性不断提升，全球贸易规则的焦点正加快从货物贸易向“货物贸易—服务贸易—投资”转变。在全球贸易投资相互交织的背景下，全球贸易的主要障碍已不是货物贸易领域内的关税，而是服务贸易与投资领域内的监管、非关税壁垒以及市场的开放度，服务贸易自由化和便利化在很大程度上决定着全球自由贸易进程。也就是说，服务贸易规则重构将成为

① WTO. Word Trade Report 2019：The future of services trade [R]. 2019. 10.

全球贸易规则重构的核心与重点所在。

（2）服务贸易成为双边、多边和区域贸易协定谈判的焦点。在2007年底前签订的区域双边自由贸易协定中，涉及服务贸易内容的仅56个，占同期区域贸易协定数量的33.9%；在2008—2020年签订的区域双边自由贸易协定中，涉及服务贸易内容的增加至99个，占比为71.7%（见表6.2）。

表6.2 全球服务贸易协定数量对比

	区域双边自由贸易协定总数（个）	设计服务贸易的协定（个）	占比（%）
1958—2007年	165	56	33.9
2008—2020年	138	99	71.7

数据来源：WTO数据库。

（3）服务贸易壁垒更为隐蔽。与货物贸易相比，服务贸易具有无形性、生产与消费同步性等特点。与货物贸易通过关税来设置“显性壁垒”不同，服务贸易更多采用国内资格资质要求、参股比例限制、自然人流动限制、经营范围和形式限制，以及设置繁杂的审批条件和程序等“隐性壁垒”。由于隐蔽性和非数量性，服务贸易自由化远比货物贸易自由化复杂得多，消除服务贸易壁垒的困难也大得多。

第三节　我国贸易结构转型的主要目标

未来5~10年，伴随着经济服务化进程的加快及城乡居民服务型消费潜力的不断释放，我国服务贸易仍有较大发展潜力，有条件成为全球最大的服务贸易国。这不仅将对国内经济结构转型产生重要推动作用，也将对世界经济贸易格局带来重要影响。

一、扩大服务贸易规模

1. 服务贸易规模达到1万亿美元以上

（1）服务贸易仍有较大发展空间。仅以生产性服务贸易为例。2019年我国企业承接服务外包合同额15699亿元，执行额10695.7亿元，同比分别增长18.6%和11.5%。会计、法律、展览、物流、营销等生产性服务可以扩大在境外业务，为境外企业提供国内的金融服务，提高境外企业的创新能力和增值水平。从中长期趋势，生产性服务贸易仍有很大发展优势，服务贸易还有较大发展空间。

（2）争取服务贸易占比达到1万亿美元以上。2011—2021年，我国服务贸易额年均增长6.2%。中改院课题组初步预测表明，到2025年，我国服务贸易规模有望达到1万亿美元以上。

2. 服务贸易占外贸总额的比重达到20%左右

（1）服务贸易占比呈现逐步提升态势。过去几年，受新冠肺炎疫情等因素的影响，我国服务贸易比重有所波动，但总体上占比持续上升的态势没有改变。以2021年为例，我国全年服务进出口总额达到5.3万亿元人民币，同比增长16.1%。在占比方面，由于新冠肺炎疫情期间，国际社会对我国货物需求超预期的大幅增长，客观上导致服务贸易占比有所降低。随着全球供应链的逐步好转，服务贸易占比下降的态势将得到改变。

（2）把服务贸易占比达到20%作为2025年的基本目标。综合考虑贸易保护主义、多边双边自贸区建设及新冠肺炎疫情影响等因素，结合2011—2021年我国货物贸易年均增长5.2%，初步预计表明，服务贸易占外贸总额比重有望达到20%左右。

3. 服务贸易进出口规模均达到6000亿美元左右

（1）服务贸易进口规模达到6000亿美元左右。2011—2021年，我国服务进口额年均增长5.6%。按此速度初步估算表明，2025年我国服务贸易进口规模有望达到6000亿美元。

（2）服务贸易出口规模达到6000亿美元左右。2011—2021年，我国服务进口额年均增长7%。根据《中国服务进口报告2020》预计，2021—2025年我国服务进口规模累计有望达到2.5万亿美元，占全球比重将超过10%。考虑到服务贸易呈现加速态势，2025年达到6000亿美元的服务进口是有可能的。

二、优化服务贸易结构

1. 知识密集型服务贸易占比达到50%以上

（1）知识密集型服务贸易呈现较快增长态势。根据数据显示，2021年，我国知识密集型服务进出口23258.9亿元，增长14.4%。其中，知识密集型服务出口12623.9亿元，增长18%；知识密集型服务进口10635亿元，增长10.4%。

（2）提升知识密集型服务贸易比重。2021年，我国知识密集型服务贸易占服务贸易总额比重达到43.8%。随着其增速快于服务贸易，占比也将逐步提升。争取到2025年，知识密集型服务贸易占比达到50%以上。

2. 传统服务贸易占比降至28%~30%

（1）传统服务贸易负增长。2017—2020年我国传统服务贸易年均增长-9.2%，排除2020年新冠肺炎疫情的影响，测算2017—2019年我国传统服务贸易年均增速2.6%。

（2）在扩大传统服务贸易规模的同时优化其比重。推进传统服务贸易继续发展，逐步降低其比重。到2025年，传统服务贸易逐步下降到30%以下。

3. 数字贸易规模达到5000亿美元

（1）全球数字贸易处于快速发展态势中。2019年全球数字服务贸易（出口）规模达31925.9亿美元，逆势增长3.75%，增速超过同期服务贸易和货物贸易，占服务贸易比重上升至52.0%，占全部贸易比重上升至12.9%。

（2）推动我国数字贸易规模进一步提升。2015—2020年，我国数字贸易年均增长8.1%。预计到2025年，将达到5000亿美元。

三、提升服务贸易竞争力

1. 明显提升“中国服务”占世界比重

（1）我国服务贸易占世界比重稳步提升。我国服务贸易出口占世界服务贸易出口总额的比例，已经从2005年的3%提升到2020年的6%；服务贸易进口额占世界服务贸易进口总额的比例，已经从2005年的3.3%增加到了2020年的8%。2020年，我国服务进出口额为6617.2亿美元，连续7年位居世界第二。过去10年，我国累计从世界进口服务4万多亿美元，对世界服务进口增长的贡献达24%，每年为全球贸易伙伴增加约1900万个就业岗位。

（2）进一步提升我国服务贸易在全球的占比。近10年来，全球服务贸易平均增速是货物贸易增速的2倍，在国际贸易中的占比和地位稳步提升，世界贸易组织预测未来服务贸易占比还将继续提高，由当前的22%提升到2040年的33%以上[①]。按这个趋势预测，到2025年，我国服务贸易占全球比重有望从6%提升到8%左右。

2. 增强优势服务国际竞争力

（1）继续增强某些领域的优势。从实际情况看，我国在建筑服务，金融服务，电信、计算机和信息服务，维护和维修服务，加工服务，其他商业服务等领域仍具有一定的比较优势和国际竞争力。2017—2020年，我国在上述领域服务顺差总体呈扩大趋势；2020年，上述领域服务贸易顺差分别为169.8亿美元、10.1亿美元、278.0亿美元、43.0亿美元、165.3亿美元、243.3亿美元（见图6.16）。其中，建筑服务，电信、计算机和信

① 面对疫情冲击如何重振服务贸易？未来发展有何新趋势？[EB/OL]. 海外网，2021-09-05.

息服务，其他商业服务优势更加明显。

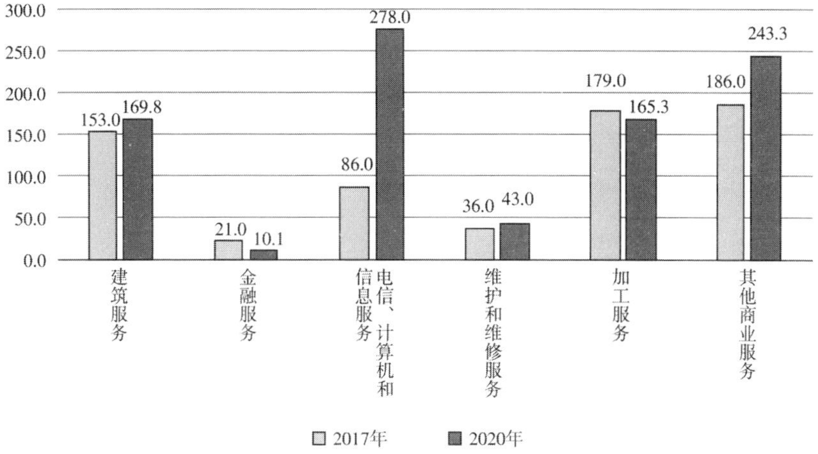

图 6.16　2017 年和 2020 年我国优势服务贸易顺差额（单位：亿美元）

数据来源：国家统计局．中国统计年鉴 2021［M］．北京：中国统计出版社，2021.9.

（2）争取到 2030 年上述六项服务出口市场份额进一步提高。积极支持优势服务企业“走出去”，参与国际合作与竞争，并逐步强化自身竞争优势。

3. 推动服务贸易实现进出口平衡

（1）服务贸易逆差逐步下降是实现国际收支平衡的一个基本要求。2011—2021 年，我国服务贸易逆差呈不断下降的趋势，年均降速 3.5%，服务贸易逆差占服务贸易总额的比重呈先上升后下降的趋势，从 2011 年的 10.4%上升到 2016 年的 36.7%，再下降到 2021 年的 4%。

（2）争取到 2030 年实现服务贸易平衡。在我国服务业领域“有需求、缺供给”的格局下，仍需要进口优质服务以满足国内多层次的服务需求，服务贸易逆差在短期内很难消除。未来几年，通过提升鼓励内外资投资、提升有效供给等方式减少旅行、交通等服务贸易逆差，争取到“十四五”末期，服务贸易逆差占服务贸易额的比重下降至-2%左右，到 2030 年争取由负转正。初步预测，2022—2030 年我国服务贸易顺差占比将由-3.5%上升到0.3%。

4. 推动服务贸易与货物贸易进一步融合

（1）抓住货物贸易与服务贸易融合的大趋势。大力发展服务贸易，不是不要货物贸易。恰恰相反，是要通过服务贸易发展推动货物贸易的大发展。《中华人民共和国国民经济和社会发展第十三个五年规划纲要》首次提出“货物贸易和服务贸易融合发展”，这不仅可以推动货物贸易转型升级，加快融入全球价值链，而且可以为外贸企业发展降本增效，释放出融合发展的巨大潜力。

（2）探索服务贸易规则与货物贸易规则的对接与融合。服务贸易规则与货物贸易规则相融合成为当前国际贸易规则演进的大趋势。随着产品的服务化趋势日益明显，越来越多的服务被包含在货物中，并以货物贸易为载体实现跨境流动。这就要求我们在货物贸易规则制定时，不仅要考虑货物质量本身，还应考虑货物中的服务标准、服务规则与服务质量。

第四节　我国贸易结构转型的重大任务

抓住我国服务贸易发展的机遇，积极应对国际地缘政治经济社会对服务贸易带来的挑战，关键是实施结构性的政策调整，培育服务贸易发展新优势，打造服务贸易发展新高地，有序推进服务贸易国内外市场融合。

一、提速数字贸易发展

1. 提升数字服务贸易自由化便利化水平

（1）稳步推动数字服务贸易市场开放。以新兴经济体为重点，在双边多边自由贸易谈判中技术贸易、知识产权等作为自由贸易谈判的重点，尽快实现市场双向开放。

（2）形成数字服务出口的政策支持体系。改变以往对特定企业现金补贴或出口贴息等方式，根据数字服务贸易分类，设定全行业、全领域享受的出口退税、企业所得税、财政补贴、出口融资、出口保险等不违反公平竞争的财税金融政策；加快参与数字服务贸易标准制定，在加快服务业国内外标准对接的基础上，依托我国巨大的数字服务市场，加强在跨境物流、跨境支付、电子认证、在线交易、信用体系、在线支付、保护标准等领域的国际标准制定，降低我国数字服务出口企业制度性成本与不确定性；积极发展专业性数字服务出口中介机构，为广大数字服务出口企业提供退税、政策咨询、出口融资保险、对外推介等服务。

（3）积极探索跨境数据流动相关规则。例如，在上海自由贸易试验区、海南自由贸易港等开放新高地率先试点，有序开放增值电信业务（包括数据中心、云服务的业务），支持外国企业来华投资兴业，进一步推动外资项目和企业复工复产，各项服务政策都同等适用于内外资企业。在确保数据流动安全可控的前提下积极推动试验区内少量试点企业与国外特定范围内实现数据流动合规，扩大数据领域开放，创新安全制度设计。加快推动公共数据开放、社会机构依法开放自有数据，支持在特定领域开展央地数据合作推动政务数据与社会化数据平台对接。

2. 打造高质量“数字丝绸之路”

（1）推动“一带一路”沿线国家和地区的数字化进程。在“一带一路”的某些经济体，数字经济服务尚未普及，数字技术接入和应用存在双重“鸿沟”，不仅严重制约其数字经济和贸易的全面发展，而且也使其难以与具有技术优势的国家和地区共享数字经济发展成果。打造高质量“数字丝绸之路”，发挥我国数字经济的某些优势，是推进开放共享发展的重大举措。

（2）探索数字服务自贸区。借鉴阿里巴巴与马来西亚共建“数字自贸区”的经验，加快同“一带一路”沿线国家和地区建立“数字服务自贸区”“数字经济合作园区”等，在区内实行自由贸易政策和相关投资制度安排；对俄罗斯、巴西、印度等数字服务贸易规则与我国较为相近的国家，加快数字服务贸易协定谈判，形成关于跨境数据流动、数据本地化、消费者保护等“一揽子”协定，并采取过渡期等多种方式推动数字服务贸易的开放。

（3）参与构建“数字丝绸之路”制度框架与数字治理体系。促进数字技术规则的国际融合与对接，加快数字知识产权认证和技术标准建设，拓宽在物联网、5G等领域的国际合作，推进与“一带一路”沿线国家和地区一起开展构建规范、高效、有序、公平、开放和安全的数字环境，共同探索形成统一的数字治理标准、数据分享原则①。

专栏6.1

服务贸易企业数字赋能行动

依托国家数字服务出口基地，打造数字贸易示范区。在数字服务市场准入、国际规制对接、跨境数据流动、数据规范化采集和分级分类监管等方面先行先试，开展压力测试，培育科技、制度双创新的数字贸易集聚区。开展数字营商环境评价，复制推广先进经验和做法，充分发挥示范区的辐射带动作用，引领我国数字贸易蓬勃发展。

资料来源：“十四五”服务贸易发展规划[R]. 商务部网站，2021-10-19.

3. 加快新型贸易基础设施建设

加速推动5G网络部署，推动基础电信企业加大投资、加快建网，组织开展异网漫游，最大限度地推进5G网络共建共享，力争2022年底实现全国所有地级市覆盖5G网络。加快出台5G跨行业应用指导政策和融合标准，促进5G和制造、交通、医疗、教育、农业等垂直行业的融合发展。持续推进工业互联网创新发展，加快工业互联网网络、平台、安全三大体系建设，持续完善工业互联网发展生态；继续实施工业互联网创新发展工程，打造公共服务平台，培育系统解决方案供应商，促进产业供给能力不

① 打造“数字丝绸之路”，推动“一带一路”高质量发展[N]. 每日经济新闻，2022-01-09.

断提升，聚焦工业互联网内外网络建设改造，加快实施“5G+工业互联网”工程，推动5G与工业互联网融合发展。

4. 提升贸易数字化水平

（1）加快贸易全链条数字化赋能。推动外向型产业依托产业互联网平台提升智能制造水平。搭建云展会等线上平台，促进数字化营销。拓展国际贸易“单一窗口”功能，推动通关智能化。持续推进进出口许可证件无纸化。加快智慧港口建设，打造融合高效的跨境智慧仓储物流体系。鼓励运用数字化工具提升售后服务质量，推广智能诊断、远程运维等数字化售后服务模式。推行贸易融资、跨境支付等金融服务线上化场景应用。加快在贸易领域运用区块链技术，提升服务和监管效能。

（2）推进服务贸易数字化进程。推动数字技术与服务贸易深度融合，促进传统服务贸易转型升级。运用数字化手段，创新服务供给方式，提升交易效率。大力发展远程医疗、在线教育等，积极支持旅游、运输、建筑等行业开展数字化改造，推动跨境服务供需精准匹配。

（3）推动贸易主体数字化转型。支持生产型外贸企业开展产品研发等全价值链数字化转型。鼓励贸易型企业提升数字化服务水平，提供智能、便捷、高效的服务。引导外贸企业提升信息化、智能化水平。支持贸易数字化服务商为外贸企业提供优质数字化转型服务，协同推进外贸企业数字化转型，提升企业综合竞争力。

（4）营造贸易数字化发展的良好政策环境。研究出台促进贸易数字化发展的政策措施。健全完善规则标准，推动贸易数字化国际合作。鼓励地方开展贸易数字化实践探索，总结推广发展经验。完善贸易数字化公共服务。推动外贸大数据应用。搭建贸易数字化公共服务平台。鼓励行业组织提供精准化数字展示和撮合服务。搭建贸易数字化企业交流合作平台，构建开放包容、健康有序、协同发展的贸易数字化生态体系①。

---

① “十四五”对外贸易高质量发展规划[EB/OL]. 商务部网站，2021-11-18.

二、主动扩大服务进口

1. 以中国服务进口推动内外市场融合

(1) 进一步加大服务进口规模。预计未来15年，我国进口服务将超过10万亿美元。根据《中国服务进口报告2020》预计，未来5年，我国服务进口增速将高于全球平均水平，服务进口规模累计有望达到2.5万亿美元，占全球比重将超过10%。其中，知识产权使用费，电信、计算机和信息服务，金融服务，保险服务，其他商业服务等数字服务进口累计将超过1.3万亿美元①。我国年均进口服务0.5万亿美元，对全球将是一个重要的市场。

(2) 以服务进口促进全球服务贸易稳定增长。数据显示，加入世界贸易组织以来，我国累计进口服务4.7万亿美元，年均增长15.2%，远高于同期全球7.7%的平均水平，对全球服务进口增长的贡献率为10.8%，是推动全球服务进口增长的第一大力量。党的十八大以来，我国累计进口服务3.4万亿美元，年均增长9.2%，高于同期全球3.7%的平均水平，对全球服务进口增长的贡献率达17.1%，居全球首位。党的十九大以来，我国累计进口服务1.5万亿美元，年均增长3.5%，对全球服务进口增长的贡献率为5.3%②。在有效防控新冠肺炎疫情的情况下，随着国际交流的逐步恢复，我国进口服务的规模还将进一步扩大，成为推进全球服务贸易稳定增长的重要因素。

2. 重点扩大生产性服务进口

(1) 充分发挥生产性服务贸易的作用。进一步扩大生产性服务业开放，提高开放的质量和水平。从进口来看，需扩大技术知识密集型生产性服务的进口，弥补国内生产性服务业发展的短板，促进国内生产性服务业

① 商务部. 中国服务进口报告2020 [R]. 2020.11.
② 商务部. 中国服务进口报告2020 [R]. 2020.11.

发展和结构优化，带动制造业和产业结构升级。

（2）重点发展有助于建设现代化经济体系和推动高质量发展的行业。如研发设计、检验检测认证、商务咨询、信息技术、电子商务、第三方物流、融资租赁、节能环保和人力资源服务等。

（3）通过大幅度放宽生产性服务业市场准入。完善外商投资准入负面清单制度，引导外商投资投向研发设计、商务咨询、信息技术、电信等技术知识密集型生产性服务业，加快高附加值、高技术含量的生产性服务业对外开放，促进新兴服务贸易发展①。

3. 完善扩大进口的政策体系

（1）进一步降低高端消费品关税水平。加入世界贸易组织以来，我国全面履行加入世界贸易组织承诺，实现了关税水平的大幅下降，2010 年有关降税承诺履行完毕，所有商品的平均进口关税水平从 2001 年的 15. 3%降至 2010 年的 9. 8%。经过进一步自主降税，2021 年我国进口关税总水平达到 7. 4%，不仅低于其他发展中国家，而且接近发达国家②。但总的来看，仍然存在消费品进口零关税商品覆盖面较小的突出矛盾。由此，为适应我国签订高水平自贸协定及扩大进口的现实需求，要进一步扩大对最惠国及欧日等优质消费品进口零关税覆盖范围。

（2）推进服务进口海关监管便利化进程。与商品进口不同，服务进口涉及面更广、对经济的冲击更大，需要根据不同服务形成相应的海关监管模式。从现实情况看，我国对服务进口的监管主要集中在市场准入环节，在跨境服务及人员自由流动等方面仍然滞后。为此：一是要加快向全国推广跨境服务贸易负面清单，逐步缩减负面清单数量；二是要简化服务进口项下的货物通关手续，如对会展、拍卖、快递等服务业企业所需通关的国际照片、艺术品等特殊品简化通关监管或免除监管；三是在医疗、健康、

① 许宏强 . 着力提升生产性服务贸易竞争力[N]. 经济日报，2020-05-05.

② 商务部：中国进口关税总水平达到 7. 4%[N]. 人民网，2021-12-09.

体育等重点领域实现服务贸易项下货物免检测政策，将监管措施后移至市场监管领域。

（3）推进商品和服务进口交易全环节便利化进程。例如，对国内紧缺的健康、养老等服务进口实行退税政策；加强金融基础设施建设，逐步推进服务进口项下的人民币自由可兑换，鼓励境内银行机构和支付机构扩大跨境支付服务范围；加强同欧盟、日本、韩国等发达国家和地区专业技术人员的资格互认，允许签订互认协议的国家或地区在我国境内经备案后开展相关技术执业；加快同发达国家签订标准互认协定，除涉及意识形态的服务外，签订协定的境外服务企业经备案后直接在国内开展相关业务。进一步简化旅游、商务、留学、就医、工作等签证申请程序。探索发放电子签证，增加有效期年限和多次入境签证的发放，延长签证的停留期。

三、创新服务贸易发展新业态

1. 推动跨境电商优化发展

（1）扎实推进跨境电商综合试验区建设，更好地发挥跨境电商综合试验区示范引领作用。跨境电商综合试验区是在跨境电商交易、支付、物流、通关、退税、结汇等各环节的技术标准、业务流程、监管模式和信息化建设等方面先行先试的试点，从 2015 年至今，我国已先后分 6 批设立了 132 个跨境电商综合试验区，覆盖全国 30 个省区市。

（2）优化我国跨境电商区域发展格局。当前，我国跨境电商区域发展格局呈现出“东强西弱”的格局，东部沿海地区规模处于领先地位，但中西部地区跨境电商发展增速领先全国，要进一步优化调整跨境电商的区域发展格局，东西跨境电商相互促进发展。

（3）以国产实力品牌为重点加快推动跨境电商品牌建设。我国跨境电商出口的电子产品、服装、家居园艺、户外休闲体育等类别中，品牌商品仍然较少，单位货值不高，竞争力不强。因此，国产实力品牌要加快跨境电商品牌建设，推动我国跨境电商向中高端转型升级。

（4）创新跨境电商+海外仓发展模式。推动监管创新，鼓励引导多元主体建设海外仓。培育一批在信息化建设、智能化发展、多元化服务、本地化经营方面特色鲜明的代表性海外仓，鼓励海外仓企业整合国内外资源，向供应链上下游延伸服务；加快推进海外仓标准建设，推出一批具有国际影响力的国家或行业标准；推进海外仓数字化发展，探索建立海外智慧物流平台。依托海外仓建立完善覆盖全球、协同发展的新型外贸物流网络，打造优化国际供应链布局的智慧载体。

2. 创新离岸贸易发展

（1）以总部经济发展为重点，支持在海南自由贸易港、自由贸易试验区以及其他具备条件的地方发展离岸贸易。在海南自由贸易港等高水平开放地区，大力推动总部经济发展，汇集跨国公司总部，大力开展离岸贸易。

（2）完善离岸贸易金融服务体系。一方面，着重推动在岸结算型离岸贸易发展，提高境内总部企业对价值链的掌控能力；另一方面，由于离岸贸易资金流、货物流、订单流三流分离的特点，就需要创新金融服务模式，鼓励银行探索优化业务真实性审核方式，提升审核效率，对真实合规的离岸贸易业务提供优质金融服务。

（3）以航运、铁路为重点加大基础设施建设。通达高效的运输体系是离岸贸易高质量发展的必备条件。一方面，要完善境内航运、铁路的基础设施建设；另一方面，也要通过航权开放等充分发展航运，建立起航运中心，进而建立起订单中心，促进离岸贸易发展。

3. 创新保税维修发展

（1）进一步扩大综合保税区维修产品目录。当前，包括航空器内燃引擎、飞机用起落架、无人机、B 型超声波诊断仪等在内的 15 个编码的商品已增列入综合保税区内企业可开展的维修业务目录，下一步，可进一步动态调整维修产品目录，扩大维修产品范围，支持综合保税区内企业开展维修业务，推进综合保税区维修产业发展。

（2）在有条件的地区适当增设保税维修综合试验区，持续推动保税维修创新发展。针对当前保税维修在实际发展中面临的成本高昂、协调效率较低的突出问题，建议在保税维修试点工作开展较早并有一定创新经验的区域，增设划定保税维修综合试验区，明确试点内容，下放审批权限，持续推动保税维修创新发展。

（3）建立健全适应保税维修业态发展的政策体系。支持自由贸易试验区按照综合保税区维修产品目录开展高技术含量、高附加值、符合环保要求的“两头在外”保税维修业务，由所在省级人民政府综合评估后自主支持开展，并承担监管责任。不断拓展包括保税租赁、集团保税、保税分拨和保税拆解等更多创新业态。

四、增强服务外包新优势

1. 把在岸服务外包作为主攻方向

（1）抓住服务外包增长较快的态势。2009—2020 年，我国服务外包执行额由 138.4 亿美元增长至 1756.2 亿美元，年均增长 26.0%；其中离岸服务外包执行额由 100.9 亿美元提升至 1058.7 亿美元，年均增长 23.8%。2021 年，我国承接服务外包合同额 3224 亿美元，执行额 2265 亿美元，同比分别增长 30.9%和 29.2%。其中，承接离岸服务外包合同额 1717 亿美元，执行额 1303 亿美元，同比分别增长 22.3%和 23.2%①。当前，我国服务外包产业正处于转型发展的关键时期。

（2）加快发展在岸服务外包业务。“十四五”期间，为适应我国加快构建新发展格局的战略要求，要加快完善服务外包产业发展的政策与制度体系，形成服务外包转型发展的大环境。需要加快转变服务外包“重离岸、轻在岸”的传统思路，服务于国内产业转型升级与内需潜力释放，加快发展在岸服务外包业务。争取到 2025 年，我国在岸服务外包执行额占比

① 商务部：2021 年服务外包合同额突破 1 万亿[N]. 21 世纪经济报道，2022-01-27.

由目前的40%提升至50%左右。

2. 提升服务外包竞争力

（1）发挥传统制造业优势带动制造业服务外包产业发展。目前，我国已成为全球最大的制造业服务外包发包国。借助我国制造业传统优势，以特别之举鼓励支持生产性服务业发展，并积极带动发展相关服务外包业务，提升国内外包企业对与制造业等产业革新相适应的专业化服务能力。鼓励和支持我国服务外包企业积极为制造业企业提供技术、市场、功能、咨询等服务，开展跟随服务、技术服务、延伸服务、增值服务，以制造业发包方和客户端的市场需求变化促进服务外包产业的变革升级。支持服务外包企业跟随制造业企业“走出去”共同参与国际市场竞争合作，提高产业整体国际竞争力①。

（2）发挥我国数字经济应用大市场优势带动服务外包企业数字化转型。

——顺应数字化、网络化、平台化、个性化等产业发展新趋势，加大对中小服务外包企业数字化改造的财税支持力度，适当放宽服务外包企业所得税优惠政策的适用范围，对购置并实际使用的关键技术装备给予一定程度的所得税优惠；打造数字化公共服务产品，建立服务外包企业数字化引导基金，对重大数字创新成果给予一定的资金补偿。

——以智慧工程、智慧城市、智慧医疗等为抓手，支持重点服务外包龙头企业打造一批具有代表性与示范性的行业应用场景。

3. 优化服务外包发展环境

（1）强化服务外包领域竞争政策基础性地位。系统清理、修改、废除服务外包产业领域内各类导致行政垄断的规章制度以及滥用行政权力排除、限制竞争的行为，实质性打破服务外包企业在接包时面临的“玻璃

① 尚庆琛．新形势下我国服务外包产业转型升级新特点与对策建议[J]．经济纵横，2021（07）．

门”；加强服务外包产业领域的公平竞争审查，重点强化国企与民企在接包时的资质要求及条件标准。鼓励支持各级政府把非核心政务剥离后以采购方式提供相关服务，并确保推进政府采购公开化、市场化。

（2）强化服务外包知识产权保护。参考《建立世界知识产权组织公约》《与贸易有关的知识产权协定》《新加坡公约》等，研究出台《知识产权法》，将现有的《专利法》《商标法》《著作权法》等纳入，提升服务领域知识产权保护的法治化、国际化水平。

（3）支持服务外包企业创新服务业态与技术。例如，对认定为跨国公司地区总部、研发中心和民营企业总部的服务外包企业，在货物通关、人员出入境、外汇结算等方面给予政策支持；加大对技术先进型服务企业的税收优惠政策、离岸服务外包业务增值税零税率和免税政策。以新技术、新模式、新业态及新能源、新材料、生命健康和环境治理等为重点，鼓励支持金融企业根据服务外包企业的特点开发信贷保险产品，并对开展重大技术攻关且取得阶段性成果的服务外包企业，给予优惠利率贷款。

Structural Transformation: Cross the Threshold of High-quality Development

第七章

以结构转型为主线的结构性改革

结构转型是经济领域的一场深刻变革。当前，我国推进结构转型面临着结构性矛盾和结构性风险的挑战，需要以结构性政策调整和结构性改革破除结构性矛盾，为推进结构转型形成重要动力、创造重要条件。

应对结构转型中政策与体制的结构性矛盾、经济关系的某些结构性失衡，迫切要求推进结构性改革。以结构转型为主线深化结构性改革，稳定发展预期，激发市场活力，形成公平竞争的市场环境，已成为实现经济高质量发展的重要条件与主要动力。这就需要在深化要素市场化改革，打破以服务业为重点的市场垄断，深化科教体制改革，完善市场监管体制等方面尽快实现重大突破。

第一节　结构转型对结构性改革的现实需求

推进结构转型，需要不断破解政策与体制、体制与体制、短期与中长期的结构性矛盾；需要不断化解需求与供给、服务业与工业、经济增长与社会发展等结构性失衡。为此，要深化结构性改革，形成结构转型的重要动力。

一、以结构性改革增强结构转型的动力

1. 以结构性改革稳定经济增长

（1）稳增长不仅是经济问题，更是全局性问题。

——在百年未有之大变局和新冠肺炎疫情影响下，国内经济社会矛盾交织融合，经济增长仍是解决一切问题的前提和基础。为此，需要扭转预期转弱态势，在未来 10 年保持年均 5%左右的经济增长，避免经济压力传

导到社会领域，个别领域风险传导到其他领域。

——未来10年实现年均5%左右的经济增长，不仅将增强自身应对外部变数的能力，而且将继续在推进全球经济增长中发挥重要作用，由此形成我国应对外部变局的战略定力。

（2）新冠肺炎疫情加大经济增长压力。当前，新冠肺炎疫情加大经济增长的不确定性，需要加大宏观经济政策的跨周期协调。2022年二季度，我国经济增速仅为0.4%，经济下行压力较大。由此，相关的经济政策需要做出结构性调整，尽快推动经济增长回归常态。

（3）稳增长关键在于深化市场化改革。我国经济增长压力加大的一个重要原因在于，某些领域的市场化改革进程还相对滞后，企业的发展预期受到影响，国内大市场的潜力尚未有效释放出来。应当说，新冠肺炎疫情暴发以来，内需复苏慢于外需复苏，消费复苏慢于投资复苏。由此，需要以结构性改革打通稳增长的堵点和痛点，释放经济转型升级蕴藏的增长潜力。

2. 把未来10年实现5%左右的经济增长作为结构转型的主要目标

（1）以2020年为基准，到2035年实现经济总量或人均收入翻一番。习近平总书记在《关于〈中共中央关于制定国民经济和社会发展第十四个五年规划和二〇三五年远景目标的建议〉的说明》中明确指出，“到‘十四五’末达到现行的高收入国家标准、到2035年实现经济总量或人均收入翻一番，是完全有可能的”①。根据这一要求，以2020年为基准，未来15年我国GDP实际增速年均需要达到4.78%②。

（2）以中等发达国家为参照系。中等发达国家是一个相对概念。根据中国科学院的分类，全球排名第21位到第45位的国家为中等发达国家，

① 习近平．关于《中共中央关于制定国民经济和社会发展第十四个五年规划和二〇三五年远景目标的建议》的说明[EB/OL]．中国政府网，2020-11-03.

② 刘元春．科学测算和设定2035和“十四五”经济增长目标[EB/OL]．金融四十人论坛，2020-11-17.

排名第46位到第80位的国家为初等发达国家，排名第81位到第131位的国家为欠发达国家。中等发达国家人均GDP对应现价为15000~20000美元。根据国际货币基金组织数据，2020年中国人均GDP为10500美元，在全球排名第64位。若未来15年中等发达国家保持4%左右的名义增长，则我国在未来15年需要保持5%左右的增长（见表7.1）。

表7.1　未来15年经济增速区间预测

指标	中等发达国家（下限）	中等发达国家（上限）
人均GDP（现价美元）	15000	20000
未来15年GDP增速假设（按过去20年全球GDP增速）	3.69%	3.69%
人均GDP（现价美元2035）	27922	37230
中国名义GDP（计算值）	6.46%	8.39%
中国GDP平减指数（国际金融危机以来的均值）	2.95%	2.95%
中国GDP实际增速	3.51%	5.44%

数据来源：孙彬彬，陈宝林．如何理解人均GDP达到中等发达国家水平？[R]．天风证券，2020.10.

（3）以美国为参照系。2021年，美国GDP总量为23万亿美元，人均GDP接近69300美元；我国GDP总量为17.73万亿美元，人均GDP为12551美元。根据国际经验，到2035年基本实现现代化时，我国名义人均GDP要达到美国的37%、经济总量要达到美国的1.5倍①。若未来15年美国经济实现2%左右的经济增长，那么我国需要实现5%左右的经济增长。

3. 以结构转型释放经济增长的结构性潜能

（1）释放服务型经济发展的结构性潜能。2000—2019年，我国服务业增加值年均增长15.8%，是同期世界平均增速的3.8倍，是美国、德国、

① 刘世锦．“十四五”和更长时期我国经济社会改革的方向与重点[J]．中国经济报告，2021（02）．

英国、日本的4.2倍、14.4倍、7.9倍、26.3倍。2014—2019年，按美元计算，我国服务业年均名义增长8.9%，美国服务业年均名义增长4%左右。若按我国服务业年均名义增长9%、美国4.3%计算，到2035—2040年，我国服务业增加值将超过美国，有望成为全球第一大服务业市场。由此看，我国服务型经济蕴藏的增长潜能还相当大。为此，要把服务业市场全面开放作为深化经济体制改革的主攻方向。

（2）释放消费型经济发展的结构性潜能。2013—2019年，我国人均服务型消费年均增长11.1%，高于同期人均消费支出增速3个百分点左右；服务型消费占消费支出的比重由39.7%上升45.9%①。综合考虑通货膨胀（3%左右）以及其他不同因素，在基准情景下，到2025年我国开始进入服务型消费社会，未来15年，消费可以带来4.3个百分点的增长。这就需要更加注重通过人口城镇化、扩大中等收入群体、提高综合生育率等方面的改革，在全面促进消费，尤其是服务型消费上破题发力。

（3）释放绿色型经济发展的结构性潜能。我国实现“双碳”目标需要的投资规模预计为150万亿~300万亿元人民币，年均投资将达到3.75万亿~7.5万亿元，相当于全年投资的10%②。包括“双碳”、新信息技术等在内的新基建投资，有可能拉动GDP年均增长1个百分点左右。因此，实现“碳达峰、碳中和”的相关投资要成为未来15年我国投资的重要领域。释放绿色型经济发展的潜能，需要加快推进能源价格改革、生态价值实现、投资体制改革、绿色财税金融体制等多方面的制度集成创新，以形成发展绿色型经济的合力。

① 国家统计局．中国统计年鉴2020［M］．北京：中国统计出版社，2020.9.

② 张晓慧．中国实现“双碳”战略所需投资约150万亿到300万亿元［EB/OL］．中国新闻网，2021-09-16.

二、以结构性改革破解结构转型的结构性矛盾

1. 客观把握结构转型与结构性失衡并存的动态过程

（1）结构转型与结构性失衡并存。我国作为14亿人口的大国，一方面，结构转型还有巨大空间，这是我国的战略回旋余地所在。相比于成熟的市场经济国家，我国结构性政策可以发挥比总量性政策更大的作用。另一方面，我国还面临着多方面的结构性失衡，由此形成结构性风险和矛盾。这既有发展不平衡带来的结构性失衡，也有政策不协调与新旧体制摩擦带来的结构性失衡。

（2）解决旧的失衡又产生新的失衡，是一个动态过程。从发展历程看，我国在发展进程中，不断解决旧的结构性失衡，同时又不断产生新的结构性失衡。这是一个中长期的动态过程，由此形成我国结构性改革的特点。

2. 破解政策与体制之间的结构性矛盾

（1）在推动开放政策调整的同时推动高水平开放。当前，我国推进对外开放，进一步吸引国际高端要素集聚，需要进一步降低关税和动态调整负面清单长度，同时也需要加快推进规则、规制、管理、标准的对接。这些大都涉及国内深层次的市场化改革。例如，强化竞争政策的基础性地位；在国有企业改革上，按着管资本的要求，加快推进国有企业的分类改革，减少甚至取消“非商业援助”。

（2）在推进教育培训政策调整的同时推动教育体制改革。过去几年，我国加大对教育培训领域的监管力度，目的是促进教育公平发展。从提升人的可行能力这一教育的中长期目标看，在推动教育培训的监管政策调整的同时，也要注重教育结构调整。我国现行的教育发展方式带有考试型、封闭性、行政化的特点，这不利于自主创新能力的形成，导致人才供需结构失衡。为此，需要推动教育由规模型向质量型转型、由考试型向能力型转型、由行政化向专业化转型等。

3. 破解体制与体制之间的结构性矛盾

（1）“两业”融合既涉及科技体制的变革，也涉及教育体制改革。推动制造业与生产性服务业融合，涉及科技体制改革，需要以科技进步突破“卡脖子”的挑战；同时也涉及教育体制的改革，尤其是职业教育体制的改革。比如，目前，唯学历、唯文凭等用人“陋习”还比较普遍，职业教育的社会认可度、毕业生的社会地位和收入水平还较低，导致职业教育发展严重滞后，进而导致企业“技工荒”。这就需要深化职业教育体制改革，推动职业教育由“层次型”向“类别型”转型，着力打破职业教育的“天花板”，深化职普融通，实现职业技术教育与普通教育双向互认、纵向流动，建设一批高水平职业技术院校和专业，为打造制造强国输送应用型高技能人才。

（2）城乡结构转型既涉及城乡基本公共服务体制，也涉及城乡资源双向自由流动的体制变革。比如，我国长期存在的城乡土地二元结构问题并没有得到根本解决，农村土地增值收益分配还存在不合理的地方，客观上阻碍了城乡结构调整。如果没有建立城乡资源双向流动的体制机制，城乡融合发展就将面临深层次的掣肘。

4. 破解短期与中长期的结构性矛盾

（1）解决短期的问题同时更要注重解决中长期问题。我国作为一个14亿人口的大国，在发展进程中不能就短期论短期。尤其要防止在解决短期问题的同时推迟结构转型的推进，为中长期发展埋下更大隐患。比如，实现“双碳”目标，既涉及短期能源政策调整，也涉及中长期的能源结构转型与经济增长的协调。短期内，可以通过环保督察等短期举措，加大对“双高”发展的督查。中长期看，在不断增大的“减碳”约束下推进经济增长，客观上要求结构性改革，尽快形成绿色增长的新发展路子。

（2）解决局部问题的同时更要注重解决全局问题。比如，解决2.9亿农民工市民化的问题，需要进一步放开城市入户政策限制；与此同时，更要放在城乡结构转型的全局下，赋予广大农民工与户籍人口平等的权利。

从实际来看，我国有条件全面取消“制度歧视”，实现人口城镇化的有序推进。

三、化解结构转型中经济关系的结构性失衡

1. 需求与供给失衡

（1）供给与需求失衡的突出矛盾。当前，我国人均国内生产总值超过1万美元，需求结构和生产函数发生重大变化。同时，“有需求、缺供给”的矛盾比较突出。例如，若按人均GDP比例计算，我国人均潜在健康消费需求应在0.8万~1.2万元，按此估算我国潜在健康消费市场规模应为10万亿~15万亿元的规模，供给缺口在5万亿~10万亿元①。

（2）加强供给侧管理。随着居民消费结构升级，需求结构与供给结构不相适应的矛盾突出，亟须加强供给侧管理。核心是以市场需求为导向，加大优质商品、服务的供给，减少低端低效供给，提升供给的总量、质量与效率。

（3）加强需求侧管理。需求牵引供给是经济发展的基本规律，消费是生产的生产。没有消费这个“源头”，就没有供给这个“活水”。为此，需要加大需求侧方面的管理，处理好需求与供给的关系，形成以需求引导供给的格局，实现需求结构与供给结构的动态平衡。

2. 服务业与工业的发展失衡

（1）避免产业结构失衡。在产业结构转型进程中，服务业占比的增长是一个客观趋势。与此同时，也要避免工业占比过快下降，导致产业结构失衡。从国际经验看，过快去工业化，不仅导致产业空心化，而且有可能给经济安全带来隐患。

（2）推动产业结构转型，形成服务型经济新格局。我国加快推动形成服

① 数据来源于OECD。健康消费包含：住院治疗与康复护理、门诊治疗和康复护理、长期护理（健康）、辅助服务、医疗用品（非功能规定）、预防保健、治理和卫生系统及筹资管理。

务型经济新形态，不是“去工业化”，而是“新工业化”。“去工业化”意味着制造业产业链转移、外迁，导致工业体系不健全。而新型工业化则意味着在原有工业体系基础上，充分利用研发、创新推进制造业的高端化、智能化与服务化，走一条制造业与生产性服务业高度融合的发展新路子。

（3）推动新型工业化与服务型经济相互融合、相互促进。从产业发展的态势看，产业间的边界将逐步模糊，产业融合成为一个大趋势。这就需要以“两业”融合与“两化”融合把握这一趋势，推动工业与服务业的融合，推动农业与工业的融合，推动农业与服务业的融合。其核心在于提升创新能力，推动以研发为重点的生产性服务业发展。

3. 经济增长与社会发展的失衡

（1）经济社会发展失衡将掣肘经济高质量发展。中改院课题组在 2009 年的年度改革研究《危机挑战改革》中曾提出，经济增长“一俊遮百丑”的阶段已经过去了。促进社会发展、让发展红利惠及所有人，不仅是经济增长的重要目标，而且越来越成为经济增长的重要条件。从国际经验教训看，社会利益失衡、社会矛盾激化，将严重阻碍、破坏经济增长的良好发展环境，并使经济增长陷入严重停滞的状态。

（2）进入中速增长阶段，经济增长越来越离不开社会环境。比如，夯实消费主导的社会基础，就需要着力扩大中等收入群体，缩小收入分配差距，加快基本公共服务均等化进程。

（3）实现经济政策的预期目标，离不开社会环境。一切经济行为都是“镶嵌”在社会网络之中的。实现经济政策的预期目标，离开社会政策和社会环境，其实现的难度将明显加大。例如，低收入者对利率的敏感性要明显低于中高收入者。如果不考虑全社会的收入结构，包括货币政策等在内的经济政策调整就有可能达不到预期效果等。为此，要以社会良性发展来释放经济增长的更大动力和潜力。

第二节　结构性改革的重要目标

以结构转型释放经济增长活力，需要改善消费预期；需要加大产权保护稳定市场主体的发展预期；需要充分激发社会资本活力，扩大有效投资。从现实看，更需要改善民营经济发展环境，充分激发不同所有制企业主体活力。为此，要加强竞争政策的基础性地位，不断推进产业政策优化转型；要在反垄断领域重点发力，推进地方政府间的经济活动竞争转型，形成公平竞争的市场环境。

一、稳定发展预期

1. 尽快改善消费预期

（1）保持政策相对稳定，避免影响消费。以监管政策为例，近段时间以来，有关部门陆续出台平台经济、教育培训、信息安全等多个领域监管举措。在发挥这些监管举措积极作用的同时，也要关注其所依赖的制度基础的变革，避免对消费带来某些不利影响。也就是说，市场监管政策调整，既要解决短期问题，也要完善监管体制，稳定消费预期。

（2）减少资本市场波动对中等收入群体消费预期的冲击。资本市场和房地产是中等收入群体的主要财富载体，要高度关注这两个市场的波动，避免对中等收入群体消费预期带来不利影响。有研究表明，当前有近 1900 只理财产品的净值小于 1，涉及数万亿元资金，占银行理财市场规模的十分之一。银行理财和住房是大众的两个基本财富载体，也是最有安全感的保值增值资产。如果出现大幅度的波动，将严重影响家庭预期和家庭消费[①]。《政府工作报告——2002 年 3 月 5 日第十三届全国人民代表大会第五次会议上》已经提出设立金融稳定保障基金。一旦资本市场出现异常波动，就要充分发挥金融稳定保障基金的重要作用，通过稳股市来稳定中等收入群体的消费预期。

（3）全面清理不利于消费潜力释放的某些政策。各地可以全面梳理行政性限制消费的相关规定，开展政策效应评估，尽快取消或者放松不适应形势的政策，尤其是适时取消限制大宗消费的行政性政策，以拉动城乡居民在住房、汽车等领域的改善型消费需求。

2. 稳定市场主体的发展预期

（1）加大稳定市场主体的结构性政策力度。“市场主体青山常在，经济就能生机盎然”。1.6 亿多户市场主体是经济发展的动力源、就业的顶梁柱。有效应对经济增长下滑的挑战，核心是稳住市场主体，以稳市场主体来稳就业、保民生。例如，高效统筹新冠肺炎疫情防控和经济社会发展，对关键性系统性企业，制定企业（项目）白名单，加大精准施策力度；对服务业中的民营企业和小微企业、个体户加大专项税费减免政策，必要时采取负税收政策；高度关注政策执行的实际效果，进一步提升财税政策惠及小微企业的普惠性和有效性。

（2）推动劳动力市场的结构性政策调整。就业是社会稳定的基石。面对就业压力加大，尤其是 16~24 岁青年失业率较高的挑战，要突出强调放开各类就业限制，取消各类不合理的就业管制，规范设立零工市场，允许流动摊贩有序开展营业并提供配套服务，为相关群体开辟更大的自主就业空间；扩大公益岗位，对就业困难群体进行定向精准扶持；完善灵活就业的制度保障，解决灵活就业人员的后顾之忧；严禁以防疫为名出台各类就

---

① 赵建．金融市场波动导致居民财富缩水，警惕金融返贫影响共同富裕[R]．西泽研究院，2022.3.

业歧视标准。

（3）加大财税货币政策的调整力度。鼓励地方政府积极探索创新各类政策。比如，进一步加大以工代赋力度，对失业者和毕业未就业大学生提供过渡性工作岗位；对企业开展“旺工淡学”的予以专项财政补贴和支持等，支持企业尽量不裁员或少裁员①。

3. 关键是加大产权保护力度

（1）依法保护企业家的财产权和创新收益。

——建立产权平等保护的长效机制。增强各类企业家的财富安全感，给企业家一个“定心丸”，规范和约束行政权力，严格规范行政机关和执法机关的执法行为；尽快出台对没收或者冻结财产的具体实施细则。

——保护企业家创新收益。创新型企业主要是依靠商业模式、文化创意等要素经营，一旦知识产权得不到有效保护，企业创新成果被他人复制，不仅会给企业可持续发展带来严重后果，而且会严重影响全社会创新活动。这就需要政府加快出台商业模式、文化创意等创新成果的知识产权保护办法，为企业创新发展提供法制保障。

——严格纠正以公权侵犯私权行为。严惩各类利用公权力侵犯私有产权的违法犯罪行为；严格区分企业家的违法所得和合法财产，区分涉案人员个人财产和家庭成员财产，在处置违法所得时不牵连合法财产；不得查封、扣押、冻结与案件无关的财产；因公权侵犯私权造成损失的，受害人有权申请国家赔偿。

（2）健全产权执法司法保护制度。

——严格规范涉案财产处置的法律程序。产权执法司法处置是否适当，是产权保护的重大现实问题。如果不应当被剥夺的财产权被剥夺，就会导致社会对财产权保护缺乏信心和稳定的预期。若对经济犯罪案件中的企业家或个人的涉案财产处置不依法依规、行政和司法腐败侵犯企业产权

① 迟福林. 稳消费重在稳消费预期[N]. 经济日报，2022-08-01.

等，不仅将给企业家和个人的合法财产造成严重损失，而且不利于稳定发展预期。为此，需要尽快规范企业家或个人财产处置的法律法规，形成具体的执法操作程序，使其变成行政实践和司法实践。

——建立完善补偿救济机制。从实践看，有的地方政府在财产权保护方面力度不够，有些甚至因为当地政府自身的不当行为造成企业和公民财产权受损。在这个背景下，不仅要建立对政府相关人员的问责与追责机制，而且要完善赔偿与救济机制。对因政府规划调整、政策变化造成企业合法权益受损的，应当依法依规进行补偿救济。

二、激发市场活力

1. 激发社会资本活力

（1）向社会资本开放更多领域，扩大有效投资。社会资本有其自身的活力和动力，只要打开市场，就会吸引社会资本的投资。过去几年，我国持续推动市场开放，逐步在水利、交通、城市建设等基础设施建设领域，托育服务等民生领域，关键技术集中攻关等科技领域向社会资本放开。从趋势和现实需求看，要通过结构性改革，尽可能扩大开放领域，大力吸引社会资本，扩大有效投资。

（2）多举措调动社会资本投资积极性。在符合国际经贸规则的前提下，积极探索采用资本金注入、财政奖励、运营补贴、投资补贴、融资费用补贴等多种方式，稳定社会资本投资预期；进一步优化营商环境，提供一站式服务，降低企业投资的制度性成本；实施社会投资项目“用地清单制”改革，支持扩大企业债券申报和发行规模。

（3）优化社会资本投资的环境。

——推动地方融资平台模式市场化转型。在平台公司市场化转型过程中，地方政府首先需要从“管人、管事、管资产”的全面管理模式向以“管资本”为主的监管职能转变，理顺地方政府与平台公司之间的政企关系。同时，地方政府应逐步把相关具有实质经营性现金流的运营项目划给平台公司，帮助平台公司奠定实业基础。对于平台公司本身，应注重完善公司治理结构，优化投资结构，提前策划项目收益规模和运营模式，使每个项目具有可融资性，每笔融资具有可偿还性。

——合理运用政府与社会资本合作（PPP）模式。PPP 模式旨在使政府与市场发挥各自的机制优势从而形成互补，实践中关键是要避免 PPP 异化为传统的地方融资平台模式。因此，要拓宽 PPP 项目的参与领域，推进 PPP 项目的社会资本参与方发挥更大作用。

2. 激发市场主体活力

（1）优化民营经济发展环境，大力激发民营企业活力。

——落实放宽民营企业准入的政策措施，清理在市场准入、审批许可、经营运行、招投标等方面的各类显性壁垒和隐性壁垒；着力解决民营企业融资难融资贵问题，拓宽民营企业融资途径。

——依法平等保护民营企业产权和企业家权益。依法平等保护国有、民营、外资等各种所有制企业产权和自主经营权，依法保护企业家合法权益。加大对民营企业的刑事保护力度，提高司法审判和执行效率，保障民营企业家的人身和财产合法权益。

——促进中小微企业和个体工商户发展。中小微企业和个体工商户是数量最多的市场主体，必须保护好、发展好，确保各项政策扶持措施直接惠及市场主体。完善促进中小微企业和个体工商户发展的法律环境和政策体系，支持企业更好参与市场合作和竞争，进一步激发中小微企业和个体工商户的活力和创造力。

（2）完善现代企业制度，充分激发国有企业活力。

——健全管资本为主的国有资产监管体制。这是激发国有企业活力的重要保障。深化政企分开、政资分开，推进经营性国有资产集中统一监管，推动社会公共管理部门不行使国有资产出资人职责，国资监管机构不行使公共管理职能。深化国有资本投资、运营公司改革，调整优化管控模式，使国有资本投资公司更加注重服务国家战略、提升产业竞争力，国有资本运营公司更加注重提升资本运营效率、提高资本回报水平。

——加快国有经济布局优化和结构调整。加大新型基础设施建设投入，推动互联网、大数据、人工智能等同各产业深度融合，推动国有资本向关系国家安全、国民经济命脉的重要行业和关键领域集中，向提供公共服务、应急能力建设和公益性等关系国计民生的重要行业和关键领域集中，向前瞻性战略性新兴产业集中。

——深化国有企业混合所有制改革。既支持民营企业等社会资本参与国有企业混合所有制改革，又鼓励国有资本投资入股民营企业。推动混合所有制企业深度转换经营机制，在股东充分协商的基础上依法制定章程，切实维护各方股东的合法权益，严格落实董事会的各项法定权利，支持对治理制度健全的国有相对控股混合所有制企业依法实施更加市场化的差异管控。

（3）增强对外资企业的吸引力。

——我国市场对外资仍有相当大的吸引力。数据显示，2022 年 1—7 月我国实际使用外资金额为 7983.3 亿元，按可比口径同比增长 17.3%，折合 1239.2 亿美元，增长 21.5%①。

——积极回应外资企业诉求，进一步增强外资企业的吸引力。根据中国贸促会调研，当前外企对我国营商环境的诉求主要集中在统筹好新冠肺炎疫情防控和企业生产经营，提升外籍商务人员来华工作便利度等方面。前不久，国务院已明确要求，要强化要素保障，推动一批重点外资项目尽快落地，进一步便利外企商务、技术人员及家属出入境②。在实践中需要推动这些举措尽快落地，以明显增强外资吸引力。

---

① 中国市场对外资保持较强吸引力[N]. 国际商报，2022-08-26.

② 李克强主持召开国务院常务会议 决定进一步延长制造业缓税补缴期限 加力助企纾困等[EB/OL]，中国政府网，2022-09-14.

三、形成公平竞争的市场环境

1. 形成普惠化和功能性的产业政策体系

（1）全面清理妨碍公平竞争的产业政策。

——减少行政力量对市场资源的直接配置，大幅减少现有中央各部门、地方政府的产业补贴与扶持项目；按照“非禁即准”的原则，清理与法律法规相抵触、制约各类市场主体进入各行业的规定和程序，严禁和惩处各类违法实行优惠政策的行为。

——制定适用产业扶持的负面清单。减少选择性补贴、投资补助等举措，将产业政策严格限定在具有重大外溢效应或关键核心技术的领域，更多采用普惠性减税、政府采购、消费者补贴等手段，维护市场公平竞争。

（2）全面实施普惠化的产业政策。提高民营企业、外资企业等使用资金、土地等要素以及政策资源的可得性，在各类企业充分竞争中提高经济运行效率。从这个角度来看，推进产业政策转型不是取消补贴，而是实现补贴政策的普惠化与非专项。

（3）精准实施功能性的产业政策。从实践经验看，在工业化初期和中期，为了快速实现工业化，一些国家普遍实行选择性的产业政策；到了工业化后期，则逐步过渡到以功能性为主的产业政策。目前，我国已进入工业化后期，需要全面实施功能性产业政策，关键在于加大基础研发、人力资本、信息等投入，加快构建实体经济、技术创新、人力资源协同发展的产业体系，形成创新驱动的基本格局。

（4）加强产业政策的公平竞争审查。

——内外资企业。强化竞争政策基础性地位，不仅要取消“超国民待遇”，也要取消“次国民待遇”，按照内外资一致的要求实行普惠性政策体制安排，加强对内外资企业在准入条件、政策待遇、资源要素获取、产权保护等重点环节的公平竞争审查。

——国有企业与民营企业。把消除竞争性国有企业与民营企业的政策待遇不平等作为建立公平竞争审查机制的重要目标，重点强化在产权保护、行业准入、银行贷款、上市融资、产业政策支持等领域的公平竞争审查，倒逼以管资本为主的国有资产管理体制改革。

2. 实现反垄断的重大突破

（1）加快自然垄断领域的竞争性环节的放开。例如，电力供应市场属于“行政垄断+自然垄断”的复合型垄断市场；在教育、医疗、养老等生活性服务业领域，仍面临着较为严重的行政垄断；金融、保险、会计等领域仍面临不合理的经营范围限制。

（2）把打破垄断尤其是行政垄断作为结构性改革的重要目标之一，尽快出台改革行动方案。数据显示，“十三五”时期，全国依法查处滥用行政权力排除、限制竞争案件274件，有效保护市场公平竞争和消费者利益，维护了反垄断法权威。其中，涉及省级政府所属部门的案件约占14.8%，涉及市级政府及其所属部门的案件约占45.1%，涉及县级政府及其所属部门的案件约占36.2%[①]。下一步，需要不断加强和改进滥用行政权力排除、限制竞争执法，推动有效市场和有为政府更好结合，营造市场化、法治化、国际化营商环境，激发市场主体活力，激活经济发展动能。

3. 推动政府采购市场开放

（1）政府采购的市场化是一个大趋势。我国政府采购市场规模不断扩大，与GDP的比值持续提升，从2003年的1.21%提升到2020年的3.60%；其中服务采购占政府采购比重，同期从6.25%提升到27.90%（见表7.2）。政府采购是公共消费的重要来源。适应14亿人公共服务需求变化的大趋势，把形成多元供给主体、多元竞争主体作为完善政府采购商品与服务的基本目标，重点扩大政府向社会组织购买公共服务的规模，尽快取消政府购买对市场组织和社会组织的某些歧视性规定。争取到2025年，形成法治化、规范化、透明化的政府购买公共服务的体制机制安排；

① 破除行政性垄断强力推进[N]. 中国质量报，2021-03-19.

使政府采购规模占财政支出比重达到20%左右，服务采购占政府采购比重达到40%左右。

表7.2　2003—2020年我国政府采购规模及服务采购占比

年份	政府采购规模（亿元）	政府采购占GDP规模（%）	服务采购规模（亿元）	服务采购占政府采购比重（%）
2003	1659.43	1.21	103.75	6.25
2004	2135.72	1.32	138.59	6.49
2005	2927.57	1.56	195.75	6.69
2006	3681.61	1.68	270.31	7.34
2007	4660.87	1.73	356.94	7.66
2008	5990.88	1.88	453.31	7.57
2009	7413.17	2.13	544.22	7.34
2010	8421.97	2.04	709.06	8.42
2011	11332.47	2.32	888.57	7.84
2012	13977.73	2.60	1213.98	8.69
2013	16381.10	2.76	1534.40	9.37
2014	17305.34	2.69	1934.25	11.18
2015	21070.50	3.06	3343.90	15.87
2016	31089.80	4.17	10219.30	32.87
2017	32114.30	3.86	8901.60	27.72
2018	35861.40	3.90	12081.90	33.69
2019	33067	3.35	9455.60	28.60
2020	36970.60	3.60	10302.40	27.90

数据来源：财政部网站。

（2）尽快出台政府采购负面清单。除明令禁止社会资本参与的政府采购项目外，其他领域政府采购项目均向社会资本开放；参与政府采购和招标投标、高新技术企业认定、申报政府计划项目、科技奖励、取得许可证和资质等级证书以及安排使用的各类财政专项扶持资金，对各类所有制企业一视同仁，实行同等待遇。

（3）完善政府采购的政策体系。对中小企业在政府采购中实施优惠政策是国际普遍做法，而我国尚未形成系统的鼓励中小企业参与政府采购的政策体系。为此，可以系统梳理目前有关对支持中小企业发展、绿色采购、科技创新产品、残疾人就业企业等政府采购政策，进一步完善政策措施，为供应商参加政府采购活动提供全国统一的政策支持；出台的鼓励中小企业相关政策，通过预算预留、消除门槛、评审优惠等政府采购相关措施，加大对中小企业发展的政策支持；尤其是在政府采购活动中加大向高新技术中小企业倾斜力度，提升创新发展能力。

4. 规范经济活动的地方政府间竞争

（1）产业转型升级的主体不是政府而是企业。强化竞争政策的基础性地位，就是要保障各类市场主体之间的公平竞争，要最大限度地激发企业家精神，在此基础上形成开放创新的新格局。

（2）地方政府间的某些不当竞争仍然存在，并成为影响企业主体公平竞争的重要因素。尤其是在新一轮产业革命引领产业变革的趋势下，新经济领域地方政府间竞争与地方保护现象仍然普遍存在。地方政府间竞争不仅阻碍企业在全国范围内的公平竞争，妨碍全国统一大市场的建设，也造成重复建设、产能过剩等突出问题。

（3）实现经济活动由地方政府间竞争向企业主体间竞争的转变。减少政府尤其是地方政府干预资源配置的范围和幅度，把政府干预资源配置的范围严格限制在公共资源领域，建立资源配置政府干预负面清单；在逐步调整地方政府以 GDP 为导向的政绩考核体系的同时，将公平竞争审查绩效纳入地方政府业绩考核体系和地方官员的政绩考核体系。

5. 形成公平竞争的机制保障

（1）赋予市场监管机构对经济政策的审查权。将公平竞争审查制度纳入《反垄断法》，依法规范市场监管机构与政策制定部门在竞争倡导和竞争政策审查中的职能分工，为公平竞争审查奠定法律基础。

（2）建立政策制定机构和市场监管机构双重审查机制。考虑到我国市场监管机构的现实情况，完全由市场监管机构审查各类政策并不现实。可以建立双重审查机制，由政策制定机构和市场监管机构共同审核，形成经济政策的审查标准和审查程序。突出权威性和专业性，由市场监管机构制定公平竞争政策的审查标准和审查程序，处理好市场监管机构与政策制定机构之间的关系，调动两个积极性形成竞争倡导的合力。

（3）强化对公平竞争审查的制度激励。在逐步调整地方政府以 GDP 为导向的政绩考核体系的同时，将公平竞争审查绩效纳入地方政府业绩考核体系和地方官员的政绩考核体系。例如，可以参照澳大利亚等发达国家的经验，对地方政府设置竞争补偿，使之分享到公平竞争政策的红利。

第三节　结构性改革的重大任务

以结构转型为主线的结构性改革仍然面临着多方面的重大任务。适应结构转型的大趋势，要深化以技术、数据、土地为重点的要素市场化改革，形成全国统一大市场。适应产业结构转型的趋势，要以服务领域为重点，着力打破市场垄断和行政垄断。适应科技结构升级趋势，深化科教体制改革。适应服务业市场开放趋势，完善市场监管体制。

一、深化要素市场化改革

1. 深化技术要素市场化改革

（1）有效应对技术要素市场化改革的挑战。

——技术要素市场化改革的特性。技术要素有别于土地、劳动力、资本、数据等能够明确确权、有着具体形态的要素，它依附于具体的产品或服务、工艺或场景，难以单独被剥离出来计量。更为重要的是，对于技术尤其是核心技术的所有者，明确所有权的核心目的是获得对核心技术的垄断并通过嵌入产品和服务来实现收益，而不完全为了技术许可或转让。因此，技术要素市场化改革，不仅要培育技术交易市场，更要重视技术权利向实际使用者（企业）的有效转让。

——我国技术要素市场化改革面临挑战。一方面，形成以企业为主体的技术所有者群体仍有待破题，当大多数科技成果所有权或使用权掌握在市场主体手中，技术要素市场化改革便自然活跃起来；另一方面，技术市场的培育和完善仍有待进一步优化，需要加快形成人才、知识产权、资本、服务等一整套制度安排。

（2）稳步推进以企业研发为重点的技术要素市场化改革。

——推动科研力量向企业倾斜，加快实现以企业为主体的技术所有者群体。在政府掌握关键少数、事关国家安全的领域科技成果所有权的同时，加快培育大中小型多层次的科技型企业，形成“科技成果形成在企业、科技成果所有权在企业”的以企业为主体的技术所有者群体。

——企业内部进一步健全职务科技成果产权制度。深化科技成果使用权、处置权和收益权改革，开展赋予科研人员职务科技成果所有权或长期使用权试点。强化知识产权保护和运用，支持重大技术装备、重点新材料等领域的自主知识产权市场化运营。

——加大研发资助力度，鼓励企业形成自主的科技成果所有权。政府采取资助包括购买在内的多元化方式鼓励企业自主研发，并享有科技成果的所有权，逐步减少委托研发的科技项目。

（3）探索高校、科研院所技术市场化改革机制。

——逐步探索高校部门、科研院所的应用技术研究向市场化、企业化发展。推进科研院所分类改革，加快推进应用技术类科研院所市场化、企业化发展，将科研资源和技术成果的所有权向企业转移。

——加快探索高校、科研院所科研资源、技术成果使用权市场化改革。对于不宜过快开展企业化转型的高校机构和科研院所以及不宜过快展开技术成果所有权转移的情况，可以探索技术使用权的市场化改革机制。比如，支持企业与高校、科研院所合作建立技术研发中心、产业研究院、中间试验基地等新型研发机构，支持高校与企业联合开展人才培养，支持创办产业学院和企业大学等，关键是将科研资源和技术成果的使用权有效转移给企业等市场主体。

（4）加快构建一整套技术市场有效循环机制。

——技术市场的培育需要统筹人才、服务、资本等相关制度安排。要在培育和完善纯粹技术转让或许可市场机制的同时，设计好一整套有助于促进承载技术的商品或服务转让市场。要培育完善专业的技术人才、技术服务、技术资本市场，以此构建一整套的技术市场有效循环。

——加快培育专业化的技术人才市场。一方面，以市场化导向的薪酬激励机制培育高精尖的科技人才；另一方面，加快培育职业技术经理人，提升技术转移服务的专业程度。

——加快培育和完善技术资本市场。积极探索通过天使投资、创业投资、知识产权证券化、科技保险等方式推动科技成果资本化。鼓励商业银行采用知识产权质押、预期收益质押等融资方式，为促进技术转移转化提供更多金融产品服务。

2. 推动数据要素配置的市场化进程

（1）优化数据配置，提速数字经济发展。

——从发展进程看，人类社会经济形态的每一次变革，背后都有新的生产要素出现，并由此推动了社会生产力的跃升。在农业社会，土地和劳动是基本生产要素，“土地是财富之母、劳动是财富之父”。进入工业社会，资本、管理、技术、知识等成为主要生产要素。

——进入信息社会，数据成为新型生产要素，在经济增长和国民经济社会运行中发挥着重要作用。尤其是从近几年看，随着大数据、云计算、人工智能、区块链等新一代信息技术在各经济行业普遍应用开来，数据成为数字经济发展的基础性、关键性、决定性的生产要素。

——提升数据配置的效率，直接关系数字经济发展。数字经济的蓬勃发展已经成为一个趋势，但还面临着数据权属和交易规则不明确、交易不活跃、贸易规则不统一等诸多挑战，客观上制约了数字经济的创新发展。根据中国信息通信研究院统计，目前国内有包括贵阳大数据交易所、上海数据交易中心等在内的 14 家数据交易平台。由于缺乏统一的数据要素市场，客观上产生了数据恶意争夺或封锁屏蔽的现象，阻碍了数据要素的有序流通①。

——以数据的高效配置促进数字经济发展。作为数字经济发展最关键的生产要素，数据生产需要高成本投入，只有建立大规模、高维度、及时性强的“大数据”，才能有效发挥规模经济和范围经济。

（2）加快完善数据确权的机制安排。

——完善数据确权的基本框架。厘清数据所有权、使用权、运营权、收益权等权利，形成体系化的数据权利束，形成具有中国特色数据产权制度体系。从实践看，数据确权的基本框架应妥善处理国家数据主权、国家安全、企业数据产权和个人信息保护之间的关系。

——核心是建立数据定价机制。一方面，包括逐步标准化各类交易客体和相应的数据定价规则，构建数据成本和收益的计量模型；另一方面，包括建立信任交易中介以解决信息不对称等问题，增强数据交易的透明性和有效性，使市场成为指导数据定价的“无形的手”。

——利用技术手段推动数据确权。利用多方安全计算、联邦学习等技术，在不转移原始数据的前提下实现对数据的开发利用，推动数据所有权和使用权分离，实现数据可用不可见。积极探索数据要素监管“沙盒模式”，形成技术发展、市场需求、监管要求相匹配的监管模式，切实保护数据相关方利益，激发市场主体活力和科技创新能力②。

---

① 陈兵．立足数据要素特征和客观实际 推进市场化配置[EB/OL]．第一财经，2021-11-30.

② 苗圩．加快推动数据确权畅通数据交易流通[N]．人民政协报，2022-05-19.

——明确公共数据的公有性质。所有权归国家所有，政府将公共数据分级，通过开放共享或授权运营等方式，把合规数据使用权让渡给公众，推动实现社会效益最大化。

——强化数据权利司法保护，依法保护权利人对数据控制、使用、处理、受益等合法权益，依法保护数据要素市场主体以合法收集和自身生成数据为基础开发的数据产品的财产性权益。

（3）有序推进数据跨境流动。

——分类推动跨境数据流动便利化。将数据区分为不同类型，如政府数据、技术数据、商业数据和个人数据，采取绝对禁止流动、一定限制流动和无限制流动等不同的规制措施，以实现数据安全、有条件、有秩序地跨境流动。对事关国家经济、社会安全、个人基本权利的重要数据和个人数据等特定数据的跨境流动进行规制，保障网络安全；对不妨害国家安全和个人利益，不影响网络安全的数据则予以放开，促进自由流动。

——分级推动数据跨境流动。借鉴国外数据分类经验，按照重要行业和信息主题分类标准，合理确定“重要数据”“敏感数据”内涵和范围，开展风险评估和梯度管理。将数据泄露、篡改或滥用对国家安全和社会公共安全影响程度作为标准，划分“重要数据”“敏感数据”出境的风险等级，在实施风险评估后，确定完全限制出境、审批后限制出境和出境后备案等不同的监管方式。依托大型成熟跨境企业，共同研究行业级的跨境数据流动安全管理规范，在电子商务、金融、航空、云服务等领域率先推动行业跨境数据流动标准的出台，以此带动整个行业的数据保护和数据流动。

——分流向推动数据跨境流动。要对提供给家庭与公司企业、儿童与成年人、公共大众与个人消费者的互联网内容区别对待，进行不同程度的审查。对进入家庭的资料检查应严于对进入公司企业的资料检查；政府有关部门对企业信息和非企业信息进行区分，供公司企业经营用的信息可以尽可能地自由流动，而对非企业信息，进入家庭的信息则应进行检查。针对未成年人的信息利用要严于对成年人的信息利用；对公共消费信息的检查要严于对个人消费信息的检查；对仅用于艺术等目的的检查可相对宽松①。

（4）完善数字治理体系。

——以包容审慎为导向，形成正向治理。基于鼓励创新、包容审慎的原则，制定和完善数字经济监管规则，为新业态新模式发展提供试错空间，激发社会创造力。完善数字经济政策激励机制，推进数字政策的跨地区、跨层级、跨部门协同。

——以底线监管为导向，完善安全治理。综合考虑技术、法律、经济与国家安全等因素，重点研究解决好数字税收征管、数据有序自由流动、公民隐私保护、知识产权保护、反垄断与公平竞争等数字治理重大课题，制定包括供应链安全、信息安全、总体经济安全等在内的数字经济安全制度体系，为数字经济发展保驾护航。

3. 深化土地要素市场化改革

（1）积极探索农村宅基地流转。

——适度放开农村宅基地流转限制。加强农村宅基地使用权权能，分阶段放开农村宅基地土地流转制约，推进农村宅基地财产权利显化。可以考虑在部分条件成熟、需求旺盛的地区设定农村房屋居住权，结合农村宅基地“三权分置”改革突破农村宅基地流转的某些政策限制。

——积极探索农村宅基地的“四放开”。随着社会多元福利保障的完善和城乡统一建设用地市场建设时机的逐步成熟，可以考虑实行“四放开”：购买对象放开、购买区域放开、购买价格放开、购买数量放开，全社会均可按市场交易原则获得农村宅基地使用权利，并在符合规划用途的前提下使用并获得收益。即未来在乡村充分发展、实现充分社会保障的基

① 中国（海南）改革发展研究院课题组．高度开放下的有效治理——海南自由贸易港治理体系建设的重大问题（32 条建议）[R]. 2019. 10.

础上，可按照平等保护各类产权的原则，结合居住权的设定，逐步赋予包括农村宅基地完整的用益物权，实现“同地、同权、同价”。

（2）深化农村征地制度改革。

——优化补偿标准。当前，《土地管理法》明确提出“省、自治区、直辖市应当制定公布区片综合地价，确定征收农用地的土地补偿费、安置补助费标准，并制定土地补偿费、安置补助费分配办法”。通过进一步提高区片综合地价的科学性和合理性，能够形成相对较为统一的参考标准，缩小征地补偿两极分化差距。同时，继续探索股权化处置征收补偿。将补偿权转换为抽象的财产权，不仅可克服安置、现金等补偿分配方式的局限，帮助农民实现补偿利益的长远资本化，而且可降低征地的现金流资金压力，更有利于助推配置市场化、资产权益化、利益共同化和收益长期化。

——优化成片开发标准。结合地方需求和特点，因地制宜地界定实际内涵、确定最小规模和最大规模，既不能“一刀切”地完全排除经营需要，也不能“一刀切”地制定公益占比、投资额、容积率、密度等指标限制。要统筹兼顾土地征收与集体经营性建设用地入市中国家、农民集体和农民的收益分配，根据不同的经济社会发展阶段，适当平衡流转和征收的土地收益，从而既保障农民利益不受损、增强集体经营性建设用地入市动力，又确保出于公益性目标征收制度的稳定性，以有利于“三块地”改革的统筹推进。

（3）有序发展农用地流转市场。

——完善农用地流转平台和中介服务。一是探讨建立全国性的农村土地流转中心平台。提供完善的登记查询、信息传递、交易促成、地价评估、法律咨询、金融支撑、纠纷调解等一系列服务，充分发挥平台资源汇集、资金融通、资产评估、信息公开、风险管理等中介服务功能。二是强化金融支撑功能。对接农业发展银行等金融机构，开展以土地经营权抵押为主的土地流转专项贷款，为农户提供低息或免息贷款，以解决流入土地和经营农业的资金缺口。三是增加对农户特别是种植大户的小额信用贷款。满足这些农民购买种子、肥料、生产工具等方面的资金需求，同时鼓励转让土地经营权的农民进行转产，支撑农用地更为长期的规模化经营。四是做好与农地流转相关的监督和服务。积极监督、指导本地的重大农地流转行为，规范土地流转，确保农民的权益不受损害。

——完善农用地流转价格体系，避免“价格陷阱”。这既可以避免农民在流转过程中权益受损，流转价格过低，又能避免在规模化流转的过程中，部分农地流转价格偏高，不利于规模化、机械化和现代化农业的合理实施。土地流转政府指导价不仅要考虑不同农产品种植收益，而且要根据土地资源基础条件，确定相应的流转浮动收益，从而优化农用地资源市场化配置，确保农民持续稳定增收、农业持续健康发展①。

二、打破服务业领域的垄断

1. 优化垄断服务业运行机制

（1）推动服务业领域国有资本战略性调整。服务业市场开放对国有资本战略性调整提出新的要求，既需要破除行政垄断，又需要国有资本在公共服务领域作出更大贡献。

——在一般竞争性的服务业领域，国有资本原则性退出，为社会资本留下更大的市场空间。

——将更多国有资本配置在公共服务领域。

——在公共服务领域，通过发展混合所有制吸引社会资本参与，形成做大公共服务业的社会合力。

（2）完善垄断服务业领域价格形成机制。区分竞争性和自然垄断环节，建立不同的价格形成机制。垄断行业需要一定的价格管制，但竞争性

① 严金明，李储，夏方舟．深化土地要素市场化改革的战略思考［J］．改革，2020（10）．

环节的价格可以放开。为此建议，在自然垄断环节与基本公共服务领域，仍实行政府定价；对竞争性环节的服务业，政府全面放开价格控制，引入竞争机制，实行企业自主定价。

2. 强化新经济领域反垄断执法

（1）明确平台型企业的垄断行为认定标准。《反垄断法》规定，一个经营者在相关市场的市场份额达到二分之一的；两个经营者在相关市场的市场份额合计达到三分之二的；三个经营者在相关市场的市场份额合计达到四分之三的，可以推定经营者具有市场支配地位。对平台型企业，需要结合其特点进一步明确垄断行为的认定标准。2021 年 2 月 7 日，《国务院反垄断委员会关于平台经济领域的反垄断指南》正式出台并实施，标志着我国平台经济领域反垄断监管的重要突破，对营造公平竞争的市场环境是一个重大利好。未来几年，需要在进一步细化相关标准规范的同时，强化新经济领域的反垄断执法。

（2）重点关注平台型企业数据垄断行为。目前涉嫌数据垄断的行为主要表现在拒绝向竞争者开放数据入口、滥用平台上的他人数据、利用数据优势削减消费者的选择权等利益。与传统的方式不同，平台经济是通过特殊算法等技术手段限制竞争、借助平台优势地位采取的排他性交易等方式实现的。为此，需要考虑相关行业竞争特点、经营模式、用户数量、网络效应、锁定效应、技术特性、市场创新、掌握和处理相关数据的能力及经营者在关联市场的市场力量等因素，并通过调查了解市场上的竞争状态、消费者福利水平、行业壁垒情况等方面加强反数据垄断执法。

（3）预防互联网平台不合理并购和内部整合形成的垄断。例如，亚马逊跨不同业务整合可能产生结构性的垄断，损害到消费者的长期利益。从国内实际情况看，国内互联网平台企业主要通过高估值的收购达到垄断地位，即通过高价收购目标以实现消灭未来的潜在竞争对手。同时，平台企业内部整合导致数据融合、经营规则改变等新情况也成为欧美反垄断调查的重点对象。

3. 加大反行政垄断力度

（1）反行政垄断成为反垄断的突出短板。2018 年国务院机构改革后，我国将原分散在三个不同部委的反垄断职能整合到国家市场监督管理总局。这是反垄断体制改革的重大进展。从实际效果看，目前国家市场监督管理总局的反垄断局与价格监督检查和反不正当竞争局在有效履行反垄断职能时还面临挑战和掣肘。例如，执法机构缺乏准司法权和准立法权，难以应对新经济领域的垄断现象；由于缺乏地方派出机构，难以应对跨地区的垄断与不正当竞争行为。

（2）做实“国务院反垄断委员会”。可以考虑将反垄断局与价格监督检查和反不正当竞争局作为其具体执法机构；对不同所有制企业实行统一的市场监管标准和监管规则，实质性增强反垄断的有效性；与国际接轨，尽快建立既适用于内资又适用于外资的法治化、规范化的反垄断体制。

（3）加大反行政垄断的力度。在新的《反垄断法》修正案通过后，需要加快落实，加大反行政垄断力度。比如，细化反行政垄断的内容，做实竞争政策以及相应的公平竞争审查制度；依据新的《反垄断法》，系统清理、修改、废除各类导致行政垄断的规章制度以及滥用行政权力排除、限制竞争的行为；细化《反垄断法》中关于反行政垄断的实施细则，根据不同行业的特点制定不同的反行政垄断措施。

三、建设全国统一大市场

1. 建设全国统一的服务大市场

（1）加快服务体系与服务环境建设。

——进一步提升教育、医疗、健康、养老等服务标准。按照《国家标准化发展纲要》的要求，围绕普及健康生活、优化健康服务、倡导健康饮食、完善健康保障、建设健康环境、发展健康产业等方面，建立广覆盖、全方位的健康标准。一方面，在加大服务供给的同时，对标国际标准，结合我国实际，尽快制定教育、医疗、健康、养老等领域的服务标准；另一方面，在国内高水平开放新高地加快对标国际服务标准。例如，在海南自由贸易港率先引入国际先进的医疗药品、旅游娱乐、体育养老等重点服务业的管理标准，并实现资格单向认可，形成倒逼服务质量和水平提升的动力。

——完善和优化服务体系。与商品有所不同，服务型消费对服务体系的要求更高。例如，目前海南免税购物是以销售免税品为主，消费服务体系不完善，与建设国际旅游消费中心的要求尚有较大差距。释放服务型消费需求，在加大服务型消费供给的同时，要进一步完善服务体系。比如，海南需要对标香港，加快免税购物的服务体系建设，在规则、规制、管理、标准上下功夫，形成包含服务标准在内的一整套免税购物服务体系①。

（2）重点强化服务型消费基础设施建设。

——加快推动全国统一的公共服务基础设施建设进程。党中央侧重全国统一的服务基础设施建设与服务标准制定等；地方侧重服务基础设施的使用，保障其可持续。从重大项目看，重点是改善中小城镇的公共基础设施，推动大城市将公共服务设施、环境保护设施向周边中小城市和小城镇扩散，促进城乡社区管理一体化。

——完善数字消费基础设施。重点推动 5G 网络、工业互联网、物联网、云计算等新型基础设施全面覆盖核心商圈、产业园区、交通枢纽；适应跨境电商、跨境物流、跨境支付、数字贸易和供应链管理等发展需要，不断完善跨境数字基础设施，提升跨境数字消费便利化水平；提升和完善社区便民数字消费设施，打造便民数字生活服务网点和服务圈，建设数字消费综合体验场所和新型数字消费服务平台。

——适度超前部署农村新消费基础设施建设。着眼于中长期消费热点的培育与壮大，以适应服务型消费的基础设施为重点，适度超前开展基础

---

① 迟福林．海南免税消费的预期目标何在？[EB/OL]．新华网，2021-12-27.

设施建设投资。所谓适度超前，就是时间上适度提速、规模上适度扩大。以新能源汽车下乡为例，在推进城区充电桩建设的同时，需要加快推进农村充电桩体系建设，解决农村新能源汽车充电不便的问题，助力新能源汽车下乡。由此既扩大有效投资，又形成消费释放的重要基础。

2. 建设全国统一的劳动力市场

（1）分阶段深化户籍制度改革。

——短期。坚持居住证与落户并重，持续降低落户门槛，推动户籍制度与社会福利制度同步改革，逐步让非户籍常住人口享有与城市居民同等待遇。坚持户籍与居住证双轨运行，在拓宽各级城市原有落户渠道的基础上，以居住证“强功能、扩数量”，完善城市非户籍常住人口公共服务获取新机制。一方面，针对农业转移人口户籍价值同城化待遇问题深化改革，推动户籍改革与福利制度改革同步，以居住证“强功能、扩数量”让农业转移人口享有城市居民的同等福利；另一方面，放开放宽落户限制，全面放开除超大城市外的落户条件，推进愿落尽落，让更多有意愿有条件的农业转移人口落户城镇，实现同城同权。逐步改变公共服务等权益与户籍制度的单挂钩体制，建立公共服务等权益与户籍、居住证、社保的多挂钩体制。

——中期。全面剥离附着在户籍之上的公共服务、社会保障等权益，建立城市公共服务等权益与贡献（或实际居住和工作情况）挂钩制度（如居住证或社保卡），户籍制度还原人口登记功能，全面实行以经常居住地登记户口制度，实现人口有序流动。同时，取消获取流入地社会福利和权益的落户条件，各项社会福利的获取与本地居民条件一致，仅需满足各项社会福利和权益的基本门槛。

（2）放宽落户门槛，提升落户便捷性。

——以降低落户门槛为基本导向。进一步放宽超大城市人口控制规模，不断完善超大城市积分落户政策，降低积分前置条件，进一步提高就业、居住、社保缴纳年限积分所占比重，取消积分落户数量限制。

——全面实施“互联网+户政服务”。针对各地落户方式繁多、落户准入条件复杂、信息不对称及落户“隐形门槛”繁多等问题，在分区域差别化落户政策的基础上，探索建立全国统一公开的户籍服务平台，形成落户政策的“套餐化”组合、落户办理流程的“一站式”服务、各地推进落户进展的“公开化”监督。探索将有意愿、有条件的非户籍常住人口落户从审批制改为准入制，在非户籍常住人口提出申请后，不是关起门来搞审批，而是依据公布的法定条件，只要符合条件均予以落户。

（3）完善居住证制度。

——以居住证为载体推进基本公共服务均等化和普惠化。依托国家基本公共服务标准指南，鼓励各地区逐步扩大居住证附加的基本公共服务范围，不断提高居住证的含金量，实现常住人口享有与户籍人口同等的教育、就业创业、社会保险、医疗卫生、住房保障等基本公共服务。在有条件的地方，积极推进居住证制度与户籍登记制度衔接并轨①。

——完善居住证的功能体系和管理体系。顺应长期定居务工城市的农业转移人口及其家庭的意愿，以定居为导向完善居住证功能体系。在原有6项公共服务和7项便利的基础上②，持续扩大居住证提供公共服务和便利的辐射范围，将保障性住房（含公共租赁房）纳入居住证基本公共服务范围，作为1项新增必选项，并鼓励城市逐步拓展n项可选择其他权益，构建“1+6+7+n”居住证功能体系。完善居住证管理体系，简化规范居住证申领程序和条件，建立居住证退出机制，并将居住证及时退出纳入个人信用诚信监管范围③。

---

① 赵军洁，张晓旭．中国户籍制度改革：历程回顾、改革估价和趋势判断[J]．宏观经济研究，2021（09）.

② 根据《居住证暂行条例》，居住证持有人在居住地可以享受义务教育、基本公共就业服务、基本公共卫生服务和计划生育服务、公共文化体育服务、法律援助和其他法律服务等6项公共服务，以及按照国家有关规定办理出入境证件，按照国家有关规定换领、补领居民身份证，机动车登记，申领机动车驾驶证，报名参加职业资格考试、申请授予职业资格，办理生育服务登记和其他计划生育证明材料等7项便利。

③ 欧阳慧，李智．迈向2035年的我国户籍制度改革研究[J]．经济纵横，2021（09）.

3. 建设全国统一的能源大市场

（1）建设全国统一的碳排放交易市场。

——逐步扩大碳市场覆盖面。进一步将其他高耗能行业都纳入全国统一碳市场，地方试点尽快与全国碳市场融合，给予一定的过渡期，但试点碳市场配额和全国碳市场配额在一定范围内需要互认，打通市场之间的壁垒。

——制定一套不同体系配额互认的机制。目前我国碳市场配额发放主要针对燃煤电厂，需要明确绿电、绿证和碳排放交易的相关联系，实现相关数据共享，制定一套不同体系配额互认的机制，大力发展融合市场。企业使用绿电或者绿证可以在企业碳排放量核算中给予一定的免征或扣减，从而激励企业购买绿电和绿证的积极性，有助于通过碳市场鼓励可再生能源发电的发展，推动发电端能源结构的整体技术转型。

——扩大碳市场规模。取消燃煤发电机组中掺烧其他能源比例限制，以鼓励相关企业积极开展机组升级改造，降低碳排放量。尽快明确其他行业纳入全国碳市场时间点及配额总量分配原则，并提前发放免费配额，以便相关企业积极参与碳交易提升碳市场活跃度；开放机构及个人投资者进入全国碳市场，并降低其入市门槛。研究推出碳市场拍卖机制，以应对市场恶意炒作行为，调整短期市场供给，保持碳价相对稳定。探索推出碳期货、碳期权等金融工具的可行性，完善并丰富碳市场交易品种体系，扩大全国碳市场交易规模，提升我国在国际上的影响力。

——完善碳排放权交易配额有偿拍卖机制。虽然我国碳交易机制已初步建立，但仍需尽快完善碳排放权交易配额有偿拍卖机制。从 2021 年 7 月 16 日全国碳排放权交易市场开始至 2022 年 4 月中旬，我国首个履约周期纳入发电行业重点排放单位 2162 家，碳排放配额累计成交量 1.79 亿吨，累计成交额 76.61 亿元。按履约量计，履约完成率为 99.5%。2022 年 4 月碳配额价格从2021年末的54元/吨回升至2022年4月20日的60元/吨[①]。碳排放权交易配额有偿拍卖有助于提高碳排放权价格促进企业进行绿色转型。有偿拍卖收入可直接用于补贴绿色低碳发展所需。

专栏7.1

碳排放权交易配额有偿拍卖的国际经验

以欧盟为例，在2003年10月出台的欧盟2003/87/EC指令中，对配额拍卖采取严格限制，规定在2005—2007年至多5%的配额拍卖分配、2008—2012年至多10%。但从2013年开始，欧洲碳排放交易体系（ETS）配额分配系统进行重要调整，其中电力行业需通过参与拍卖获得配额，这意味着配额总量的至少一半都会被拍卖。目前，碳排放权拍卖机制已经出现在全球大多数碳排放权交易体系中，包括欧洲碳排放交易体系、美国西部气候提议（WCI）以及区域温室气体提议（RGGI）等，大部分拍卖收入用于支持气候行动。

有偿拍卖收入可用于补贴绿色技术发展，如欧盟建立NER300基金，支持可再生能源发展等低碳技术；美国加州建立温室气体减排基金，支持低碳交通等应对气候变化的投资项目；加拿大建立绿色基金，投资家庭能效等应对气候变化项目等。

资料来源：曹静．加快建设全国统一的碳排放交易市场[EB/OL]．清华大学中国经济思想与实践研究院网站，2022-04-29.

（2）推动能源价格市场化改革。

——在用能环节全面放开竞争性环节价格，凡是能由市场形成价格的，都要交给市场。加强对市场价格的事中事后监管，规范价格行为。推动形成由能源资源稀缺程度、市场供求关系、环境补偿成本、代际公平可持续等因素决定的能源价格机制[②]。进一步完善省级电网、区域电网、跨省跨区专项工程、增量配电网价格形成机制，加快理顺输配电价结构。持

① 曹静．加快建设全国统一的碳排放交易市场[EB/OL]．清华大学中国经济思想与实践研究院网站，2022-04-29.

② 国家发展改革委．国家能源局关于印发《能源生产和消费革命战略（2016—2030）》的通知[EB/OL]．国家发改委网站，2016-12-29.

续深化燃煤发电、燃气发电、水电、核电等上网电价市场化改革，完善风电、光伏发电、抽水蓄能价格形成机制，建立新型储能价格机制。建立健全电网企业代理购电机制，有序推动工商业用户直接参与电力市场，完善居民阶梯电价制度。研究完善成品油价格形成机制。稳步推进天然气价格市场化改革，减少配气层级。落实清洁取暖电价、气价、热价等政策。

——减少对能源市场的行政干预。减少政府对能源市场的干预，减少对能源资源直接分配和微观经济活动的行政管理，抓紧构建基础性制度，保障资源有序自由流动。全面推进能源行政审批制度改革，完善负面清单，鼓励和引导各类市场主体依法平等参与负面清单以外的能源领域投资运营。

（3）深化国有能源企业改革。

——在新能源领域积极稳妥发展混合所有制企业，支持非公有制企业发展。建立完善的油气、煤炭、电力以及用能权等能源交易市场，确立公平开放透明统一的市场规则。打破地区封锁、行业垄断，加强市场价格监管和反垄断执法，查处实施垄断协议、滥用市场支配地位和滥用行政权力等垄断行为。

——实施国有能源企业分类改革。坚持有进有退、有所为有所不为，着力推进电力、油气等重点行业改革。按照管住中间、放开两头的原则，有序放开发电和配售电业务。

（4）以市场化为导向完善能源治理体系。

——完善能源监管制度。强化能源行业监管，保障国家能源规划、政策、标准和项目有效落地。健全电力安全监管执法体系，推进理顺监管体制，构建监管长效机制，加强项目建设施工和运行安全监管。健全能源行业自然垄断环节监管体制机制，加强公平开放、运行调度、服务价格、社会责任等方面的监管。

——建立健全以绿色低碳为导向的能源法律法规体系。建立以能源法为统领，以煤炭、电力、石油天然气、可再生能源等领域单项法律法规为支撑，以相关配套规章为补充的能源法律法规体系。加强能源新型标准体系建设，制修订支撑引领能源低碳转型的重点领域标准和技术规范，提升能源标准国际化水平，组织开展能源资源计量及其碳排放核算服务示范。

——制定更加科学的核查和数据管理制度。加快构建和完善碳排放的监测报告核查（MRV）体系，设定更加科学的实测值测算方法，强化对第三方核查机构的监管力度，增强对数据造假行为的惩罚力度，确保更加公平的数据统计环境；保持碳市场配额发放标准和中国核证自愿减排量（CCER）使用条件等政策稳定，不断推动碳市场的稳定健康发展。

四、完善知识产权保护体制

1. 加强知识产权保护的迫切性全面增强

（1）完善知识产权体制机制，激发创新、创业活力，是转变工业发展方式的根本性措施。面对科技要素快速流动和组合、新兴创新模式不断涌现的新机遇，切实强化知识产权保护，大幅提高企业利用知识产权市场整合和利用各类科技资源的能力，是构建以企业为主体的制造业创新体系的重要内容。

（2）知识产权保护成为国际经贸的重点之一。采用切实有效的手段完善知识产权制度，加强知识产权保护力度，着力提升企业知识产权诉讼能力，消除企业利用法律武器维护知识产权权益的制度性障碍，可以降低企业知识产权维权成本，构建起规范、有序、公平的知识产权交易市场体系，以更好地发挥知识产权领域的市场调节机制，促进企业充分利用知识产权市场提升竞争力。

2. 加大服务业知识产权保护力度

（1）与工业相比，服务业更依赖于知识产权保护。随着服务业市场开放进程的加快，依法严厉打击侵犯知识产权犯罪行为，加强知识产权行政执法与刑事司法衔接，加大涉嫌犯罪案件移交工作力度；提高知识产权法定赔偿上限，针对情节严重的恶意侵权行为实施惩罚性赔偿；完善涉外知识产权执法机制，加强刑事执法国际合作，加大涉外知识产权犯罪案件侦办力度。

（2）建立健全知识产权保护预警机制。将故意侵犯知识产权行为纳入企业和个人信用档案；运用大数据等手段加强知识产权保护，提升预警防范能力；加大中小企业知识产权保护的援助力度，构建公平竞争的创新创业环境。

（3）加强新经济领域的知识产权保护。适应新经济快速发展的大趋势，加强互联网、电子商务等领域知识产权保护规则研究，完善相关法律法规；加快制定众创、众包、众筹的知识产权保护政策。

3. 推动知识产权保护法治化进程

（1）出台专门的《知识产权法》。将现有的《专利法》《商标法》《著作权法》等纳入《知识产权法》中；参考《建立世界知识产权组织公约》与《与贸易有关的知识产权协定》，明确我国知识产权保护范围；对侵犯知识产权行为的惩治做出具体规定，做到有法可依。

（2）加强知识产权行政执法。建议赋予知识产权局行政执行权，加强重点领域知识产权行政执法，加大知识产权刑事执法和司法保护，积极营造良好的知识产权法治环境和市场环境；加强知识产权审查，实施重大经济活动知识产权评议，引导企业加强知识产权管理。

4. 提升知识产权保护的对外合作水平

（1）积极参与国际知识产权规则制定。我国已经加入《保护工业产权巴黎公约》《关于集成电路知识产权的华盛顿公约》《保护文学和艺术作品伯尔尼公约》《视听表演北京条约》等近 20 个国际公约。未来几年，适应服务业市场对外开放的需要，积极推动《TRIPS 协定与公共健康多哈宣言》，主动参与《专利合作条件》《保护广播组织条约》等国际规则修订的国际谈判；加快加入《工业品外观设计国际注册海牙协定》和《马拉喀什条约》进程。

（2）完善知识产权对外合作机制。加强与世界知识产权组织、世界贸易组织、亚太经合组织等国际和地区性组织的交流与合作，提升我国知识产权保护水平。深化我国与发达国家知识产权、经贸、海关等部门的合作，推动国内服务机构加强与国外相关组织的合作交流。推动相关国际组织在我国设立知识产权仲裁和调解分中心；探索建立“一带一路”沿线国家和地区知识产权合作机制。

五、深化科教体制改革

1. 全面实现教育公共服务均等化

（1）优化教育资源配置，缩小城乡、区域间的教育质量差距。加快城镇学校扩容增位，保障农业转移人口随迁子女平等享有基本公共教育服务。改善乡村小规模学校和乡镇寄宿制学校条件，加强乡村教师队伍建设，提高乡村教师素质能力，完善留守儿童关爱体系，巩固义务教育控辍保学成果。优化区域高等教育资源布局，推进中西部地区高等教育振兴。提高民族地区教育质量和水平，加大国家通用语言文字推广力度。

（2）提升教育普及水平。巩固提升高中阶段教育普及水平，鼓励高中阶段学校多样化发展，“十四五”期间，我国高中阶段教育毛入学率提高到92%以上。完善普惠性学前教育和特殊教育、专门教育保障机制，“十四五”期间，我国学前教育毛入园率提高到90%以上，在重点地区新建、改扩建2万所幼儿园，增加普惠学位400万个以上①。

2. 深化职业教育制度改革

（1）从“层次性”到“类型性”的改革导向。从高中到大学，目前我国的职业教育在实践中都有着深厚的“层次性”色彩，这是影响职业教育发展的重要因素。深化职业教育制度改革，首先要推动职业教育从“层次性”向“类型性”的转变。职业教育的定位不应是分数较低的学生的被

① 中华人民共和国国民经济和社会发展第十四个五年规划和2035年远景目标纲要［EB/OL］. 新华网，2021-03-13.

动选择，而应成为基于不同求学目的、从业目的地主动选择。

（2）形成公平有效的职教选拔制度，提升职业教育学校教育供给质量。无论是从初中升学至高中，还是从高中升学至大学，要推动形成公平有效的职教选拔制度。在转型阶段，要加大对职业教育学校的政策扶持，从学校基础设施到师资力量，提升职业教育学校的教育供给质量。由此，从供需两端共同推进职业教育高质量发展，为社会培养更多的“就业对口型”人才。

（3）以培育高技能人才为重点放开职业教育市场。扩大高技能人才供给，加快职业教育领域对社会资本和外资全面放开。借鉴国际职业教育的优良经验，推动国内职业教育高质量发展。

3. 充分激发科研人员积极性

（1）下放科技成果使用、处置和收益权。除国防、国家安全、国家利益及重大社会公共利益的科技成果外，一般科技成果的使用权、处置权和收益权，全部下放给符合条件的项目承接单位，科技成果转移转化所得收入全部留归单位，纳入单位预算，实行统一管理。

（2）提高科研人员成果转化收益分享比例。加快推进科技成果产权制度改革，提高科研人员成果转化收益分享比例，对科研单位科技成果转化、转让的收益，用于奖励科研负责人、骨干技术人员等重要贡献人员和团队的比例，可以不设上限，让创新者“名利双收”。

（3）加大对科研人员的股权激励。例如，华为公司把98.58%的股权开放给员工，在推动技术创新中的成效显著。建议赋予领军人才更大的人财物支持权、技术路线决策权，鼓励并支持各类企业、高校、科研院所通过股权、期权、分红等激励方式，全面激发科研人员创新创业的积极性。

（4）鼓励和支持企业推行技术工人持股。在有条件的地区和企业，尽快出台《关于高级技术工人持股的试点意见》，采取多种优惠政策鼓励和支持企业开展技术工人持股试点，激励技术工人与企业结成利益共同体，长期安心在企业从事工艺创新。

4. 着眼于基础研究突破，培育大批青年科学家

（1）从各国实践看，重大科技项目的成功关键在于尖端人才和领军人才。特别是在当代创新活动中，人才的创造性意义和决定性作用更加突出。有数据表明，全世界科技移民的40%被吸引到了美国，在美国从事科学工作和工程项目的人员中有72%出生在发展中国家①。

（2）统筹利用现有渠道，聚焦重点研究方向。支持一批30~40岁具有高级职称或博士学位、有志于长期从事科学研究的优秀青年科学家，瞄准重大原创性基础前沿和关键核心技术的科学问题，在数学、物理、生命科学、空间科学、深海科学、纳米科学等基础前沿领域和农业、能源、材料、信息、生物、医药、制造与工程等应用基础领域开展基础研究。

（3）按方向选人，按人定项目。青年科学家人选由一线科学家推荐；被推荐人根据确定的重点方向提出项目，项目负责人自主确定研究内容和技术路线，对项目进行全程跟踪、服务；承担单位对项目团队成员可实行年薪制等灵活分配方式。

（4）推动培养基础研究与应用研究的复合型人才。例如，在能源领域，可以依托重大能源工程、能源创新平台，加速技术研发、技术管理、成果转化等方面的中青年骨干人才培养，培育一批引领能源技术前沿、支撑能源工程建设的技术带头人和一批懂科技、精管理的复合型人才。支持能源企业引进储备高层次技术人才，促进优秀人才在研发机构和能源高新企业双向流动。

六、完善市场监管体制

1. 市场监管体制改革滞后

（1）监管理念变革滞后。在现代监管理念中，监管主要是事中和事后

① 黄群慧，王健．粤港澳大湾区：对接“一带一路”的全球科技创新中心[J]．经济体制改革，2019（01）．

监管，事前的行政审批能取消的尽可能取消，以便能够最大限度地激发市场活力，政府主要对最终产品和服务的质量安全进行监管。从基层监管的实际情况看，我国尚未完全形成行政审批与监管相互分离的现代监管理念，不少行政部门在理念上仍把行政审批和监管当成一回事，“谁审批、谁监管”的传统思维方式在实践中仍普遍存在，有些部门只会审批、不会监管，用审批代替监管，以惩罚代替监管等问题仍然存在。

（2）监管标准缺失。一方面，服务业领域的监管标准过严，会阻碍相关领域的创新与突破；另一方面，服务业领域的监管缺失，会造成市场秩序混乱，并对优质服务业企业形成负面激励效应。

（3）监管方式变革滞后。常规性监管受制于监管能力所限，监管水平较低，一些监管机构在平时满足于低水平均衡，一出事就开展“运动式”“突击式”整治，监管举措往往治标不治本。例如，实行“双随机、一公开”后，如何改变之前的监管方式；哪些监管项目需要日常检查；如何在降低对企业干扰的前提下，改进日常检查的方式和手段，确保监管到位；哪些监管项目采用抽查检查，各级各部门没有形成统一的标准。同时，由于整体的社会诚信体系建设滞后，加上不同监管部门之间的信用信息无法共享，难以真正实现对失信者进行适时信用惩戒的效果。

（4）监管体制仍需进一步破题。现有监管体制较好地体现了综合性监管的，但并未很好体现专业化监管。例如，新组建的海南省市场监督管理局整合了原海南省工商行政管理局、海南省质量技术监督局、海南省食品药品监督管理局的职责，但是海南省食品安全委员会和新组建的海南省药品监督管理局都只是海南省市场监督管理局的部门管理机构，监管队伍的专业化未得到充分体现。同时，联合惩戒缺乏顶层设计，相关机制不完备，一处违法、处处受限的格局尚未形成。

2. 以形成公平竞争市场环境为目标推进市场监管改革

（1）把形成公平竞争的市场环境作为市场监管的基本目标。竞争是市场经济的本质，公平竞争是市场经济的核心。当前，无论是从推进高水平开放的基本要求出发，还是从缓解短期经济下行压力、释放经济转型蕴藏着的中长期巨大增长潜力的现实需求出发，都需要改变以往监管理念，把营造公平竞争的市场环境作为市场监管改革的基本目标，强化竞争政策的基础性地位，充分发挥市场在资源配置中的决定性作用，营造内外企业一视同仁、公平竞争的市场环境。

（2）适应高水平开放需求推进重点领域的市场监管。一是适应我国消费结构升级与服务业市场全面开放大趋势，市场监管的主要对象要由以商品为主向以服务为主转变；二是要把反垄断尤其是反行政垄断作为市场监管变革的重大举措；三是进一步深化市场监管体制变革，实现市场监管体制由以综合性监管为主向综合性与专业性监管并重转变；四是适应统筹发展与安全新要求，进一步健全国家安全审查和监管制度。

（3）以市场监管改革带动政府职能转变。推动市场监管改革创新，既是推动政府职能转变的重要方向，也是适应市场经济发展趋势的迫切需要。以市场监管改革为突破口，整合监管资源，更新监管理念，创新监管方式，提高监管效能，为经济发展营造良好的市场环境，并以此加快推进产业政策转型，强化竞争政策的基础性地位，加快形成开放、高效、秩序、安全、和谐、法治的现代政府治理新格局。

3. 适应服务业市场开放完善服务业市场监管体制

（1）服务领域的市场监管逐步成为监管的重点与主体。随着我国居民消费结构快速升级、服务型消费规模快速增长，服务类投诉也迅速增长。2015—2020 年，我国消费者服务类投诉数量由约 18. 8 万件增加到约 49. 9 万件，年均增速达到 21. 6%，是消费者投诉数量平均增速的 2. 4 倍；占消费者投诉数量的比重由 29. 3%提升至 50. 9%，占比过半（见图 7. 1）。到 2021 年，服务类投诉 517153 件，占总投诉数量的 49. 49%，比重下降 1. 36 个百分点；其他类投诉 36668 件，占总投诉数量的 3. 51%。

（2）加强服务业重点领域的市场监管。

——加强医疗健康领域的市场监管。在加快健康服务业市场开放政策

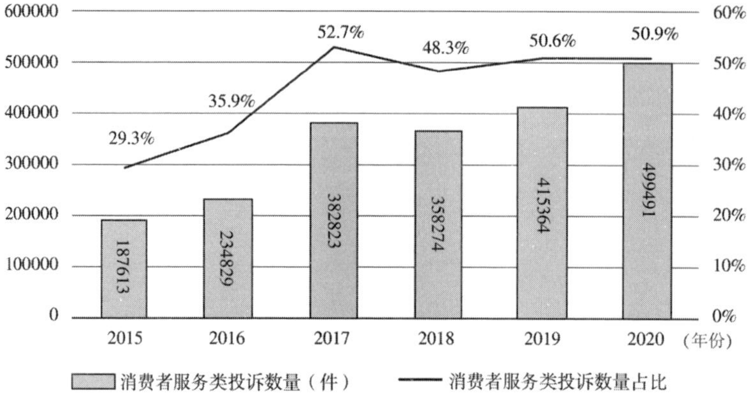

图 7.1　2015—2020 年我国消费者服务类投诉数量及占比

数据来源：2015—2020 年《全国消协组织受理投诉情况分析》统计数据整理。

创新的同时，加强医疗健康领域的监管，尤其是加强对威胁公共安全的重点领域实行全过程实时监管，进一步明确监管的主体、责任、方式、标准等，加大对专业化人才吸引力度，提高监管能力。

——加强文化领域的市场监管。文化产业呈现较快增长态势。据统计，2020 年我国文化及相关产业增加值为 44945 亿元，比 2019 年增长 1.3%，比 2004 年增长 12.5 倍；文化产业增加值占 GDP 比重由 2004 年的 2.15%提高到 2020 年的 4.43%①。我国正处在文化产业加快发展的阶段。在明确监管标准前提下，建立分类监管制度，制定更为详细、透明的文化领域“大负面清单”，详细列明进入要求、经营范围、服务标准、监管规则等。同时，依据不同内容实行分类监管方式。例如，对重大题材或者涉及政治、宗教等特殊题材的节目，除加强事前审批外，还要进一步加强事后效果的评估等；对一般性文化体育娱乐项目及服务，进一步减少事前审查，将监管重点放在事中事后领域，并通过事后社会反馈等及时调整。

——加强教育领域的市场监管。按照“非营利性”和“营利性”分类

① 2020 年全国文化及相关产业增加值占 GDP 比重为 4.43%[EB/OL]. 国家统计局网站，2021-12-29.

管理的政策原则，细化对各类民办学校的办学条件、教师准入资格等作出明确规定，在课程体系、教学内容、师生比、考核评价等方面设置监管标准，进一步提升各类教育的人才培养质量。建立健全以负面清单、信息公开和信用管理为核心的现代教育监管体系；加强对教育政策、教育对外开放和教育服务贸易等领域的专项研究和风险研判，建立风险识别和预警机制，建设风险防控体系，提高解决争端和维护自身权益的能力，维护教育主权和安全。

——加强养老领域的市场监管。随着我国人口老龄化进程加快，养老产业成为我国最有潜力的市场之一。问题在于，由于市场开放程度不高，实际的市场供给严重不足，由此制约了养老服务业的发展。建议推进养老服务业制度、标准、设施、人才队伍建设，加快建设全国统一的养老服务标准和评价体系。

（3）提升服务业领域市场监管的国际化水平。

——完善服务业重点领域标准认证认可制度。适应服务型消费快速增长、服务业市场全面开放的需求，以服务贸易为重点，大力推行高端品质认证，在旅游、健康、教育、金融、电商等领域加快探索推进服务认证活动。

——鼓励各类服务业企业参与服务认证。建立健全社会第三方服务认证认可制度，鼓励服务业企业积极参与服务认证，引导各类服务业企业特别是中小型服务企业获得服务认证，帮助更多服务企业提升质量管理水平。在旅游、教育、健康医疗、文化娱乐、金融等服务业领域开展标准认证工作，对取得官方或国际协会认证的企业给予优先推介、税收减免。

——制订市场经营行为差异化责任豁免目录。在保证国家安全的前提下，允许境外企业在海南提供相关服务，最大限度地减少因标准差异而产生的企业成本。

4. 以防范系统性金融风险为目标完善金融监管体系

（1）完善资本监管制度。资本是市场中最活跃的生产要素，没有资本就没有市场，也就没有全球化。充分发挥资本的积极作用，避免其消极作用，需要相关监管制度进一步具体化，以稳定资本预期。一是完善市场准入负面清单管理制度。在保护数据安全和个人隐私、维护国家安全和公众利益的基础上，促进各类资本规范健康发展。二是打破资本垄断，避免“一家独大”、赢者通吃，保护中小企业的发展空间，让竞争者拥有公平的机会。三是尽量少干扰资本正常运营，影响市场预期。

（2）充分发挥金融科技在监管中的作用。例如，支持海南以数字货币为基础，构建“进岛加密、出岛解密”的金融监管体系，进出海南的国内外资金实现“进出自由、区内有痕流动”，做到“可识别、可追溯、可监管”①。

① 匡贤明．关于海南金融开放与发展的五点建议[R]．海南省社科课题成果参阅，2019（19）．

Structural Transformation:
Cross the Threshold of
High-quality Development

第八章

以高水平开放推动结构转型

改革开放40多年来，我国经济发展取得重大进展，是在开放的条件下取得的；未来若干年，我国结构转型升级的重大突破，仍然要在开放的环境下取得。从现实情况看，我国产业结构、科技结构、消费结构、能源结构、贸易结构等方面的转型对高水平开放的现实需求明显加大。这就需要从全球大变局的特定背景出发，明确以高水平开放推动结构转型的基本目标，并且在推动规则规制管理标准的对接、推动双边多边自由贸易进程、形成扩大开放新布局等方面取得重大突破。

结构转型决定增长前景，决定经济高质量发展进程 。从现实情况看，推进结构转型进程，对高水平开放的需求日益增大。尤其是面对外部发展形势的深刻复杂变化，以高水平开放推动结构转型，成为我国重要的战略选择和重大举措。

第一节　结构转型对高水平开放的现实需求

我国的结构转型不仅关系到自己的发展，也在很大程度上影响着世界的发展。进入新发展阶段，推进结构转型，要放在全球的大视野下，放在“中国与世界”的大格局中。

一、结构转型需要融入全球产业链供应链

1. 产业结构转型离不开全球供应链

（1）我国40多年产业结构转型是在不断开放的环境下推进的，通过深度参与国际分工和全球产业链体系，逐步形成全球规模最大、门类最全、配套最完备的制造业体系，成为“世界工厂”。在产业体系上，我国在众多工业制成品领域成为全球供应链不可或缺的重要环节，外资成为我国产业发展的主要推动力量，纺织、服装、玩具、电子信息产品等具有劳动密集比较优势的出口导向型行业获得快速增长，在全球实物生产能力上具备了某些不可替代的优势。

（2）推动以生产性服务业为重点的产业结构转型需要全球供应链。一方面，我国某些重点行业的现代化水平距离世界先进水平有明显差距；另一方面，全球供应链重构对我国在全球产业链分工中的现有地位带来巨大挑战。未来 10~15 年，推动以生产性服务业为重点的产业结构转型，需要确保我国在全球供应链中的地位与作用。

（3）以高水平开放推动产业结构转型的迫切性明显加大。随着我国经济与全球经济的不断融合，推动产业结构转型，与以往相比更加需要全球供应链的支持。不仅要防止某些产业的“去中国化”，更要主动利用国际市场，推进供应链全球布局，加强与伙伴国家和地区之间的合作共赢，推动国内企业更深更广地融入全球供给体系。

2. 能源结构转型离不开全球能源市场

（1）我国能源消费越来越依赖于国际能源市场。随着经济社会的发展，我国能源消费需求不断增长，且我国能源对外依存度指标持续提升(具体见第五章)。与人均 GDP 相同时期的发达国家相比，我国能源自给率明显低于美国、英国、加拿大等国家。在我国能源消费、能源结构已经与国际市场紧密联系在一起的情况下，能源结构转型必然要更加充分地考虑国际能源市场因素。

（2）推动能源结构转型离不开国际能源市场。逐步加大新能源比重，降低 GDP 单位能耗，统筹能源发展与安全，需要国际能源市场的支持。第一，实现经济发展所需要的能源消费仍将呈现增长态势。在我国自身能源供给一定的情况下，意味着对国际能源需求的加大。第二，短期内我国“富煤、贫油、少气”的能源结构难以调整，我国对国际石油、天然气的需求仍将呈现上升态势。第三，我国新能源开发与利用在技术方面离不开国际合作。尽管我国在新能源开发方面有一定的优势，但在前沿尖端技术上还需要国际合作创新。例如，发电领域尖端技术不高，关键材料依靠进口；多数光伏技术申请领域多是创新技术的外围专利，仅少数几种在核心技术领域；在地热能发电领域，热源探查技术落后，钻探技术还不成熟，成井工艺方面也有待提高①。

（3）以高水平开放推动能源结构转型的迫切性明显增强。未来 10~15 年，我国要实现能源转型的目标，需要高水平开放的重大突破。第一，需要加大国际能源合作，确保国际能源供应安全与稳定，避免对国民经济社会发展带来冲击。如何与富油国形成更为稳定的能源合作关系需要在高水平开放上做文章。第二，推进煤炭清洁化改造和新能源发展，需要在开放中实现能源科技创新的突破。第三，作为能源消费大国，要在国际能源治理中发挥更大的作用，更离不开能源领域的高水平开放。例如，改变能源的“亚洲溢价”② 现象，提升我国国际能源定价权，需要在能源交易领域深化开放。

3. 科技结构转型离不开全球先进技术

（1）以新一轮科技革命推动科技结构转型，成为各国关注的焦点。当前，各国都在抢抓新一轮科技革命的历史机遇。例如，2012 年，美国发布《先进制造业国家战略计划》；2013 年，德国《工业 4.0 战略》和日本《日本再兴战略》相继推出；2015 年，日本推出《机器人新战略》；2015 年，我国推出《中国制造 2025》行动纲领。以近几年兴起的无人机为例，无人机生产与应用已经成为衡量一个国家科技创新水平的重要标志，预计到 2025 年全球无人机市场规模将达到 428 亿美元。近年来，我国民用无人机产业快速发展，已占据全球近八成的市场份额③。其中，我国消费级无人机已占据全球 74% 的市场份额，工业级无人机占据全球 55% 的市场份额④。

---

① 王蕾．新能源产业发展回顾与展望[J]．中国发展观察，2019（16）．

② 所谓“亚洲溢价”，是特指中东产油国向欧美客户出口原油时，价格往往比向亚洲客户出口时低许多，且合同的价格还是每月进行协商敲定的。而对亚洲各国，由于缺乏稳定有效的长期供应机制，中东产油国往往采用歧视政策，使亚洲进口国支付的每桶离岸价要高于欧美国家。

③ 中国商用无人机占全球市场份额近八成或将成为新的经济增长点[EB/OL]．国际在线，2021-01-05.

④ 我国商用无人机占全球市场份额近八成[EB/OL]．央广网，2021-01-04.

（2）我国科技结构转型是在不断深化开放的进程中推进的。改革开放40多年来，科学人员交往、科技成果交流成为我国科技创新重要的“催化剂”。例如，我国当前活跃在科技创新一线的科学家，相当一部分有留学经历，并且与国际科学界前沿保持着密切的联系。目前，我国已与161个国家和地区建立了科技合作关系，签订了114个政府间科技合作协定，与47个国家开展联合项目资助研究。例如，我国积极参与国际热核聚变实验堆计划（ITER）、国际地球观测组织（GEO）、平方公里阵列射电望远镜（SKA）、国际大洋发现计划（IODP）等一系列国际大科学计划和大科学工程，与多个主要科技大国开展平等合作，不仅积累了科研的宝贵经验，而且参与了相关国际规则制定①。

（3）推动科技结构转型需要自力更生，也需要开放创新。一方面，对一些核心技术，是“要不来、买不来、讨不来的”，必须立足于自力更生，集中优势实现重大攻关的突破；另一方面，创新由封闭转向开放，创新无国界，是全球科技创新的基本趋势。我国推进科技结构转型，不仅要有效应对有些大国挑起的科技战；而且要积极推进科技领域的高水平开放，以主动推进科技合作赢得科技创新的主动。

二、结构转型对国际大市场提出更大需求

1. 消费结构升级需要全球高端商品与服务

（1）国际消费供给成为满足城乡居民消费需求的重要来源。城乡居民消费结构升级，对服务型消费需求不断加大，国际服务大市场成为一个重要来源。数据显示，2012—2019年，我国服务进口从2813.0亿美元增至5006.8亿美元，年均增长8.6%，高出同期全球服务进口增速4.8个百分点，占全球服务进口的比重从6.3%提高至8.6%。党的十八大以来，我国个人文化和娱乐服务进口从2012年的5.6亿美元增长到2019年的40.7亿

① 积极推动国际合作 以全球视野谋划科技创新[N]. 科技日报，2022-09-09.

美元，年均增长 33.7%，是全球增速的 5 倍，对全球增长的贡献率达到 11.0%①。如果没有国际服务大市场，我国居民服务型消费的满足将受到比较大的影响。

（2）中国消费市场与世界市场紧密结合，消费结构转型升级离不开国际市场。当前，“中国消费”不仅推动中国自身的经济增长，也成为推动全球经济的重要动力，与世界市场紧密融合。预计未来 15 年，我国进口服务将超过 10 万亿美元；预计未来 5 年，我国服务进口增速将高于全球平均水平，服务进口规模累计有望达到 2.5 万亿美元，占全球比重将超过 10%。其中，旅行进口有望突破 1 万亿美元；知识产权使用费，电信、计算机和信息服务，金融服务，保险服务，其他商业服务等数字服务进口累计将超过 1.3 万亿美元②。这个规模庞大的服务进口，将在推动城乡居民消费结构升级进程中发挥重要作用。

（3）以高水平开放推动消费结构升级。虽然面临新冠肺炎疫情冲击，但从中长期看，我国消费结构升级的趋势并未改变。适应这个趋势，需要加快高水平开放进程，例如，加大服务业领域开放与服务贸易创新，有效满足新消费需求。

2. 数字经济发展需要国际大市场

（1）抓住全球数字经济趋势，我国数字经济实现了较快发展。例如，数据显示，2020 年，我国数字经济规模保持 9.7% 的高位增长，是同期 GDP 名义增速的 3 倍多（具体见第一章）。回顾我国过去 10 多年数字经济发展的历程，数字经济发展的一个重要经验就是抓住了全球数字化的趋势，在开放中赢得了发展空间，包括数字经济模式、数字经济技术、数字经济人才等都与国际市场直接融合。

（2）推进数字化进程，离不开国际市场。以资本市场为例，数字经济

① 商务部．中国服务进口报告 2020 [R]. 2020. 11.

② 商务部．中国服务进口报告 2020 [R]. 2020. 11.

发展模式的一个突出特点是前期投入大，盈利模式需要不断更新迭代才能逐步稳定。由此决定了数字经济企业比其他企业更加依赖于资本市场。我国大型数字经济企业在成长的进程中，都在国际资本市场融资，由此推动了企业的大发展。下一步，加快推进数字化转型，推动数字经济发展，仍然离不开国际资本市场。对此，要有客观估计。

（3）以高水平开放进一步拓宽数字经济发展空间。我国在数字经济发展方面，已经形成了某些优势，具备了“走出去”的某些优势。比如，以字节跳动（TikTok）、希音（SHEIN）、蚂蚁集团（Alipay+）、腾讯（微信）、滴滴等互联网平台和众多中小互联网平台企业为代表的数字企业，已经在海外布局并取得了比较好的效果。无论是加快推动自身数字化转型，还是推进与其他国家在数字领域的合作，都需要进一步推进数字领域的高水平开放。再如，推进中国—东盟全面战略合作伙伴关系，可以在海南自由贸易港率先探索跨境数据自由便利流动的相关制度设计。

3. 贸易结构转型需要国际大市场

（1）我国服务贸易的发展伴随着对外开放的不断深化。《中国统计年鉴2021》的数据显示，改革开放以来，我国服务贸易规模在较长时期内不足1000亿美元，2001年仅为784.5亿美元；加入世界贸易组织后，服务贸易规模开始较快增长，2003年突破1000亿美元，2006年突破2000亿美元，2008年突破3000亿美元，2011年突破4000亿美元，到2021年达到7768亿美元。因此，可以看到，随着对外开放不断深化，我国服务贸易迎来较大的发展空间。

（2）推动贸易结构转型，离不开国际大市场。我国服务贸易占比长期以来相对偏低，其中一个重要原因是服务业市场的对外开放滞后于制造业领域，教育、健康、医疗等领域开放水平相对偏低。2018年以来，随着服务业市场开放的加快推进，服务贸易呈现出较快发展态势。尽管受新冠肺炎疫情冲击，当前服务贸易还面临多方面的挑战，但以服务贸易为重点的转型升级趋势没有改变。在这个进程中，尤其需要关注的是不能与国际市场脱钩。只要与国际市场的紧密程度进一步提升，我国以服务贸易发展为重点的贸易结构转型就能够实现重要突破。

（3）高水平开放的重点在服务贸易领域。服务贸易对市场化、法治化、国际化的营商环境要求更高，对公平竞争、反垄断、市场透明、知识产权保护等方面的需求更大。推动贸易结构转型，需要进一步完善外商投资准入前国民待遇加负面清单管理制度，落实准入后国民待遇；加快服务业领域与高水平国际规则对接，尽快打破服务业市场垄断与行政垄断；主动对接全球高水平经贸规则，并在自由贸易港（区）强化敏感领域的压力测试。

三、结构转型对国内国际市场深度融合的需求明显加大

1. 对国内国际商品更大程度自由便利流动的需求加大

（1）我国结构转型进程，也是商品自由流动度不断提升的过程。商品要素自由流动是实现资源配置效益最大化、效率最优化的基础，也是国内国际市场融合的关键所在。国内国际市场融合，首先体现在商品与服务的跨境自由流动上。改革开放以来，我国商品跨境流动的自由便利程度不断提升，推动我国经济结构不断升级。以关税为例，2016—2021 年，我国关税总水平从 9.8%降到了 7.4%。到 2022 年，我国再次调整 954 项进口商品关税，涉及食品、医疗保健品、母婴用品等多种消费品①。关税水平的不断下降，推动着商品服务在更大范围的自由便利流动。

（2）推进结构转型，对商品更大程度跨境自由便利流动的需求加大。一般来说，商品自由流动意味着不得对外地和进口商品、服务实行歧视性价格和歧视性补贴政策；不得限制外地和进口商品、服务进入本地市场或者阻碍本地商品运出、服务输出。推动消费结构转型升级，推动商品更大

① 商务部：进一步优化调整跨境电商零售进口商品清单[EB/OL]. 中国经济网，2022-07-20.

程度跨境自由便利流动，消除可能面临的掣肘情况，国际优质高端商品和服务流动成本将随之明显下降，配置效率将明显提升，由此为推进消费结构升级提供重要的国际供给。

（3）以商品更大程度跨境自由便利流动推动结构转型进程是关键。例如，RCEP 正式生效实施，区域内 90%以上的产品将逐步实现零关税，这是区域范围内的一个重大进展。再如，海南自由贸易港探索“一线放开、二线管住”，就是要在跨境自由流动上率先探索，积累相关经验。

2. 对国内国际要素更大程度自由便利流动的需求加大

（1）要素跨境流动自由便利，推动经济结构转型。这突出表现在投资自由化和便利化方面。以产业结构为例，我国产业结构转型与投资结构调整直接相关。从全球看，近 30 年来，随着科技的进步和经济全球化的迅猛发展，服务业已经为世界经济带来了深刻变革。服务业创造了三分之一以上的全球 GDP，吸收了全球三分之二以上的外国直接投资，为发展中国家提供了将近三分之二的就业机会，在发达国家中更是创造了五分之四的工作岗位。从我国看，2021 年，我国实际使用外资 11493. 6 亿元，同比增长 14. 9%；我国服务业实际使用外资金额 9064. 9 亿元，同比增长 16. 7%，其中高技术服务业增长 19. 2%。服务业实际使用外资占比达到 78. 87%。服务业领域外资的不断增加，客观上推动了中国产业结构的转型升级。

（2）推动结构转型升级，仍然离不开国际要素的集聚。推进一个拥有 14 亿人口大国的结构转型，仍然需要大力吸引国际要素集聚。例如，通过推动数据要素自由便利流动，推动数字经济发展；通过推动资金跨境安全便利流动，推动金融资源的高效配置；通过推动人员流动便利化，促进技术技能发展。在这方面，关键是发挥好开放新高地的作用。例如，可以考虑在海南率先探索，适时放开面向东盟的劳务市场，通过配额管理、完善社会治安管理制度等方式，在海南率先引入菲佣等技能型外籍劳工，以此在海南打造一个较高水平的家政服务市场。从实际情况看，这方面的需求越来越大。

3. 对国内国际规则规制管理标准对接的需求加大

（1）结构转型离不开制度型开放。我国40多年的改革进程以及结构转型，离不开经济社会规则规制管理标准等制度型开放与制度性变革。例如，政府与市场关系的深度调整，改变了市场结构。再如，我国宏观管理体制，包括财税、金融、投资、贸易、监管等领域的制度变革，也深刻改变了大国的经济结构。

（2）国内国际规则规制管理标准对接推动结构转型进程。与商品和要素流动型开放不同，制度型开放意味着对外开放的重点向国内制度层面延伸。40多年来，我国对外开放的进程，就是经贸领域相关制度与国际逐步对接的过程。在这个进程中，释放出巨大的增长动力。例如，加入世界贸易组织后，我国中央政府清理法律法规2300多件，地方政府清理了19万多件。这些举措推动着国内国际市场的融合，不仅做大了我国市场，也推动了世界市场的发展。

（3）推进结构转型对加快推进规则规制管理标准需求加大。以贸易结构为例，服务贸易负面清单管理是国际通行惯例。2018年，上海市政府出台了《中国（上海）自由贸易试验区跨境服务贸易特别管理措施（负面清单）（2018年）》；2021年7月，商务部发布了《海南自由贸易港跨境服务贸易特别管理措施（负面清单）（2021年版）》，这是我国在跨境服务贸易领域公布的第一张负面清单。我国已正式申请加入CPTPP，而CPTPP的高水平标准主要体现在服务贸易领域，服务贸易由此已成为我国高水平、制度型开放的重点、焦点和难点。这就需要尽快研究出台全国版的跨境服务贸易负面清单，推动服务贸易负面清单管理国内国际的逐步对接。

第二节　高水平开放的重要目标

改革开放 40 多年来，我国在商品和要素流动型开放方面取得了长足进展，深度融入全球市场，并且推进结构转型的突破。新发展阶段，以结构转型推动实现经济高质量发展，对制度型高水平开放提出了更迫切的要求。也可以说，要以推进结构转型的突破为导向，推动由商品和要素流动型开放向制度型开放转变，并由此明确高水平开放的重要目标。

一、务实推进国内国际双循环进程

1. 基本形成双循环新发展格局

（1）双循环新发展格局不是封闭的循环。“构建以国内大循环为主体、国内国际双循环”，绝不是封闭的国内循环，而是应对复杂多变国内外环境实行的战略转型；绝不是短期举措，而是与我国经济转型升级趋势相适应的中长期发展战略。从大国经济发展的规律看，都是内需为主导，主要发达国家都拥有强大内需市场，2020 年，美国和日本对外贸易依存度分别为 18.3%和 25.2%，明显低于 42.1%的世界平均水平。2008 年国际金融危机以来，世界经济发展动能和国际大循环动能均明显减弱，我国依托消费升级、产业升级等蕴含的巨大内需潜力，实施扩大内需战略，有效应对外部市场收缩，经济发展向内需主导转变，对外贸易依存度从 2006 年峰值的 67%下降到 2021 年的 34.2%，内需对经济增长贡献率有 7 个年份超过 100%。但这并不意味着我国与世界的经济联系变松了，相反更为紧密了。实现经济转型的突破，仍然需要在高水平开放中加快推进国内国际双循环新发展格局。

（2）以释放内需为导向的高水平开放。一方面，未来 5 ~ 15 年，超大规模内需市场潜力的释放，将为我国走向高质量发展提供更大空间，也将为经济全球化注入更多正能量。初步测算，百万亿元级别的新增内需规模将为未来5~15年我国实现5%左右的经济增长打下重要基础；另一方面，我国内需市场的释放，推动我国出口大国与进口大国并重，将对实现全球经济再平衡起到重要作用，由此为解决经济全球化某些深层次的矛盾与问题创造条件[①]。

（3）以充分利用国际市场为重点构建双循环新发展格局。以科技结构转型为例，新一轮科技革命和产业变革正在改变人类的生产生活方式，任何一个国家、任何一个企业的重大科技创新，都不可能再“闭门造车”，而是需要跨地区、跨国界的联合创新、开放创新。我国结构转型与新一轮科技革命交织融合，需要以提高创新能力为重点厚植创新引领发展的根基，增强创新引领发展的技术支撑，构建研发—市场一体化体系，形成支持、鼓励企业创新的政策和制度环境、全面激发企业的创新活力、创新潜力。

2. 明显提升贸易开放程度

（1）推动贸易综合实力的进一步增强。货物贸易规模优势稳固，国际市场份额稳定，进口规模持续扩大，外贸主体数量稳中有增。我国服务贸易规模稳步增长，出口增速高于全球平均增速。争取到2025年，我国货物进出口额达到4.65万亿美元，年均增长5.1%。

（2）推动投资水平的进一步提高。推动进口与出口、货物贸易与服务贸易、贸易与双向投资、贸易与产业发展更加协调，使贸易业态模式创新活力充分释放，数字化水平快速提升。“十四五”期间，我国争取实际吸收外商直接投资累计达到7000亿美元。

（3）畅通循环能力进一步提升。推动我国内外贸一体化程度明显提升，外贸产业链供应链畅通运转能力逐步增强，贸易通道更加畅通。国内

① 迟福林．以扩大内需为基本导向的高水平开放[N]．经济参考报，2020-12-08.

国际贸易规则衔接更加紧密，法律、物流、支付、结算等支撑体系更加完善。

（4）贸易开放合作进一步深化。推动我国贸易自由化便利化达到更高水平，高标准自由贸易区网络稳步构建，多双边和区域经贸合作更加紧密，与全球贸易伙伴关系更加牢固①。

3. 推动国内国际市场对接

（1）推动高水平开放与高质量市场经济的融合。随着经济服务化进程的加快，高水平开放与高质量市场经济直接融合，以开放促改革，以改革促开放，赢得国际经济合作竞争的主动。市场是全球最稀缺的资源。强大的国内市场是我国2035年基本实现社会主义现代化的重要动力和底气。以扩大内需为基本导向的高水平开放，就是要实现内外市场联动、要素资源共享，形成更高水平开放合作的新发展格局②。

（2）构建高水平开放型经济新体制。与商品和要素流动型开放不同，制度型开放意味着对外开放的重点向国内制度层面延伸。制度型开放的重大任务在于打造市场化、法治化、国际化的营商环境，在公平竞争、反垄断、市场透明、知识产权保护等方面强化制度性安排。

（3）推进服务贸易的开放进程。近年来，在产业结构变革加速与服务业市场开放的双重推动下，我国服务贸易快速发展。同时，伴随着经济服务化进程的加快及城乡居民服务型消费潜力的不断释放，对现代生活性、生产性服务贸易的需求明显增强，服务贸易仍有很大发展空间。其中，数字服务贸易成为我国服务贸易领域的突出亮点。初步预计，到2025年，数字服务贸易占我国服务贸易总额的比重将达到50%左右③。加快数字服务贸易发展需要全面推动实施跨境服务贸易负面清单，降低各类服务贸易模

---

① 中国商务“十四五”发展规划[EB/OL]. 中国政府网，2021-06-30.

② 迟福林. 以扩大内需为基本导向的高水平开放[N]. 经济参考报，2020-12-08.

③ 商务部. 中国数字贸易发展报告2020[R]. 2021.9.

式下的边境内壁垒，调整优化服务贸易结构[①]。

二、推进制度型开放

1. 推动开放从边境外转向边境内

（1）把握开放从边境外为重点转向以边境内为重点的趋势。以制度型开放为重点的高水平开放，其重点聚焦于“边境内”，开放举措更加强调以制度集成创新形成高水平开放的制度性安排。

（2）制度型开放体现了改革与开放的高度统一。改革开放以来，我国对外开放的制度安排主要集中在“边境外”领域，而在公平竞争、贸易和投资便利化、标准对接等边境内方面的制度安排明显滞后。从商品要素流动型开放向制度型开放转变，主要体现为开放措施从边境外向边境内延伸。例如，当前受关注度较高的产业政策、知识产权保护、环境政策、投资政策、竞争政策等都属于“边境内”措施。

2. 推动规则规制管理标准对接

（1）尽快与国际接轨。对负面清单内的每一项限制性措施标明国内法律依据，并写明限制性措施的具体内容和详细要求。

（2）负面清单的体例更加明晰。例如，将限制性措施和禁止性措施分开规定。

（3）尽快完善一些无具体限制条件的特别管理措施。最大限度地消除市场开放的隐性壁垒，减少寻租空间。参照国际标准，在负面清单内设定“未来不符措施”，为未来投资管理动态调整预留空间。

3. 抓住全球经贸规则重构的时间窗口期

（1）持续降低关税。争取到 2025 年，我国关税总水平由 2021 年的 7.4%[②]下降至 4%左右；其中，零关税商品占比由目前的 50%左右提升至

---

① 迟福林．以扩大内需为基本导向的高水平开放[N]．经济参考报，2020-12-08.

② 商务部：中国进口关税总水平已降至 7.4%[EB/OL]．人民网，2021-12-09.

60%以上。

（2）加大对数字贸易等新兴议题的试点。在全面对接国际高标准经贸协定中的传统议题基础之上，加大对数字贸易等新兴议题的试点，以此实现制度型开放的重要突破，并在推动我国引领全球经贸规则重构中赢得主动。

三、统筹发展与安全

1. 以高水平开放统筹能源发展与安全

（1）巩固拓展海外能源资源保障能力。完善海外主要油气产区合作，优化资产配置。持续巩固推动与重点油气资源国的合作，加强与重点油气消费国的交流，促进海外油气项目健康可持续发展，以油气领域务实合作促进与资源国共同发展。

（2）增强进口多元化和安全保障能力。巩固和拓展与油气等能源资源出口大国互利共赢合作，增强油气国际贸易运营能力，加强跨国油气通道运营与设施联通，确保油气安全稳定供应与平稳运行。与相关国家加强沟通协调，共同维护能源市场安全。

（3）提升定价话语权。我国作为全球石油消费大国，在国际石油定价权中的地位仍然有较大上升空间。自2003年以来，我国通过推出国内燃油基准价、燃料油期货等手段，着力在亚太石油市场形成有效的价格基准，以促进更为公平合理的国际原油贸易秩序，进一步形成并发挥我国在国际市场上的石油价格博弈能力。为此，关键是加快建立高水平开放的国际能源交易所，提升能源的国际定价权。

专栏8.1

充分利用海南自由贸易港政策与制度安排提升能源国际定价权

通过“人民币计价、国际交易者为主体”的机制设计，逐步提升国际定价权。

——以人民币计价。培育有交易规模的国际性大宗商品以人民币计价。海南有条件以石油等大宗商品为突破，探索以人民币计价的，面向国际市场、以国际交易者为主的大宗商品交易。

——以国际交易为主。海南大宗商品交易场所不是和内地交易所抢市场，而是在国际市场争市场。海南有条件利用境内关外，定位为国际交易为主，以国际交易者为重要对象。

——吸引国际知名交易所进入。比如，采取股份制的形式，吸引港交所、纽交所、伦交所等全球知名交易所进来。在交易所集团股权设置上，海南国资可持少量股份，在个别交易所上海南可以相对控股甚至绝对控股。

资料来源：匡贤明．关于海南金融开放与发展的五点建议[R]．海南省社科课题成果参阅，2019（19）．

2. 以高水平开放统筹粮食发展与安全

（1）粮食供给安全。

——俄乌冲突严重冲击全球粮食市场，并由此使得全球粮食供给面临危机。因此，应对粮食供给危机，成为全球中长期面临的重大挑战。目前，我国粮食和主要农产品供应稳定，粮食供求基本平衡。但必须清醒估计我国粮食对外依存度有所提高带来的风险。例如，2001—2021 年，我国粮食自给率由 95%左右下降至 80%左右。我国从乌克兰进口的玉米和大麦分别占进口额的 55.7%、28.0%。若俄乌冲突长期化、持续化，很可能对我国粮食安全产生较大影响。为此，要高度重视粮食供给安全。

——实现口粮绝对安全，谷物基本自给，并给出了量的约束性指标，即粮食综合生产能力到 2025 年后每年大于 6.5 亿吨。这要求更加强调自给自足，强调口粮的绝对安全建立在谷物基本自给的基础上，在没有进口的情况下，自己生产的谷物也必须能保证口粮的绝对安全，确保种植面积底线。根据农业农村部印发的《2020 年种植业工作要点》，国家粮食安全的底线是：三大谷物面积稳定在 14 亿亩以上、口粮面积稳定在 8 亿亩以上，大米小麦口粮自给率达 100%。要求严守 18 亿亩耕地红线，建成 10.75 亿亩集中连片高标准农田。

——继续深化粮食的双边、多边、区域合作，在农业资源上加强优质资源共享、推动要素合理流动，优化和稳定产业链、供应链，在农业贸易加快农业资金融通、共建产业合作区，谋求共同发展、共享发展成果。加快实施自由贸易区战略，进一步开放市场。积极融入全球农业产业链、供应链和价值链，加速推进对外农业投资合作。深化与共建“一带一路”国家的粮食经贸合作关系，共同打造国际粮食合作新平台，促进沿线国家的农业资源要素有序自由流动、市场深度融合。

（2）粮食市场安全。

——我国不仅需要有效防范国际粮食价格增长引发的输入性通胀风险，也需要高度关注因部分国家粮食出口管制、能源化肥等生产资料价格上涨加剧、成本与价格倒挂所造成的挑战，以及由此可能引发的粮食供给短缺风险。

当前，全球粮食价格快速上涨引发全球通胀危机，并增大全球滞胀风险。2022 年 5 月，国际小麦价格较去年同期相比上涨 56. 2%。在粮食、能源等价格快速上涨的推动下，全球面临通货膨胀的严重挑战。总的来看，我国粮食价格总体稳定，但仍需要充分估计国际粮食价格快速上涨带来的严重冲击。例如，2019 年 5 月至今，我国小麦集贸市场价格累计增幅为 26. 1%，超过了 2010 年 5 月至 2019 年 5 月的累计增幅。2022 年 5 月，我国食品价格上涨 2. 3%，涨幅比上月扩大 0. 4 个百分点；其中，粮食价格上涨 3. 2%，小麦收购价格较 2021 年同期增长 22. 6%①。

——保持粮食价格平稳。粮食价格是物价的重要组成成分。一方面，保持粮食价格基本稳定，避免向社会传导，形成社会风险；另一方面，要根据粮食生产成本逐步调整粮食最低收购价，避免冲击和影响种植积极性。

——针对小麦、稻谷等口粮，以“成本+基本收益”为原则制定实施

① 根据《全国主要粮食品种收购价格周报》相关数据计算得出。

最低收购价格，激发种植积极性；需要完善种植补贴方式，逐步将补贴重点向规模化农业生产、服务主体倾斜；需要完善农产品价格保险机制，加大水灾等特色大灾保险补贴等。

（3）粮食种子安全。

——种子安全在全球粮食生产大国中的重要性全面提升。目前，我国种业发展正处于重要关节点，统筹种子安全与种业发展仍面临重大任务。近年来，我国水稻、小麦两大口粮作物品种完全自给，并已成为全球第二大种业市场。同时，我国种业竞争力不强的矛盾也比较突出，成为保障粮食安全的突出掣肘。2021 年，我国种植用的种子、果实及孢子进口金额达 5.2 亿美元，而出口金额仅为 1.4 亿美元，贸易逆差高达 3.7 亿美元。2020 年，全球种业前 10 大种业企业市场占有率达到 60.9%；其中，前三大种业企业市场占有率达到 46.4%（见表 8.1）。统筹种子安全与种业发展，日益成为我国保障粮食安全的重大课题。

表 8.1　全球前十大种业企业及市场份额

排名	企业	国家	销售额（百万美元）	占比（%）
1	拜耳	德国	10667	23.2
2	科迪华	美国	7590	16.5
3	先正达	中国	3083	6.7
4	巴斯夫	德国	1619	3.5
5	科马格兰	法国	1491	3.2
6	科沃斯	德国	1263	2.7
7	丹农	丹麦	779	1.7
8	坂田	日本	587	1.3
9	陇井	日本	484	1.1
10	隆平高科	中国	450	1.0

数据来源：前瞻研究院．2021 年中国种子安全研究报告[R]．2021.7.

——确保中国碗里装中国粮，中国粮主要用中国种。确保品种种植安全、供种数量安全、种子质量安全、种子产业安全，加快现代种业转型升级，提高优质品种自给率，让农民用上更多高质量的好种子，收获更多丰收粮。

——加强种质资源国际合作。比如，充分用好海南自由贸易港的政策与制度优势，加快建设全球动植物种质资源引进中转基地，探索一条明显简化国外种质资源引进程序、拓宽种质资源来源、充实种质资源库的新路子，推进我国种业的加快发展。

3. 以高水平开放统筹科技发展与安全

（1）以开放吸引创新要素。创新无国界，由封闭转向开放，是当今世界科技创新发展的重要趋势。尽管有些大国挑起科技脱钩，挑起科技战，但只要我国坚持开放创新不动摇，就能吸引更多的创新要素。这就需要：第一，加大与发达国家的科技合作，利用全球科技创新人才的智慧加快科技创新。第二，充分利用我国14亿人口的大市场优势，通过加快高科技领域的商业转化，吸引集聚海外人才加入我国的高科技前沿技术研究。第三，吸引科技领域留学生回国，加大开放创新力度，利用全球杰出人才集聚创新资源。

（2）推动科技管理体制与国际的逐步对接。我国有着巨大的创新潜力，但当前的科技体制存在某些不相适应的地方，掣肘这一潜力的释放。为此，需要深化科技体制改革，优化科技资源配置效率。例如，加快构建国家创新生态体系，包括促进科技资源互联互通；深化科研领域“放管服”改革，打破制约创新创造的繁文缛节，推动科技管理与国际对接；推动科技资源的市场化改革，加快包括知识产权在内的全国统一大市场建设①。

① 迟福林．以科技创新赢得发展主动[EB/OL]．新华网，2022-04-22.

（3）发挥开放新高地在开放创新中的作用。

——用好长三角在开放创新中的作用。发挥长三角区域对外合作整体优势，坚持开放发展、共享共建、协同创新，以全球视野谋划建设一批高水平开放创新平台，联合实施一批重大国际科技合作项目，引进培育一批高层次国际顶尖人才团队，协同拓展一批国际科技合作渠道。积极主动地融入全球科技创新网络，集聚配置国际创新资源，塑造国际竞争合作新优势，提升区域创新品牌影响，使长三角地区成为我国融入全球创新网络的前沿和窗口①。

——加快形成粤港澳大湾区科技创新的开放大环境。粤港澳大湾区具备比较强的科技创新能力，走的是开放创新的路子。数据显示，到 2019 年，粤港澳大湾区的发明专利数量分别是东京湾区的 2.38 倍、旧金山湾区的 5.72 倍、纽约湾区的 8.16 倍②。回顾过去 40 多年来珠三角科技创新的历程，走的就是一条以开放推动创新的路子，没有开放就没有今天珠三角科技创新的进展。加快构建三地科技创新协同机制。充分利用香港的高端服务业优势，建立服务业创新中心；充分利用澳门作为中国和葡语国家的联络人和交流平台，建立面向葡语国家的创新中心。充分利用深圳完善的创新环境及其发达的高科技产业优势，建立基础研究和应用研究创新中心；充分利用广州大量科研院所的优势，在基础前沿研究上实现突破，重点在云计算、量子通信、智能制造、机器人等领域开展研发突破“卡脖子”等核心技术；充分利用珠三角其他城市制造业优势，推动创新成果的市场转化。

——充分发挥海南自由贸易港作用。充分利用海南自由贸易港的政策与体制优势，吸引创新要素集聚。比如，推进外资研发机构在海南集聚。

---

① 上海市科学技术委员会，江苏省科学技术厅，浙江省科学技术厅，安徽省科学技术厅．关于推进长三角科技创新共同体协同开放创新的实施意见[EB/OL]．上海市科学技术委员会网站，2021-12-28.

② 广州日报数据和数字化研究院．粤港澳大湾区协同创新发展报告（2019）[R]．2019.11.

积极引进外资研发机构，促进企业研发活动的国际化、便利化；加快国际科技合作平台建设。充分发挥国际教育创新岛作用，促进境外知名高等院校、科研院所设立分支机构；加强与东盟等重点区域国家的国际科技合作。重点推进与东盟、“一带一路”沿线国家和地区的科技合作。尤其是开展农业技术、生物技术、医疗卫生等领域的联合研究，将优势技术在境外进行集成示范。

四、务实推动 RCEP 进程

1. 将 RCEP 打造成为全球最大自由贸易区

（1）RCEP 经济体量占全球比重超过三成。RCEP 成员国总人口达 22.7 亿人，GDP 达 26 万亿美元，经济体量约占全球的 30%，是全球最大自由贸易区。

（2）RCEP 协议涵盖货物贸易、服务贸易、投资、知识产权、电子商务等众多领域，其中关税减让是重要内容。RCEP 生效后，已核准成员之间 90%以上的货物贸易将最终实现零关税。据统计，到 2030 年，RCEP 有望带动成员国出口净增加 5190 亿美元，国民收入净增加 1860 亿美元。RCEP 将通过实施原产地累积规则、简化海关程序、推动贸易便利化，以及提供更透明、更公平、更可预测的贸易规则等，助力区域经济一体化建设，推动形成统一的生产基地和产品市场①。

2. 增强增长动力

（1）预计到 2030 年，RCEP 成员国经济总量占全球的比重将由目前的 30%左右提升至 50%左右②。其中，东盟成员国受益最大，其 GDP 增长率将因 RCEP 实施而增加 4.47%，菲律宾、柬埔寨、泰国、越南等东盟成员

① 为地区和全球经济增长注入强大动力[N]. 人民日报，2022-01-03.
② 共享发展机遇 RCEP 带来三大红利[EB/OL]. 新华网，2021-12-31.

国进出口累计增幅均超过 20%[①]。预计到 2035 年，RCEP 成员国将带动区域经济总量较基准情况累计增长 0.86%，出口较基准情况累计增长 18.3%，进口较基准情况累计增长 9.63%。

（2）加快推进 RCEP 内部双边多边自贸进程。

——在原产地规则等条款上继续深化谈判，发挥东盟国家主导作用，研究启动 RCEP 动态升级谈判的可行性。

——以 RCEP 为基础争取实现中日韩自贸区谈判的重大突破，形成以“小多边”引领“大多边”、“大多边”促进“小多边”的 RCEP 新格局。

——RCEP 不同国家的货物贸易自由化承诺程度不同。建议在条件具备时，相关成员国在落实 RCEP 中尽可能缩短过渡期。

（3）启动中国—东盟自贸区 3.0 版建设。目前，中国—东盟经贸关系已经成为 RCEP 重要的动力源。例如，2020 年中国—东盟双边贸易额为 1991 年的 85 倍，并首次互为最大贸易伙伴[②]。2021 年，中国—东盟货物贸易规模同比增长 28.1%。总的来看，启动中国—东盟自贸区 3.0 版建设的条件已经成熟。以《中国—东盟战略伙伴关系 2030 年愿景》为导向，尽快启动中国-东盟自贸区 3.0 版的可行性研究，在进一步拓展“零关税”商品覆盖范围的基础上，实现服务贸易、数字贸易自由化便利化的重要突破，并将其作为落实中国—东盟战略伙伴关系的重要举措。

第三节　高水平开放的重大任务

未来 10~15 年，我国实现结构转型的重大突破，夯实基本实现现代化

① 商务部国际贸易经济合作研究院．《区域全面经济伙伴关系协定》（RCEP）对区域经济影响评估报告[R].2021.11.

② 中国—东盟合作事实与数据：1991—2021 [EB/OL]. 外交部网站，2021-12-31.

的重要基础，关键是以结构转型为导向，实现高水平开放的重大突破。

一、以高水平开放推动产业结构和科技结构转型

1. 加强先进制造业领域的开放创新

（1）鼓励外资投向先进制造业。提高引进外资积极性，促进制造业转型升级。要大力加强对节能环保、生物医药、航空航天、海洋工程装备、智能制造装备等先进制造业和战略性新兴产业外资的引入力度。整合政府、企业、金融、中介服务机构等信息资源，建立跨部门信息共享机制，搭建外资数据平台，为企业提供全方位精准信息支持与服务。

（2）实施产业集群创新能力提升工程。聚焦高端芯片、基础软件、生物医药、先进装备等战略性领域，开展世界级先进制造业集群开放创新试点示范，推动制造业向价值链中高端迈进。支持龙头企业构建全球生产和研发体系，建设一批境外制造业合作园区。

2. 营造服务型制造开放创新生态

（1）构建服务型制造发展生态。加快工业设计服务、定制化服务、供应链管理、共享制造、检验检测认证服务、全生命周期管理、总集成总承包、节能环保服务、生产性金融服务能力建设，健全服务型制造标准体系、公共服务体系。

（2）支持制造业龙头企业服务化转型。推动制造商与服务商协同创新业务协作流程和价值创造模式，探索服务型制造新模式，形成制造与服务全方位、宽领域、深层次融合发展格局。鼓励互联网企业与制造业企业协同和全球化发展，加速服务型制造体系数字化转型，支持有条件的服务型数字化企业拓展国际市场，提供系统总集成总承包服务①。

① 穆荣平，郭京京，康瑾等．制造业开放创新趋势、问题和政策建议[J]．中国科学院院刊，2022（06）．

3. 以高水平开放推动生产性服务业发展

（1）推动生产性服务业是推动先进制造业和现代服务业深度融合。进入以开放促改革、促转型的新阶段，补齐生产性服务业发展的短板，关键在于进一步放开生产性服务业领域的市场准入，取消环保、技术、知识产权等隐性壁垒；打破研发、金融、物流等领域的市场垄断与行政垄断，大幅减少前置审批和资质认定项目；鼓励社会资本与民营企业参与应用型技术研发机构市场化改革，支持与科研院所、高等院校等联合建立应用型技术研发机构；深化科技要素市场化改革，加快实施技术成果转化、转让奖励制度，提升科技成果转化率；大力发展生产性服务贸易，加速我国生产性服务业领域的人才、资本、技术等要素积累①。

（2）推动制造业与数字经济的融合。在数字经济引领产业变革的大趋势下，智能制造代表着未来制造业发展的方向和经济结构优化的趋势，成为全球技术创新与制造业竞争的焦点。依托我国 5G 等技术优势与制造业规模优势，加快实现制造业与数字经济融合，不仅是我国振兴实体经济的重大任务，也是抢占全球制造业制高点、迈向全球价值链中高端的关键举措。这就需要强化智能制造的顶层设计，尽快形成全国统一的智能制造标准体系；充分利用财税、金融、政府采购等政策工具，加大对中小制造业企业数字化改造支持；以“政府引导、企业主体”打造标准化的制造业云协作平台、大数据处理平台等公共服务产品，进一步降低制造业数字化转型成本②。

4. 推动国际科技创新合作

（1）推动创新型人才开放合作。实施针对吸引全球科技创新高端人才来华研究和工作的国民待遇条件，营造对标国际一流环境的居住和生活环

---

① 迟福林．以高水平开放推动先进制造业和现代服务业深度融合[N]．经济参考报，2019-09-16.

② 迟福林．以高水平开放推动先进制造业和现代服务业深度融合[N]．经济参考报，2019-09-16.

境；将吸引新兴国家和发展中国家一流人才来华学习、研究和工作，作为实施人才开放计划的重点目标。

——针对我国当前和未来重点产业链和战略新兴产业体系中的关键核心技术创新突破方面急需的各类人才，制订和实施专项人才引进计划，特别是将新兴国家和发展中国家或地区列为专项人才引进计划的重点。

——瞄准重点领域的基础研究、原始创新和颠覆性技术创新，加快实施面向全球开放性的人才吸引和引进计划，可以通过实施中国的快速绿卡通道和中国移民公民计划，增强全球高端人才来华吸引力①。

（2）探索国际科技合作新模式，扩大科技领域对外开放。深化基础研究国际合作，组织实施国际科技创新合作重点专项，探索国际科技创新合作新模式，扩大科技领域对外开放。开展创新要素跨境便利流动试点，发展离岸创新创业，探索推动外籍科学家领衔承担政府支持科技项目。发展技术贸易，促进技术进口来源多元化，扩大技术出口。

二、推动规则规制管理标准的对接

1. 把握开放从边境外转向边境内的趋势

（1）高水平开放更加强调“边境内”领域。

制度型开放体现了改革与开放的高度统一。改革开放以来，我国对外开放的制度安排主要集中在“边境外”领域，而在公平竞争、贸易和投资便利化、标准对接等边境内方面的制度安排明显滞后。从商品要素流动型开放向制度型开放转变，主要体现为开放措施从边境外措施向边境内措施延伸。如当前受关注度较高的产业政策、知识产权保护、环境政策、投资政策、竞争政策等都属于“边境内”措施。

---

① 张杰．中美科技战略竞争格局下的全球科技创新[EB/OL]．中国宏观经济论坛，2022-05-07.

（2）高水平开放更强调制度集成创新。

——主动应对制度创新碎片化的挑战。从国内自由贸易试验区的实践看，虽然在制度创新的某些方面取得明显成效，但也面临着制度创新成果碎片化、集成度不高等共性问题。

——推进制度型开放进程，依赖于整体性的制度创新，具有集成创新的鲜明特点。例如，推进服务贸易自由化便利化，包括投资贸易、跨境资金流动、人员进出、海关监管，以及以提升政府效率为重点优化营商环境等方面，这不仅依赖于投资贸易体制改革，也依赖于行政体制与社会体制改革进程。

（3）高水平开放更强调国内国际规则标准的联动。

——跟踪研究国际经贸规则演变趋势和主要内容。明晰其可能的运行环境和需要的基础条件，在保证风险可控的条件下，更加注重对照国际高标准国际经贸规则，并形成国内改革的重要动力。

——加快某些国际经贸规则的先行先试。逐步形成一些“可复制”与“可推广”的规则体系，在推进与国际经贸规则相衔接的同时，引领国际经贸规则高标准化发展。

2. 推进“边境内”规则对接

（1）推动货物贸易进口便利化规则对接。在进一步简化通关、检验检疫、入境、港口及边境机构等的边境相关手续基础上，将重点放在大幅降低政府行政效能、市场规则、要素成本、基础配套等边境内壁垒。例如，在全国范围内推广“单一窗口”，并进一步拓展“单一窗口”包含的贸易服务功能；充分利用现代信息技术，整合海关、商检、外管等各部门的信息集成单一的系统，建设全国统一的综合性公共电子信息服务平台；建立全国统一的“单一窗口”检测平台，通过利用电子锁等新兴方式实现一地检验、全国通用等。加快实现通关制度与主要贸易伙伴的对接，探索实施经认可的经营商制度。

（2）以标准对接为重点提升服务贸易自由化便利化水平。率先实现健康养老、医疗旅游等非敏感服务业标准与美欧日等发达国家对接；尽快在自贸试验区等区域探索教育、文化、电信、金融等敏感服务业的国际标准对接工作；借鉴发达国家实行的认可经营商制度，建立服务贸易认可经营商清单，允许清单内的服务业企业直接向国内提供跨境服务；加快上海自贸试验区对跨境服务贸易负面清单的试验工作，并尽快推广至全国。

3. 加强“新兴议题”的探索与对接

（1）加强数据跨境流动的先行试验。借鉴 CPTPP 等高标准数字服务贸易规则的经验，充分利用 RCEP、上合组织、金砖国家、“一带一路”等经贸平台，探索构建一套能够反映发展中国家利益和诉求的数字贸易规则体系，使我国能够在国际数字贸易治理中发挥更大的影响力。

（2）实现环保标准的对接。以 2060 年前实现“碳中和”为目标加快环境保护标准的对接，并探索将环保标准引入新签订的自贸协定中。

4. 加快推进自贸试验区建设

（1）推动部分自贸试验区率先对标全球高标准经贸协定。在中央层面明确自贸试验区建设与发展总体思路的前提下，允许各自贸试验区探索尝试各种政策及体制机制创新，既有助于形成高水平开放的市场环境与体制环境，也有利于风险防控并根据形势变化进行调整。

上海、广东、福建、天津等制度创新任务完成度较高的自贸试验区，要率先对标全球高标准的自贸协定，做好我国开放型经济新体制的压力测试。赋予其“零关税、低税率、区内流转免征增值税”等某些国际自由贸易园区通行的相关政策；并加快在数字贸易、服务贸易等新兴贸易领域的规则探索，争取到 2025 年形成中国版的全球数字贸易与服务贸易新规则。

（2）分类推进自贸试验区转型发展。按照“持续深化差别化探索”的基本思路，形成多层次的探索路径。

——抓住上海自贸试验区扩容的契机，率先对标国际金融中心，在加快落实“金改40条”的基础上，大力推进资本项目人民币可兑换、利率汇率市场化改革等关键环节改革。

——在广东自贸试验区，全面推进与港澳在金融、保险、会计、法律、研发、教育等领域的规则与标准对接，尤其是在香港目前局势下，在管住货物的前提下全面放开人文交流，其全局意义凸显。广东自贸试验区可以把成熟的经验尽快在粤港澳大湾区中的珠三角推开。

——对不具备全面开放的自贸试验区根据自身特点实行产业项下的自由贸易政策。例如，辽宁自贸试验区重点推进装备制造业和先进制造业产业项下的自由贸易；陕西自贸试验区重点推进文化项下自由贸易政策。根据各自贸试验区承载的“一带一路”的重大任务和自身特点，实行基础设施项下、产能项下、服务贸易项下、海洋项下的自由贸易政策。

（3）实现制度型开放的重要突破。按照全国一张负面清单的管理模式，各个自贸试验区按要求以既定的步骤推进，同时把重点放在自贸试验区内相关政策与制度的创新与完善上。进一步健全“准入前国民待遇+负面清单”管理制度；在服务贸易自由化便利化方面继续开展探索；在服务业及数字经济领域的监管变革开展探索；探索与开放相适应的行政体制改革。

三、推动双边多边自由贸易进程

1. 积极推动RCEP进程

（1）发挥中国大市场在推进RCEP中的作用。

——RCEP成员国均是中国重要的经贸伙伴。中国与RCEP其他成员国的贸易总额约占中国对外贸易总额的三分之一①。海关统计数据显示，2021年我国对RCEP其他14个成员国进出口12.07万亿元，增长18.1%，占我国外贸总值的30.9%。其中，出口5.64万亿元，增长16.8%；进口

① RCEP正式生效 全球最大自由贸易区启航[J]. 中国总会计师，2022（01）.

6.43万亿元，增长19.2%[①]。

——中国与RCEP成员国形成了较为紧密的供应链合作关系。即便是IPEF成员国，所有国家都高度依赖从中国进口。虽然部分成员对美国出口依赖程度高于对中国出口依赖程度，但是其进口对中国依赖程度普遍更高（见表8.2）。

——从出口品类依赖程度看，印度、印尼、文莱深度依赖对中国出口中间品、对美国出口消费品；越南深度依赖对中国出口资本品、对美国出口消费品；泰国深度依赖对中国出口中间品、对美国出口资本品；澳大利亚深度依赖对中国出口原材料、对美国出口中间品（见表8.3）。

表8.2　2020年IPEF成员国对中美的进出口依赖程度（单位:%）

IPEF成员国	出口依赖程度		进口依赖程度	
	对中国	对美国	对中国	对美国
澳大利亚	42.95	6.16	29.17	12.02
日本	22.07	18.69	25.99	11.31
韩国	25.86	14.51	23.29	12.36
新西兰	28.41	10.52	22.69	9.77
印尼	19.48	11.43	28.06	6.12
马来西亚	16.20	11.11	21.33	8.73
新加坡	14.37	11.35	14.44	10.72
文莱	17.69	1.15	10.81	5.55
泰国	12.86	14.87	24.00	7.29
菲律宾	15.07	15.37	23.15	7.79
印度	6.90	17.91	15.96	7.24
斐济	3.77	22.60	16.40	3.71
越南	17.54	27.67	32.48	5.31

数据来源：刘青．“印太经济框架”：美国思维的变与不变[R]．中国宏观经济论坛，2022.7.

① 国新办举行2021年全年进出口情况新闻发布会[EB/OL]．国新网，2022-01-14.

表 8.3　2020 年 IPEF 成员国对中美的出口品类依赖程度（单位：%）

IPEF 成员国	对中国				对美国			
	原材料	中间品	消费品	资本品	原材料	中间品	消费品	资本品
印度	29.34	49.65	12.59	8.42	5.64	25.97	51.34	17.05
印尼	24.67	51.25	22.11	1.97	12.17	11.65	64.96	11.22
文莱	4.51	74.51	20.54	0.43	0.62	10.93	87.97	0.47
越南	11.23	22.19	13.41	53.17	2.88	4.61	53.34	39.17
泰国	20.64	37.42	14.10	27.84	2.15	6.75	41.62	49.47
澳大利亚	92.47	3.48	3.24	0.81	18.74	55.06	9.87	16.33
新西兰	49.65	31.41	17.25	1.69	40.07	21.54	22.53	15.86
日本	1.35	24.79	20.34	53.52	0.84	11.96	41.75	45.45
韩国	0.78	25.92	15.39	57.91	0.60	12.74	42.92	43.74
马来西亚	5.60	32.40	22.94	39.06	0.29	8.37	34.95	56.38
菲律宾	20.92	13.03	4.15	61.90	2.25	5.52	30.15	62.08
新加坡	0.33	27.94	16.36	55.37	0.24	23.83	23.68	52.26

注：某国对某类产品的对中国（对美）出口依赖程度指该国对中国（美国）的出口额中该产品的占比，在中国、美国别内可横向对比。产品品类分类依据参照 UNCTAD 产品分类法：SoP1（Raw materials）、SoP2（Intermediate goods）、SoP3（Consumer goods）、SoP4（Capital goods）。

数据来源：刘青．“印太经济框架”：美国思维的变与不变[R]．中国宏观经济论坛，2022.7.

——高举 RCEP“开放共享”的旗帜。IPEF 与 RCEP 相比，从内容上看，IPEF 不包括市场开放内容，市场开放形成 RCEP 突出优势。从理念上看，开放包容共享的 RCEP 更适应本地区合作发展，而 IPEF 排斥了东盟最不发达的国家的参与（老挝、缅甸、柬埔寨）。从实施上看，具有法律效力的 RCEP 更具稳定性，IPEF 主要依赖行政推动。从发展上看，RCEP 将逐步提质扩容，并逐步对接 CPTPP 的某些高水平经贸规则。

专栏 8.2

做好 RCEP 就是应对 IPEF 的务实举措

美国总统拜登推出了印太经济框架（IPEF）不久，中国就全球最大的贸易协定——区域全面经济伙伴关系（RCEP）在海南省举行了第二届 RCEP 区域发展媒体智库论坛，该地区的非政府贸易专家齐聚一堂，讨论扩大内部贸易的方式。此次 RCEP 会议显示，中国可能不会对 IPEF 作出反应或反击，但中国将利用现成的关税和市场准入，来推进既定的贸易协定。与 RCEP 不同，IPEF 不涉及关税谈判与市场准入问题，因此被许多国家视为缺乏实际利益。

对于中国来说，RCEP 是中国在地缘政治和地缘经济上能够发挥重要影响力的难得的多边平台。实际上，中国用不着太在意 IPEF，只要做好了 RCEP，就是对 IPEF 最好的回应。

资料来源：被排除在“印太经济框架”之外的中国正在推动世界上最大的贸易协议[EB/OL]. 美国消费者新闻与商业频道网站（CNBC），2022-06-05.

（2）构建 RCEP 区域安全稳定的产业链供应链。

——释放“关税减让”政策效应，增强区域产业链供应链的弹性和韧性。RCEP 生效后，区域内 90% 的货物贸易最终实现零关税，由此将大幅降低区域内贸易成本与产品价格。这需要 RCEP 成员国共同努力，把放大“关税减让”的政策效应作为早期收获的重点。例如，在既有承诺基础上，尽可能缩短重要原材料、关键零部件的“零关税”过渡期；推动中国、日本、韩国、印尼等产业链供应链关键性国家由“国别关税减让”向“统一关税减让”过渡，进一步降低企业利用协定成本等。

——释放“原产地累积规则”政策效应，推动区域内产业链供应链的多元化布局。使用区域累积原则的原产地规则是 RCEP 的重大成果，有利于激励企业采购区域内产品，推动形成密切、稳定和有竞争力的区域产业链分工合作体系。从发展需求看，要协调推动并尽快完成 RCEP 原产地章节相关条款的审议，推进由“部分累积”向“完全累积”的过渡，使企业依托各成员国资源禀赋与市场优势，灵活调整产业链供应链布局。同时，共同推动原产地认定程序简化，逐步实现区域内海关信息共享基础上的信用通关管理。

——释放“服务贸易与投资自由化便利化”政策效应，推动区域内产业链供应链的延伸。RCEP 以非服务业领域投资准入负面清单和正负服务贸易清单模式，推动区域内服务贸易与投资自由化便利化，为内外投资者营造一个稳定、开放、透明的投资环境。未来几年，仍需要推动相关成员国实现服务贸易由正面清单向负面清单的过渡，实现服务贸易与投资负面清单一体化管理；推动实现日韩研发技术及生产性服务、中国制造、东盟组装的深度融合，推动区域内加工制造向高附加值环节延伸，整体提升东亚在全球价值链中的分工地位。

（3）推动形成 RCEP 区域一体化大市场。

——以 RCEP 为重要平台推动区域内市场的对接。RCEP 在整合多个“10+1”自贸协定基础上，打通了东南亚与东北亚规则壁垒，形成了覆盖 22.7 亿人口超大规模市场的制度基础。目前，RCEP 内部相互投资占其全部对外投资比重为 30%，内部贸易额占其对外贸易额的 40%。为形成区域一体化大市场，需要协调推进各成员国强化在平等准入、公平竞争、产权保护、监管透明度等方面的立法与公平执法，推动实现区域内市场监管与海关部门信息共享、多边互认；适时启动 RCEP 成员国在服务业规则、规制、管理、标准的互认磋商。

——推进农产品、服务业、数字经济等重点领域的共同市场建设。第一，依托 RCEP 农业开放政策及快速通关机制，支持企业开展农业投资、种植和加工合作，共建 RCEP 农产品大市场。第二，推动旅游、医疗健康、文化娱乐等领域内有发展基础、需求比较大的生活性服务业合作，共建 RCEP 服务型消费大市场。第三，在 RCEP 电子商务规则框架下，推动共建跨境“数字自由贸易园区”“数字经济合作园区”等，推动数据、数字技术、数字服务等便利流动，共同开拓区域内数字经济大市场。

——推动中国市场与RCEP成员国市场的深度融合与对接。我国是全球最具潜力的大市场，预计到2025年前，我国将成为全球第一大商品消费市场，并蕴藏着数万亿元的服务型消费市场空间。我国的消费潜力释放与消费结构升级，无论是对东盟的农产品，还是对日韩的中高端消费品与优质服务，以及对澳、新的能源产品，都有日益增大的市场需求。海南地处RCEP中心位置，建设海南自由贸易港，努力打造世界最高水平开放形态的政策与制度体系，有望成为RCEP成员国分享中国消费大市场的重要枢纽和交汇点。

2. 创造条件激活中欧投资协定

（1）中欧投资协定水平不亚于CPTPP标准。

——尽管目前处于被搁置状态，但中欧投资协定仍是我国高水平开放的重要突破。中欧投资协议涵盖市场准入承诺、公平竞争规则、可持续发展和争端解决四方面内容。在制造业方面，我国将开放汽车、运输设备、医疗器械、化工等行业。在服务业方面，我国将开放金融服务、国际海事、环保、建筑和计算机服务等，并进一步放开云服务、私人医院、航空运输等。中欧双方有较高水平的承诺①。

——部分领域与我国现有准入规定相比有明显突破。第一，国有企业。该协议将要求国有企业按照商业考虑行事，在购买和销售商品或服务时不得有歧视。这些规定旨在改善上市公司和私营公司之间的公平竞争环境，有助于市场上更公平的竞争，并对投资者的信心产生有利影响。第二，强制技术转让。该协定将为禁止强制转让技术制定非常明确的规则，例如，禁止强制转让技术的几种投资要求，以及禁止直接或间接干涉技术许可方面的合同自由。此外，这些规则还包括保护行政机构收集的机密商业信息不被未经授权披露的纪律。第三，补贴的透明度。该协定将通过对

① EU-China Comprehensive Agreement on Investment：The Agreement in Principle [EB/OL]. European Union，2020-12-30.

与服务有关的补贴规定透明度义务，补充现有多边货物补贴规则中规定的透明度要求。将适用一项具体的磋商程序，要求任何一方进行磋商，以便就可能对另一方的投资利益产生负面影响的任何补贴提供补充信息，并寻求解决这种负面影响。

——部分已开放服务业部门的政策透明度与可操作性有较大提高。在中欧投资协定中，我国对部分行业准入要求作出较为详细具体的承诺，为破除外商投资的“玻璃门”“弹簧门”奠定良好基础。例如，在金融服务领域，详细规定国内保险公司在保险资产管理公司的股比不低于75%，资产管理公司投资者投资于现存金融资产管理公司的须为外国金融机构，投资者在申请前1年的总资产不低于100亿美元等内容。又如，在电影制作服务领域，规定每年国内影院放映国产影片的时间不得少于当年所有影片放映时间总和的三分之二；对广播电视领域也作出具体规定①。

（2）中欧经贸合作的需求加大。

——航空领域合作。2022年7月1日，国内最大的三家航空公司（南方航空、中国国航、中国东航）发布公告，与欧洲飞机制造巨头空中客车签订了一项购机协议，合计采购A320NEO系列飞机共292架，合计购置金额将达372.57亿美元。此次交易是我国三大航空公司有史以来飞机购买订单中，数量最大和订单金额最高的单笔订单，也是近3年来，中国民航业首次对外宣布的大规模的客机订单。与此同时，空中客车中国研发中心签约落户苏州工业园区。

——能源领域合作。为了有效应对能源危机，近几个月来，欧洲各国加大了对中国光伏等清洁能源产品的引进力度。根据光伏咨询机构PV InfoLink对中国海关出口数据的分析，2022年1—5月，中国光伏组件出口达到了63.4吉瓦（GW），同比增长102%。其中，1—5月向欧洲地区累计出口33.3吉瓦，同比增长144%，占出口总量的52%，是中国五大销售区

① 李锋等.RCEP、CAI对上海服务贸易的影响与对策建议[J].科学发展，2022（06）.

(欧洲、亚太、美洲、非洲、中东)中需求增长强劲、需求总量最多的地区。其中，进口中国光伏组件超过1吉瓦的欧洲国家已有七个，分别是荷兰、西班牙、德国、波兰、希腊、葡萄牙、法国。据预测，2022年欧洲市场对中国的光伏组件需求有望达到65吉瓦，超越2021年创下的40.9吉瓦纪录①。这说明中欧之间经贸合作空间相当大。

(3) 务实推进中欧经贸合作。

——与德国、法国等在特定服务业项下深化合作。比如，德国在汽车、机械、装备、化工等制造业和研发、物流、通信、职业教育等生产性服务业上全球领先；法国在新能源、飞机制造、航空航天等制造业和旅游、健康、生物、制药等领域全球领先，这些都是我国消费结构升级和经济转型升级迫切需要发展的领域，这些与德国、法国等存在巨大互补性。在当前复杂多变的国际形势下，务实推进中欧产业合作，可通过构建产业园区等多种方式，就技术和安全标准、非关税措施、知识产权等领域探索协同合作的方式。

——共同推进服务贸易便利化进程。尽快探索与服务贸易特点相适应的通关管理模式，加强中欧双方在促进贸易便利化、提高过境效率、知识产权执法、贸易统计等方面的合作；提高人员签证的便利性，提高签证程序的透明度；加强在食品安全、质量标准领域的合作；推动第三方检测和认证服务的检测认证结果互认，加强信息资源共享。

——深化以环保为重点的技术合作。欧盟在绿色能源、低碳技术、环境治理技术等领域走在全球前列，尤其在清洁能源开发使用技术的出口方面有很大优势，而我国拥有全球最大的清洁能源市场和相对较低的制造成本，可以充分借鉴欧盟的先进技术和管理经验。要以环保技术为重点，率先放宽对欧盟环保企业的市场准入，吸引欧盟企业进入我国环保市场。

---

① 新京智库．重启煤电之外欧盟正利用中国光伏产业缓冲压力[R]. 2022. 7.

——加强中欧基础设施投资合作。欧盟在桥梁、水道、铁路、公路、航空和电力等基础设施的更新、扩容和改造方面存在巨大投资需求，仅实施“容克计划”就需要不低于3150亿欧元的投资，而我国在高铁、桥梁、机场、电力等方面，有世界一流的技术与设备、建设能力和价格竞争力。在这些方面，中欧合作的市场潜力相当大，前景良好。

四、推动形成区域开放新格局

1. 发挥海南自由贸易港在中国—东盟全面战略合作中的枢纽作用

（1）打造中国与东盟经贸合作的自由经济区。

——海南自由贸易港建设“总部基地”的现实需求增大。超过3500家跨国企业在新加坡设立区域总部，全球500强企业中三分之一都选择在新加坡设立亚洲总部；2020年，在香港设立的地区总部企业1504家。海南重在率先建设国内企业走向东盟的总部基地。《中国—东盟经贸合作企业信心与展望调研报告》结果显示，超过50%的受访中国企业将开拓东盟贸易作为重要的未来商业战略，有46%计划在3年内对东盟开展投资。

——以打造央企境外业务管理总部为突破。第一，打造央企境外业务总部。目前，央企在海外的资产有大约8万亿元人民币，在全球180多个国家和地区拥有的机构和项目超过8000个。第二，打造央企境外资金归集总部。“十三五”期间，央企实现的海外营业收入超过24万亿元，利润总额接近6000亿元[①]。第三，打造央企境外产业回流总部，吸引央企境外中高端加工制造环节回流至海南自由贸易港。

——成为东盟商品进口的中转交易基地。在海南自由贸易港设立RCEP下面向东盟的农产品、消费品、中间产品、关键原材料的采购中心与保税仓储交易中心；与东盟联手，将中国国际消费品博览会打造成亚洲

① “十三五”期间中央企业实现海外营业收入超24万亿元[EB/OL]. 中国新闻网，2021-02-24.

最大的消费品信息发布、交易、展示、仓储、集散基地。

——打造面向东盟的金融服务体系。建立区域性的跨境财富管理中心，建设国际资本市场与人民币债券市场，吸引东盟企业在海南自由贸易港开展人民币融资。

（2）打造中国与东盟公共卫生与健康合作的示范区。

——推进与东盟防疫政策协调和公共卫生合作。从战略需求出发，通过闭环管理等方式逐步放开海南防疫政策。将海南自由贸易港作为东盟公共卫生援助基地，强化对东盟欠发达国家公共卫生基础设施援助，加强对公共卫生领域的知识产权转让、技术援助、人才培养等能力建设方面的支持。以海南为平台，加强区域内公共卫生管理机构的合作对接，在海南举办“中国—东盟公共卫生安全高官会”“中国—东盟公共卫生治理论坛”等，就区域内公共卫生治理体制、机制、标准、规则等开展磋商。

——在海南设立 RCEP 公共卫生监测预警系统，提供区域性公共产品。支持海南吸引整合全国疾病预防控制和公共卫生风险防控高端资源，打造覆盖东盟的公共卫生风险监测预警平台，开展热带传染病长期流行趋势分析、短期暴发和流行风险预测预警、旅行卫生提示等公共服务。加快建设覆盖东南亚国家的区域公共卫生风险防控信息中心、区域公共卫生应急联络中心、区域疾病预防控制高等级实验室，作为面向东南亚的区域性公共技术支持平台。支持中国与东盟相关企业在海南自由贸易港共同设立公共卫生技术研发实验室或公共卫生大学，并在实验器材与设备进口、基础设施建设、技术转让、人才出入境等方面给予特殊政策。在海南自由贸易港建设区域性公共卫生物资与设备储备、援助基地。

——在海南自由贸易港共建中国—东盟医疗健康一体化大市场。在海南自由贸易港全面对接新加坡医疗健康服务业管理规则与标准，放开医疗健康产业，支持东盟优质医疗健康企业通过投资、跨境服务等方式在海南开展面向东盟和国内居民的医疗健康服务。在海南自由贸易港与东盟相关国家设立“中国东盟医疗健康产业园”，探索联合管理、共同运营模式，合力打造药品与医疗器械研发、制造、维修及医疗健康保险等跨境产业链。

（3）打造中国与东盟蓝色伙伴关系的核心区。

——支持海南与东盟国家开展南海资源共同开发。以海洋渔业资源、油气资源、生物资源、旅游资源为重点务实推进海南与东盟国家间的海洋资源共同开发。

——支持海南与东盟国家先行先试海洋生态环境保护合作。例如，共同开展海洋生态系统和海洋生物多样性保护；在海南合作建立蓝碳交易市场。

——支持海南与东盟国家沿海地区开展地方间海洋防灾减灾合作。加强港口、信息系统、船舶等防灾减灾基础设施建设；共建海洋灾害预警预报中心；同东盟国家沿海地区开展海上搜救等合作。

（4）打造中国与东盟全面人文交流特区。

——在海南放开面向东盟的劳务市场。建议以配额管理的形式支持海南有序放开面向东盟国家的家政服务市场，为国际化人才和海南中高收入家庭提供优质家政服务。

——适时把海南自由贸易港作为新冠肺炎疫情下中国—东盟交流的特殊区域。例如，在海南放宽国际组织注册条件；将海南作为新冠肺炎疫情下以东盟为重点的国际学术交流特区。

——尽快恢复与东盟间的商务、青年等人员往来。例如，借鉴 APEC 商务旅行卡的成熟模式，发起面向东盟的商务旅行卡计划；更大力度吸引东盟国家青年企业家来华考察。

——在海南建立面向东盟的能力提升与教育培训基地。例如，在海南建立东盟大学，以国际援助方式吸引东盟学生到海南留学；在海南建立面向东盟国家政府官员、企业家的 RCEP 能力建设中心等。

2. 推进大湾区服务贸易一体化进程

（1）率先实现广东服务业对港澳的全面开放。

——率先将广东自贸试验区开放政策扩大到整个粤港澳大湾区。建议将广东9市作为一个整体来考虑，将原来赋予3个片区的服务业市场开放政策扩展到整个粤港澳大湾区，从而实现广东对港澳服务业开放的全面突破。

——将港澳资本视为内资。按照党的十九大报告提出的“凡是在我国境内注册的企业，都要一视同仁、平等对待”的要求，率先在广东将港澳资本纳入内资范畴，实现粤港澳资本在市场准入与经营范围的“一视同仁、平等对待”。

——为港澳制定“极简版”负面清单。改变现有跨境服务在提供电信、文化等领域的正面清单管理模式，实行更加开放的服务贸易市场准入机制，取消或放宽对港澳投资者的资质要求、股比限制、经营范围等准入限制，为港澳制定“极简版”负面清单，争取将服务贸易负面清单限制数量限定在40项以内。

（2）全面放开粤港澳人文交流。

——率先在广东9市实行对港澳居民的自由落户政策。广东率先对港澳居民全面实行居住证制度，保证港澳人才在广东获得与当地居民同等的待遇。例如，享受当地教育医疗、社会保障、公积金缴纳、税制税率、购买住房资格等方面的同等待遇。

——推进粤港澳职业资格互认试点。尽快落实和完善专业资格互认，逐步取消对港澳专业人员的各种限制，允许港澳地区取得专业资格的人员到广东提供专业服务。

——鼓励港澳人才到广东自贸试验区就业创业。例如，推行高科技人才的绿卡，让高端人才的流动和跨地域的发展能更加便捷。尽快形成粤港澳三地人才流动综合管理平台，消除人才跨境服务重复征税等问题。降低港澳企业在粤港澳大湾区的设立门槛，适用人口范围从只针对精英、优秀人才，到覆盖符合基本条件的普通港澳居民，同时对港澳人员在粤港澳大湾区的执业范围逐步进行放宽。

（3）务实推进粤港澳金融服务一体化。

——扩大广东金融业对港澳开放。进一步取消或放宽港澳资本进入粤港澳大湾区内金融服务市场的资质要求、股比限制、经营范围等准入限制，简化金融机构和企业办理业务的流程和方式，放宽金融业务范围。

——创新粤港澳地区跨境货币业务。一是推动粤港澳人民币信贷市场对接，开展广东与港澳地区双向人民币融资业务和跨境人民币信贷资产转让业务；二是建立粤港澳货币结算系统，形成人民币与港币、澳币联系汇率制度，逐步实现人民币在港澳的自由流动、自由兑换。

——建立粤港澳金融风险共同防范机制。成立粤港澳金融协调监管委员会，协调处理三地之间有关互设金融机构、货币互换和汇兑机制、互相信用支持、金融信息交换、金融风险防范和合作监管机制等金融事务；建立粤港澳金融调解、仲裁与诉讼的对接机制，依法维护金融消费者合法权益；建立粤港澳反洗钱和反恐怖融资监管合作机制，防范非法资金跨境、跨区流动。

（4）推进粤港澳服务业行业标准与管理规则的对接。

——推进服务行业管理标准和规范全面对接。适应粤港澳服务业市场开放的趋势，将体制对接融合的范围从经济体制扩大到社会体制乃至行政体制。

——推进粤港澳市场监管执法标准对接。针对与港澳市场监管执法标准差异问题，制订与港澳市场经营行为差异化责任豁免目录。

——充分发挥行业协会在对接行业管理标准和规范中的作用。借鉴港澳服务行业协会管理机制，探索把服务相关行业的管理职能交由社会组织承担，强化行业自律，探索与港澳的行业管理标准和规范衔接。进一步发挥香港中介组织的桥梁作用，加强两地合作，拓展服务范围，为广东企业提供包括产品开发、研究咨询、人才培训、检验检测、金融等服务，有效推动广东服务业标准与国际接轨。

（5）建立粤港澳大湾区服务贸易一体化通关监管体制。

——实行更加便利开放的人员出入境政策。建议将“一签多行”政策扩大到广东全省，加快实施港澳车辆在粤港澳三地便利进出；探索“一地两检”和“单边验放”；充分利用智能识别技术实现电子化通关等。

——实现与服务贸易相关的货物通关便利化。目前广东海关将港澳科研机构认定为“境外法人事业单位”，对港澳科研设备入境仍然征收高关税。未来，能否考虑对进入粤港澳大湾区内的教育、研发、健康、医疗等重点服务业领域的基础设备，在严格用途管制、使用范围管制的前提下，实行免关税或保税政策。

（6）加快推进大湾区开放创新合作。

——完善大湾区开放合作协同机制。数据显示，旧金山湾区“跨城市专利合作比率”为10.33%，东京湾区为3.28%，纽约湾区为1.57%，粤港澳大湾区仅为0.95%[①]。推进粤港澳服务贸易一体化涉及“一国两制、三个关税区”等，仅靠三地自身力量难以实现突破。

——在粤港澳大湾区建设领导小组框架下，建立工作层面上的粤港澳大湾区建设协调机构以及核心城市与主管部门间直接对话的合作机制，就服务贸易一体化进程中的具体问题进行协商对话。

（7）率先实现粤港澳大湾区公共卫生一体化。

——加快推进粤港澳大湾区卫生医疗服务规则和标准对接。第一，加强粤港澳三地公共卫生应急法律法规和突发公共卫生事件应急预案之间的衔接。修订完善《广东省突发公共卫生事件应急预案》和《广东省突发公共卫生事件应急办法》中涉及港澳的内容。第二，推进粤港澳大湾区三地卫生与医疗服务监管标准的对接。在香港和澳门选取条件较为成熟的公立医院与广东医院开展战略合作试点，逐步推进三地医院在管理体制、医疗服务、科研创新上的深度合作，逐步探索建立三地相互认可的卫生医疗服务标准，为推进三地公共卫生治理一体化奠定规制基础[②]。第三，推动粤

① 广州日报数据和数字化研究院．粤港澳大湾区协同创新发展报告（2021）[R]. 2022. 2.

② 杨秋荣．粤港澳大湾区医疗协同发展需求、基础、挑战和建议[EB/OL]．澎湃新闻，2020-02-28.

港澳大湾区医疗保障体系衔接合作。建议借鉴欧盟的经验，在考虑港澳居民在内地的社保缴费时间、居住时间或者就业时间等因素的情况下，探索在试点医院试行医保互通，对港澳居民在试点医院发生的费用，凭有关凭证，直接结算港澳居民的医疗费用。

——以强化卫生医疗专业人员的交流沟通加快推进粤港澳大湾区公共卫生治理一体化进程。为适应粤港澳三地卫生医疗交流和推进粤港澳公共卫生治理一体化的现实需要，要在继续定期举办粤港澳大湾区卫生与健康合作大会的同时，联合设立粤港澳公共卫生信息中心、公共卫生专才研修中心和港澳卫生医疗从业人员创业就业基地等，为推进粤港澳大湾区公共卫生治理一体化培养人才队伍、奠定实践基础。

3. 以东北经济一体化推动东北亚区域合作进程

（1）形成东北地区主动参与东北亚产业链供应链合作的机制安排。

——东北全面振兴与东北亚区域合作紧密联系在一起。东北全面振兴取得新突破，有利于促进东北亚区域合作进程；东北亚区域合作取得新进展，有利于形成东北全面振兴的外部动力。面对复杂多变的国际政治经济形势，构建新发展格局的东北全面振兴要与加强同东北亚区域的经贸合作统筹设计、统筹推进。

——参与中日韩制造业产业链合作。目前东北总体上仍处于全球制造业产业链的中低端。日本、韩国制造业大多处在全球产业链的中高端，与东北地区制造业互补性较强。东北地区要抓住中日韩产业链、供应链区域化重构的重要时间窗口，加强与东北亚的产业对接。第一，适应新冠肺炎疫情防控常态化需求，在医疗物资、医疗药品器械等领域加快与日韩共建装备、设备制造业产业链。第二，适应新冠肺炎疫情后，日本、韩国拓展外部市场需要，积极筹建自贸区性质的跨境合作产业园，提升在汽车制造、电子通信、机械设备、工业机器人等制造业领域贸易投资自由化和便利化的水平。

——参与中日韩服务贸易合作。目前，东北地区经济增长的突出短板是服务业发展滞后。要把发展服务贸易作为东北参与中日韩自由贸易区建设早期收获的重点，并出台具体政策，以健康、养老、旅游、研发设计、金融等服务业领域为重点，加快推动服务业市场和服务贸易高水平开放。

——参与中日韩数字经济合作。目前，东北三省数字经济占GDP比重仅为28.2%，低于全国平均水平的36.2%。建议抓住中日韩数字经济合作的新机遇，依托沈阳、大连、长春、哈尔滨等跨境电子商务综合试验区，加快推动与日韩数字经济基础设施、数字经济规则等的对接和互通，开展数据确权、数据认证、数据定价、数据监管、数据交易、数据安全等标准规则制定及其相互对接，形成东北数字经济发展的新优势。

（2）务实推进东北地区与东北亚基础设施互联互通。

——推进面向东北亚的国际大通道建设。统筹贸易通道与海港、陆港、空港、信息港建设，力争未来5~10年建成覆盖东北主要节点城市和口岸城市，联通东北亚各国的国际交通网络体系。例如，推动“辽满欧”“辽蒙欧”“辽海欧”交通运输国际大通道建设；推动“丝路吉林”大通道建设，形成北接黑龙江面向俄罗斯、南接辽宁面向环渤海、西进内蒙古面向蒙古国和欧洲、东连日本海面向东北亚的立体综合交通网络和物流大通道枢纽。

——推进东北亚陆海基础设施的互联互通。例如，推进东北地区与日本、韩国、俄罗斯远东地区临海港口群之间的集装箱远洋干线业务、海内支线业务、国际邮轮业务的共同开发运营；推进中俄蒙经济走廊建设，促进东北亚各国之间跨境大桥、跨境铁路和跨境公路建设。

——推进东北亚陆海联运的通道建设。依托东北地区独特的地理区位条件，务实构筑东向出海、南联内陆的大通道，加快建设面向东北亚其他国家和地区互联互通的基础设施网络，推进图们江开发开放等，以促进东北亚经济走廊建设进程。

（3）发挥东北地区自由贸易试验区先导作用。

——支持东北地区以某些产业项下的自由贸易参与东北亚区域服务贸

易合作。例如，率先在研发、设计、商务、金融等生产性服务业领域对日韩人才实行职业资格单向认可制度，最大限度地降低人员流动壁垒；率先在通信、计算机技术、软件、互联网和电子商务等产业项下实行“零关税、零补贴、零壁垒”的自由贸易政策。

——探索实行跨境服务贸易负面清单管理制度。建议参照海南自由贸易港的经验做法，在辽宁自贸试验区内对日韩等境外服务提供者实行负面清单管理；给予境外服务提供者国民待遇，降低“边境后”壁垒等。

——争取东北地区自贸试验区扩容。可以考虑增设中国（吉林）自贸试验区，面向俄、蒙、朝加快东北亚次区域合作，打造吉林参与东北亚全面合作的新载体；增设中国（内蒙古）自贸试验区，促进内蒙古在中蒙俄经济走廊建设中提升开放能级。

4. 打造中老命运共同体示范区

（1）以高水平开放推动中老命运共同体示范区建设。

——抓住区域经贸合作的机遇，打造中老命运共同体示范区。推进中国老挝磨憨—磨丁经济合作区建设，是促进我国西南沿边高水平开放的重大举措，也是深化中老双边关系、打造更加紧密周边伙伴关系的战略抓手。在区域政治经济格局发生明显变化的背景下，以打造中老命运共同体示范区为目标加快建设合作区，是务实推进中老命运共同体建设、巩固深化中老双边关系的重大举措。

——打造中老命运共同体是一篇大文章。从主动服务和融入我国经略周边的战略高度出发，发挥沿边开放区位优势，以打造中老命运共同体为战略目标，以基础设施互联互通为依托，以实施贸易投资自由化便利化政策为主线，以产业合作为重点，将其打造成为发展中国家共建人类命运共同体的微缩范本，并使之成为面向中南半岛的重要开放门户与合作平台。

——做好未来5年的谋划。争取到2025年，中老命运共同体示范区初步建立。以贸易投资自由化便利化为主线的政策制度体系逐步建立，农业、加工业、水电开发、旅游业、物流运输、金融等产业开放发展获得早期收获。中老命运共同体示范区基础设施明显改善合作区，合作区内人流、物流、资金流、信息流便利度明显提升。推动两国人文、教育、卫生、生态等领域的合作项目落户中老命运共同体示范区，交流合作取得重要进展。

（2）在 RCEP 框架下率先实施零关税与原产地规则。

——实施农业项下零关税政策。除国家法律法规明确不予免税、国家规定禁止进口的商品外，自 2021 年下半年起，在磨憨片区内企业进口自老挝的特定农产品率先实行“零关税”，重点是玉米、木薯、大米、谷物、大豆等农产品和椰子等水果以及相关制品；对磨憨片区内农业加工企业以“两头在外”模式进行生产加工活动（或服务贸易过程中）所消耗的原辅料，实行“零关税”。

——率先实施 RCEP 框架下农产品原产地规则。对磨憨片区内农业加工类企业生产的不含进口料件或者含进口料件在磨憨片区加工增值超过一定比例的货物，进入我国境内其他区域实行进口退税，并照章征收进口环节增值税、消费税；对磨丁片区内经加工增值超过 30% 的农产品，视为老挝原产品，并免征进口关税。

——争取放开对老挝的替代种植项下返销配额。以正面清单模式，取消老挝替代种植返销的进口配额，满足境外替代种植返销需求，并把好进口产品安全和质量关。在粮食、甘蔗、橡胶、茶叶等基础上，增加热带水果、药材、咖啡、坚果等替代种植和返销进口，对返销免征进口环节流转税。允许清单之外替代种植农产品通过互市贸易渠道进口。

（3）以口岸通关便利化为重点优化营商环境。

——进一步完善磨憨口岸单一窗口功能。对标 RCEP 开放水平，研究经合区封闭式管理后货物进出管理模式、“单一窗口”及配套制度体系。尽快在进境植物种苗指定入境口岸、进口罗汉松特定口岸、国家进境粮食指定口岸、进口冰鲜水产品等方面形成一批国际贸易“单一窗口”特色应用。

——在磨憨口岸探索完善粮食等大宗商品“先验放后检测”的检验监管模式。在有效监管的前提下，科学设置肉类、冰鲜水产品、水果等指定查验场地，建立经合区内磨憨、磨丁口岸商品负面清单管理制度。支持磨丁口岸打造与磨憨口岸相衔接的“单一窗口”“车辆智慧通关”系统建设，加强与老挝运输规则衔接，推动与老挝跨境货物“一站式”运输。

——强化国际通关合作。在磨憨口岸率先建立“经认证的经营者”（AEO）国际互认合作，探索安全智能锁在中老铁路班列和昆曼公路运输中的应用，积极向经合区内贸易网络所在口岸推广条码识别、射频识别等信息化技术，对采用相关技术标准的货物予以优先查验。

五、积极参与全球经济治理

1. 参与全球宏观政策协调

（1）全球经济越来越紧密地联系在一起，大国经济的联系程度不断提升。即便受新冠肺炎疫情和中美贸易摩擦的影响，中美贸易额仍在持续提升。但国际宏观经济政策仍然面临着协调不足的挑战，大国宏观经济政策外溢效应明显，加大了包括中国在内的经济风险。例如，美国超级量化宽松货币政策的实施与退出，对包括中国在内的发展中国家宏观经济产生直接影响和冲击。随着全球一体化的大市场的逐步形成，需要改变现有的相互独立的全球宏观经济政策模式，强化主要经济体宏观经济政策的沟通、协调。为此，需要做好顶层谋划、积极倡导、逐步推进。在保障自身经济稳定运行的同时，采取负责任的宏观经济政策，避免对发展中国家的负面外溢影响，维护国际经济金融体系稳健运行。

（2）探索推动建立全球宏观经济政策协调的新机制。以 G20 作为经济政策协调主平台，充分发挥国际货币基金组织等国际组织的作用，创新现有的协调机制，主动加强与主要发达经济体的货币政策交流、协调，推动构建透明、可预期、负责任的大国宏观经济政策体系。

2. 参与数字经济治理

（1）积极参与国际数字贸易规则谈判。

——我国正在抓紧推进加入 DEPA。根据 DEPA 联合委员会的决定，中国加入 DEPA 工作组已正式成立，全面推进中国加入 DEPA 的谈判。

——以申请加入 DEPA 为契机，加快构建我国的数字贸易规则体系。制订数字贸易规则设计的工作计划、实现路径和完成时限，建立统筹协调机制，推动各规则模块有序构建。更深程度参与电子商务和数字贸易的规则谈判，积极参与传统电子商务议题以外的新兴议题的磋商和对话，同时在区域贸易协定谈判中也应加入数字贸易议题的讨论，扩大我国规则主张的国际影响力。

（2）强化对数字服务贸易监管的国际协调。

——加强数字监管政策协调。在各国加强对数字领域监管的趋势下，政府监管成为数字服务贸易壁垒的主要因素。通过与其他国家签订数字服务贸易信任协定、免检协定、认可服务经营商、争端解决机制等多种方式，加强同我国主要数字服务贸易伙伴的宏观监管政策协调。

——积极参与数据服务贸易的国际治理。借助“一带一路”倡议、“数字丝绸之路”和亚洲基础设施投资银行等平台和机制，联合数字经济较发达的经济体共同制定数据跨境流动合作机制，完善数据跨境流动的国际执法合作机制。对标 CPTPP 和 DEPA 加快谈判进程，补齐数据治理的短板，优化国际数字营商环境合作，进一步促进我国数字企业“出海”[①]。

（3）健全数字服务贸易领域的监管标准。

——数字服务贸易无形性等特点，为市场监管及国家安全监管带来较大挑战。从现实情况看，我国数字服务贸易监管标准体系建设相对滞后，难以适应数字服务贸易快速发展的大趋势。

① 李俊，王晓燕. 统筹推进数据跨境流动监管与数字贸易发展[J]. 中国信息安全，2022（03）.

——尽快完善数字服务贸易领域的监管标准。以推动服务业标准化建设为契机，强化质量监管、税收征管等重点内容。同时，制定数字服务贸易信用黑名单、标准格式合同管理、安全协议限制和跨境数据流动风险评估机制等配套监管手段。

3. 参与全球能源治理

（1）推动完善全球能源治理体系。运营好“一带一路”能源合作伙伴关系合作平台，办好国际能源变革论坛。在中国—阿盟、中国—非盟、中国—中东欧、中国—东盟等相关能源合作平台和亚太经合组织（APEC）可持续能源中心指导下，加强联合研究，拓展培训交流。加强与国际能源署、国际可再生能源署、石油输出国组织（OPEC）、国际能源论坛、清洁能源部长会议等国际组织和机制合作，积极参与并引导在联合国、G20、APEC、金砖国家、上合组织等多边框架下的能源合作。

（2）加强能源领域应对气候变化国际合作。积极推动中美清洁能源合作，深化中欧能源技术创新合作，形成能源领域应对气候变化和推动绿色发展合力，推动落实《联合国气候变化框架公约》及其《巴黎协定》。积极开展能源领域气候变化南南合作，进一步加强与其他发展中国家能源绿色发展合作，支持发展中国家落实《联合国2030年可持续发展议程》，提升能源领域应对气候变化能力，彰显我国积极参与全球气候治理的大国担当。

4. 参与全球粮食治理

（1）广泛参与粮食国际合作。设立专项粮食领域国际合作发展基金，扩大粮食贸易与海外投资的一体化联系，积极同粮食出口大国签订长期稳定的国家协定和贸易合约，广泛参与国际农产品产业链分工，打造国际大粮商和大型农业跨国企业，加强与国际粮食贸易巨头合作。

（2）积极参与全球粮食治理。加强与联合国粮农组织、国际农业发展基金、世界粮食计划署、世界粮食安全委员会等国际相关治理机构和平台的合作交流，参与和推动联合国粮农组织、G20和APEC等倡议的建立全球和区域粮食储备体系、粮食安全治理机制和禁止粮食禁运等行动计划。维护多边贸易体制，积极参与世界贸易组织改革，共同维护全球粮食产业链、供应链稳定畅通。积极探索国际粮食合作新模式，促进形成更加安全、稳定、合理的国际粮食安全新局面。